Os bebês de Auschwitz

Eva, Mark e Hana

Wendy Holden

Os bebês de Auschwitz

Três jovens grávidas e sua luta pela vida no horror dos campos de concentração nazistas

Tradução: Bruno Alexander

GLOBOLIVROS

Copyright da tradução © 2015 by Editora Globo S.A.
Copyright © Wendy Holden, 2014
First published in Great Britain in 2015 by Sphere, an imprint of Little, Brown Book Group.

Todos os direitos reservados. Nenhuma parte desta edição pode ser utilizada ou reproduzida — em qualquer meio ou forma, seja mecânico ou eletrônico, fotocópia, gravação etc. — nem apropriada ou estocada em sistema de banco de dados, sem a expressa autorização da editora.

Texto fixado conforme as regras do Acordo Ortográfico da Língua Portuguesa
(Decreto Legislativo nº 54, de 1995).

Editor responsável: Estevão Azevedo
Editora assistente: Juliana de Araujo Rodrigues
Preparação: Huendel Viana
Revisão: Jane Pessoa
Projeto gráfico e diagramação: Crayon Editorial
Capa: Sérgio Campante
Imagens de capa: Getty Images e ThinkstockPhotos.

1ª edição, 2015
7ª reimpressão, 2022

Título original: *Born Survivors: Three Young Mothers and their Extraordinary Story of Courage, Defiance and Survival*

CIP-BRASIL. CATALOGAÇÃO-NA-FONTE
SINDICATO NACIONAL DOS EDITORES DE LIVROS, RJ

H624b
Holden, Wendy, 1961-

Os bebês de Auschwitz : três jovens grávidas e sua luta pela vida no horror dos campos de concentração nazistas / Wendy Holden ; tradução Bruno Alexander. – 1. ed. – São Paulo : Globo Livros, 2015.
368 p. : il. ; 23 cm.

Tradução de: Born Survivors : Three Young Mothers and their Extraordinary Story of Courage, Defiance and Survival
Inclui bibliografia
ISBN 978-85-250-6033-4

1. Nazismo. 2. Antissemitismo. 3. Holocausto judeu (1939-1945). 4. Europa – História – Guerra Mundial, 1939-1945. 5. Prisioneiros de guerra – Polônia – Biografia. I. Alexandre, Bruno. II. Título.

15-24686 CDD: 320.533
CDU: 329.18

Direitos de edição em língua portuguesa para o Brasil
adquiridos por Editora Globo S.A.
R. Marquês de Pombal, 25 – 20.230-240 – Rio de Janeiro – RJ – Brasil
www.globolivros.com.br

Às vezes, o simples fato de viver já é um ato de coragem.
Sêneca

Este livro é dedicado à coragem e à tenacidade de três mulheres e a seus filhos, nascidos num mundo que não desejava que eles existissem.

Sumário

Prefácio 13

1. Priska 15
2. Rachel 45
3. Anka 79
4. Auschwitz II-Birkenau 125
5. Freiberg 165
6. O trem 207
7. Mauthausen 239
8. Libertação 269
9. Casa 295
10. Reencontro 339

Chamada 351
Referências bibliográficas e fontes 353
Agradecimentos 359
Créditos das imagens 367

As histórias desses sobreviventes foram cuidadosamente reconstituídas com base em suas memórias, registradas em cartas e relatos privados, restritos à família, e entrevistas concedidas a pesquisadores e historiadores ao longo dos anos, sendo reforçadas por meticulosa investigação e pelo depoimento de outros envolvidos — vivos e mortos.

Em diversos casos, as memórias têm o respaldo de testemunhos independentes, material de arquivo e registros históricos. Os detalhes exatos ou conversas que estavam além da possibilidade de recordação ou que sofreram pequenas variações na narrativa foram sintetizados com base nas informações disponíveis e talvez não representem fielmente a lembrança de outros sobreviventes.

Prefácio

Devemos muito a Wendy Holden pela total empatia demonstrada em relação às nossas mães e sua inesgotável energia ao refazer os passos angustiantes das experiências delas em tempos de guerra. No decorrer do processo, além de nos apresentar informações até então desconhecidas, ela nos uniu como "irmãos", e seremos eternamente gratos por isso.

Também somos muito gratos pela pesquisa de Wendy e pela conduta altruísta dos cidadãos tchecos de Horní Bříza, que fizeram de tudo para oferecer roupa e comida às nossas mães e aos prisioneiros de dois outros campos no "trem da morte", a caminho do campo de concentração de Mauthausen. Admiramos a perseverança, o empenho e a habilidade de Wendy na investigação e na descrição do trabalho dos membros da 11ª Divisão Armada do Terceiro Exército dos Estados Unidos, peças fundamentais na libertação de Mauthausen, que deram às nossas mães — e a nós — uma nova perspectiva de vida.

Nossas mães se sentiriam honradas com o registro integral de sua história após todos esses anos. A cada uma foi dedicado um terço deste maravilhoso livro, o qual, de maneira bastante oportuna, marca nosso aniversário de setenta anos e os setenta anos do fim da guerra.

Gostaríamos de agradecê-la, Wendy — nossa nova irmã honorífica —, em nome de todos nós que nascemos num regime cujo objetivo era nos aniquilar, mas que estamos destinados a ser os últimos sobreviventes do Holocausto.

Hana Berger Moran, Mark Olsky e Eva Clarke, 2015

I

PRISKA

Foto da carteira de identidade de Priska Löwenbeinová

"SIND SIE SCHWANGER, FESCHE FRAU?" (Está grávida, moça bonita?) A pergunta dirigida a Priska Löwenbeinová foi acompanhada de um sorriso. O inquisidor da SS, de pernas afastadas, olhava-a de cima a baixo, com fascinação forense.

O dr. Josef Mengele havia parado na frente da professora de eslovaco de 28 anos, que tremia, nua, constrangida, em campo aberto, poucas horas depois de chegar a Auschwitz II-Birkenau. Era outubro de 1944.

Priska, com pouco menos de um metro e meio de altura, aparentava menos idade. Estava acompanhada por cerca de outras quinhentas mulheres nuas. Algumas se conheciam. Todas eram judias e pareciam tão perdidas quanto ela, depois de terem sido transportadas de sua casa ou gueto em trens de carga com até cinquenta vagões fechados, em grupos de sessenta mulheres por vagão, para o campo de concentração na Polônia ocupada pelos nazistas.

Desde o momento em que desembarcaram, arfantes, na famosa Rampe, via férrea de Auschwitz, o complexo de extermínio mais eficiente dos nazistas, foram agredidas por gritos de "Raus!" (Fora!) ou "Schnell, Judenschwein!" (Rápido, suas porcas judias!).

Num estado de confusão e comoção, a maré de gente foi conduzida, como rebanho, por prisioneiros funcionários impassíveis, em sujos uniformes listrados, que empurravam as pessoas pelo chão de terra, enquanto os oficiais da SS observavam, em trajes imaculados, com seus cães descontrolados, querendo avançar. Não havia tempo para procurar os entes queridos. Os homens foram separados das mulheres, e as crianças, levadas a uma fila junto de doentes e idosos.

Aqueles que não conseguiam ficar em pé, por fraqueza ou porque as pernas não respondiam, após dias de confinamento em vagões sem espaço para respirar, recebiam coronhadas de espingarda ou chicotadas. Gritos desesperados pairavam no ar úmido, prenunciando o pior. "Meus filhos! Meus filhos!", agouravam.

Atrás das longas filas daqueles seres destituídos de tudo, viam-se duas construções de tijolo vermelho, uma imensa chaminé em cada uma soltando uma fumaça negra e viscosa no céu cinzento. A atmosfera gris era espessa, com um cheiro putrefato e nauseabundo que entrava pelo nariz e sufocava a garganta.

Afastada dos amigos e familiares, a multidão de mulheres (desde adolescentes até senhoras de meia-idade) afunilou-se por um corredor estreito, protegido por cerca elétrica, como a que circundava o vasto campo. Num silêncio perplexo, elas tropeçavam umas nas outras, passando pelas chaminés e pelos lagos profundos, até chegarem à Sauna — ou casa de banho —, uma grande edificação de um andar, escondida entre as bétulas.

Sem a menor cerimônia, essas mulheres foram obrigadas a tornar-se Häftlinge *(prisioneiras)* de um campo de concentração, um processo que começou com a destituição de seus últimos pertences, incluindo a roupa do corpo. Como não falavam a mesma língua, elas protestavam em diversos idiomas, mas eram duramente intimidadas ou punidas pelos guardas da ss.

Conduzidas nuas por um largo corredor que dava numa sala maior, essas mulheres — mães, filhas, esposas, irmãs — tiveram que se submeter a outros prisioneiros, homens e mulheres, que lhes raspavam praticamente todo o pelo do corpo, sob o olhar atento e lúbrico dos guardas alemães.

Quase irreconhecíveis depois do trabalho dos aparelhos de barbear elétricos, elas foram transportadas em grupos de cinco para o lado de fora, para a área de chamadas, onde tiveram que esperar por uma hora, descalças no chão de barro frio e úmido, até o momento da segunda "Selektion", realizada pelo homem que mais tarde ficaria conhecido como "O Anjo da Morte".

O dr. Mengele, cabelo castanho arrumado com gel, impecavelmente vestido num uniforme esverdeado feito sob medida, com divisas reluzentes e caveiras prateadas na gola, segurava um par de luvas de pelica claras com punhos largos, que batia nas mãos enquanto caminhava em frente às prisioneiras para inspecioná-las — mais especificamente para perguntar se elas estavam grávidas.

Quando chegou sua vez, Priska Löwenbeinová teve apenas alguns segundos para decidir o que responder ao oficial sorridente, com os dentes da frente separados. Ela não hesitou. Sacudindo a cabeça convicta, a exímia linguista respondeu em alemão: "Nein".

Àquela altura grávida de dois meses de seu filho desejado há tanto tempo pelo marido Tibor (que ela esperava que estivesse em algum outro lugar do campo), Priska não sabia se dizer a verdade poderia salvá-la ou condená-la, junto com o filho, a um futuro desconhecido. Mas reconheceu que estava diante do perigo. Com um braço protegendo os seios enquanto o outro cobria o que restara dos pelos pubianos, ela rezou para que Mengele acreditasse em sua resposta firme. O oficial da ss, de olhar sutil, parou um instante, fitou o rosto da jovem "fesche Frau" e continuou caminhando.

Três mulheres depois, apertou agressivamente os seios de uma moça que se encolhia. Algumas gotas de leite entregaram que ela estava grávida de pelo menos *dezesseis semanas, e ela foi arrancada da fila — a um estalo da luva para o lado esquerdo —, indo se juntar a um grupo de mulheres grávidas que tremiam de medo num canto.*

Nenhuma daquelas mulheres assustadas sabia, naquele momento, que uma direção significava vida e a outra poderia conduzir a um destino muito diferente. Que fim terão levado as mulheres escolhidas por Mengele naquele dia ninguém sabe.

JOSEF MENGELE REPRESENTOU o maior risco de todos para a curta vida de Priska até ali, mas ela nem imaginava o que estava por vir. Nos meses seguintes, a fome tornou-se seu maior inimigo, embora fosse o final menos provável para seu sofrimento.

A sede, prima-irmã da fome, seria um tormento igualmente cruel durante o tempo em que passou nos campos, além da exaustão, do medo e das doenças. Mas foram as carências de alimento, torturantes, dolorosas, de seu corpo de grávida que quase a destruíram.

Por mais perverso que possa parecer, o que ajudou Priska a superar os momentos mais pavorosos de fome foi a lembrança dos instantes em que cobiçava os doces na vitrine de uma pâtisserie a caminho da escola, antes de entrar e se lambuzar com alguma guloseima, como uma *babka* de canela, por exemplo. A recordação daquele prazer na confeitaria de Zlaté Moravce resumia bem sua idílica infância no local que hoje representa o extremo sudoeste da República Eslovaca.

A cerca de cem quilômetros de Bratislava, a região onde Priska foi criada era conhecida pelos garimpos de ouro, e o nome de um de seus rios, o Zlatnanka, vem da palavra *ouro* em eslovaco. "Moravce Dourada" era uma cidade quase tão próspera quanto seu nome indicava, com uma igreja imponente, escolas e ruas repletas de lojas, cafés, restaurantes e um hotel.

Os pais de Priska, Emanuel e Paula Rona, dirigiam um dos cafés kasher mais conhecidos da cidade, um lugar bastante badalado, em torno do qual girava grande parte da vida local. Num ponto privilegiado bem na praça central, o café tinha também um pátio muito agradável. Emanuel Rona encontrara o negócio para alugar no jornal, em 1924, quando ele já beirava os quarenta anos de idade. Com o intuito de fazer dinheiro, tomou a ousada decisão de se mudar com a família, trazendo mulher e filhos da remota cidade de Stropkov, a 250 quilômetros dali, situada nas montanhas do leste, quase na fronteira com a Polônia.

Priska, nascida num domingo, dia 6 de agosto de 1916, tinha oito anos quando se mudou, mas voltava com a família a Stropkov sempre que possível para visitar seu avô materno, o viúvo David Friedman, dono de uma taverna, conhecido por redigir panfletos polêmicos.

Em Zlaté Moravce, o café da família, Priska contou mais tarde, era uma graça, sempre limpíssimo devido ao trabalho incansável de seus pais e de uma equipe dedicada de ajudantes, todas mulheres. O café tinha um salão privado que a mãe chamava, com orgulho, de *chambre séparée*, no qual oito músicos de terno preto tocavam para os clientes sempre que ela puxava uma cortina. "Tínhamos excelentes músicos e dançarinos. A vida da cafeteria era importante na época. Tive uma juventude maravilhosa."

A mãe de Priska, quatro anos mais nova do que seu pai e "uma cabeça mais alta" do que ele, era muito bonita e ambiciosa. Tendo adotado o tradicional sufixo eslovaco *-ová* após o casamento, Paula Ronová comprovou ser uma excelente esposa, mãe e cozinheira, e era "uma mulher extremamente decente", que falava pouco, mas pensava muito. "Minha mãe também era minha melhor amiga."

O pai de Priska, por outro lado, era um disciplinador estrito, que conversava com a esposa em alemão ou iídiche quando não queria que os filhos entendessem. Priska, que sempre teve facilidade em aprender idiomas, entendia tudo, mas não dizia nada. Embora não fosse um praticante zeloso da fé em que nascera, Emanuel Rona se preocupava com as aparências e levava a família à sinagoga nos principais feriados judaicos.

"Era fundamental que eu me comportasse direito por causa da cafeteria", disse Priska. "Devíamos ser uma boa família, bons amigos e bons administradores, ou os clientes não apareceriam."

Priska — batizada de Piroska ao nascer — era a quarta de cinco filhos. Andrej, conhecido como "Bandi", era o mais velho. Sua irmã Elizabeth, conhecida como "Boežka", vinha em seguida, depois, Anička, chamada por todos de "Aninha". Quatro anos depois de Priska nasceu Eugen, o caçula, apelidado de Janíčko ou "Janko". Um sexto irmão morreu na infância.

Em Zlaté Moravce, a família morava atrás da cafeteria, num apartamento com espaço suficiente para as crianças terem quartos separados. O apartamento tinha um enorme jardim que dava para um riacho. Priska, atlética e sociável desde criança, costumava nadar no rio com amigos, com quem também jogava tênis. Sempre alegre e bem-disposta, com suas lindas madeixas pretas, Priska, como suas irmãs, era bastante popular entre as crianças da região, que a chamavam carinhosamente de "Piri", ou, algumas vezes, de "Pira".

"Não me importava se eram judeus ou gentios. Eu era amiga de todo mundo. Não havia diferença."

Ela e os irmãos cresceram cercados de "mulheres boas", que ajudavam nos afazeres domésticos e agiam como verdadeiras mães. A família comia bem, tinha carne kasher preparada com esmero em quase todas as refeições. Depois dos pratos saborosos, vinham as sobremesas do café. Priska amava doces. Seu favorito era a *Sachertorte* vienense, um delicioso bolo de chocolate com merengue e geleia de damasco.

Apesar de não estudarem religião na escola, as crianças foram criadas frequentando as rezas toda sexta-feira à noite e lavando as mãos antes de se sentarem à elegante mesa de Shabat, com velas especiais e as toalhas de mesa mais bonitas.

Priska era uma das seis meninas de uma turma de mais de trinta alunos. Sua irmã, Boežka — "uma verdadeira intelectual", segundo Priska —, aprendia idiomas sem fazer qualquer esforço. Não se interessava por livros. Sua verdadeira paixão era a arte, especialmente o bordado, no qual tinha grande habilidade.

Priska precisava se esforçar mais do que a irmã nos estudos, mas, como era muito dedicada, o conhecimento logo se tornou sua paixão. Em sua busca por uma compreensão mais profunda do mundo, também se diferenciava da irmã mais bonita, Anna, que se vestia com elegância e gostava de brincar de boneca. "Eu gostava de ter conhecimento", admitiu Priska. Fascinada pelo cristianismo desde cedo, costumava entrar escondida no cemitério católico de Zlaté Moravce na volta da escola para casa. Admirava, sobretudo, os túmulos e mausoléus imponentes e sempre se mostrou intrigada com a questão de um novo "advento", inventando histórias a respeito, imaginando como seria a vida deles.

Paula, sua mãe, incentivava o seu desejo de aprendizado, e ficou muito orgulhosa quando ela se tornou a primeira filha da família Rona a frequentar o colégio de ensino médio da região — o Gymnázium Janka Kráľa, um edifício de taipa de três andares, inaugurado em 1906 e localizado em frente ao cemitério e à prefeitura. O colégio tinha quinhentos alunos, entre dez e dezoito anos. Priska estudava inglês e latim, além de francês e alemão, matérias obrigatórias. Seus irmãos frequentavam o ginásio, exceto Bandi, que já estudava contabilidade.

Competitiva por natureza, Priska ganhou inúmeros prêmios acadêmicos, sendo motivo de orgulho para seus professores, que se encantavam com seu progresso. A aluna-estrela também atraía a atenção dos meninos da turma, que imploravam para que ela os ajudasse em inglês. Priska passou a dar aulas particulares para eles no jardim de casa. "Só tenho lembranças boas de Zlaté Moravce."

A melhor amiga de Priska na escola era uma menina chamada Gizelle Ondrejkovičová, conhecida por todos como "Gizka", que, além de linda, era popular. Filha do chefe de polícia da delegacia distrital, de família não judaica, Gizka não era tão aplicada nos estudos quanto Priska. Seu pai então fez uma proposta aos pais de Priska. "Se Priska ajudar Gizka a terminar os estudos, deixo que vocês mantenham o café aberto até a hora que quiserem." Tudo isso sem nenhuma taxa extra, evidentemente.

Desse modo, a quarta filha dos Rona tornava-se uma peça fundamental nos modestos negócios da família. Enquanto ela desse aulas para sua companheira de classe, o café prosperaria — superando todos os outros da cidade. Foi uma responsabilidade que ela assumiu com muita seriedade, e, embora lhe restasse pouco tempo para ter alguma vida social, ela adorava Gizka e estava feliz em poder ajudar. As duas amigas sentavam próximas na sala e acabaram se formando juntas.

Após o ensino médio, Priska continuou dando aulas, e tudo parecia indicar uma carreira de professora de idiomas. Como também gostava de cantar, juntou-se a um coral de professores e viajou o país apresentando canções tradicionais nacionalistas. Uma delas dizia: "Sou eslovaco e sempre serei" — uma canção que entoaria por toda a vida.

Em Zlaté Moravce, Priska era muito conceituada, sendo cumprimentada por todos que encontrava na rua — um sinal eslovaco de respeito. Era também cortejada por um professor gentio, que a convidava todo sábado à noite para tomar um café, dançar ou jantar no hotel local.

Havia pouco motivo para Priska ou a família se preocupar com qualquer coisa que pudesse alterar aquele estilo de vida confortável. Embora os judeus tivessem sido perseguidos por muito tempo em toda a Europa, sofrendo sobretudo na mão dos russos durante os *pogroms* do início do século XIX, eles haviam se adaptado bastante bem nas recém-formadas nações da Europa após a Primeira Guerra Mundial e o colapso dos impérios germânico, austro-húngaro e russo. Na Tchecoslováquia, tiveram certa importância e foram bem assimilados à sociedade. Os judeus, além de terem desempenhado um papel fundamental na estruturação da vida econômica, também contribuíram para todos os campos da cultura, ciência e arte. Novas escolas e sinagogas foram construídas, e os judeus ocupavam o centro da vida dos cafés. A família Rona sofria pouco antissemitismo dentro de sua própria comunidade.

Uma severa depressão econômica pós-guerra, contudo, começou a mudar o panorama na fronteira da Alemanha. Adolf Hitler, que desde 1921 era o líder do Partido Nacional Socialista dos Trabalhadores Alemães, conhecido como Partido "Nazi" ou Partido "Nazista", acusava os judeus de controlar a riqueza da nação, culpando-os por grande parte de seus infortúnios. Após as eleições federais de 1933, em que os nazistas receberam 17,2 milhões de votos, Hitler foi convidado a um governo de coalizão e nomeado chanceler. Sua ascensão ao poder marcou o fim da democrática República de Weimar e o início do que ficou mundialmente conhecido como *Dritte Reich* — Terceiro Reich, ou Terceiro Império.

Hitler, em discursos exaltados, denunciava o capitalismo e condenava aqueles que haviam se aliado aos bolcheviques, comunistas, marxistas e ao Exército Vermelho russo para participar da revolução. Tendo escrito em seu manifesto autobiográfico de 1925, Mein Kampf, que "a personificação do Diabo como símbolo de todo o mal toma a forma do judeu em carne e osso", ele prometeu eliminar judeus e outros povos "indesejáveis" da Alemanha, no que descreveu como "solução final".

Proclamando sua "nova ordem" para combater o que muitos alemães viam como injustiças do pós-guerra, Hitler incentivou a perseguição aos judeus pelas "tropas de assalto" (a milícia paramilitar nazista), também conhecidos como "camisas pardas", que boicotavam seus negócios. Bem recebido pela doutrinada Juventude Hitlerista, seu grito de guerra, "Sieg Heil!" (Viva a Vitória!), ecoava por todo o país, vindo de Berlim. Num período de tempo relativamente curto, Hitler parecia estar cumprindo suas promessas, obtendo uma recuperação econômica que só aumentou o apoio a sua política. Impulsionado por esse sucesso, o governo começou a implementar uma série de leis para excluir os judeus da vida política, econômica e social do país. Livros de judeus "degenerados" foram queimados, não arianos foram expulsos das universidades e judeus de fama internacional — incluindo Albert Einstein — tiveram que se exilar.

Com o aumento do antissemitismo alemão, sinagogas foram destruídas ou queimadas, muitas vezes com judeus presos do lado de dentro. O chão das cidades cobriu-se de estilhaços de vidro, e as janelas dos negócios judaicos foram marcadas com a Estrela de Davi ou slogans ofensivos. Os gentios, batizados de "arianos" pelos nazistas, eram encorajados a entregar os judeus, e, numa atmosfera de traição e falta de confiança, os judeus, que conviveram lado a lado com não judeus durante anos (chegando a criar os filhos juntos), agora eram hostilizados na rua, maltratados fisicamente ou detidos. Havia espiões por toda parte, prontos para denunciar seus vizinhos na esperança de apropriar-se do que era seu. Centenas de casas foram saqueadas.

Os alemães arianos tinham a permissão de inspecionar e apropriar-se dos apartamentos dos judeus, tão cobiçados, obrigando famílias inteiras a abandonarem suas casas sem aviso prévio. Conta-se que os novos moradores entravam antes mesmo que "o pão do forno esfriasse". Quem era despejado só podia morar em alojamentos menores nos bairros mais pobres, sendo efetivamente banido da vida que sempre levara.

Os deficientes físicos ou mentais — tanto judeus quanto arianos — foram considerados "indignos de estarem vivos", e muitos foram enviados para campos ou sumariamente executados. O resto da população não tinha muita escolha a não ser acatar as Leis de Nuremberg de Hitler, impostas impiedosamente para afastar ainda mais os judeus e os outros. Com o intuito de manter a pureza do sangue alemão, essas leis, definidas pelos nazistas como "racismo científico", privilegiavam os "racialmente aceitáveis" e restringia os direitos civis básicos de "judeus, ciganos, negros e filhos bastardos". A Lei de Proteção do Sangue e Honra Alemães anulava o casamento misto, prevendo pena de morte para qualquer judeu que fosse encontrado tendo relações sexuais com um alemão, para evitar a "poluição racial".

Os judeus foram privados de sua cidadania, e qualquer pessoa considerada "antissocial" ou "nociva" — uma categoria nebulosa, que englobava comunistas, ativistas políticos, alcoólatras, prostitutas, mendigos e moradores de rua, além das Testemunhas de Jeová, que se recusavam a aceitar a autoridade de Hitler — era detida e encarcerada num *Konzentrationslager*, ou "кz", geralmente situado em antigos quartéis militares.

Os arianos foram proibidos de empregar judeus. Aos poucos, os judeus também foram afastados de sua própria profissão de advogado, médico ou jornalistas, e as crianças acima de catorze anos não podiam mais frequentar a escola. Com o tempo, os judeus foram banidos dos hospitais públicos e impedidos de se distanciar por mais de trinta quilômetros de casa. Os parques públicos, áreas de recreação, rios, piscinas, praias e bibliotecas também se tornaram inacessíveis. Os nomes dos soldados judeus foram cortados dos memoriais da Primeira Guerra Mundial, embora muitos tivessem lutado pelo Kaiser no conflito.

Cartões de racionamento e alimentação foram emitidos, mas os judeus recebiam metade da quantidade concedida aos arianos. Os judeus também só podiam fazer compras em lugares determinados, entre três e cinco da tarde, horário em que os alimentos mais frescos já haviam sido vendidos. Foram proibidos de entrar em cinemas e teatros e de viajar na parte da frente do bonde. O único lugar permitido era na parte de trás, sempre lotada e quente. Todas as rádios de judeus passaram a ter o controle da polícia, e o toque de recolher entre oito da noite e seis da manhã era obrigatório.

Temendo as novas políticas, milhares de judeus fugiram para a França, Holanda e Bélgica, buscando asilo político. A nação denominada Tchecoslováquia desde 1918 tornou-se outro refúgio comum. Além de possuir fortes fronteiras, contava com poderosos aliados — incluindo a França, a Inglaterra e a Rússia —, e a família de Priska era uma das que se sentiam seguras lá.

Até que em março de 1938, com o abalo da Europa, Hitler anexou a Áustria, numa medida que ficou conhecida como *Anschluss*. Declarando a autodeterminação da Alemanha, ele criou o *Lebensraum*, ou "espaço vital", para o seu povo. Mais tarde no mesmo ano, os vistos de residência permanente de todos os estrangeiros que viviam no Reich foram revogados. Nesse momento, o governo polonês declarou, de modo inesperado, que invalidaria o passaporte de todos os cidadãos que não voltassem à Polônia para renová-lo. A fim de facilitar o processo, os nazistas ordenaram que cerca de 12 mil judeus poloneses fossem capturados e deportados do país. Os polacos se recusaram a aceitá-los, deixando-os no limbo da fronteira.

Desejoso de negociar um tratado de paz o mais rápido possível, o primeiro-ministro britânico Neville Chamberlain realizou uma série de encontros internacionais que culminaram com o Acordo de Munique, assinado em setembro daquele ano. Sem o envolvimento russo ou tcheco, as grandes potências europeias deram a Hitler a permissão de ocupar as regiões norte, sul e oeste da Tchecoslováquia, conhecidas coletivamente como Sudetos (*Sudetenland*), habitadas, em grande parte, por germanófonos. Numa manobra que os tchecos apelidaram de "Traição de Munique", seu país acabou ficando sem fronteiras estratégicas.

Em novembro de 1938, um adolescente judeu, filho de poloneses, para se vingar por ter sido expulso de casa, assassinou um oficial alemão em Paris. Na onda de vingança, o alto-comando respondeu com a *Reichspogromnacht*, mais conhecida como *Kristallnacht* — a "Noite dos Cristais". Numa única noite, milhares de casas, sinagogas e lojas de judeus na Alemanha foram destruídas, pelo menos noventa pessoas, assassinadas, e 30 mil, detidas. Nos meses seguintes, os partidários de Hitler continuaram instigando rebeliões antissemitas, mas em março de 1939 o Führer convidou o monsenhor Jozef Tiso (o líder católico do povo eslovaco que havia sido deposto) a Berlim.

Pouco tempo depois, Emil Hácha (presidente católico da Tchecoslováquia) também compareceu. Os dois receberam um ultimato: ou deixavam a população tcheca sob "proteção" germânica — os tchecos também estavam sendo ameaçados pela Hungria por questões de território —, ou seu país seria invadido pelos nazistas.

Tiso e seu governo colaboracionista acataram prontamente as ordens de Hitler, e Tiso foi nomeado presidente da nova República Eslovaca, supostamente independente, mas acabou morrendo de um suspeito ataque cardíaco. O presidente Hácha, de 66 anos, concordou com os termos alemães no dia seguinte. Sua população, porém, demonstrou resistência, de modo que, no dia 15 de março de 1939, as tropas alemãs invadiram o país, criando o Protetorado da Boêmia e Morávia. Hitler invadiu a Polônia seis meses depois. Passadas algumas semanas, foi a vez de os soviéticos invadirem o país pelo leste, revelando o pacto secreto com os alemães. A Grã-Bretanha e a França declararam guerra. A vida das pessoas na Europa nunca mais seria a mesma.

Os judeus dos novos "Estados-satélite" tornaram-se párias da noite para o dia. *Juden nicht zugänglich* (Proibida a entrada de judeus) era um cartaz muito comum em edifícios públicos. Quando souberam das atrocidades cometidas contra seu povo na Alemanha, Áustria e Polônia, muitos judeus correram às embaixadas internacionais implorando por vistos, que foram negados. Ante um futuro aparentemente sem esperança, alguns cometeram suicídio.

Priska e a família não tiveram escolha a não ser acatar o novo regime e cada novo decreto implementado. As pequenas coisas eram o que mais doía. O professor que não ligava mais para convidá-la para dançar; as pessoas que outrora a cumprimentavam na rua não falavam mais com ela ou viravam o rosto quando passavam. "Era horrível aquela situação, mas você precisava aceitá-la se quisesse viver." Outros amigos, como Gizka e uma colega de turma, filha de fazendeiros, que fornecia leite fresco para a família de Priska, continuaram leais. Algumas pessoas chegavam a desviar-se de seu caminho para cumprimentar os conhecidos judeus, oferecendo a ajuda de que precisassem.

Devido aos rumores de que os judeus estavam sendo "reassentados" em outros lugares contra a sua vontade, as pessoas começaram a estocar comida e outros produtos, que enterravam ou pediam para os amigos esconderem, mesmo correndo perigo de vida. Quem pôde, fugiu para a Palestina britânica, onde havia esperança de construir um futuro Estado sionista. Bandi, irmão de Priska, resolveu ir sozinho, em 1939, afirmando ter visto "o que escreveram no muro". Sem lhe contar nada, um antigo namorado de Priska, jovem e rico, emigrou para a Bélgica, radicando-se, mais tarde, no Chile. O casal tinha acabado de noivar, para um casamento arranjado, mas o rapaz simplesmente desapareceu.

O resto da família de Priska fez tudo o que podia para continuar sobrevivendo. Sua irmã Anička casara-se aos dezenove anos em 1932 para escapar de uma vida de escravidão no café da família. Ela e o marido tiveram um filho, Otto, mas o casamento não durou muito. Após o divórcio, Anna mudou de nome para Helena Hrubá (um nome mais ariano) e foi trabalhar na cafeteria de outros donos. Janko, irmão de Priska, com formação técnica em engenharia elétrica, foi recrutado para um batalhão de trabalho e tornou-se um "judeu trabalhador", sendo obrigado a vestir um uniforme azul distintivo e realizar as tarefas mais degradantes. Boežka, uma solteirona de trinta anos, ficava em casa costurando para a família e os amigos.

Priska, que sempre se orgulhara de seu nariz de judia — ou "bela tromba", como dizia, brincando —, estava feliz de poder vestir as criações de Boežka, que a faziam se sentir menos excluída. "Nunca fui nenhum exemplo de beleza, mas me importava com a aparência", contou. "Sempre fui muito bem tratada pelas pessoas da minha cidade, que gostavam do fato de eu ser a filha honorífica da cafeteria."

Essa honra logo lhe foi negada. Em 1940, seus pais perderam a permissão de dirigir o café que haviam administrado diligentemente por mais de dezesseis anos. Sem formação e nenhum talento especial, eles não tinham ao que recorrer. "Eles perderam tudo", disse Priska. "Eram pessoas boas." Um ariano ou *Treuhänder* (administrador) que ficou encarregado do negócio mostrou-se inesperadamente amável com Priska, elogiando-a por falar inglês, francês, húngaro e alemão. "Era importante e valorizado o fato de eu falar essas línguas", observou.

Impedida de trabalhar, Priska e o que restara de sua família direta decidiram se mudar para Bratislava, a nova capital da República Eslovaca, às margens do rio Danúbio. David Friedman, avô de Priska, destituído de sua estalagem, fugiu da cidade natal, Stropkov, e foi morar com eles. A família de Priska havia conseguido juntar um dinheirinho e tinha esperança de que seria mais fácil, como judeus, passarem despercebidos na cidade grande. Eles estavam certos. Na época da invasão nazista, estima-se que cerca de 15 mil judeus moravam em Bratislava, representando 12% da população. Todos foram bem assimilados, sofrendo pouco antissemitismo.

Embora estivesse tudo diferente sob o regime nazista, a família de Priska encontrou um apartamento na rua Špitálska, e Priska, dando aulas particulares, pôde retomar a vida que tivera desde a infância. Sua cafeteria preferida era a Astorka, onde travou contato com a elite intelectual da cidade, conversando em diversos idiomas. Foi nesse café que um dia, em outubro de 1940, ela reparou num sujeito esbelto, de bigode, sentado na mesa ao lado, que conversava com algumas amigas dela.

"Ele estava bastante envolvido na conversa com a minha amiga Mimi, que era farmacêutica. De repente, ele se levantou, veio na minha direção e disse que tinha me achado bonita." O admirador nada secreto foi falar com ela e se apresentou. Tibor Löwenbein era um jornalista judeu de origem polonesa, fluente em alemão e francês, que viera da cidade de Púchov, na região noroeste da Eslováquia. Priska garante que ele estava ligeiramente embriagado quando veio falar com ela, e por isso lhe disse que não gostava de homens que bebiam. Para impressioná-la, Tibor prometeu que nunca mais beberia. E manteve sua palavra.

Mas gostava de cachimbo. Tinha uma coleção de quarenta peças, em que Priska não podia mexer. Muito elegante, seu pretendente também tinha quarenta camisas. Como pretendia ser escritor, Tibor vivia rabiscando palavras nos bloquinhos de anotação que carregava. E colecionava selos — embora Priska afirmasse, com um sorriso sardônico, que depois que ele a conheceu, ela era seu único hobby.

Tibor era filho único de Heinrich Löwenbein e de sua esposa Elizabeth, conhecida como "Berta". O pai de Tibor possuía uma pequena fazenda.

Desejando mais do que uma vida de fazendeiro, Tibor se mudou para Bratislava e passou a escrever para o *Allgemeine Jüdische Zeitung*, cobrindo a seção de esporte e política local. Escreveu também um pequeno livro intitulado *Slovensko-Židovské hnutie a jeho poslanie* (O Movimento Judaico--Eslovaco e sua missão), sobre sua assimilação completa na cultura eslovaca.

O jornalista e escritor Tibor Löwenbein, marido de Priska

Quando as Leis de Nuremberg o impediram de continuar no jornal, o dono do Dunajská Bank em Bratislava, um grego bastante gentil, ofereceu-lhe emprego como auxiliar de escritório. Esguio, bem vestido e muito simpático, Tibor tinha pele e cabelos claros. Não parecia judeu — o que, segundo Priska, importava na época. Era tão respeitado no banco que foi mandado para Praga e Brno a negócios, algo que teria sido impossível com todas as restrições de deslocamento impostas aos judeus. Mas seu chefe tinha contatos importantes, e Tibor era hábil em contornar obstáculos. Como jornalista, conhecia muitas pessoas, todas sempre muito educadas, tratamento que se estendia à notável jovem de braços dados com ele.

Todos os dias, a caminho do trabalho, Tibor acompanhava Priska até o café Astorka, onde ela tomava seu café da manhã, que consistia em café e bolo. Na saída, ele parava para saudá-la, o que sempre a fez rir. À noite, depois do trabalho, eles iam passear juntos pela margem do Danúbio, um lugar frequentado por casais que estavam se conhecendo. Ao som da música ambiente, contemplavam o brilho do luar nas águas do rio, vendo os barquinhos e balsas navegando lentamente.

Nos primeiros seis meses, Tibor escrevia para Priska todos os dias. Dizia que ela era sua *Pirečka Zlaticko* (mulher de ouro), e ela o chamava de "Tibko" ou, mais comumente, de "Tiborko". Apaixonada, ela guardava todas as suas cartas, algumas curtas, mas todas cheias de afeto. A maioria resistiu à guerra. Numa delas, datada de 10 de março de 1941, Priska escreveu:

> *Meu querido Tibko, fico tão feliz quando recebo suas cartas, principalmente as grandes... E estou ansiosa para lhe dar uma ótima notícia: vou ter folga a partir de quinta, então poderemos nos ver quatro dias seguidos. Um luxo nestes tempos de correria... Você me perguntou o que eu achava das suas cartas. Elas são maravilhosas! Fico impressionada de ver que você, um homem sempre tão sério e ultimamente bastante pessimista com a situação atual, é capaz de escrever cartas tão lindas! Penso muito em você. Sei que encontrará consolo em seus livros. Admito que tenho um pouco de ciúme deles na minha ausência, mas prometo que é temporário. Por favor, mande lembranças a eles, que lhe fazem companhia quando não estou. Um milhão de beijos — sua Pira.*

Em sua resposta, datada de 12 de março, Tibor escreveu:

> *Minha Pirečka de ouro, fiquei extremamente feliz de ler sua carta. Que alegria! Na dura realidade do dia a dia, suas palavras foram como um raio de sol atravessando as negras nuvens. Não tenho como expressar minha gratidão e felicidade. Enquanto espero ansioso pelo nosso encontro de amanhã, às quatro e meia da tarde, na minha casa, vejo*

também como o destino é traiçoeiro. Esse pensamento me veio à cabeça ao constatar que não podemos estar juntos no nosso aniversário de cinco meses de namoro. Por isso, deixarei as palavras que gostaria de lhe dizer para amanhã à tarde, quando finalmente a verei... Não vejo a hora de tê-la em meus braços... amanhã nos vemos, minha querida... e enquanto a hora não chega, muitos beijos, seu, Tibor.

Priska e Tibor casam-se na sinagoga de Bratislava, em 1941

Priska e Tibor se casaram no dia 21 de junho de 1941, na sinagoga de Bratislava, uma edificação de estilo mouro, com duas torres. A noiva, de 25 anos, estava de casaco longo branco, chapéu *pillbox* e sapatos também brancos, um vestido estampado e colar de pérolas. Carregava um buquê de gladíolos brancos ao receber a *ketubá*, o contrato de casamento judaico. O noivo, de 27 anos, envergava um elegante terno, com calças *bag*, que estavam na moda na época, e um chapéu.

Os pais de Priska, Emanuel e Paula, que declararam ser Tibor o genro "perfeito", deram sua bênção ao casal e estavam felizes por ter algo a comemorar. Os pais de Tibor não estavam no casamento. O pai cometera suicídio na fazenda perto de Púchov alguns meses antes, deixando a esposa sozinha. Bastante perturbado, Tibor voltou para casa para ficar com a mãe, mas precisou retornar a Bratislava, para não correr o risco de ser preso por afastamento da residência sem permissão. Priska e os pais dela tornaram-se sua nova família.

Foi uma união feliz. Eles haviam nascido um para o outro. "Nunca tivemos uma briga", contou Priska, descrevendo o marido como "sensacional". Ela gostava que ele falasse eslovaco "corretamente", o que era raro. As pessoas costumavam misturar com alemão ou húngaro. "Ele era maravilhoso comigo. Ficava impressionado com o fato de eu falar tantas línguas. Tenho lindas lembranças do meu Tiborko. Um marido fora de série. Uma raridade."

Mas as reverberações posteriores da guerra lhes anuviaram a felicidade. No dia seguinte ao casamento, os alemães invadiram a União Soviética como parte da Operação Barbarossa de Hitler, cujo objetivo era ocupar os territórios russos. Ainda esperando o melhor e completamente despreparados para o que viria a seguir, Priska e Tibor se mudaram para um apartamento na rua Rybárska Brána, nº 7, conhecida mais tarde como Fischertorgasse, bem perto da praça central Hlavné Námestie. Viviam felizes ali, apesar das contínuas ameaças que recebiam. Desejosa de formar uma família mesmo assim, Priska engravidou logo, para alegria do casal. Com um filho a caminho, Tibor sentiu-se aliviado por ter uma renda estável, conseguindo manter o emprego mesmo quando, em 1941, cerca de trezentas novas regras passaram a vigorar para todos os judeus da Eslováquia, o chamado Código Judaico para os alemães, ou *Židovský Kódex*.

Esse código, que definia oficialmente os judeus em termos de raça, restabelecia uma prática centenária de obrigá-los a usar emblemas humilhantes, instituída em lugares distantes como Inglaterra e Bagdá a partir do século IX. Os documentos e passaportes de todos aqueles de origem judaica foram carimbados com a letra J, de *Jude* (*judeu*, em alemão). Eles também tiveram que comprar braçadeiras ou estrelas, cortadas de grandes tecidos pré-estampados que eram produzidos nas próprias fábricas que muitos deles haviam trabalhado. Cada distintivo tinha que ser costurado na frente e atrás de todas as peças de roupa, mas deveria ser usado, principalmente, sobre o coração.

A perseguição pública aos judeus intensificou-se com essa nova visibilidade. Além das lojas e negócios que continuavam a ser alvo de vandalismo, eles enfrentavam perigo cada vez que saíam de casa, seu único abrigo. Muitos dos amigos de Tibor e Priska pagaram quantias exorbitantes de dinheiro para adquirir documentos falsos, mas corriam grande risco de serem pegos. O chefe de Tibor conseguiu isentá-lo de usar a estrela e de muitas outras restrições, mas Priska não tinha a mesma proteção. Toda vez que eles saíam juntos após o toque de recolher ou iam a algum lugar de onde os judeus haviam sido banidos, ela segurava a bolsa ou virava a parte de cima do casaco de modo a esconder a estrela.

Até que, pouco tempo depois da imposição das novas regras, os judeus foram forçados a abandonar o centro de Bratislava e a se mudar para os subúrbios mais pobres. Priska conseguiu um emprego de professora numa escola primária a vinte quilômetros de onde morava, na pequena cidade de Pezinok. Tibor saía todo dia para Bratislava às seis da manhã. "Ele adorava o trabalho, e precisava trabalhar, porque eu estava esperando um filho." Os pais, o avô e a irmã de Priska, Boežka, conseguiram permanecer em Bratislava, num apartamento às margens do Danúbio, onde Boežka continuava trabalhando como costureira. E, assim, essa família tão unida seguia lutando, esperançosa.

Priska trabalhou na escola primária até o dia em que as autoridades proibiram os não arianos de dar aulas para alunos arianos. Depois de uma triste despedida, Priska ainda afirmava que tinha sorte, porque um inglês, dono de uma escola de idiomas local, a convidara para dar aulas lá, e a remuneração era melhor. "Eu tinha opções. Como muitos alunos particulares ainda me procuravam, era como se nada tivesse acontecido. Não sofri. Eles me pagavam, e eu tinha esse dinheiro garantido."

Determinada a ajudar outras famílias com menos sorte do que a dela, Priska resolveu continuar dando aulas de graça para grande parte dos ex-alunos, lendo para eles os clássicos alemães, franceses e ingleses.

Então um dia ela perde o bebê.

Além da reclusão do luto, a vida diária foi se tornando cada vez mais difícil à medida que os códigos nazistas eram aplicados com mais rigor. As autoridades obrigaram os judeus a catalogar todos os seus pertences — objetos de prata, obras de arte, joias etc. —, que foram confiscados pelos bancos locais. Casacos de pele e roupas de inverno seguiram o mesmo destino. Os judeus foram proibidos de ter animais de estimação, devendo entregar cachorros, gatos, coelhos ou passarinhos aos centros de recolhimento, para nunca mais vê-los de novo.

A República Eslovaca sob o regime do reverendo Tiso se tornou um dos primeiros membros do Eixo a consentir com as ss *Aktionen* na deportação de judeus para novas "áreas de assentamento" ou campos de trabalho para ajudar no esforço de guerra da Alemanha no leste. Em agradecimento ao direito de não perder seus cidadãos arianos, o governo concordou em pagar quinhentos *Reichsmarks* por cada judeu deportado pelos nazistas. Em troca, os nazistas garantiram às autoridades que os "parasitas" "reassentados" jamais voltariam ou exigiriam satisfações sobre o que deixaram para trás. Em meio a essa atmosfera opressiva, dezenas de milhares de judeus foram capturados pela *gardista* eslovaca e outras milícias, sendo "concentrados" em barracões de trabalho dentro da Eslováquia — principalmente em Sereď, Vyhne e Novaky.

Milhares de reclusos ocuparam os novos campos, trabalhando na fabricação de bens vitais para o esforço de guerra alemão, mas cerca de 58 mil foram mandados para campos de trabalho forçado no extremo leste, como parte de uma iniciativa que os nazistas chamaram de *Osttransport*. O termo "leste" dava a entender que os campos ficariam próximos das fábricas de armamento dentro da Polônia ocupada, onde os reclusos trabalhariam em troca de comida e abrigo. Alguns foram com a promessa de trabalhar na colheita ou contribuir para a formação de novos Estados judaicos.

Abandonados e indefesos, os judeus eslovacos resignavam-se a um futuro que se configurava cada vez mais lúgubre. Já esperavam privações e atribulações, mas rezavam para que, com o fim da guerra, a vida voltasse ao normal. Famílias inteiras decidiram acompanhar os parentes que eram enviados para o campo, julgando que seria melhor permanecer todo mundo junto. Outros prometeram enviar dinheiro, comida e cartas, acreditando que chegariam ao destinatário.

Em março de 1942, quase nove meses após o dia do casamento, mais ou menos no período em que nasceria seu primeiro filho, Priska soube que sua irmã mais velha, Boežka, havia sido capturada em uma das *Aktionen*, depois que as autoridades eslovacas concordaram em entregar mil mulheres solteiras saudáveis. Ciente do destino de Boežka, Priska foi correndo ao terminal rodoviário de Bratislava para tentar resgatá-la — um ato que poderia ter lhe custado a vida. O trem de passageiros lotado já estava de partida, mas Priska não encontrou a irmã naquela multidão de rostos assustados. "Eu não conhecia os *gardistas*, mas implorei para que eles soltassem a minha irmã. Eles disseram: 'Se você for solteira, entre no trem! Se for casada, volte para casa!'. Fiquei surpresa com o fato de eles não terem simplesmente me deixado lá (na estação)".

Os temidos membros da guarda eslovaca *Hlinka*, com seu distintivo uniforme preto, muitos treinados pela ss, prenderam Priska, que passou a noite na prisão. O marido, preocupadíssimo, sem saber onde ela estava, recebeu uma mensagem na manhã seguinte: "Venha buscar sua esposa encrenqueira". Tibor foi à delegacia e convenceu as autoridades a soltá-la sem ter que pagar fiança, mas estava tão enfurecido com Priska pelo risco que ela correra que se recusou a dirigir-lhe a palavra — embora só a metade do dia, porque a esposa estava muito mal por não ter conseguido salvar Boežka.

Pouco tempo depois, Priska engravida de novo, e novamente, embora o mundo estivesse desabando a sua volta, eles ficaram extasiados. Não se davam conta do perigo que corriam. As autoridades continuavam invadindo casas, capturando judeus e os enviando aos campos de trabalho forçado em levas de mil. Os pais de Priska conseguiram escapar certa feita porque ouviram o som de coturnos no corredor e fugiram pela janela.

No dia 17 de julho de 1942, eles não tiveram tanta sorte. Impotentes perante a cadeia de comando que presidia sobre vida e morte, Emanuel e Paula Rona foram pegos de surpresa. Priska só soube do fato quando já era tarde demais. Eles tinham cinquenta e poucos anos, e ela nunca teve a chance de se despedir. Assim como aconteceu com sua irmã, Priska não pôde salvá-los. Acabou perdendo também o segundo filho, por aborto espontâneo. "Senti que devia ir para o leste também", contou. "Nada mais importava."

Tibor descobriu que a mãe, Berta, também tinha sido levada de sua casa, perto de Púchov, para um campo na Silésia polonesa. Como ela era uma senhora idosa e sozinha, Tibor chegou à conclusão de que tinha ficado órfão. Priska soube, por amigas de infância como Gizka, que a maioria da população judaica de Zlaté Moravce havia desaparecido, incluindo amigos e parentes.

De repente, não mais importava que seus pais tivessem conseguido entregar a Gizka seus bens mais preciosos para guardar. Sua melhor amiga, a quem ela ajudara durante todo o ensino médio, arriscava a vida escondendo os pertences de sua família. Com a captura dos pais e da irmã e com os outros irmãos espalhados pelo continente, Priska se perguntava de que valeriam todas aquelas louças de porcelana e talheres de prata depois da guerra se não sobrasse ninguém para se sentar à mesa do Shabat.

Sua irmã Anna recebeu ajuda de amigos gentios e conseguiu escapar para a relativa segurança das Montanhas Tatras, onde trabalhava de garçonete com um novo nome e morava com o tio materno, o dr. Gejza Friedman, especialista em pneumologia num sanatório para doentes de tuberculose. Ele também acolheu o pai de 83 anos, David Friedman, avô de Priska, que havia ficado em casa sozinho depois que a filha e o genro foram levados. O filho de Anna, Otto, com onze anos na época, foi escondido por freiras católicas. O irmão mais velho estava seguro, vivendo na Palestina sob domínio britânico. Janko havia desertado de sua unidade de trabalho judaica e se unido aos militantes na organização de rebeliões contra os guardas da *Hlinka* e ações para enfraquecer o governo pró-Alemanha. Não tinham notícias dele havia meses.

Retomando o antigo interesse pelo cristianismo, Priska foi batizada como evangélica na esperança de que isso pudesse salvá-la. Tibor, criado num lar mais religioso, não acreditava que adiantaria. Ambos continuavam observando as tradições judaicas. Apesar da grande incerteza que os cercava — ou talvez por causa dessa incerteza —, sua esposa engravidou de novo, mas perdeu o filho novamente.

No outono de 1942, os transportes para o leste foram interrompidos pelas autoridades eslovacas. A elite política e religiosa e o movimento de resistência judaica formaram uma organização chamada Força-Tarefa de Bratislava, exercendo enorme pressão sobre o governo de Tiso quando suspeitaram que a maioria dos 58 mil judeus deportados estava morta. Mais de 7 mil eram crianças.

Nos dois anos seguintes, após o governo eslovaco reconsiderar sua posição e se recusar a deportar os 24 mil judeus restantes, os que ficaram para trás passaram a ter relativa segurança. Muitos esforços foram feitos por parte dos membros da Força-Tarefa para salvar os judeus definitivamente, subornando figuras centrais do regime. Eles chegaram a negociar diretamente com a ss e o *Hauptsturmführer* Dieter Wislieceny, conselheiro eslovaco nazista, oferecendo-lhes milhões de *Reichsmarks* em ouro. Batizadas de "Plano Europa", as negociações cessaram quando Wislieceny foi transferido. Mesmo assim, o grupo conseguiu um abrandamento das leis antissemitas e redução da perseguição, embora a sensação desagradável de que algo ruim iria acontecer ainda prevalecesse.

Graças ao trabalho de Tibor e às aulas de Priska, eles conseguiram voltar para Bratislava e se mudar para um apartamento na Edlova Strasse. Apesar do racionamento e das restrições quanto a locais e horários de compras, eles estavam bem alimentados em comparação com milhares de pessoas em toda a Europa. Quando Priska tinha vontade de comer um doce, eles dividiam um bolo na nova cafeteria preferida deles, o histórico Štefánka Café.

Como a maioria dos amigos, judeus e gentios, eles procuravam não se preocupar tanto com o futuro, baseando-se na esperança de que a guerra

Priska e Tibor em Bratislava, 1943

terminaria logo. Em 1943, os Aliados pareciam estar em patente vantagem. Os poucos rádios permitidos anunciaram levantes bem-sucedidos na Polônia e a tomada gradual de controle por parte do Exército Vermelho. Os alemães haviam perdido Stalingrado após uma brutal campanha de cinco meses. Os Aliados conquistaram a Líbia, obrigando o Afrika Korps a se render. A Itália declarara guerra na Alemanha, e os civis estavam sendo evacuados de Berlim. Era um fim à vista ou a situação só pioraria?

Ninguém sabia. Ninguém tampouco sabia o que tinha acontecido com seus entes queridos, dos quais não recebiam nenhuma notícia. Circulavam boatos em Bratislava sobre os campos de trabalho a que os judeus e outros haviam sido enviados. Diziam que as pessoas trabalhavam até a morte, morriam de fome ou eram simplesmente executadas, de maneira brutal. Novas informações dos Estados Unidos e da Grã-Bretanha em 1942 confirmavam que sobretudo os judeus estavam sendo metodicamente aniquilados. Essas histórias se tornaram ainda mais apavorantes depois de abril de 1944, quando o prisioneiro eslovaco Rudolf Vrba e o fugitivo Alfred Wetzler conseguiram sair de um campo no sul da Polônia do qual ninguém tinha ouvido falar para avisar do extermínio em massa, envolvendo o uso de câmaras de gás e crematórios. O informe detalhado dos dois sobre Auschwitz-Birkenau, com ilustrações e tudo, não teve grande circulação, e muitos não acreditavam no que eles diziam — embora, temerosos, evitassem a todo custo os transportes para o leste.

Priska e Tibor não podiam acreditar naqueles relatos, que pareciam absurdos demais para merecerem algum crédito. De acordo com seus amigos, seriam devaneios de sujeitos traumatizados com a prisão ou com a propaganda antinazista exagerada. Apesar de tudo o que passaram, Priska e Tibor não conseguiam conceber que Hitler não estava brincando quando prometeu erradicar todo ser humano de origem étnica indesejável a fim de criar uma raça pura. Afinal de contas, os alemães eram o povo mais culto e civilizado do mundo. A nação que produzira gênios como Bach, Goethe, Mozart, Beethoven, Einstein, Nietzsche e Dürer não seria capaz de criar um plano tão monstruoso. Ou seria?

Sustentando a esperança de uma resolução iminente para a guerra que eles não compreendiam totalmente, o casal levava a vida da melhor maneira possível. Em meados de junho de 1944, uma semana antes de seu aniversário de casamento, Priska e Tibor decidiram tentar um novo filho. Dois meses depois, a relativa calma que reinara por quase dois anos foi interrompida pela Revolta Nacional Eslovaca, uma insurreição armada com o objetivo de derrubar o Estado fantoche. Janko, o irmão de Priska, foi um dos milhares de cidadãos comuns e militantes que fizeram de tudo para pôr um fim ao regime fascista sob o qual eram obrigados a viver.

A violenta rebelião começou nos Tatras Baixos, no dia 29 de agosto de 1944, disseminando-se rapidamente até que, dois meses depois, as forças de defesa alemãs, a Wehrmacht, foram enviadas para uma intervenção brutal. Milhares de pessoas morreram. Depois disso, tudo mudou. Os soldados que haviam sido mandados para se vingar não demoraram a ocupar todo o país sob o patrocínio da Gestapo, que interveio para impor ordem sobre aqueles que ousavam desobedecer ao Führer. Uma das principais missões da polícia de segurança era obrigar o presidente Tiso a concluir as deportações dos judeus eslovacos remanescentes. Desesperados diante dessa perspectiva, milhares de judeus se esconderam ou fugiram para a Hungria e outros países, onde esperavam ter mais segurança.

Tentando manter o otimismo em face de um destino aparentemente inevitável, Priska e o marido decidiram permanecer em Bratislava, onde haviam conseguido escapar da captura por tanto tempo. Cada dia que passavam sem serem descobertos era como uma bênção, ainda mais com as boas notícias que chegavam da guerra. Paris tinha sido libertada, junto com outras cidades portuárias fundamentais da França e da Bélgica. Os Aliados tinham dado início a um ataque aéreo na Holanda. A Alemanha logo se entregaria?

No dia 26 de setembro de 1944, uma terça-feira, o casal celebrou o aniversário de trinta anos de Tibor, que naquele ano caiu em Yom Kipur, o "Shabat dos Shabats", um período de quase 25 horas de jejum conhecido como Dia do Perdão, um dos dias mais sagrados da religião judaica. Após lavar as mãos, conforme o costume, eles se sentaram para fazer uma refeição com o que tinham em casa. Tibor e Priska comemoravam não somente o aniversário dele, mas a nova vida que Priska carregava no ventre, bem embaixo do coração, por um pouco mais de oito semanas. Juntos, eles rezaram para que ele, seu quarto filho, conseguisse sobreviver.

Dois dias depois, essa esperança de felicidade foi destruída quando três membros da *Freiwillige Schutzstaffel* (ss Voluntária) — composta, em grande parte, de paramilitares eslovacos de ascendência alemã — invadiram seu apartamento e ordenaram que eles enfiassem seus pertences em duas malas pequenas, com capacidade para apenas cinquenta quilos no total.

"Eles eram terríveis", contou Priska. "Arrogantes. Mal falavam. Eu também não falei nada. Sabia como manter a calma em situações de adversidade."

Naquele belo dia de outono e a um custo para o governo eslovaco de mil *Reichsmarks*, Priska e Tibor Löwenbein foram "arrancados" de casa e jogados na parte traseira de um enorme furgão preto. Tiveram que deixar para trás a coleção de selos, cachimbos e camisetas de Tibor, uma estante cheia de livros e seus cadernos preciosos, com anos de escritos.

O jovem casal foi levado primeiro para a sinagoga ortodoxa na Heydukova Strasse. Esperaram ali por horas, com várias outras pessoas sentadas no chão ou em cima da mala, temendo pela vida. Priska, lutando contra a náusea — a primeira que teve na vida —, apoiou-se em Tibor, que lhe dizia para se lembrar do bebê. "Meu marido me fazia carinho, dizendo: 'De repente eles vão nos levar para casa, *Pirečko*'. Eu só pensava no meu filho. Eu queria muito aquela criança."

Mais tarde no mesmo dia, eles e 2 mil outros judeus foram transferidos de ônibus até a pequena estação ferroviária de Lamač. Dali, seguiram por sessenta quilômetros em direção ao leste, para o campo de trabalho de Sered', na planície do Danúbio. Ex-base militar, Sered' era administrado pela *Hlinka* antes da revolta, mas agora estava sob supervisão do oficial da ss Alois Brunner, assistente de Adolf Eichmann, o *Obersturmbannführer* (tenente-coronel) nazista, um dos principais perpetradores da chamada "Solução final para a questão judaica" de Hitler.

Brunner havia sido mandando pessoalmente para Sered' a fim de supervisionar a deportação dos últimos judeus eslovacos após a bem-sucedida supervisão de uma operação similar em Vichy. Estima-se que Brunner, geralmente visto com seu uniforme branco favorito, tenha sido responsável pelo envio de mais de 100 mil pessoas para Auschwitz.

Judeus sendo retirados de vagões de gado em Auschwitz

Quem chegava a Sered' era conduzido qual rebanho a casernas de madeira, que logo superlotaram, pelo número de pessoas trazidas. A desumanização dos prisioneiros começava com as chamadas matutinas, ou *Appelle*, um regime estrito de trabalho físico forçado ou deveres domésticos. Comprimidos no espaço que havia, eles deviam sobreviver com meia xícara de "café" amargo, uma sopa rala de procedência duvidosa e um pequeno pedaço de pão duro por dia. Os mais religiosos utilizavam a água quente oferecida como sopa para lavar as mãos antes de repartirem cuidadosamente sua porção de comida ordinária.

Em Yom Kipur, o dia que Priska e o marido respeitaram em Bratislava, os nazistas de Sered' assaram um porco inteiro no meio do campo, convidando, às gargalhadas, os judeus famintos para se servirem. Ninguém comeu, apesar da fome.

As primeiras transferências de Sered' para o leste começaram logo após Priska e Tibor chegarem de ônibus. Brunner supervisionava o "esvaziamento" do campo a fim de prepará-lo para a próxima remessa de prisioneiros. No dia 30 de setembro de 1944, os quase 2 mil judeus de Bratislava foram arrancados de seus alojamentos por oficiais da SS eslovacos e húngaros no meio da noite e perfilados em formação militar antes de serem jogados em vagões fechados, sem janela e sem espaço para respirar. Em cada vagão espremia-se entre oitenta e cem pessoas. Quando as pesadas portas de madeira se fecharam, deixando a todos sufocados na escuridão quase total, as crianças menores foram passadas por cima das cabeças dos outros para ficar no colo de quem encontrara um pouco de espaço para sentar sobre uma tábua estreita no fundo. O resto mal conseguia se mexer, e teve que ficar em pé ou agachado, na posição em que estava.

Não havia banheiro. Apenas um balde de madeira vazio e uma lata de água. Os vagões logo começaram a feder, em condições terríveis de higiene, pois, a cada solavanco do trem, o conteúdo do balde derramava. Alguns tentaram esvaziá-lo pela janelinha que havia, mas uma tela de arame impedia que os baldes fossem totalmente entornados. Ou seja, as pessoas foram obrigadas a defecar e urinar ali mesmo, por cima da roupa.

Sem comida, sem água e sem ar, seres humanos desesperados, molhados de suor, apertavam-se uns contra os outros. Aqueles que conseguiam ver o lado de fora por pequenas rachaduras na madeira iam anunciando o nome das cidades pelas quais passavam, na jornada de trezentos quilômetros rumo ao nordeste. No momento em que cruzaram a fronteira polonesa, alguns dos prisioneiros mais velhos recitaram o *Kadish* (a reza judaica para os mortos) e simplesmente apagaram. Os mortos eram lançados do trem em paradas ao longo do caminho. Como milhares de judeus transportados de Sered' em condições abomináveis durante os últimos meses de 1944, esses 1.860 judeus eslovacos perceberam que estavam sendo levados para um lugar onde seriam tratados de forma inumana, podendo chegar à morte.

Priska e Tibor sentiam medo como todo mundo, mas continuavam tentando convencer um ao outro que tudo terminaria bem e que eles voltariam para casa com o filho. Priska, sobretudo, estava determinada a não desistir, porque "gostava muito da vida". Lembrou ao marido que sua capacidade de falar vários idiomas lhe permitiria conversar com os outros prisioneiros e até com os oficiais da SS, que a tratariam com um pouco mais de respeito. Ela era inteligente e saberia usar sua inteligência, garantiu.

A fé de Priska sempre lhe foi importante, e ela recorreu a essa fé durante a angústia daquelas horas dentro da locomotiva que os conduzia em direção ao leste. "Acreditar em Deus é a coisa mais importante do mundo. Uma pessoa que tem fé é uma pessoa decente, que sabe como se comportar. Todas as noites eu falo com meu Deus antes de dormir." Depois de ter sido batizada como evangélica, Priska não se via tanto como judia, uma ironia que não a poupou do martírio, uma vez que ela e o marido eram tratados sem o mínimo de compaixão por conta de sua religião. "É horrível o que eles fizeram com os judeus", admitiu. "Horrível. Pareciam animais. Homens são homens, e um homem deve tratar o outro de maneira adequada. Não foi o que eles fizeram com os judeus. Fomos jogados num trem de carga, como bichos. Uma coisa apavorante."

A viagem de trem durou mais de 24 horas. Ninguém sabia para onde estavam indo e se encontrariam os entes queridos que foram afastados deles dois anos antes. Será que Priska reencontraria a irmã Boežka e os pais? Será que veria as amigas de Zlaté Moravce com quem nadara, cantara e praticara inglês e alemão? Será que Tibor, finalmente, poderia consolar a mãe enviuvada?

Tibor, cada vez mais angustiado, não acreditava nessa possibilidade, e sofria pela mulher. Com toda a náusea e sem ar nem água, ela arfava no vagão fétido e escuro, enquanto ele tentava consolá-la, aninhando-a nos braços e beijando-lhe a cabeça. Fazia pequenas pausas para tomar ar, pedindo-lhe que pensasse positivo, acontecesse o que acontecesse, e focasse somente em coisas alegres. Assim como nas cartas em que falara do raio de sol atravessando as densas nuvens, Tibor tentava fazer com que Priska continuasse acreditando no futuro.

À medida que o trem avançava, porém, a coragem de Tibor começou a esmorecer. Se eles estavam sendo tratados assim agora, que outras crueldades esperariam por eles pela frente? Apertando a mulher ainda mais forte contra o peito, ele rezou para que ela e o filho tão desejado pelo menos sobrevivessem. Constatando que aquela podia ser sua última chance, o casal decidiu escolher o nome do bebê ali mesmo, no lugar mais improvável. Sussurrando, optaram por Hanka (um modo mais formal de Hana) se fosse menina — em homenagem à irmã da avó de Priska — e Miško (Michael) se fosse menino.

Em pé ao lado do casal no vagão penumbroso estava Edita Kelamanová, uma húngara solteira de 33 anos, proveniente de Bratislava. Ela não teve como não ouvir a conversa, e ficou bastante comovida. Em meio ao barulho do trem, que sacolejava impiedosamente sobre os trilhos, Edita garantiu a Tibor: "Se a sua mulher e eu ficarmos juntas, prometo que cuidarei dela". De origem privilegiada, Edita não fazia aquilo somente por *mitzvá* ou dever moral. Acreditava que, cumprindo o que prometera, suas preces seriam ouvidas, e ela se salvaria, encontrando um marido também. Tibor agradeceu a gentileza, enquanto Priska, reconhecendo o sotaque da desconhecida, acrescentou docemente em húngaro: "Köszönöm" — obrigada.

Nesse momento, o trem fez uma parada brusca numa estação da fronteira entre a Polônia e o Reich alemão, onde os prisioneiros foram entregues formalmente às novas autoridades. As portas dos vagões sufocantes, contudo, não se abriram. Ninguém tinha a mínima ideia do que estava acontecendo. Esperavam na estação central, diante de um desvio ferroviário. Com uma guinada repentina, o trem vindo de Sered' entra em movimento novamente, até que, algumas horas depois, ouve-se uma batida na lateral da formação, e o trem para violentamente no centro de Auschwitz II-Birkenau. Domingo, 1º de outubro de 1944. Do lado de lá das portas trancadas daquela prisão sobre rodas, os passageiros reconhecem imediatamente os sons da violência — homens gritando e cães latindo — e constatam que chegaram ao destino final.

"Vai ficar tudo bem, minha Priska de ouro!", prometeu Tibor um pouco antes de as portas do vagão se abrirem com um estrondo. Caminhando desordenados em direção ao desconhecido, ele grita: "Não desanime, Piroška! Pense apenas em coisas bonitas!".

2
Rachel

Rachel Abramczyk

"Guten Morgen hübsche Dame, sind sie schwanger?" (*Bom dia, moça bonita, você está grávida?*)

Rachel Friedman ouviu uma pergunta parecida no outono de 1944, quando Mengele deu aquele sorriso que parecia reservado às mulheres raspadas e nuas enfileiradas diante dele como manequins em Auschwitz II-Birkenau.

Rachel, sem saber o que dizer nem para onde olhar, manteve a cabeça baixa. À sua volta, centenas de mulheres na mesma situação, todas obrigadas a esperar de pé, por horas, em campo aberto. Como todas elas, afligia-lhe estar despida na frente de tantas pessoas desconhecidas. Com 25 anos, sentiu-se repentinamente grata pelo fato de o marido Monik não ter sido transportado com ela do gueto em que moravam na Polônia ocupada. Ele não veria sua humilhação.

Como Priska Löwenbeinová — uma dos milhares de mulheres com o mesmo destino —, Rachel tinha apenas alguns segundos para decidir o que responder ao oficial nazista antes que ele indicasse, com um rápido gesto de mão, se ela viveria ou morreria. Ela nem tinha certeza absoluta de que estava grávida de Monik — e, se estivesse, seria de poucas semanas. Além disso, não tinha a mínima ideia do que significaria responder que sim.

Chegara a ouvir histórias terríveis do que acontecia nos campos nazistas, mas não conseguia acreditar que fosse verdade. E, por mais absurdos que fossem os rumores, ninguém mencionava o nome do dr. Mengele, o destino das mulheres grávidas sob sua supervisão ou as experiências médicas brutais realizadas com crianças — principalmente gêmeos. Isso viria à tona mais tarde.

A única coisa que Rachel sabia, ao observar o médico vestido de forma impecável examinando pessoalmente diversas prisioneiras, era que seu sorriso não correspondia a seu olhar. Aliás, toda a sua conduta era a de um fazendeiro diligente examinando seu gado, sem nenhum escrúpulo. Manuseava os seios das mulheres, avaliando seu físico e gerando grande constrangimento.

Com os coturnos lustrados e o uniforme engomado, apresentava todas as características de um homem disciplinado e metódico. Embora alguns dos nazistas que vagavam pelo perímetro da lamacenta área de chamada parecessem estar bêbados ou coisa pior, Mengele não precisava anestesiar seus sentidos. Pelo contrário, ele parecia gostar do trabalho. Passava assobiando pelas filas de prisioneiras, parando somente para dar ordens às que trajavam uma espécie de pijama listrado.

Qualquer mulher visivelmente grávida ou exposta pelo leite que pingava de seus seios quando apertados eram levadas dali por aqueles homens de expressão impassível. O semblante das mulheres era tudo menos impassível. O medo em seus olhos ao serem agrupadas num canto foi suficiente para convencer Rachel da resposta.

Quando Mengele lhe fez a pergunta, agitando a luva, impaciente, para a esquerda e para a direita, ela tapou os seios com as mãos e respondeu calmamente: "Nie".

Mengele não encostou um dedo na mulher grávida à sua frente. Ao dirigir-se à próxima vítima, não olhou mais para Rachel Friedman.

RACHEL FOI CRIADA NUMA família grande, "bonita e feliz", em que as crianças brincavam, riam e cantavam juntas, e para quem a vida devia ter sido longa e doce.

Foi batizada como Rachel Abramczyk, mas passou a ser chamada de Ruze ou "Rushka". Mais velha de nove filhos, Rachel nasceu um mês após o fim da Primeira Guerra Mundial na noite de Ano-Novo de 1918, em Pabianice, perto de Łódź — a segunda maior cidade da Polônia.

Pabianice era uma das mais antigas comunidades do país e uma das mais prósperas, com um longo histórico de fabricação têxtil. Mesmo assim, ainda era um lugar essencialmente rural. Havia, por exemplo, apenas dois carros na cidade, um deles do médico local. Os judeus dessa parte da Europa Oriental sofreram preconceito desde a época do domínio prussiano, mas, a partir da década de 1930, tornaram-se mais assimilados, correspondendo a cerca de 16% da população. Os judeus ortodoxos e hassídicos, vestidos de preto e chapéu, eram muito mais perseguidos do que as famílias não religiosas como os Abramczyk, que se descreviam como "culturalmente judeus" ou judeus "reformistas" muito antes do movimento reformista oficial.

Embora falassem iídiche em casa e observassem o Shabat e outras festividades, acendendo velas e comendo kasher, raramente iam à sinagoga. Ou seja, as crianças não cresceram num ambiente estritamente religioso, apesar de terem frequentado uma escola judaica.

Shaiah, o pai de Rachel, era um engenheiro têxtil na empresa de seus sogros, uma das poucas indústrias abertas para alguém de outra religião. A família possuía seus próprios teares e empregava, basicamente, parentes, que fabricavam tapeçaria e tecidos para cortinas e móveis. Tinham boas condições de vida, graças aos pais da esposa Fajga, e moravam num enorme apartamento no terceiro andar de um prédio, com duas varandas e um quintal na parte de trás.

Shaiah Abramczyk, com 48 anos quando o primeiro filho nasceu, tinha instrução acima da média e se considerava um intelectual. Autodidata, era um leitor voraz e interessava-se pelos clássicos da literatura, além de livros de história e arte. Incentivava os filhos a focar nos estudos, inclusive de alemão, que era considerado o idioma de pessoas cultas.

Rachel respeitava bastante o pai, e herdou seu gosto pelo aprendizado. Aluna aplicada, ela e os irmãos caminhavam um quilômetro todos os dias no trajeto de ida e volta da escola, fizesse chuva ou sol. As aulas eram das oito da manhã à uma e meia da tarde, mas depois eles ficavam livres para ler ou brincar.

Como era comum na época, sua mãe Fajga era muito mais nova do que o marido, e tinha só dezenove anos quando Rachel nasceu. Durante toda a infância da filha mais velha, Fajga esteve quase o tempo todo grávida. Embora amasse os filhos, ressentia-se às vezes da ânsia de conhecimento de Shaiah e declarava para os amigos e familiares que ele poderia considerar métodos de controle de natalidade mais eficazes.

Mulher dócil e delicada, Fajga tinha orgulho de sua vida e costumava dizer aos filhos: "Nossa casa é nosso castelo". Decorava o apartamento com uma mistura eclética de arte, sofisticadas peças de porcelana e flores para *Pessach* (a "Páscoa" judaica). Sempre que os amigos ou parentes vinham visitá-los, ficavam impressionados com a arrumação do apartamento e a educação das crianças. Grande parte dessa boa conduta devia-se a Rachel, porque sua mãe, tímida, não era um exemplo de mulher disciplinadora. Quando já tinha tamanho para segurar um bebê no colo, Rachel se tornou a segunda figura maternal da família, ajudando na cozinha, nas obrigações da casa e na criação dos irmãos mais novos.

Preparava o almoço quando eles chegavam da escola e depois os liberava para brincar do lado de fora. A família recebia ajuda externa de vez em quando, mas as filhas mais velhas faziam grande parte do trabalho. Sala, a irmã seguinte, três anos mais nova que Rachel, lembra: "Estávamos sempre com um bebê no colo ou lavando roupa à moda antiga, na tábua de lavar roupa". As irmãs mais novas, Ester e Bala, passaram a ajudar assim que cresceram um pouco. Os meninos, Bernard, conhecido como "Berek", e Moniek, faziam o que podiam, mas os irmãos menores — Dorcka, conhecida como "Dora", e seu irmão gêmeo Heniek, nascidos em 1931, além de Anička, conhecida como "Maniusia", nascida em 1933, eram pequenos demais ainda.

Rachel sentia a pressão da responsabilidade. "Éramos todos bonzinhos, e não brigávamos como as outras crianças", contou, embora fosse ela a encarregada do bom comportamento dos irmãos. Essa função de disciplinadora a acompanhou por toda a vida. Talvez por conta de tantos deveres, Rachel era magrinha, considerada a "fraca" da família. Sala, bela e exuberante, a filha que cantava e dançava nos grupos de teatro locais, observou: "Rachel sempre precisou se alimentar melhor do que nós".

Sustentada em grande parte pelos pais bem relacionados de Fajga, a família tinha a mesa farta, com *pierogi* (pasteizinhos típicos da Polônia) e pratos com carne, como pato com maçã e frango com ameixa. O horário da refeição era sempre uma festa, e as lembranças da comida na mesa — lembranças de dar água na boca — sustentariam Rachel e a família nos momentos mais terríveis da guerra.

As quatro irmãs mais velhas eram muito populares na cidade. Educadas, bem vestidas e bilíngues, tinham um grande círculo de amigos, de todos os credos. Sala era tão bonita que a professora de arte da escola a retratou num quadro. "Foi uma grande honra, mas eu era a favorita dela", lembra Sala.

Embora a família prosperasse, num lar moderno e feliz, os Abramczyk viviam sob constante ameaça, pelo preconceito generalizado que os judeus da Polônia sofriam, contando apenas com as assembleias comunitárias ou os rabinos locais para expor suas queixas. Essa situação era bastante preocupante, e, sobretudo na geração mais nova, falava-se em ir embora dali para começar uma nova vida em outro lugar, sem a constante ameaça de assédio. O sionismo, fundado no século XIX, conquistara popularidade em toda a Europa Oriental durante a década de 1930. Seus princípios idealísticos de estabelecer um novo modo de vida sem discriminação na "Terra de Israel" — considerada a pátria dos judeus — ganhavam força para quem se sentia impotente.

Os judeus mais velhos e mais religiosos sonhavam em ir para a Palestina, para morrer em algum lugar "mais perto de Deus" — o símbolo máximo de prestígio. Alguns, como o pai de Rachel, preferiam o Azerbaijão, onde os judeus tinham uma promessa de abrigo. Seus colegas mais jovens não viam grande propósito na religião, desejando somente se acomodar em algum lugar onde pudessem criar os filhos com segurança, numa terra em que todos fossem iguais.

Desde que tinha dezesseis anos, Rachel fazia parte do Fundo Nacional Judaico para arrecadar dinheiro para a Palestina. Ela também sonhava em se mudar para lá algum dia, onde trabalharia fazendo boas ações. Tendo passado a adolescência como babá dos irmãos, Rachel tomou a decisão secreta de se casar com um homem rico assim que pudesse. E foi exatamente o que fez, logo que terminou o ensino médio. O nome dele era Moshe Friedman, também conhecido como Morris ou "Monik", um rapaz bonito, nascido no dia 15 de maio de 1916. Monik, junto com a mãe viúva, Ita, e dois irmãos mais velhos, David e Avner, tinha uma fábrica têxtil tão grande que empregava gentios também, o que era muito pouco comum na época.

Monik Friedman, marido de Rachel

Foi a perseverança da mãe de Monik, Ita, nascida na Hungria, que fez com que a fábrica se mantivesse após a morte do marido Shimon, por tuberculose, uma doença que quase a matou também, afetando seriamente sua saúde. Apesar disso, ela "tomou as rédeas de tudo o que possuía". Extremamente dedicada aos três filhos, Ita estava determinada a fazer o negócio prosperar, para que os filhos tivessem uma herança digna.

Monik e Rachel se casaram em março de 1937, assim que ela concluiu o ensino médio. Já com o corpo mais formado, Rachel foi uma linda noiva. Seu marido tinha apenas 21 anos, e ela, com dezoito, tornou-se uma dedicada esposa judia. Na época do casamento, sua mãe Fajga, resignada, ainda tinha os gêmeos de seis anos em casa para cuidar, além de Maniusia, com quatro anos. Deve ter sentido muita falta de Rachel.

Monik Friedman tinha o mesmo interesse da esposa pelo sionismo, e o casal passou a integrar uma organização de jovens chamada Gordonia (nome dado em homenagem ao sionista progressista A. D. Gordon), que promovia o estilo de vida comunitário (*kibutz*) e a retomada do hebraico. De acordo com essas convicções, eles decidiram realizar um casamento simples. A mãe influente de Monik, contudo, esperava que os filhos vivessem no mesmo nível da família. Então seu filho mais novo e a esposa se mudaram para uma nova casa em Łódź, onde tinham um estilo de vida invejável. A inflação do pós-guerra que arruinara milhões de vidas em toda a Europa tinha pouco efeito sobre aqueles que foram espertos o suficiente para investir em ouro ou tecidos.

"Casei-me com um homem muito rico e não precisava trabalhar", admite Rachel. "Vivíamos melhor do que os outros." Resolveram não ter filhos logo em seguida, porque queriam aproveitar a companhia um do outro e ajudar nos negócios da família. Além disso, Rachel queria dar um tempo de crianças.

Łódź, com uma história dividida entre a Prússia, a Alemanha e a Polônia, era uma das cidades industrializadas mais populosas do mundo — uma metrópole imponente, com enormes prédios, bulevares ao melhor estilo parisiense e belos espaços públicos. Compreendia a segunda maior comunidade judaica da Polônia, atrás apenas de Varsóvia, com cerca de 30% de judeus, numa população de 1 milhão de habitantes. O resto eram gentios poloneses e alguns poucos alemães. Com cerca de 1.200 empresas têxteis e mais de 2 milhões de carretéis utilizados no processo de fabricação, Łódź havia se tornado o centro do império comercial da Polônia durante a Revolução Industrial e um chamariz para trabalhadores qualificados.

Na cosmopolita Łódź havia muito mais oportunidades para Rachel e Monik do que em Pabianice. Sem afazeres diários ou estudos, Rachel pôde focar na atividade de arrecadação de fundos, enquanto a família Friedman decidia se abria ou não uma nova fábrica em Varsóvia, a 130 quilômetros de distância, onde tinham um apartamento. Seus planos, entretanto, foram interrompidos pelos acontecimentos. Quando Adolf Hitler anexou a Áustria e expulsou todos os poloneses e descendentes de poloneses, tornou-se evidente que o chanceler alemão não podia mais ser ignorado. A *Kristallnacht* era uma confirmação de suas ameaças. Os judeus da Alemanha, Áustria e Sudetos, em pânico, preparavam-se para fugir. Rachel e Monik também desejavam sair do país o quanto antes. Afinal, eles eram sionistas, e grande parte de seus amigos estava indo para a Palestina. Mas o que eles fariam no Levante, tão longe dos entes queridos? Como viveriam num clima tão quente e hostil como o do Oriente Médio?

Por mais tentador que fosse escapar da política nazista, Hitler e seus fanáticos ainda estavam longe, e a esperança era que ele ficasse satisfeito com os territórios que já ocupara. Mesmo que sua influência chegasse à Polônia, a família achava que só os judeus religiosos seriam perseguidos, não os ricos e assimilados como eles.

Após muita deliberação, Rachel e Monik resolveram ficar em seu país natal. Eles pareciam alemães e falavam alemão. Estavam em melhores condições financeiras do que a maioria e tinham muitos amigos gentios. Até verem botas militares marchando pela cidade, não julgavam correr risco. Como Rachel disse depois: "A brutalidade nazista não me surpreendeu nem um pouco. O que eu não esperava era que eles fossem alemães". Além disso, o casal não imaginava que conseguiria encontrar uma vida melhor do que a que já tinham. A ideia era que, acontecesse o que acontecesse — mesmo que perdessem a propriedade —, eles dariam um jeito de seguir adiante.

Essas esperanças frustraram-se quando os nazistas invadiram a Polônia num *Blitzkrieg* (ataque-relâmpago) no amanhecer do dia 1º de setembro de

1939, demonstrando sua enorme superioridade militar. A infantaria entrou pelas fronteiras do norte e do sul e houve diversos bombardeios, inclusive um ataque aéreo em Wieluń, a pouco mais de uma hora de Pabianice, que destruiu 90% do centro, matando 1.300 civis. Comunidades inteiras fugiram de bicicleta, a pé ou de carroça, rezando para que o Exército polonês fosse capaz de deter o avanço germânico. Muitos atravessaram a fronteira para a Romênia, Lituânia e Hungria. Até que Varsóvia foi totalmente devastada pela Luftwaffe (força aérea alemã), que destruiu alvos civis e militares. Dezenas de milhares de pessoas foram mortas, com um número de feridos ainda maior.

Tanto Rachel, em Łódź, quanto sua família, em Pabianice, ficaram sabendo dos planos e correram para abrigos antiaéreos ao ouvirem as sirenes anunciando novos ataques. No momento em que a Grã-Bretanha e a França declararam guerra à Alemanha, no dia 3 de setembro, já era tarde demais para fugir.

Quando o bombardeio finalmente parou, Varsóvia ficou sob cerco por três semanas, até que as forças polonesas se entregaram e 100 mil prisioneiros de guerra foram capturados. No dia seguinte, 1º de outubro de 1939, os tanques blindados alemães (Panzer) circulavam pelas ruas, marcando a ocupação da Wehrmacht. Mais tarde, Hitler anunciou, triunfante: "O Estado sobre o qual a Inglaterra estendera sua garantia foi varrido do mapa em dezoito dias. A primeira fase desta guerra terminou, e agora começa a segunda". Hitler afirmava a seus eufóricos seguidores que a Alemanha era agora a maior potência do mundo.

Após o choque inicial da invasão, surgiram as primeiras ondas de antissemitismo. Desde o primeiro dia, ambas as famílias perceberam que sua "linda vida" tinha chegado ao fim. A Polônia fora dividida entre os alemães e os soviéticos, e nenhuma das duas perspectivas era muito promissora. Os judeus de catorze a sessenta anos foram logo submetidos a trabalho forçado, e muitos alemães poloneses que haviam recebido o exército de Hitler com entusiasmo, de uma hora para a outra, tornaram-se alemães novamente, instigando uma campanha de racismo e humilhação pública contra aqueles que desprezavam secretamente.

Os homens do movimento hassídico, sobretudo, foram as grandes vítimas da violência gratuita, sendo parados e hostilizados nas ruas, com coronhadas de espingarda e outros gestos de abuso de poder. Alguns tiveram sua barba cortada ou totalmente raspada, e outros foram obrigados a esfregar as calçadas com escovas de dente ou com o manto de rezas. Muitos foram enforcados sem nenhum motivo. Casas foram saqueadas, e as janelas de lojas e sinagogas, quebradas. Todos os feriados judaicos foram cancelados, e os alemães obrigaram os judeus a realizar trabalho forçado, impedindo-os de exercer seu ofício na indústria têxtil. Aqueles que escaparam dos saques foram obrigados a entregar tudo o que estava em seu poder, e as transações monetárias foram banidas.

Milhares perderam o trabalho e quase todos os pertences poucos dias depois da invasão. Ex-vizinhos se uniram para atacar lares judaicos e roubar o que quisessem — objetos de porcelana, artigos de cama e mesa, quadros e móveis. Chegaram a arrancar alianças dos dedos dos judeus. Eles foram obrigados a usar braceletes amarelos e, depois, estrelas, emblemas inconfundíveis daquela separação.

O alemão foi declarado o idioma oficial de sua parte da Polônia, e os nomes das cidades e das ruas foram alterados. Pabianice virou Pabianitz, Łódź virou Litzmannstadt, em homenagem a um general da Primeira Guerra Mundial, e, quando a avenida principal passou a se chamar Adolf Hitler Strasse, Rachel e Monik chegaram à conclusão de que os alemães tinham vindo para ficar.

Utilizando os recursos consideráveis que tinha à disposição, Monik conseguiu obter documentos falsos, confirmando que ele era um *Volksdeutsche*, um alemão polonês ariano. De tez clara e olhos verdes, isso lhe deu status até mesmo entre os poloneses arianos, que pareciam prontos para se tornar a classe dominante. Monik conseguiu documentos para Rachel também, o que lhes permitiu transitar livremente entre Łódź e o apartamento da família em Varsóvia, além de torná-los imunes às medidas cada vez mais restritivas que estavam sendo impostas. Ironicamente — e se não fosse a dedicação ao trabalho e à família —, o casal poderia ter se mudado para um lugar mais seguro se quisesse, escapando à perseguição durante todo o período de guerra.

Rachel soube por amigos que a família, embora cercada, ainda estava viva em Pabianice, mas qualquer contato direto com eles a entregaria. Ficou sabendo também que organizaram um gueto para judeus numa pequena área de sua antiga cidade, e que alguns tinham se mudado para lá por livre e espontânea vontade, em busca de segurança coletiva. As autoridades declararam que o gueto era necessário para proteger os judeus dos ataques arianos e para impedi-los de "colaborar com os inimigos do Reich". Admitiram também que o objetivo era isolá-los, pelo risco de disseminação das doenças que os judeus supostamente teriam. No início de 1940, os familiares de Rachel contavam entre os milhares de habitantes de Pabianice e arredores agrupados num dos primeiros guetos da Europa, com a ameaça de execução se tentassem cruzar seus limites fortemente guardados.

Famílias inteiras receberam o aviso em cima da hora e só tiveram tempo de pegar roupas de cama e alguns pertences. Em dezembro de 1940, o gueto, originalmente formado por algumas centenas de habitantes, já abrigava cerca de 8 mil pessoas, que se espremiam nos quartos ou apartamentos designados pelas autoridades. Felizmente, alguns amigos dos Abramczyk possuíam uma propriedade dentro da fechada malha de ruas de pedra do gueto, oferecendo-lhes um quarto grande para morar, com alguns móveis e uma pequena cozinha. Outros tiveram menos sorte. Muitas famílias foram separadas ou obrigadas a dividir espaços mínimos com estranhos em depósitos abandonados ou apartamentos gélidos. A maioria desses lugares não tinha eletricidade nem água encanada.

No regime nazista, toda comida e combustível fornecidos ao gueto tinham que ser pagos com bens e serviços. Resultado: todo mundo tinha que trabalhar. De acordo com os termos das Comunidades Econômicas estabelecidas pelo Conselho Judaico nomeado pelos nazistas, um dia de trabalho equivalia a uma porção de sopa. Ou seja, enquanto não terminasse seu turno, o sujeito morria de fome. Algumas pessoas trabalhavam em fábricas fora do perímetro do gueto, e outras, em casa. Sala e os irmãos Moniek e Berek trabalhavam numa fábrica de produção de roupas, uniformes e artigos de luxo. Fajga ficava em casa com os filhos menores, e Shaiah fazia o que podia para oferecer o sustento e fazer com que a casa fosse habitável. A família sobrevivia à base de sopa e pão. Tinham que mendigar comida se quisessem verduras, um pedaço de carne ou ovos.

Das cinco da tarde às oito da manhã, os habitantes do gueto não podiam deixar suas casas, que ficavam abarrotadas de gente, criando uma atmosfera asfixiante no verão. Sem rede de esgoto, as pessoas faziam suas necessidades em baldes de madeira, que logo enchiam e tinham que ser esvaziados em latrinas fétidas e vagões de excrementos — caixas de madeira com rodas —, empurrados pelos desafortunados do *Scheisskommando*, ou "destacamento da merda".

A família de Rachel procurava fazer o que podia naquela situação, rezando para que aquele martírio terminasse logo. Para não desanimar, viviam dizendo uns aos outros: "Só mais uma semana, e voltamos a ser gente de novo". Semanas transformaram-se em meses, e nada mudou. Sem força para reagir, todos emagreceram e adoeceram. "Eles destruíram nosso amor-próprio, e fizemos o que podíamos, mas já não éramos os mesmos", lembra Sala.

Em fevereiro de 1940, um gueto semelhante de aproximadamente 2,5 quilômetros quadrados foi preparado para os 164 mil judeus de Łódź nos quartéis decrépitos de Bałuty e Stare Miasto. Rachel e Monik decidiram fugir enquanto era tempo e foram morar no apartamento de Varsóvia, com a mãe e dois irmãos de Monik. Embora a Luftwaffe tivesse devastado grande parte da cidade, Varsóvia, na época, estava numa área da Polônia sob administração de um governador-geral, o alemão Hans Frank, e o casal tinha esperanças de chamar menos a atenção lá. "Esperávamos que a guerra fosse durar mais uns dois ou três meses, e depois terminaria", conta Rachel.

Na capital, o clima era de tensão geral. Com refugiados surgindo de todas as partes do país atrás de abrigo, a vida não foi fácil como eles esperavam. Todos os dias, chegavam cada vez mais carretas de madeira puxadas por homens ou cavalos. Vinham sobrecarregadas, com panelas penduradas sacudindo ruidosamente. Comida quase não havia, e, mesmo com documentos falsos, a ameaça de detenção (ou coisa pior) era constante.

Em abril de 1940, teve início a construção dos muros do gueto de Varsóvia, que segregariam os 400 mil judeus da cidade — tornando-se o maior gueto judaico da Europa nazista. Nos meses seguintes, instalou-se o pânico generalizado. As pessoas começaram a fugir para o leste na esperança de encontrar refúgio na Palestina ou em algum lugar mais seguro. Rachel, Monik e os irmãos também foram até a fronteira para averiguar as possibilidades. No caminho, encontraram muitos refugiados, carregando o que conseguiam, em busca de abrigo em terras distantes.

A mãe de Monik, Ita, viúva, com a saúde ainda mais abalada desde a invasão nazista, recusou-se a abandonar a casa. Como muitos de sua geração, Monik sentia que tinha um dever primordial com a mãe, achando que eles ficariam melhor se permanecessem juntos. Quando ele e Rachel se deram conta da vida nômade que teriam que levar, chegaram à conclusão de que fugir com Ita não era viável. "Era muito difícil para ela", diz Rachel. "Por isso, voltamos e decidimos ficar."

Em novembro de 1940, todos os judeus que estavam em Varsóvia foram reunidos e levados para o gueto. Quem tentasse escapar era morto. Por trás dos muros de três metros de altura, protegidos por cercas de arame, centenas de milhares de prisioneiros conviviam esmagados numa área de apenas 2,09 quilômetros quadrados. Como o apartamento dos Friedman ficava dentro dos limites do gueto, não mudou muita coisa para eles. "Nossa vida era quase a mesma", observa Rachel. "Não fazíamos muita coisa. Vivíamos com o dinheiro da minha sogra." As pessoas podiam receber comida e outras encomendas de fora, e quem tivesse *zlotys* ou *Reichsmarks* podia comprar artigos de luxo no mercado negro. Os meses se passavam e a vida seguia seu rumo, até o dia em que a família recebeu ordens de abandonar o apartamento, porque ele fora considerado grande demais para quatro pessoas. Um cliente deles da época anterior à guerra ofereceu-lhes gentilmente um quarto em seu apartamento, que eles não hesitaram em aceitar.

Diante daquela situação caótica, com a taxa de mortalidade, fome, exaustão e doenças como tuberculose e tifo chegando a 2 mil pessoas por mês, Rachel decidiu prestar auxílio àqueles menos afortunados do que ela, sobretudo quem vinha de Pabianice. "Havia muita gente pobre, muita gente faminta. Por isso, organizamos um esquema para que pelo menos as pessoas tivessem um prato de sopa e um pedaço de pão para comer. Alguns, em retribuição, pagavam o quanto podiam pela refeição, e com isso comprávamos mais comida, alimentando setenta pessoas por dia."

O Conselho Judaico, ou *Judenrat*, responsável pela vida diária dentro do gueto, conseguiu uma cozinha maior para Rachel e seus voluntários, mas não ofereceu nenhuma outra ajuda material. "Conseguimos nos manter por seis meses, até que acabou o dinheiro e tivemos que parar."

Rachel mudou de foco, passando a adquirir roupas para pessoas com risco de morrer de hipotermia no inverno. Sem combustível para aquecimento e escassez de comida, já se viam cadáveres nas ruas, e o pequeno cemitério encheu tão rápido que covas coletivas tiveram que ser abertas. Rachel se preocupava sobretudo com as crianças do gueto, debilitadas pela fome e pela enfermidade. Foi, com um casal de amigos, conhecer Janusz Korczak, médico, educador e escritor infantil de 62 anos que abriu o primeiro orfanato de Varsóvia em 1912. Korczak recusou diversas oportunidades de fugir do gueto, porque não queria deixar suas duzentas crianças de rua para trás.

Em seu orfanato, localizado na rua Dzielna, as mulheres ofereceram ajuda, e Korczak lhes pediu para arrumar agasalhos para seus "pequenos". Elas arrumaram. Deve ter sido com esses agasalhos que as crianças deixaram o gueto no ano seguinte, quando Korczak lhes pediu para vestirem sua melhor roupa. As deportações para o leste haviam começado. Os jovens, os velhos e os doentes foram os primeiros a embarcar. "Onde minhas crianças forem, eu vou atrás", disse Korczak, acompanhando-as, em grupos de dois, à *Umschlagplatz* na estação de carga Warszawa Gdańska, de onde um trem os levou para as câmaras de gás do campo de concentração de Treblinka. Korczak morreu ao lado das crianças.

Adam Czerniaków, chefe do *Judenrat*, não tendo conseguido deter as ordens nazistas para deportar 6 mil pessoas por dia, preferiu suicidar-se a obedecer; ingeriu cianeto. Numa carta que deixou à esposa, ele diz: "Eles estão me obrigando a matar crianças com minhas próprias mãos. Não tenho outra saída senão a morte. Não suporto mais tudo isso. Meu gesto mostrará a todos qual a coisa certa a fazer".

Embora os limites do gueto fossem fortemente guardados, quem tivesse os documentos corretos poderia entrar e sair pelos portões sem nenhum problema. Privados dos produtos que estavam acostumados a comprar dos comerciantes judeus, os gentios de Varsóvia passaram a recorrer ao mercado negro. Aqueles solidários às necessidades das pessoas presas do lado de dentro chegavam a arriscar a vida para lhes trazer bens vitais, como comida e combustível, enquanto adultos e jovens rastejavam por túneis e galerias de esgoto com correspondência e outras mercadorias.

Utilizando seus documentos falsos, Monik arriscava ultrapassar os muros para comprar provisões essenciais ou procurar saber da família de Rachel em Pabianice. Toda vez que Monik saía, Rachel sabia que havia uma chance de ele não voltar. Por isso, era sempre um alívio quando ele retornava. Deitados juntos, sussurrando no escuro, eles tentavam convencer um ao outro que aquele pesadelo logo terminaria. Mesmo quando começaram as deportações, eles disseram: "Isso também vai passar". E quando os nazistas prometeram comida extra e a chance de trabalhar em fazendas e morar em balneários àqueles que se entregassem voluntariamente ao "reassentamento", eles não se deixaram levar, mantendo-se unidos até serem forçados a partir. Mesmo assim, agarraram-se à esperança de que a guerra terminaria a qualquer momento.

Mas a situação só piorava. Os oficiais da ss, acompanhados de policiais judeus, com chapéus especiais e uniformes exibindo uma estrela amarela, começaram a cercar pessoas e executar sumariamente aquelas identificadas como "subversivas". Algumas eram enforcadas em praça pública. As famílias viviam em estado de terror, temendo que lhes batessem à porta, principalmente após o toque de recolher. Quase todos os contrabandistas do gueto foram capturados e mortos, pondo um fim ao contato com o mundo externo. A falsificação de documentos passou a ser uma prática arriscada demais, e a falta de comida acelerou a morte de ainda mais judeus.

Monik, cada vez mais desolado, sabia que precisava fugir com a esposa. Gastando o que havia restado do dinheiro da família, contratou um contrabandista para tirar Rachel do gueto, embora o risco fosse enorme. O sujeito, provavelmente gentio, chegou com um cavalo e uma carroça. Pegou Rachel e outra moça e atravessou calmamente o portão, embarcando na jornada de 120 quilômetros até Pabianice. "Levou três dias", conta Rachel. "Não nos escondemos. Simplesmente nos vestimos como camponesas, com *babushkas*." Duas semanas depois, o falso cocheiro voltou para buscar Monik.

Ita, a mãe de Monik, continuou em Varsóvia, cuidando do filho Avner. Seu outro filho, David, havia fugido para o leste, e a última notícia que se tinha dele era que estava na União Soviética. Mais tarde, Avner resolveu seguir seus passos e foi para Kiev, mas nenhum dos dois sobreviveria à guerra.

Rachel não via a família havia dois anos, e o encontro no gueto de Pabianice foi muito emocionante. Shaiah Abramczyk tinha sessenta e poucos anos, e sua esposa, aproximadamente quarenta, mas ambos pareciam muito mais velhos. Frágeis e abatidos, haviam perdido o brilho dos olhos. Não havia neles nenhum resquício da alegria de outrora, que Rachel lembrava da infância. Os dois, contudo, mostraram-se animados em ouvir as notícias da filha e contar as suas. Relataram, orgulhosos, como haviam conseguido celebrar as bodas de prata com pequenos presentes e uma refeição um pouco melhor do que sopa.

Por mais que estivesse feliz de reencontrar a família, Rachel — assim como o marido — não demorou em constatar que a vida lá era tão ruim quanto em Varsóvia. Depois, ficou sabendo que os judeus de Pabianice seriam mandados para o gueto de Łódź, onde as condições, segundo diziam, eram ainda piores. Deixando a família com um aperto no coração, Rachel e Monik chegaram à conclusão de que não tinham escolha a não ser pagar ao falso cocheiro para levá-los de volta à Varsóvia, da mesma forma como os havia tirado de lá. Já de volta, dirigiram-se para casas diferentes, como medida de segurança. Monik ficou na casa de amigos, conforme combinado, mas a porta da "casa segura" de Rachel estava trancada. Os moradores estavam com medo de deixá-la entrar. Em face do perigo de ser pega pela polícia, Rachel não teve outra saída: convenceu o falso cocheiro, que esperava na carroça, a levá-la de volta para a casa dos pais.

Pouco tempo depois de ter voltado, no sábado, dia 16 de maio de 1942, as tropas militares e a polícia cercaram o gueto de Pabianice com a intenção de "liquidá-lo". As autoridades deram 24 horas para todo mundo recolher suas coisas. Diante das armas dos nazistas e dos pastores-alemães latindo de modo ameaçador, as pessoas foram obrigadas a se reunir em formação precisa. Todos os onze membros da família Abramczyk, inclusive Rachel, mantiveram-se juntos, enquanto caminhavam em direção ao estádio esportivo da cidade, onde foram confinados para um "censo".

Ficaram lá o dia inteiro e a noite inteira, sem nada para comer. Algumas pessoas foram humilhadas, chegando a apanhar. Finalmente, a multidão foi informada de que seria mandada para Łódź de ônibus e de bonde. Enquanto as pessoas esperavam de pé em filas aparentemente infinitas para embarcar, os soldados alemães, de repente, intervieram para decidir quem estava apto para o trabalho escravo e quem não. "Vimos os oficiais separando idosos e crianças de até sete, oito anos. Não os deixavam subir no ônibus", conta Sala. "Tivemos sorte, porque nossa irmã mais nova tinha onze anos, e conseguimos manter todo mundo junto."

Mulheres histéricas se recusavam a partir sem os filhos, criando um verdadeiro pandemônio. Rachel e a família assistiam a tudo, apavorados. Um oficial nazista arrancou um bebê dos braços de uma mulher e o atirou longe, sem verificar onde ele caiu. Com certeza não sobrevivera. "Nunca vou me esquecer daquela cena", conta Sala. "Depois daquilo, algumas mulheres concordaram, mesmo relutante, em deixar os filhos com a avó, sem saber para onde iam ou o que aconteceria com elas."

No decorrer de dois dias, 4 mil pessoas, entre crianças, idosos e doentes, foram agressivamente "selecionadas" para um destino desconhecido. Os gritos de seus parentes podiam ser escutados muito além dos limites do estádio — assim como o som dos disparos fatais contra qualquer um que protestasse.

Enquanto a família esperava sua vez de embarcar, os oficiais alemães solicitavam jovens fortes para um "trabalho importante" com as crianças e os idosos. Para horror da família, Moniek, irmão de Rachel, de dezoito anos, prontificou-se a ajudar, garantindo que as crianças não sentiriam tanto medo se ele as acompanhasse. "Dissemos: 'Não vá! Fique aqui!', e ele respondeu: 'Não, preciso ajudar'. Levaram-no junto com as crianças." A última imagem que tiveram do jovem Moniek foi dele sendo levado num ônibus cheio de crianças, cantando músicas infantis para acalmá-las.

A família desesperada não tinha como saber na época, mas os selecionados aquele dia foram levados a Chełmno, rebatizado de Kulmhof pelos alemães, um centro de extermínio nazista a menos de cem quilômetros de Łódź. Aproximadamente 150 mil pessoas foram mortas em Chełmno durante a guerra — ou com um tiro enquanto esperavam em fila ao lado de covas coletivas, ou trancados dentro de um caminhão adaptado que se enchia de gases de escape ao ser conduzido a uma clareira no meio da floresta de Rzuchów. Cerca de 70 mil vítimas eram de Łódź. Só muitos anos após a guerra é que a família descobriu o que tinha acontecido com seu querido Moniek.

"Eles os levaram para uma floresta e mataram todo mundo", conta Sala. "Meu irmão foi um dos que ajudou a se desfazer dos corpos, mas depois eles mataram os jovens ajudantes também. Obrigaram-no a tirar a roupa, que foi encontrada pelas autoridades mais tarde. Ele foi o primeiro da nossa família a ser morto."

Ainda sem saber do destino de Moniek, mas transtornada com a perda, a família Abramczyk foi transportada para Łódź em estado de profunda angústia. Faltava um.

As condições do novo gueto, situado numa área pobre da cidade velha, eram chocantes em comparação com Varsóvia, onde aproximadamente 70 mil judeus morreram de inanição entre 1941 e 1942. Rachel conta que nunca entendeu totalmente o que significava fome até chegar em Łódź. Grandes placas nos portões fortemente guardados avisavam: "Área residencial judaica. Entrada proibida". Os soldados em sentinela a cada quinhentos metros tinham instruções de atirar em qualquer um que tentasse fugir.

Do lado de dentro, cercadas pelas barricadas de arame farpado, 230 mil pessoas passaram a conviver em condições ultrajantes, em prédios situados em ruas de terra ou paralelepípedos. Os apartamentos sem janelas abrigaram comunidades inteiras. O ar irrespirável fedia a esgoto e gente podre — viva e morta. Os habitantes do gueto, em farrapos, pareciam catatônicos demais para se importar com a aparência. A pele, flácida, ficava pendurada nos ossos como um tecido, e muitos estavam tão magros e frágeis que davam a impressão de que sairiam voando ao mais leve vento. "Quem estava lá havia mais tempo estava pior", conta Sala. "Estavam subnutridos e inchados pela fome. Mal conseguiam andar e tinham o rosto amarelo e murcho. Uma barbaridade."

Três passarelas de madeira cruzavam as principais ruas do gueto, proibidas para não arianos, e os bondes passavam por debaixo delas, mas os passageiros não tinham permissão para desembarcar, podendo apenas observar, impotentes, à medida que as condições do gueto pioravam. Acostumados com cores e brilho, os Abramczyk se deparavam agora com seres sombrios e tons monocromáticos, como se os próprios pigmentos da vida tivessem sido descoloridos pela fome e pelo frio.

Passarela do gueto de Łódź, para evitar que os judeus caminhassem pelas ruas arianas

Como em quase todo gueto criado, os nazistas faziam os judeus pagarem pelo próprio sustento. Portanto, o principal propósito passou a ser o trabalho na indústria em troca de uma chance de viver. Havia mais de cem fábricas por trás das cercas que contornavam o perímetro. Qualquer pessoa com idade entre dez e 65 anos era obrigada a trabalhar. Todos os dias, ouviam-se anúncios nos alto-falantes do maior espaço aberto do gueto — o pátio do corpo de bombeiros —, na rua Lutomierska, informando aos recém-chegados aonde ir antes de tocar o apito das fábricas. Os nazistas criaram um "vale-judeu" de aproximadamente trinta *Pfennigs* por dia por pessoa, para comprar rações de subsistência nas cozinhas comunitárias. Por isso, cada residente tinha que trabalhar para pagar o "empréstimo". Rachel e a família foram imediatamente contratados, produzindo artigos básicos para a máquina de guerra alemã, incluindo tecidos, sapatos, mochilas, selas, cintos e uniformes. Em troca, os nazistas ofereciam o mínimo de comida necessário para que as pessoas sobrevivessem (o que nem sempre acontecia) e alguns serviços básicos.

Após completar metade do turno, os trabalhadores tinham direito a um prato de sopa, ou "água suja", com um pedaço de pão. Toda semana, formavam filas para ver se arrumavam porções extras de beterraba, batata, repolho, cevada ou cebola, dependendo do que havia. Quando as autoridades estavam de bom humor, ofereciam salsichas de procedência duvidosa, margarina, farinha, mel artificial ou pequenos pedaços de peixe (com um cheiro terrível), para o mês inteiro. Às vezes, chegava leite, mas, no verão, estragava logo, assim como qualquer produto fresco.

Cada um decidia como administrar sua comida durante a semana. Havia a possibilidade de trocar sapatos, roupas, cigarros, livros ou outros bens preciosos por algum item extra, como folhas de rabanete para dar uma melhorada na sopa ou raízes, normalmente servidas aos animais. Shaiah, o pai de Rachel, fumante inveterado, passou a trocar comida por cigarro, e começou a desaparecer dentro das roupas.

O que Rachel e a família mais se lembram em relação ao gueto é de "trabalhar o tempo todo e estar sempre com fome". Seus olhos começaram a afundar no rosto, e os ossos do quadril, a aparecer. Os cintos eram apertados e logo precisaram de novos furos. As poucas peças de roupa que a família tinha logo ficaram surradas e sujas de graxa. A barriga doía e as pernas pesavam. Como em Varsóvia, só o mercado negro sustentava as pessoas, uma vez que os pontos de distribuição e depósitos de batata eram alvos de corrupção e roubo — uma fraude conhecida por todos como *skimming*. Centenas de pessoas sofriam de abscessos purulentos ou inchaços nos pés, nas pernas e no corpo — tudo decorrente da desnutrição. "Algumas pessoas mal conseguiam andar, porque enchiam a barriga vazia de água", lembra Sala. "Um dia, meus pés não me sustentaram. Então minha mãe me deu um óleo escuro com açúcar mascavo como uma espécie de vitamina. Não sei como, mas funcionou."

Estima-se que 20% da população do gueto tenha morrido de exaustão, inanição ou doença. Nos rigorosos invernos, as pessoas congelavam na cama, vindo a falecer de hipotermia. Alguns se suicidaram pulando pela janela, tomando veneno ou se enforcando, para evitar o inevitável. Alguns adultos mataram os próprios filhos e depois se mataram. Outros "morreram na cerca", correndo em direção às barricadas confiantes que uma bala nazista apressaria seu fim. Mais tarde, nos campos, os prisioneiros mais desesperados passaram a recorrer a esse método de suicídio, lançando-se sobre as cercas elétricas para morrer mais rápido.

Mordechai Chaim Rumkowski, um comerciante polonês de 63 anos e sem filhos, havia sido nomeado o *Juden Älteste* — o "Judeu Mais Velho" — pelos nazistas. Assim como Czerniaków em Varsóvia, Rumkowski foi encarregado do dia a dia do gueto, que administrava de seu escritório na praça Bałuty. Uma de suas funções era decidir o destino de cada homem, mulher e criança. Ex-fabricante têxtil e diretor de um orfanato, Rumkowski se tornaria uma figura controversa, considerado herói e traidor, por ter resolvido colaborar com os nazistas.

De cabelos brancos e olhos azuis, Rumkowski acreditava que, utilizando as habilidades de negociação que aperfeiçoara como diretor do maior orfanato da cidade, poderia ajudar a salvar os judeus negociando sua "moeda": os trabalhadores qualificados. Com o lema "Unser Einziger Weg Ist — Arbeit!" (Nosso único caminho é — o trabalho!), ele dizia que se conseguisse manter o gueto produtivo, os nazistas não se dariam ao luxo de descartar aquela valiosa mão de obra. Foi uma conquista que, segundo alguns, garantiu sua sobrevivência dois anos após a destruição do gueto de Varsóvia e dos outros guetos.

Mas Rumkowski também criou uma estrutura de classes bem definida dentro do gueto, beneficiando grande parte da elite dominante associada ao homem conhecido como "O Mais Velho". Homens e mulheres que ajudavam a enganar e explorar seus companheiros judeus viviam em apartamentos confortáveis, tomando vodca e comendo a comida dos outros. Alguns tinham até *dachas* isoladas, casas de verão no antigo distrito de lotes cultiváveis de Marysin. Contratavam professores de música e hebraico para os filhos, gozavam de luxos como água quente e sabão, recebiam produtos de fora e chegavam a frequentar concertos e bailes, enquanto o resto da população vivia em barracões, coçando cascas de ferida. No inverno, quando só os dispensários de sopa e padarias tinham combustível para acender o fogo, a elite esbanjava combustível, enquanto o resto da população precisava correr atrás de carvão ou desmantelar construções abandonadas para construir seu abrigo.

Rachel e os oito familiares remanescentes, dividindo o mesmo quarto num apartamento privilegiado de uma área rebatizada de Pfeffergasse, no centro do gueto, estavam melhor do que muitos. Mesmo assim, dormiam um do lado do outro em colchões jogados no chão, tanto para se aquecerem quanto por falta de espaço. Berek, o irmão de Rachel que logo de início havia sido pego para trabalhar duro por conta de sua força e juventude, estava alojado em algum outro lugar. A família recebia sua cota semanal de pão de um armazém local. Quem ia buscá-lo era o filho mais novo, Heniek, mandado na esperança de que o dono do armazém ficasse com pena do menino e lhe desse mais um pouco. Quando Heniek finalmente voltava com o tão ansiado alimento, Fajga o fatiava em nove pedaços, sempre dando o maior para o marido, pois ele era "o rei da casa".

À noite, quando os membros mais velhos da família voltavam do trabalho, Fajga servia-lhes da sopa que tinha em casa. Às vezes, recebiam batata, embora a maioria no inverno viesse congelada e tão podre que eles precisavam enterrá-las para não envenenar ninguém. Em outras ocasiões, recebiam nabo. Na "cesta básica", vinha uma imitação de café instantâneo, que Fajga misturava com um pouco de água, formando bolinhos para ajudar a encher a

Trabalho escravo no gueto de Łódź

barriga dos filhos. O cheiro de café ficaria para sempre gravado na memória de Rachel e de suas irmãs.

"Mesmo com fome, tentávamos não perder nossa alegria", diz Sala. "Ainda achávamos que o dia em que tudo mudaria estava próximo."

Shaiah Abramczyk, um homem extremamente prático e criativo, trabalhava o dia inteiro numa fábrica e depois utilizava suas habilidades em casa. Separou um canto do quarto com uma divisória, para quem quisesse ter privacidade, consertava os sapatos dos filhos, fazia prateleiras e, sabe-se lá como, conseguiu eletricidade para que eles tivessem luz elétrica e energia para a máquina de costura de Sala, uma talentosa costureira que fabricava roupas e chapéus para os alemães. Após seu turno numa fábrica mal iluminada, ela voltava para casa caminhando, com os pés e os olhos cansados, tomava uma sopa e dava início à confecção de peças de roupa, que trocava por comida com uma família da classe dominante.

"Meu trabalho era fazer roupas femininas elegantes, que eram enviadas para a Alemanha", conta Sala. "Às vezes, os alemães vinham me ver modelar. Depois, em casa, eu tinha que criar do nada. Lembro de uma ocasião em que tínhamos um monte de pano verde."

A necessidade de trabalhar não era só para conseguir comida, mas para escapar da constante ameaça de "reassentamento" em campos de trabalho, que começara em janeiro de 1942, antes de Rachel e a família aumentarem o número de pessoas do gueto. Judeus e ciganos romanos de toda a Europa ocupada começaram a ser enviados para Łódź no final de 1941, e Rumkowski, junto com seu Comitê de Reassentamento, era responsável pela deportação de mil pessoas por dia, para criar espaço no gueto. Se os idosos não trabalhavam o suficiente para satisfazer as cotas, os nazistas faziam com que esposas e filhos fossem substituídos. Com a obrigação de entregar pessoas de seu próprio povo, Rumkowski estava diante de um dilema moral monstruoso, mas não tinha outra alternativa senão obedecer. Caso resolvesse se rebelar, aqueles sujeitos, determinados a destruir judeus, simplesmente o substituiriam por alguém que fizesse o que eles mandavam. Rumkowski tinha esperança de ao menos reduzir o número de perdas.

Com o início das novas deportações, a polícia alemã, acompanhada da *Schutzpolizei* do gueto, rondava as ruas em busca de "carne fresca". Salvas de tiros significavam que alguém tinha sido executado por tentar resistir durante as rondas. Uma vez selecionados novos nomes a serem deportados, homens de uniforme chegavam em caminhões e cercavam um prédio. Em seguida, colocavam todo mundo para fora, alguns de pijama. Se os moradores não quisessem abrir por "livre e espontânea vontade", a porta era arrombada.

Quem tinha a infelicidade de estar na lista era inicialmente encarcerado na prisão do gueto, localizada na rua Czarnecki, e depois conduzido de bonde à estação ferroviária Radogszcz, em Marysin, fora do perímetro do gueto. Cerca de 200 mil judeus passaram pela chamada plataforma de carga de Radegast durante a guerra. Enquanto estavam na rua Czarnecki, ainda havia esperança. Naquelas poucas horas ou, às vezes, dias, os familiares corriam desesperadamente pelo gueto em busca de um "contato" — uma pessoa influente — que pudesse, por meio de súplicas ou suborno, tirar seus entes queridos das listas de deportação. Invariavelmente, fracassavam, mas mesmo que conseguissem, outra pessoa teria que ser colocada no lugar para completar a cota do que ficou conhecido eufemisticamente como "ida para a frigideira".

Embora houvesse tréguas ocasionais nas rondas, todo mundo no gueto vivia com medo constante de ser deportado e morrer. A esperança da família de Rachel esfumava-se. Seu único foco passou a ser sobreviver o máximo possível e proteger a quem amavam. Temendo perder parte da família ou a família inteira naquelas seleções aleatórias, Shaiah Abramczyk fez algo prático para protegê-los. O homem, um inventor nato, segundo os filhos, estendeu a divisória do quarto até a outra parede, dividindo o quarto em dois, e construiu um armário de madeira, que ficou encostado na divisória. Em seguida, abriu uma porta secreta na parte de baixo do armário, por onde a família poderia passar, agachada, sempre que ouvisse a aproximação da polícia ou da ss. "O espaço era mínimo, mas cabia todo mundo", lembra Sala. "Quem entrasse pensaria que o quarto estava vazio. Meu pai chegou a pendurar quadros na divisória para que ela parecesse uma parede sólida."

Com a retomada das deportações do gueto em setembro de 1942, o plano do esconderijo secreto foi providencial. O som dos caminhões e dos coturnos anunciava a chegada de novos grupos de guardas, que levavam os vizinhos sabe-se lá para onde. Toda vez, a família Abramczyk esgueirava-se pela pequena porta do armário e se apertava do outro lado, tentando ignorar os berros das mulheres, que imploravam qualquer coisa em meio às gargalhadas sádicas dos guardas. "Os alemães entravam e começavam a gritar para todo mundo: 'Fora de casa!'. Eles selecionavam pessoas. Levavam de cinquenta a sessenta por vez, em mais de um ônibus", conta Sala. "Isso aconteceu várias vezes." À família, restava despedir silenciosamente de amigos e vizinhos, perdidos para sempre.

Ninguém sabia o que estava acontecendo no mundo além das barricadas, nem podia imaginar o que seria feito dos familiares que haviam sido levados. Em quarentena, sem nenhuma notícia de fora, não havia como saber que a única escolha era entre ser morto com um tiro ou por asfixia com monóxido de carbono em Chełmno. Escondidas nas rachaduras de alguns vagões de gado que voltaram do leste, foram encontradas anotações secretas aludindo aos horrores vividos e recomendando aos companheiros judeus que não embarcassem nos trens. As vestes e os pertences pessoais dos deportados de toda a Europa sob ocupação também eram enviados de volta ao gueto para serem reciclados, e algumas roupas traziam o nome de pessoas conhecidas. Os judeus de Łódź começaram a desconfiar do pior, passando a acreditar no que diziam a respeito do verdadeiro significado de "frigideira".

Temendo uma retaliação nazista se não atingissem suas cotas, Rumkowski e seus representantes tentavam tranquilizar o povo, afirmando que os deportados seriam bem tratados nos novos campos, recebendo permissão para continuar junto da família. Ajudariam nos esforços de guerra e teriam melhores condições de vida nos barracões militares. Essa era a promessa. Como as deportações continuavam e nenhum deportado jamais voltou para dar notícia, quase ninguém acreditou. No final, até Rumkowski parou de fingir.

Seu plano mestre fracassara. A ideia tinha sido criar um campo de trabalho modelo, com escolas, polícia, corpo de bombeiros e hospitais próprios, dentro de uma comunidade em que ele era o governante supremo — chegando a celebrar casamentos —, mas sua autoridade começou a ser questionada. Além da deportação de milhares de pessoas, os nazistas não forneciam comida suficiente em troca da produção do gueto. No desespero para deter um número cada vez maior de greves e protestos realizados pela população faminta e furiosa, Rumkowski se tornou ainda mais ditatorial, ameaçando prender quem atrapalhasse o bom funcionamento do gueto.

Determinados a aniquilar os judeus o mais rápido possível, os nazistas quebraram o acordo que tinham feito com Rumkowski, exigindo cada vez mais deportações, até chegarem a uma exigência ainda mais cruel: todas as crianças de menos de dez anos e todos os adultos de mais de 65 também deveriam ser deportados. Foram 3 mil pessoas por dia, durante oito dias.

Os Abramczyk só se salvaram graças a seu esconderijo. No dia 5 de setembro de 1942, a partir das cinco da tarde, teve início o *Allgemeine Gehsperre*, ou *Groyse Sphere* em iídiche (grande toque de recolher). Durante aquela semana, mais de 20 mil pessoas foram levadas. Poucas famílias permaneceram incólumes.

Depois de vários dias tentando, em vão, negociar com seus superiores a revogação da ordem ou pelo menos a redução das cotas, Rumkowski — que se orgulhava do amor que tinha por crianças — finalmente aceitou o fato de que jamais conseguiria dissuadir os nazistas de seu plano. Arrasado, tendo que dar o braço a torcer, convocou seu povo ao pátio do corpo de bombeiros um dia antes do grande toque de recolher. Naquela tarde úmida de outono, ele respirou fundo e anunciou à multidão: "Uma catástrofe acaba de abater-se sobre o gueto. Eles estão pedindo para entregarmos nosso bem mais precioso: as crianças e os idosos. Jamais pensei que seria obrigado a levar um sacrifício ao altar com minhas próprias mãos. Não tenho outra saída a não ser esticar os braços e implorar: irmãos e irmãs, entreguem-nos a mim. Pais e mães, entreguem-me seus filhos!".

Em meio aos gritos de desespero e pranto, Rumkowski disse a sua gente que só conseguira negociar uma redução na demanda original de 24 mil pessoas, além da preservação das crianças com mais de dez anos, alegando que possuía somente 13 mil pessoas dentro da faixa etária requisitada, de modo que o resto teria que ser arrumado em outro lugar. Rumkowski aceitara entregar os doentes "para salvar os saudáveis". Se ele se opusesse às deportações, elas seriam realizadas à força.

A irmã mais nova de Rachel, Maniusia, tinha onze anos, safando-se graças ao edito impossível. Isso não diminuía, porém, o horror do que havia sido decretado ou a maneira como a operação foi realizada. Rachel disse: "Achávamos que eles estivessem mandando as pessoas para campos de trabalho, até começarem a levar as crianças e os doentes dos hospitais. Nesse momento, entendemos que as pessoas estavam sendo mortas. Quando vimos crianças sendo jogadas pela janela nos caminhões, percebemos que estava acontecendo algo muito grave".

Já exauridos por conta das condições de vida que eram obrigados a levar, algumas pessoas enlouqueceram ao perder os filhos que lutaram tanto para proteger. Dizem que algumas mulheres chegaram a asfixiar os filhos para não entregá-los aos nazistas, que rondavam as ruas com cães e armas.

Sala conta: "Íamos para o nosso esconderijo quando ouvíamos os alemães procurando pessoas e ficávamos lá até que fosse seguro sair". Depois de uma hora ou mais, quando tudo já estava tranquilo novamente, eles saíam do esconderijo e andavam pelo prédio para verificar quem havia sido levado. A porta de um apartamento arrombada significava que aquele vizinho não voltaria mais. Não havia problema, então, em pegar comida ou qualquer outro item que lhes fosse útil. "Foi assim que conseguimos sobreviver durante aquelas semanas. Pegávamos a comida e comíamos como animais. Nem parecíamos humanos."

Os prisioneiros de Łódź continuaram a viver assim, um dia de cada vez, minuto a minuto, refeição a refeição. Os *zlotys* poloneses, *Reichsmarks* ou a moeda de Litzmannstadt conhecida como "Rumkies" ou "Chaimkas" (em alusão a Chaim Rumkowski) perderam o valor ante a valorização da única moeda vigente: a comida. A entrega dos alimentos continuava imprevisível, sobretudo porque os nazistas restringiam as entregas quando havia uma deportação iminente, para evitar qualquer resistência. Eles então ofereciam refeições gratuitas a quem se voluntariasse a ser transferido. Para quem ficava, o número de calorias diárias diminuiu em dois terços, num momento de crescente corrupção, com desvio ilegal de grande parte dos mantimentos.

As pessoas mais afetadas pela desnutrição, geralmente descalças e em farrapos, com o corpo deformado pela fome, ficaram conhecidas como "ampulhetas" humanas. Esses seres cadavéricos, com a barriga e as pernas inchadas, os olhos ardendo de febre, muitas vezes não conseguiam levantar da

Estação de Radegast, Łódź, de onde Rachel e 200 mil judeus foram deportados

cama e morriam em poucos dias. Epidemias de sarna, tifo e tuberculose mataram outras centenas de pessoas. Com o agravamento das condições, Rumkowski, cada vez mais acuado, prometia manter a chama da indústria acesa no gueto. Em outro discurso, ele declarou: "Não tenho como salvar todo mundo. Portanto, em vez de deixar que toda a população morra lentamente de inanição, salvarei, pelo menos, 10 mil".

As pessoas morriam nas ruas. Era comum ver cadáveres cobertos de moscas-varejeiras no verão e neve no inverno. O desespero por comida fez com que os habitantes do gueto passassem a comer cascas de vegetais e batatas podres.

Rachel, uma jovem provinda de família abastada, teve mais sorte, graças a seus contatos. Mesmo assim, precisava trabalhar — doze horas por dia no escritório de uma fábrica que produzia calçados para os soldados russos. As galochas fabricadas eram tão duras que dificultavam o caminhar, mas protegiam a Wehrmacht da geladura. Três irmãs de Rachel também trabalhavam na fábrica — até a mais nova.

Além dos muros do gueto, o marido de Rachel, Monik, continuava procurando uma maneira de resgatar a esposa. Arriscando tudo ao fugir de

Varsóvia com documentos falsos, ele viajou a Łódź para vê-la. "Ele achava que eu estava fraca demais para viver no gueto sozinha, mas não conseguia me tirar de lá", conta Rachel. "Meu irmão Berek, que trabalhava num campo ali perto, via-o de um lado para o outro no bonde. No final, ele arriscou a vida, atravessando a cerca de arame farpado com os alemães em volta para ficar comigo no gueto, porque tinha certeza de que assim eu teria mais chances. Ele não queria passar a guerra sem mim. Por isso, voltou para o meu lado."

Abrindo mão da oportunidade de uma fuga definitiva, Monik se mudou com a família de Rachel para um quarto superlotado. Seu maior problema agora era ser um estranho ilegal dentro de um sistema nazista meticulosamente regimentado, de cujas listas seu nome não constava. Ita, a mãe de Monik, já conhecia Rumkowski desde antes da guerra, e por isso a família lhe pediu ajuda. O "rei do gueto" disse a Monik que o único lugar onde ninguém lhe perguntaria sobre sua procedência era numa divisão da *Sonderpolizei* (polícia especial) judaica. Monik aceitou a sugestão. "Ele fazia tudo o que diziam", lembra Rachel. Como todos os que lutavam para sobreviver no regime nazista, ele não tinha muita escolha.

Monik também se tornou bombeiro voluntário ao lado do cunhado Berek numa comunidade autônoma com seus próprios serviços de emergência. Os afortunados que conseguiam cargos públicos como esses eram alojados na sede da polícia ou nos quartéis de bombeiros, onde recebiam uma alimentação um pouco melhor. Rachel foi para um pequeno quarto num apartamento de uma rua próxima. Lá finalmente conseguia ter alguma privacidade com o marido, sempre que ele podia.

Houve outras surpresas também. "Um ex-representante da nossa empresa nos levou a um enorme depósito e nos ofereceu roupas e cobertas — porque tínhamos chegado apenas com a roupa do corpo." Com o gueto assolado pelo inverno e as nevascas cobrindo tudo com profundas camadas de neve, o que dava às ruas mais esquálidas um falso aspecto de inocência, um cobertor extra marcava a diferença entre a vida e a morte.

As pessoas faziam o que podiam para não desanimar, organizando eventos culturais e musicais. Havia bandas de jazz e concertos de música clássica, peças de teatro e show de mímica para as crianças. Sala — que dançava e cantava em produções teatrais amadoras desde a infância e no gueto de Pabianice — participava bastante das apresentações. A educação tampouco foi esquecida. Na fábrica de Rachel, os professores ficavam com as crianças para lhes ensinar enquanto todos trabalhavam. Ensinavam oralmente, sem livro nem papel, escutando, soletrando palavras e contando histórias.

De setembro de 1942 a maio de 1944, a mão de obra de 75 mil judeus, a *Judische Arbeitskräfte* (escravos judeus), foi tão produtiva para a SS que obteve uma trégua das deportações do gueto. Mas a guerra sofreu uma reviravolta, e os bombardeiros aliados começaram a atacar as cidades alemãs pela primeira vez, incluindo o grande bombardeio de Hamburgo e a região industrial de Ruhr, que matou e feriu milhares de pessoas. Então em maio, Heinrich Himmler — o segundo homem mais poderoso do Reich — ordenou que o gueto fosse destruído. Nos três meses seguintes, 7 mil judeus foram enviados para Chełmno, onde foram exterminados, mas como os furgões especiais da morte não deram conta do número de pessoas que precisavam transportar, as deportações foram encaminhadas para Auschwitz. Os carteiros do gueto, cuja infeliz função era informar sobre as deportações, ficaram conhecidos como "anjos da morte".

Sem comida suficiente para todos, era necessário reduzir o número de bocas para alimentar. Assim, mais crianças e idosos foram enviados de trem rumo ao desconhecido. Pela lógica, as crianças mais novas da família de Rachel teriam que ter embarcado, mas elas conseguiram escapar escondendo-se atrás da parede falsa. Em seguida, foram escalados homens fortes. Berek e Monik conseguiram escapar graças a seu trabalho na polícia e na brigada de incêndio, mas não tiveram como proteger a família por muito mais tempo. Não havia mais onde se esconder.

Por todos esses anos, Rachel e a família conseguiram se manter unidos e ilesos. Até que em agosto de 1944, Berek — "o melhor irmão do mundo" —, um homem que tinha feito tudo o que podia para que a família continuasse viva e coesa, veio dar a "boa notícia" do fim das deportações.

As autoridades garantiram aos bombeiros que os parentes dos principais funcionários seriam salvos. Bastava abandonarem o esconderijo e se reunirem no pátio do corpo de bombeiros para que os dirigentes pudessem conhecê-los e fazer uma contagem de quantas bocas precisavam alimentar. Porém, como muita coisa em Łódź, era uma promessa vazia.

"Estávamos voltando para casa quando os guardas com uniformes da ss nos pegaram", explica Sala. "Como minha mãe tinha ficado em casa com meus irmãos menores, eu falei para um dos alemães: 'Minha irmã pequena, Maniusia, precisa ir para casa avisar minha mãe que fomos capturados'. Minha esperança era que ela se escondesse com o resto da família, mas minha mãe voltou com todo mundo, e por isso fomos todos juntos. Levaram--nos para os trens. Mantivemos silêncio. Não sabíamos para onde estávamos indo nem o que iriam fazer conosco. Eu segurava minha irmã pequena como um bebê. Até que eles abriram as portas dos vagões."

Entre os últimos judeus a saírem do gueto de Łódź — que foi o derradeiro desse tipo na Polônia —, Rachel Friedman tinha 25 anos quando foi levada para Auschwitz II-Birkenau no dia 28 de agosto de 1944. Não via Monik fazia algumas horas e não sabia se ele tinha sido capturado e levado para outro vagão ou se estava escondido em algum lugar no gueto. Não tiveram a oportunidade de tranquilizar um ao outro, nem de se despedir.

Interior de um vagão de carga utilizado para transportar inimigos do Reich

Seu irmão Berek, que poderia ter ficado em Łódź como parte da esquadra especial de 750 judeus incumbidos de limpar e reciclar tudo o que havia sido deixado para trás, decidiu ir com a família. Jovem e forte, Berek achava que poderia ajudar o pai, Shaiah, a sobreviver às privações de um campo de trabalho forçado. Ele quase conseguiu.

Acompanhando-os num dos últimos trens que saíam da cidade naquele mês de agosto estavam Chaim Rumkowski, a esposa e mais três familiares. Alguns diziam que ele se oferecera como voluntário para ir com os últimos deportados, esperando o melhor. Naquele momento, não havia mais nenhum gueto na Polônia, e o "rei de Łódź" (cujo nome, Chaim, vinha do brinde judaico *Lechaim*, "à vida"), bem ou mal, tinha conseguido manter seu povo seguro por mais tempo. Estava destinado a morrer nas câmaras de gás, para onde, inadvertidamente, enviara milhares de pessoas, ou nas mãos de outros judeus, que o responsabilizavam pela morte de tanta gente. Ninguém sabia que fim levaria.

Dos 200 mil habitantes do gueto de Łódź, menos de mil sobreviveram, num dos maiores triunfos nazistas quanto à destruição do povo judeu da Europa. Espremidos em vagões de carga, fechados como animais indo para o abatedouro, Rachel e a família conseguiram ficar juntos. Apertados um contra o outro num canto escuro do vagão, sem comida nem água, eles não sabiam para onde estavam sendo levados. "Estávamos todos tão assustados e com tanto medo que ninguém falava nada", conta Rachel. Sem nenhuma privacidade, os judeus de Łódź eram obrigados a fazer suas necessidades num balde de madeira, que logo transbordou, além de ser acidentalmente derrubado, fazendo os olhos lacrimejarem por causa da amônia. Desesperados para respirar, muitos constataram que poderia ter sido melhor ficar perto da minúscula janela coberta com tela.

No momento em que o trem parou em Auschwitz, as crianças choravam e os velhos rezavam. Ofegantes, esmagados na escuridão avassaladora, os passageiros ouviram o som metálico das trancas, as portas de correr se abriram com um estrondo e eles finalmente puderam respirar de novo. Lançados para fora do trem sob as luzes ofuscantes dos holofotes, depararam-se com uma gritaria insuportável, sendo empurrados e separados em diferentes filas.

Todos concordam que esse foi o pior momento para todo mundo. "Você não pensa, não fala. Age como uma máquina", conta Rachel.

O dr. Mengele estava em serviço aquela noite, esperando na *Rampe* a última remessa. Sua mulher, Irene, mãe de Rolf, único filho do casal, chegara recentemente ao campo para visitá-lo — uma visita que duraria quase três meses, pois Irene adoeceu e teve que ficar no hospital da ss. Durante esse tempo, o marido lhe contou que seu trabalho em Auschwitz era equivalente a servir no front e que precisava desempenhar suas funções com "obediência de soldado".

Sempre que chegava um trem de carga, alguns oficiais da ss-*-Totenkopfverbände* (Unidades Caveira), responsável pela administração dos campos de concentração, reclamavam da qualidade do "novo rebanho". Mengele raramente comentava, mas inspecionava cada novo prisioneiro de cima a baixo, fazendo-lhe algumas perguntas, às vezes com bastante delicadeza, antes de direcioná-lo para a direita ou para a esquerda — para a vida ou para a morte.

A família de Rachel foi dividida logo após a chegada. Fajga, em desespero, agarrou-se aos três filhos mais novos — os gêmeos de treze anos, Heniek e Dora, e a "bebê" Maniusia —, que foram levados para um lado, enquanto Rachel e as irmãs Ester, Bala e Sala foram para o outro. Em dois grupos separados, conduzidos em direções opostas, viraram a cabeça para captar uma última imagem de seus entes queridos, até receberem ordens, aos berros, de voltar para o lugar.

Shaiah Abramczyk, o inventor intelectual, sensível amante da literatura, que incentivava os filhos a aprender o idioma do Reich, observava o que restara de sua bela família, despedaçada, exposta aos ventos poloneses, ao ser levado, com Berek, a um grupo de trabalho forçado. "Eles estavam distantes demais", disse Rachel. "Não havia nenhum sinal do meu Monik. Não vimos nossa mãe com nossos irmãos mais novos... Vimos nosso pai, que nos indicou com o dedo que dois haviam conseguido e um não."

Eles não sabiam, mas aquela era a última vez que Rachel e as irmãs veriam os pais e os irmãos menores.

3
Anka

Foto da carteira de identidade de Anka

"Você está grávida, moça?", *perguntou o famigerado doutor de Auschwitz* II--*Birkenau a Anka Nathanová quando chegou sua vez de ficar nua na frente dele durante a chamada daquela noite, em outubro de 1944, na Alemanha.*

A tcheca de 27 anos, com seios grandes que sempre a envergonharam, tentava cobri-los com um braço, enquanto o outro protegia as partes íntimas. Olhando em volta, estupefata, sentia-se uma tola por ter acompanhado o marido Bernd a um lugar daqueles. Após viver por três anos no gueto de Terezín a uma hora ao norte de Praga, imaginara, ingenuamente, que seriam acomodados num local similar. Como a família já havia sido enviada para o leste, Anka achou que seria melhor eles ficarem juntos.

Desde o momento em que o trem foi parando de modo agonizantemente lento no trilho que conduzia ao "Portão da Morte" de Birkenau, Anka percebeu seu erro. Terezín era um paraíso perto daquilo.

Assim que as trancas de metal dos vagões de carga foram liberadas, as pesadas portas de madeiras se abriram, produzindo um som ameaçador. Homens, mulheres e crianças em total perplexidade precipitaram-se na noite, tropeçando, cambaleantes, como que intoxicados.

"Estávamos no inferno, mas não sabíamos por quê", disse Anka. "Estávamos desembarcando, mas não sabíamos onde. Estávamos com medo, mas não sabíamos de quê."

Conduzida àquela boca esfaimada que devorava trens de deportação, um após o outro, no mais eficiente centro de extermínio do regime nazista, Anka ficou aturdida desde o início. Sob os holofotes das torres de vigilância, tudo o que ela ouvia eram os cães latindo, com homens empunhando porretes, aos berros: "Raus! Raus!".

Oficiais alemães impecavelmente vestidos estavam de sentinela, como estátuas de mármore, enquanto os prisioneiros apaniguados tratavam de subjugar a multidão assustada. Todos cruéis e hostis, numa cacofonia de linguagens, entre guardas dando ordens, mulheres e crianças chorando e homens protestando em vão.

Sem tempo para compreender o que estava acontecendo, todos os que desceram daquele trem tiveram o terrível e repentino pressentimento de estar num lugar perigosíssimo, ao serem separados em duas longas filas. Com mulheres e crianças de um lado, homens e meninos mais velhos de outro, os judeus de Terezín foram conduzidos qual rebanho ao oficial da SS, que Anka encontraria mais tarde.

O médico sorridente, em cujas mãos guardava o destino dos presentes, estava parado de pernas abertas, observando a aproximação dos recém-chegados. Ele era o único que não lhes olhava diretamente, como se eles não existissem. Interrogando cada um rapidamente e perguntando se havia "Zwillinge" (irmãos gêmeos), meneava um chicote indicando para que lado cada pessoa deveria ir. "Links" significava esquerda e "rechts", direita. Pelo menos dois terços dos recém-chegados, incluindo homens, mulheres e crianças, foram mandados para a esquerda, mas Anka foi para o lado direito.

Ao passar perto do médico, Anka sentiu uma empolgação quase palpável por parte dele, como se o momento de selecionar as espécies de sua última remessa fosse a melhor parte de seu dia. Ao fundo, chamas altas como casas queimavam em duas enormes chaminés. Uma cerca elétrica de arame farpado duplo excluía qualquer possibilidade de fuga. No ar, um cheiro doce e estranho, que por mais que se respirasse pela boca, Anka jamais conseguiria apagar das narinas — nem da memória.

Menos de uma hora depois de entrar no que chamou de "o inferno de Dante", lá estava o sempre diligente dr. Mengele à sua frente de novo, dessa vez esperando que ela confessasse que estava esperando um filho.

Evitando contato visual, olhando para baixo em direção às botas dele, que chegavam até o joelho, Anka reparou que brilhavam tanto que ela conseguia ver sua própria nudez refletida ali. Apertando os olhos perante aquela humilhação, ela também sacudiu a cabeça em sinal negativo e respondeu: "Nein". Mengele suspirou, em aparente exasperação, e seguiu adiante.

Os DIAS MAIS FELIZES da vida de Anka Nathanová foram na época em que ela era uma jovem e despreocupada estudante de direito na Charles University, uma universidade medieval em Praga, antes da Segunda Guerra Mundial.

Belíssima e fluente em alemão, francês e inglês, com conhecimento de espanhol, italiano e russo, Anka celebrava a vida rica de uma das cidades multiculturais mais vibrantes da Europa. Praga era uma região próspera, em patente progresso, com cafés, teatros, cinemas, salas de concerto, atraindo os maiores pensadores e artistas do mundo.

Anka adorava música clássica, sobretudo a obra de Dvořák e os concertos de Beethoven e Brahms. Sua ópera favorita era *A noiva vendida*, do compositor tcheco Bedřich Smetana. Popular entre os meninos, sua maior alegria, porém, era ser convidada para o cinema, onde se perdia nas histórias de outras vidas, em filmes como *Terra dos deuses*, *Os 39 degraus* e *A dama oculta*.

Anka, que se chamava Anna Kauderová, nasceu no dia 20 de abril de 1917, na pequena cidade do século XIV Třebechovice pod Orebem, a cerca de treze quilômetros da cidade de Hradec Králové, no ex-Império austro-húngaro. Hradec Králové, que significa "Castelo da Rainha", é uma das cidades mais antigas da República Tcheca, localizada na fértil confluência dos rios Elba e Orlice, conhecida também por seus pianos de cauda, fabricados por Antonin Petrof.

Alegre e — conforme suas próprias palavras — um pouco mimada, Anka era a filha caçula muito mais nova da família Kauder, adorada pelos pais, Stanislav e Ida, as irmãs mais velhas Zdena e Ruzena, e o irmão Antonin, conhecido como "Tonda". Outro irmão, Jan, de três anos, morreu de meningite dois anos antes de Anka nascer. Sua mãe jamais se recuperou totalmente dessa perda.

A família, junto com um parente de Ida, Gustav Frankl, possuía um curtume e uma fábrica de couros em Třebechovice pod Orebem, a Kauder & Frankl. Anka tinha três anos quando a família se mudou de Hradec para um apartamento enorme, vizinho à fábrica.

A Kauder & Frankl era uma construção nova em forma de C localizada num grande pedaço de terra. O curtume tinha uma chaminé alta feita de tijolos que Anka, na infância, temia que tombasse sobre eles e os matasse. O apartamento possuía um jardim, um pátio, um gazebo e um forno externo, para o verão. A família cultivava verduras e tomates, colhendo frutas de suas próprias árvores. O terreno era tão grande que, após se casar, Ruzena, irmã de Anka, e o marido Tom Mautner contrataram um renomado arquiteto de Praga, Kurt Spielmann, para projetar e construir um casarão estilo Bauhaus ali, onde viveram felizes por muitos anos com o filho Peter.

Amante da literatura, Anka costumava dar pequenas escapadas para o jardim da família para devorar seus livros favoritos, que lia em diversos idiomas. Tonda, que também adorava ler, era generoso com a irmã pequena e a levava para todos os lados, principalmente para as partidas de futebol, que ele amava, voltando sempre rouco. "Tínhamos um relacionamento maravilhoso", contou ela. "Ele tinha carro e vivia me levando para passear. Quando saíamos para dançar e minha mãe não queria ir, ele vinha comigo. Ficava tomando conta de mim, sem se intrometer."

Ida, mãe de Anka, diferentemente de outras mulheres de sua geração, trabalhava atrás da caixa registradora da fábrica da família. Simpática e loquaz, Ida não perdia uma boa fofoca, contada pelas clientes, que a tinham como confidente. Com a matriarca trabalhando o dia inteiro na fábrica, a família contava com a ajuda de vários empregados, entre eles uma criada, uma cozinheira, um jardineiro e uma lavadeira, que cuidavam da casa e das crianças, sob competente administração de Ida.

"Minha mãe fazia qualquer coisa por mim", lembra Anka. "Nosso relacionamento era ótimo. Em casa, tínhamos tudo do bom e do melhor."

De compleição atlética e saudável, Anka era uma excelente nadadora e venceu diversos campeonatos representando a Tchecoslováquia pela escola, na modalidade "costas". Gostava também de nadar no rio da cidade. Às vezes, nadava nua. Inteligente por natureza, Anka teve uma educação liberal, que incentivava sua independência. Aos onze anos, abandonou a idílica casa da infância para se tornar uma das poucas judias que frequentava o Liceu de Meninas de Hradec Králové. Teve um desempenho excelente no ginásio, fazendo aulas extras de latim, alemão e inglês. "Eu morava numa *pensão* em Hradec e frequentava o ginásio. Estava feliz da vida. Tive vários namorados, saía para bailes. Foi uma época muito boa." Anka também aprendeu a tocar piano e a dançar, além de jogar tênis e remar.

A fábrica do pai produzia bolsas e outros bens de consumo para o mercado de massa. Embora as filhas não gostassem das bolsas que o pai lhes oferecia, antiquadas demais para o seu gosto, Anka sentia-se orgulhosa da bolsa de couro que ganhava de ano em ano — com espaço suficiente para o atlas da escola.

Stanislav Kauder, com 47 anos quando Anka nasceu, era um tcheco cético, dedicado e bastante patriota. Não concordava com o conceito de sionismo. Judeu de nascença, a família não era nem um pouco religiosa, considerando-se pensadores livres. "Fui criada sem nenhuma religião", contou Anka. "Minha escola ficava numa cidade muito pequena. Havia algumas crianças judias lá, e esporadicamente aparecia algum professor judeu que nos ensinava sobre história, mas nunca aprendi hebraico, e na casa dos meus pais não se comia kasher." Desafiando a tradição, a família costumava preparar a especialidade tcheca — leitão assado com chucrute e bolinhos recheados — mesmo no Shabat. Uma vez, o irmão de Anka, Tonda, perdeu a chance de se casar com uma boa moça judia por acender seu cigarro com a vela da *menorá* (candelabro judaico) diante do olhar incrédulo dos pais dela.

Stanislav amava os filhos, mas era um homem reservado que mal falava com eles. Como mandava o costume, a educação dos filhos ficava a cargo da mãe. Ele adorava a esposa, que Anka descrevia como "um anjo". Ida Kauderová, um pouco mais observadora que o marido, viajava quinze quilômetros para ir à sinagoga em Hradec Králové nos principais feriados judaicos. Ia mais por devoção aos pais e para agradar à família, que era grande — Ida tinha onze irmãos. O melhor, contava, era ir ao hotel da cidade depois, com uma das irmãs, comer bolo com café. Ida jamais forçou os filhos a seguirem a religião.

"Éramos judeus e pronto", disse Anka. "Isso nunca me atrapalhou em nada."

Havia apenas algumas famílias judaicas em Třebechovice, mas Anka nunca sofreu antissemitismo entre os amigos, tendo até bastante liberdade.

Com o agravamento da situação política da Europa, as pessoas que a rodeavam foram ficando cada vez mais tensas. Quando sua mãe, que falava alemão, ouvia os discursos inflamados de Adolf Hitler no rádio, seu otimismo se transformava em medo. O futuro parecia comprometido com aquele homem no poder, dizia.

Como grande parte dos amigos, porém, Anka se mostrava indiferente a tudo aquilo, ao ponto da ignorância, julgando que eles moravam distante demais para serem afetados pela ideologia nazista. "Nunca pensamos que algo pudesse acontecer conosco. Era como se fôssemos invencíveis", disse. Anka foi a primeira da família a ir para a universidade, o que representou um grande motivo de orgulho para os pais, sobretudo Ida, bilíngue frustrada, fascinada por história.

Anka mal podia esperar para se mudar para Praga, que ficava a duas horas de distância de trem. Ela conhecia bem a cidade, porque ia para lá sempre que dava, hospedando-se na casa da tia Frieda, uma chapeleira com um apartamento na praça Wenceslas. Durante a época da faculdade, Anka morou com a tia.

Mesmo depois de se mudar em 1936, Anka continuava alheia às preocupações em relação a Hitler. Com a ajuda do pai, estava de férias esquiando no Tirol austríaco com as amigas em março de 1938 quando ocorreu o *Anschluss*. Da noite para o dia, a Áustria estava nas mãos dos nazistas, com a Tchecoslováquia cercada. Bandeiras vermelhas com *Hakenkreuze* (suásticas) eram agitadas nas ruas de Salzburg, e Anka assistia assombrada a Hitler sendo ovacionado como herói pelos austríacos, enquanto os judeus do país se tornavam párias. O primeiro contato direto com os nazistas foi "algo que não dava para compreender". Anka acrescentou que, embora não tivesse presenciado nenhum ataque contra judeus, "percebia-se certa hostilidade".

Ainda assim, ela não achava que o chanceler alemão de bigode engraçado (que fazia aniversário no mesmo dia que ela) afetaria diretamente sua vida privilegiada. Só quando seu primeiro namorado sério, Leo Wildman, anunciou que tinha decidido se mudar para a Inglaterra para se alistar no Exército britânico é que Anka começou a reconsiderar sua posição. O pai de Leo já havia sido preso, acusado de subversão, e a família temia pelo futuro. Com tristeza, Anka foi se despedir de Leo na estação. Assim que o trem partiu, o pai de Leo — que acabara de sair da cadeia — apareceu correndo na plataforma para dizer adeus ao filho, mas era tarde demais.

Embora o namoro estivesse firme, Anka jamais pensou em acompanhar Leo, mesmo tendo a chance. "Duas senhoras inglesas vieram a Praga oferecer emprego a meninas judias de doméstica ou enfermeira. Candidatei-me ao posto de enfermeira e consegui o emprego. Elas arrumaram um visto e documentos de saída para mim. Eu poderia ter ido... mas acabei procrastinando... Tinha todos os documentos em mãos, até que estourou a guerra na Europa... e eu fiquei feliz por ter adiado a ponto de não poder ir mais... Não é ridículo?"

Outras pessoas que receberam um *Durchlassschein* (permissão especial de saída) similar acabaram indo embora, mas eram minoria. Entre eles estava

Tom Mautner, marido da irmã de Anka, Ruzena, que aproveitou a chance de fugir para a Inglaterra num dos últimos trens para Londres. Tom implorou a Ruzena para ir com ele e trazer o filho Peter, mas ela se recusava a abandonar a casa e a família. "Era muito mais confortável ficar em casa do que ir para a Inglaterra, e ela pagou caro por isso", disse Anka, com tristeza.

Como Ruzena, muitos outros ficaram, esperando pelo melhor. Pouco tempo depois, Ruzena deve ter se arrependido de sua decisão. Hitler assumiu o controle dos Sudetos após assinar o Acordo de Munique, arrebanhando mais 2 milhões de alemães. Nada parecia ser capaz de deter sua marcha de ocupação pela Europa. Mais tarde no mesmo ano, Hitler repetiu sua intenção com a promessa: "Continuarei nesta luta, não importa contra quem, até garantir a segurança e os direitos do Reich".

Judeus refugiados das cidades fronteiriças invadiam a cidade, trazendo consigo só o que conseguiam carregar. As intenções de Hitler estavam muito claras. Sem ajuda da Grã-Bretanha nem dos Aliados, os tchecos se sentiram terrivelmente traídos.

Então em março de 1939 os tanques alemães entraram em Praga. Assim como na Áustria, Anka presenciou a proliferação dos tanques e dos soldados nas ruas da cidade, enquanto as pessoas esticavam o braço, em saudação.

Nazistas invadem Praga, 1939

Anka não era a única que assistia, aterrorizada, à onda de nazistas que marchavam, impassíveis, pela praça Wenceslas naquele dia cinzento. "Estávamos no auge do inverno, com neve no chão. Uma catástrofe."

Do Pražský Hrad, castelo de Praga do século XIX, Adolf Hitler proclamou a divisão da Tchecoslováquia, criando o Protetorado da Boêmia e Morávia e a (primeira) República Eslovaca (ou Estado Eslovaco). Enquanto Hitler acenava para a multidão da janela do castelo bem acima da cidade, Anka, de 21 anos, e a família de repente se tornavam cidadãos de um território sob administração nazista, parte do grande Reich alemão. "Eu vivia livre de preocupações até a chegada de Adolf Hitler", contou Anka. "Ninguém pensa em perder [a própria casa ou o país] até isso acontecer... E foi o que aconteceu, após vinte anos. Um grande choque!"

Protestos estudantis contra a ocupação foram duramente reprimidos pelas tropas militares, que atacaram a universidade onde Anka estudava direito. Nove líderes estudantis foram executados e 1.200 pessoas, entre professores e alunos, mandadas para campos de concentração antes de todas as universidades serem fechadas. Dando sequência à onda de prisões aleatórias veio a imposição das Leis de Nuremberg, privando os "inimigos do Reich" de seus direitos humanos primordiais. Os indivíduos não tinham escolha a não ser acostumar-se com a perda gradual da liberdade que outrora parecia garantida.

Entre inúmeras restrições, o carro da família de Anka foi levado. Um comissário designado pelo Reich assumiu o controle da fábrica Kauder & Frankl e expulsou os pais de Anka do apartamento. Eles receberam permissão para se mudar para o casarão de Ruzena, no mesmo terreno, enquanto as autoridades decidiam o que fariam com eles. Anka também foi para lá. Em seguida, os bens da família foram confiscados. Eles não podiam sacar mais de 1.500 coroas por semana da própria conta. Privados de cidadania, só podiam circular em áreas restritas e isoladas de restaurantes e hotéis.

Em Praga, os judeus foram proibidos de usar piscinas e banheiros públicos e de entrar nas cafeterias populares à margem do rio Moldava. Obrigados a viajar no fundo do segundo vagão nos bondes lotados da cidade, também não podiam ter bicicleta, carro ou rádio.

Sem acesso à universidade, Anka teve que parar de estudar um ano após ter começado — o que acabou sendo uma bênção, brincava ela, porque estava curtindo tanto a vida que não tivera tempo de se dedicar aos estudos. Sob a ocupação alemã, contudo, não havia como curtir a vida. "A coisa foi piorando, mas, como nos acostumamos com tudo na vida, acabamos nos acostumando com aquilo também", disse. "Primeiro nos proibiam disso, depois nos proibiam daquilo, e íamos aceitando. Conversamos a respeito... Havia uma possibilidade de escapar, mas, a menos que você soubesse o que o esperava, dificilmente largaria tudo rumo ao desconhecido."

A medida nazista que mais aborreceu Anka foi a proibição de ir ao cinema. Parecia-lhe um tormento desnecessário para alguém que amava filmes. Assim, quando estreou um filme novo que Anka queria muito ver, ela foi de qualquer maneira. Ir ao cinema sozinha naquela situação foi "uma completa tolice", admitiu depois. Absorta em seu lugar no meio do cinema, o filme já estava na metade quando a projeção foi interrompida de repente. As luzes do salão acenderam-se e os membros da Gestapo invadiram o local, pedindo o documento de identidade de cada um, fileira por fileira. Com a aproximação dos nazistas, Anka ficou paralisada na cadeira, sem saber como eles reagiriam ao *J* carimbado em seus documentos. Olhando ao redor desesperada, pensou em fugir, mas chegou à conclusão de que seria pior. Até que os oficiais da Gestapo, de modo inesperado, pararam na fileira em frente à dela e, aparentemente entediados, desistiram da inspeção.

Voltando a respirar normalmente, Anka ficou sentada no lugar até o final dos créditos, para não chamar a atenção. Quando contou aos amigos o que tinha feito, eles ficaram estarrecidos. "Eles poderiam ter te matado!", exclamaram. Até o dia da morte Anka não conseguiu lembrar o filme pelo qual arriscara a vida, mas pode ter sido ...*E o vento levou* — lançado em 1939, com base num de seus livros favoritos da adolescência. Anka assistiu a esse filme tantas vezes depois da guerra que sabia diálogos inteiros de cor, tão significativos mais tarde.

Com o cerco se fechando cada vez mais para os judeus e um número cada vez maior de pessoas querendo fugir, Anka e uma amiga foram abordadas num café por uns jornalistas ingleses. "Minha amiga disse: 'Vou me casar com um deles!', e casou mesmo, seis semanas depois", lembra Anka. "Ele tinha um amigo. Fomos apresentados, e dez minutos depois, ele me pergunta: 'Quer se casar comigo?'. Achei-o engraçado e meio doido, mas não estava nem um pouco interessada." Mesmo lisonjeada, ela respondeu que não, sem perceber a oportunidade que tinha de escapar do perigo em que estava metida.

Anka tomou outro rumo: tornou-se aprendiz de chapeleira no salão da tia, no histórico Black Rose Passage, mantendo a vida social nos bastidores. No entanto, não era apenas ousadia que a impedia de fugir. Anka tinha um ótimo motivo para ficar em Praga. Em novembro de 1939, seu primo a apresentou a Bernhard "Bernd" Nathan, um judeu alemão lindíssimo que havia fugido de Berlim em 1933, depois que Hitler assumiu o poder. Entre as centenas de milhares de judeus alemães que emigraram até 1939, Bernd achava, por mais enganado que estivesse, que Praga era longe o suficiente e, portanto, um lugar seguro. Seu irmão mais novo, Rolf, fugira para a Holanda e depois para a Suíça, onde se alistou no Exército americano, permanecendo em segurança. Sua irmã mais nova, Marga, também sobreviveu, tendo fugido para a Austrália.

Bernd Nathan

Nascido em 1904, Bernd era treze anos mais velho do que Anka. Formado em arquitetura e design de interiores, trabalhava na famosa Barrandov Film Studios, uma das maiores produtoras da Europa, conhecida mais tarde como "a Hollywood do leste". Com uma oficina e equipe próprias, Bernd produzia mobílias como atividade paralela, obtendo um bom lucro. Além disso, trabalhava para os nazistas, que não tinham a mínima ideia de que ele era judeu. Bernd era encarregado do projeto de interior de bares, casas noturnas e cafeterias.

Bernd considerava-se primeiro alemão e depois judeu. Não era nem um pouco religioso, e como o alemão era seu idioma materno, teve facilidade para burlar as restrições e fingir que era ariano. "Ele se parecia com eles. E falava como eles, porque era de Berlim", contou Anka. "Eles viviam convidando Bernd para sair. Estávamos muito bem, mesmo com Hitler no poder."

Louis, pai de Bernd, recebera a mais alta condecoração militar — a Cruz de Ferro (1ª classe) — na Primeira Guerra Mundial. Atingido por gás mostarda, tornara-se *kriegsblind* (cego de guerra), o que lhe rendeu status de herói. Apesar da cegueira, Louis era mulherengo e acabou se divorciando da elegante esposa Selma — mãe de Bernd. Foi graças a Selma que seu filho mais velho teve direito a uma renda privada de 2 mil coroas por mês.

De olhar cativante, Bernd era namorador como o pai e sabia conquistar o coração das mulheres. Quando Anka o viu pela primeira vez na piscina de Barrandov, seu coração foi fisgado. "Ele era o homem mais bonito que eu já tinha visto em toda a minha vida." Algumas semanas depois, eles foram apresentados formalmente num clube noturno que ele tinha reformado. "Foi amor à primeira vista", disse Anka, referindo-se ao belo arquiteto de cabelo castanho-claro, deslumbrantes olhos azuis e lindo sorriso que foi trazido a sua mesa. "Acabamos nos conhecendo melhor, vimos que tínhamos total afinidade e... nos comportávamos como dois idiotas."

Após o que ela descreveu como um "romance rápido", eles se casaram em menos de um ano, no dia 15 de maio de 1940, uma quarta-feira, oito meses depois do início da guerra. Anka tinha acabado de completar 23 anos, e Bernd, ainda considerado pelas autoridades como um imigrante alemão, tinha 36. "Hitler controlava a Tchecoslováquia desde o Acordo de

Munique", conta Anka. "Mesmo assim, não percebíamos o perigo que estávamos correndo."

Bernd e Anka no dia do casamento, 1940

O casamento foi uma cerimônia simples, com apenas duas testemunhas, no *Oberlandrat* (escritório regional) de Praga, próximo ao Grand Café Slavia. Como os judeus não tinham permissão para possuir ouro ou diamantes, o anel de noivado de Anka era de prata, com uma ametista triangular, além da aliança simples. De chapéu, blusa branca, conjunto escuro e uma presilha no cabelo, Anka posou ao lado do marido de terno. Com um ramo de lírio-do-vale na mão, Anka transbordava alegria.

Ela só teve coragem de avisar os pais, na área rural de Třebechovice, no dia seguinte. Eles não gostaram nada, sobretudo porque Bernd era alemão, e temiam que isso fosse causar problemas desnecessários à filha. Mesmo quando o conheceram, não mudaram de ideia. Segundo a mãe de Anka, aquele tipo de galanteador não a enganava.

No dia do casamento, a Holanda se rendeu aos nazistas. Doze dias depois, os aliados tiveram que evacuar suas tropas das praias do porto de Dunquerque, na França. No dia 28 de maio, a Bélgica se entregou. No dia 10 de junho, foi a vez da Noruega, e a Itália declarou guerra à Grã-Bretanha e à França. Quase um mês depois do matrimônio, Paris caiu. E aí começou o que mais se temia: as deportações de reassentamento.

Adolf Eichmann, *Obersturmbannführer* da ss, instalou-se numa casa judaica confiscada em Praga para supervisionar o Escritório Central de Emigração de Judeus, exigindo inúmeras deportações (para o campo de concentração de Dachau) já em 1940. Se os idosos da comunidade não obedecessem, Eichmann ameaçava esvaziar Praga, deportando trezentos judeus por dia.

O mundo estava ficando irreconhecível.

Profundamente apaixonados, os recém-casados se mudaram para o apartamento de Bernd, que ficava em cima de uma sinagoga na U Staré Školy ou Antiga Rua da Sinagoga. O apartamento tinha uma cúpula e, numa das paredes, havia uma janela curva — como um ateliê —, impossível de cobrir. Por questões de segurança, como não havia cortina, eles ficavam à luz de velas após um toque de recolher, ouvindo suas músicas preferidas numa antiga vitrola ou deleitando-se com as harmonias que vinham das rezas na sinagoga embaixo.

O ninho de amor no telhado era "terrivelmente romântico", lembra Anka. Utilizando todo o seu talento para design de interiores, Bernd havia decorado belamente o apartamento, com móveis que ele mesmo fabricara, como um lindo carrilhão talhado. Havia também cortinas verdes de seda clara, que Anka valorizava muito.

Graças ao dinheiro que recebia, Anka tinha uma empregada, que fazia sonhos "maravilhosos" que Bernd amava, e, sempre que eles saíam, não lhe faltavam boas roupas nem chapéus, selecionados na loja da tia.

Proibidos de deixar a cidade sem permissão especial, Anka não via a família tinha mais de um ano quando, em junho de 1941, recebeu a notícia de que seu amado irmão mais velho, Tonda, morrera de aneurisma cerebral. Ele estava com 33 anos e sofrera um derrame duas semanas antes. Rezando para que ninguém lhe pedisse documentos, Anka pegou um trem para ir ao funeral e consolar os parentes enlutados, principalmente sua mãe, que ficara sentada em sentinela à cabeceira de Tonda por duas semanas e estava arrasada com a perda de um segundo filho.

"[Meu irmão] foi a primeira pessoa morta que eu vi na vida, e a desolação da minha mãe ficará para sempre gravada na minha memória. Não desejo tamanha dor para ninguém." Sentados em silêncio na casa da família após o enterro, o clima era de profunda melancolia. Stanislav, pai de Anka, estava mais quieto do que de costume. Zdena e Ruzena, suas irmãs, estavam presentes, além de Herbert Isidor, marido de Zdena, e Peter, filho de Ruzena, mas o reencontro não teve nenhuma alegria.

De repente, soldados alemães bateram à porta, arrombando-a sem pedir licença. Um vizinho havia dedurado que ali moravam judeus, e, por isso, eles saíram abrindo tudo, revistando armários e gavetas. Ida, mãe de Anka, que tinha os seios grandes, como os da filha mais nova, aproveitou o movimento e escondeu disfarçadamente o dinheiro da família no sutiã, quando os alemães estavam de costas. Depois, calmamente, a enlutada perguntou aos hóspedes inesperados se eles aceitavam um pedaço de bolo com café. Para sua surpresa, eles responderam que sim, sentaram-se e conversaram de modo bastante educado com a família que deveriam estar aterrorizando.

Flertando com Anka, os soldados mais novos perguntaram como ela falava alemão tão bem. Anka retrucou informando que era casada com um arquiteto de Berlim que morava em Praga. Eles brincaram, dizendo que deviam levá-la para casa e jogá-la na cama dele. Subitamente sérios, advertiram-na de nunca mais sair para visitar a família sem permissão e foram embora — sem prendê-la. Outra vez, Anka escapara por sorte.

De volta a Praga, as pessoas estavam cada vez mais preocupadas com o que poderia acontecer em seguida. Hitler havia declarado que todos os judeus deviam ser eliminados do Protetorado. Ante a ameaça de deportação, eles aprenderam a não confiar em ninguém e a manter reserva. As pessoas escondiam seus objetos de valor e muitos ainda tentavam fugir do país, apesar dos rumores de que, aqueles que fugiram, estavam morando em terras desconhecidas, infelizes, sem dinheiro, sem saber falar o idioma e sentindo-se rejeitados.

Mais uma vez, Anka teve a chance de fugir. Ela e Bernd ficaram sabendo, por amigos, que era possível sair de trem pela Sibéria até Xangai, onde os japoneses haviam acolhido, inesperadamente, 23 mil judeus de toda a Europa, concedendo-lhes abrigo num gueto. Mesmo assim, o casal, hesitante, acabou decidindo não ir. Quando a Alemanha invadiu a Rússia em junho de 1941, já era tarde demais, mas eles foram salvos novamente.

As pessoas que se ofereceram para ajudá-los não eram as únicas que fizeram de tudo para salvar os judeus. Um grupo internacional de simpatizantes multirraciais já ajudara famílias inteiras, sobretudo crianças, a fugir para a Grã-Bretanha, um lugar mais seguro, num movimento que ficou conhecido como *Kindertransports*. Uma iniciativa similar, intitulada "One Thousand Children" (mil crianças), foi responsável pelo envio de 1.400 crianças para os Estados Unidos, entre 1934 e 1945. Cerca de 10 mil judeus e crianças de toda a Europa foram salvos dessa forma, após o fim das deportações. Para quem não tinha mais como ser ajudado, o futuro parecia cada vez mais preocupante.

A sinagoga sobre a qual Anka e Bernd viviam de modo tão aconchegante foi fechada, e eles tiveram que abandonar o apartamento e se mudar para uma velha casa no distrito de Jindřišská. Mesmo assim, Anka aproveitou ao máximo aquele imóvel de dois ambientes sem calefação, com uma pequena cozinha. "As regras antissemitas determinavam o que podíamos ou não fazer, mas era tudo suportável", disse, descrevendo as restrições como "pequenas pontadas" na felicidade deles. As normas limitavam, mas eles seguiam em frente, a despeito das mudanças. "As pessoas viviam dizendo: 'Se a situação não piorar...'. Fomos proibidos de ouvir rádio, e isso era ruim, claro, mas ainda podíamos ler o jornal. Encontrávamos outra coisa. Nunca sabemos até onde somos capazes de ir... cada vez mais baixo."

Quando todos os judeus tchecos acima de seis anos foram obrigados a costurar uma Estrela de Davi amarela em cada peça de roupa que possuíam em setembro de 1941, todos ficaram apreensivos quanto à reação dos não judeus nas ruas. Já havia inúmeros incidentes de judeus sendo aleatoriamente selecionados, detidos ou maltratados fisicamente, e, com uma estrela marcando sua exclusão social, eles não teriam como passar despercebidos.

A primeira vez que Anka usou sua estrela, escolheu, propositadamente, a roupa mais chamativa — uma saia xadrez verde-escura e uma jaqueta de camurça cor terracota —, utilizando o amarelo como acessório. Anka disse que, de todas as medidas antissemitas, a estrela foi a que menos a incomodou. "Eu tinha orgulho da minha estrela amarela. Pensava: 'Se eles querem me marcar, que marquem'. Não dava a mínima importância. Usava as minhas melhores roupas. Fazia o cabelo, e saía de cabeça erguida. Essa era a minha atitude." As pessoas que ela encontrava ignoravam seu novo emblema. Ninguém cuspia nela nem conseguia ser grosseiro com uma jovem tão autoconfiante, que se recusava a curvar-se ou acovardar-se.

Tanto que um dia, ao encontrar uma amiga andando inclinada para esconder a estrela, ela lhe disse, com rispidez: "Por que dar essa alegria a eles? Caminhe direito! Tenha orgulho de ser judia. Temos que usar uma estrela? E daí? Não deixe que eles a tiranizem".

Uma vez, quando um amigo gentio de Bernd, Otto, veio da Alemanha visitá-los, Bernd decidiu lhe mostrar os pontos turísticos de Praga após o toque de recolher. Retirou sua estrela e pediu a Anka para fazer o mesmo, para que eles pudessem sair todos juntos. "Se alguém nos parar, fique em silêncio e deixe que nós falamos", avisou, porque ele e Otto falavam *Hochdeutsch* (alto alemão), o equivalente ao inglês britânico. O que eles temiam não aconteceu, mas a experiência foi assustadora demais para repeti-la.

Na época, quase todos os judeus da cidade haviam sido expulsos dos melhores bairros e enviados para conjuntos habitacionais. Eles foram proibidos de trabalhar com artes, teatro ou produção de filmes, e Bernd não podia mais se arriscar a fabricar móveis para os alemães. Desempregado e sem poder sair de Praga, o casal vivia do dinheiro de Anka e do que a tia podia pagar pelos chapéus que ela fazia.

Em setembro de 1941, Reinhard Heydrich, *Obergruppenführer* da SS, líder da Gestapo, foi nomeado *Reichsprotektor* da Boêmia e Morávia, e o clima mudou quase que da noite para o dia. Em menos de um mês, 5 mil pessoas, entre homens, mulheres e crianças, sob sua "proteção" foram capturadas e enviadas ao gueto de Łódź. Entre essas pessoas estava a tia de Anka e sua família. Ninguém voltou. "Foi quando começamos a nos preparar para algo que não sabíamos definir, algo que ninguém podia cogitar. Achávamos que as pessoas estavam apenas dramatizando. Não sabíamos que eles estavam matando gente em série."

Após uma trégua de algumas semanas, Bernd recebeu uma notificação da *Judische Gemeinde* de Praga (Comunidade Judaica, criada pelo regime nazista), designando-lhe um número e solicitando que ele comparecesse, dois dias depois, num ponto de encontro no *Veletržni Palác*, o antigo Palácio das Feiras, rebatizado pelos alemães de *Messepalast*. O edifício ficava no distrito de Holešovice, não muito longe da estação de trem Praha-Bubny.

Era novembro de 1941.

Sua hora havia chegado.

O querido Bernd, amor de Anka, estava entre os mil jovens que seriam separados das esposas e da felicidade. Inútil resistir.

Os organizadores do *Umsiedlung* (reassentamento) garantiram a essa última remessa que eles eram "pioneiros" que estavam sendo enviados para o norte a fim de estabelecer um "gueto modelo" na cidade tcheca de Terezín, a poucos quilômetros de distância de trem. Construída pelo imperador José II e batizada em homenagem a sua mãe, Maria Teresa, Terezín consistia em duas fortalezas inabaláveis cercadas de muros, baluartes e um fosso. Projetada — profeticamente — num formato parecido com a Estrela de Davi e ocupando um pouco mais de um quilômetro quadrado, Terezín seria uma área de confinamento perfeita. Os alemães, que já haviam criado uma prisão da Gestapo na cidade, dentro do que ficou conhecido como *Kleine Festung* (Pequena Fortaleza), reaproveitaram o nome austríaco de Terezín: Theresienstadt.

Perder Bernd para o desconhecido era terrível, mas pelo menos Terezín ficava na Tchecoslováquia e não no "leste", que todos temiam sem saber direito por quê. "Era uma distância de apenas oitenta quilômetros de Praga. Ou seja, ainda era 'casa'. Melhor do que ser mandado para fora do país", disse Anka. "Eu não queria que ele fosse e eu mesma não queria ir, mas eles faziam o que queriam conosco."

Heydrich concebera originalmente a ideia de criar um gueto para judeus tchecos no Protetorado da Boêmia e Morávia a fim de aplacar a crescente preocupação internacional de que os judeus estavam sendo maltratados pelos alemães. Em setembro, mais de 33 mil judeus foram mortos pelos nazistas em Kiev, e em Auschwitz os médicos haviam testado as câmaras de gás pela primeira vez. As informações sobre esses desenvolvimentos eram supersecretas, mas não havia como conter os rumores.

Nos meses seguintes, Heydrich anunciou que Terezín seria aberta aos *Prominenten* — alemães ricos e judeus austríacos acima de 65 anos, inclusive veteranos de guerra inválidos ou condecorados, e qualquer indivíduo com suficiente status social para incentivar o escrutínio externo. Recebido "como um presente" do Führer aos judeus "para prepará-los para a vida na Palestina", o novo gueto situava-se numa região pastoral, com as montanhas da Boêmia como pano de fundo. Foi projetado para ser, em grande parte, autônomo, com a supervisão da ss — enquanto lhes interessasse.

Mas primeiro o gueto precisava ser preparado para as chegadas esperadas. Os nazistas convocaram 3 mil pessoas, entre homens e mulheres fortes de dezoito a 35 anos, para o *Aufbaukommando* (destacamento de construção). Divididos em grupos de mil, esses indivíduos eram responsáveis pela transformação daquela fortaleza destruída, projetada para abrigar 7 mil pessoas, num campo para 100 mil judeus. Os nazistas prometeram que, se aqueles poucos pioneiros fizessem um bom trabalho, eles jamais seriam enviados a nenhum outro lugar.

Bernd, um carpinteiro talentoso, era uma indicação perfeita para a lista de pioneiros. Ele e a esposa sabiam que não havia como escapar das convocações. "Simplesmente obedecíamos", disse ela. Quando Bernd recebeu permissão de trazer panelas e agasalhos na bagagem com limite de cinquenta quilos, os dois acharam que ele ia trabalhar do lado de fora, podendo cozinhar para si mesmo. Em prantos, Anka o ajudou a fazer a mala. Mas o que levar? Será que ele deveria usar seu limite de bagagem para levar itens supérfluos, livros e ferramentas, ou seria melhor levar comida em lata e remédios? Será que precisaria de um saco de dormir? E se ele levasse alguns discos?

Após uma última noite de amargura juntos, Anka despediu-se do marido, confiante de que o veria em breve. Bernd Nathan deixou Praga no segundo trem do destacamento de construção, embarcando na estação Praha-Bubny numa sexta-feira, dia 28 de novembro de 1941. Pouco tempo depois, sua jovem esposa recebeu uma notificação similar, intimando-a a comparecer para deportação. "Fiquei felicíssima de ir. Tinha certeza de que o encontraria. Jamais pensei que não fosse encontrá-lo."

Numa fria manhã de dezembro, com sua melhor bolsa, chapéu e uma pequena mala, Anka entregou as chaves do apartamento para a empregada e pediu-lhe que guardasse seus pertences mais preciosos, o que incluía todas as fotos de família, os móveis, as cortinas e o carrilhão de Bernd. Em seguida, juntou-se à desordenada progressão de judeus que se encaminhavam para o *Veletržni Palác*. Em vez de levar algo "necessário e útil", como peixe enlatado ou saquinhos de sopa, Anka carregava uma enorme caixa de chapéus amarrada com uma corda. Dentro da caixa, trazia três dúzias do delicioso sonho que Bernd adorava.

Pouco tempo depois, ela estava num edifício de seis andares, caindo aos pedaços, que já servira para feiras comerciais. O edifício estava lotado de gente — centenas de homens, mulheres e crianças acotovelando-se, disputando espaço no chão imundo. Havia poucos banheiros, todos fétidos, e apenas um pouco de comida e água, servidas em gamelas. Oficiais tchecos com braçadeiras organizavam as pessoas em grupos e entregavam números que deviam ser escritos, afixados ou costurados nas roupas e sacos de dormir, além de pendurados no pescoço de cada deportado.

Todo mundo parecia fascinado com Anka, que, em meio ao caos e ao calor, estava belamente vestida, com seu melhor conjunto verde e chapéu. Enquanto as pessoas a sua volta davam cada vez menos importância para a aparência num lugar onde era impossível se cuidar, a jovem noiva continuava penteando o cabelo e retocando a maquiagem. Os presentes ficaram ainda mais intrigados quando ela se ajoelhou no chão, com meias compridas, para usar seu modelador para cílios. "Eu só queria ficar bonita para o homem que eu amava."

Após três dias e três noites insones trancados no edifício, tentando dormir enrolados no chão, até Anka quase desistiu de se manter apresentável. Chegava cada vez mais gente, embora não houvesse espaço. A caixa de sonhos foi ficando úmida e pesada, mas ela resistia à tentação de comê-los ou abrir mão deles. Finalmente, as pessoas foram reunidas em grupos e conduzidas à estação de trem, numa marcha de trinta minutos. Judeus e gentios observavam silenciosamente, sem saber quem seria o próximo. Incapazes de testemunhar tamanha humilhação, muitos, constrangidos e envergonhados, se viraram com o rosto molhado de lágrimas.

O caminho era guarnecido de grupos de jovens oficiais nazistas. Anka caminhava junto de uma amiga chamada Mitzka, que pediu a um dos guardas para ajudar Anka com a caixa, que estava quase caindo de seus braços. Só um dos adolescentes, um soldado com cara de menino, respondeu. "Es ist scheiss egal ob die Schachtel mitkommt" (Estou cagando se essa caixa vai ou não). Anka sentiu um calafrio na espinha. A caixa não faria diferença no lugar para onde ia.

O trem para Terezín puxava vagões de segunda classe, nos quais mil passageiros foram transportados, em condições inumanas, para a estação Bohušovice nad Ohří, na linha principal, na direção norte, vindo de Praga. De lá, eles tiveram que andar dois quilômetros e meio até o gueto, vencendo a neve e o gelo, ladeados por um cordão de tchecos armados e guardas da ss. As malas mais pesadas foram colocadas em carretas de madeira por uma esquadra especial de transporte comandada por jovens, que as puxavam, mas a maior parte da bagagem — sobretudo caixas de chapéus — tinha que ser carregada, e "em passo acelerado".

Terezín, com seus imponentes baluartes de tijolo e muros impenetráveis em todo o perímetro da fortaleza, assomava-se na vastidão à frente. "Era um lugar perfeito para o que os alemães queriam", lembra Anka. Por trás das altas cercas de madeira e arame farpado, a cidade em si estava bastante abandonada, mas ainda preservava sua beleza, com uma malha simétrica de amplos bulevares em torno de uma grande praça central chamada de *Marktplatz* (praça do mercado). A área era isolada para judeus, coberta por uma lona de circo, que escondia a linha de produção, onde trabalhadores escravos colocavam anticongelantes em peças de motor. As ruas em volta eram demarcadas por barracões de quatro andares, caindo aos pedaços, ideais para abrigar um grande número de pessoas, com ruas e mais ruas de casas menores, garagens e cocheiras atrás.

Poucos minutos depois de atravessarem um dos quatro portões principais que os isolava do resto do mundo, os deportados chegaram a um pátio para serem contados, catalogados e inspecionados pelos guardas alemães e por cerca de cem gendarmes ou policiais tchecos. Aqueles primeiros deportados receberam permissão para manter a maior parte de seus pertences, recebendo moradia dos administradores judeus do gueto.

Os homens foram separados das esposas e alojados em onze *Kaserne* (casernas), todas com nome de cidades alemãs, como Hamburgo, Dresden e

Magdeburgo. As crianças foram acomodadas em *Kinderheime*, ou lares para crianças. Em prédios empoeirados, sem calefação e infestados de insetos, elas foram divididas em treliches, vinte por quarto, e receberam esteiras para deitar num espaço preciso de 1,6 metro quadrado cada. Como não havia armários, as pessoas tinham que enfiar suas coisas debaixo da cama ou pendurar as roupas em pregos. As roupas molhadas eram esticadas entre as camas, e nunca secavam totalmente. Como no mundo ocupado do lado de fora, tudo estava sujeito a restrições e toques de recolher.

Treliches nas casernas Magdeburgo, Terezín

Anka era jovem, forte, saudável e otimista quando chegou em Terezín, no domingo, dia 14 de dezembro de 1941. Sua impressão inicial do quarto lotado do primeiro andar em que ficaria foi que ele "não era tão ruim" e que dava para sobreviver ali. Eles tinham uma bomba que trazia água (poluída) de um poço, cozinha, privada e um sistema básico de administração. Depois de algumas perguntas, Anka descobriu que Bernd estava nos barracões só para homens no bastião ocidental dos Sudetos, não muito longe dali. Quando começou a ajeitar um espaço para se acomodar, algumas amigas que já moravam no gueto exclamaram para ela e para Mitzka: "Vocês não podem ficar aqui!". As meninas pegaram suas coisas e levaram as duas para o quarto delas, de apenas doze meninas, nas casernas Dresden, para que elas ficassem todas juntas. Cercada por amigas tão boas, Anka sentia que estava numa excursão.

O melhor de tudo é que naquela noite ela se encontrou com Bernd, graças à permissão especial que os homens receberam para ir à seção de mulheres dar as boas-vindas às esposas. Triunfante, Anka finalmente conseguiu lhe entregar os sonhos, que a essa altura já estavam velhos. "Mesmo assim, ele comeu feliz."

Ninguém podia sair da caserna, a menos que tivesse uma permissão assinada ou uma escolta policial. Anka e Bernd, que já haviam burlado a lei em Praga, não se intimidaram. Os castigos incluíam encarceramento na prisão do gueto ou chicotadas, mas o casal continuou dando um jeito de se encontrar. Descobrindo onde o outro estaria trabalhando e fazendo pequenos desvios, mesmo correndo riscos, eles conseguiam passar alguns momentos clandestinos juntos.

O *Ältestenrat* (Conselho dos Anciãos), encarregado das ruas da fortaleza, que eram organizadas em ordem alfabética, distribuiu trabalho para todos com mais de catorze anos. Centenas de indivíduos trabalhavam cerca de setenta horas por semana na construção, na cozinha, na lavanderia ou em escritórios administrativos. Outros fabricavam uniformes nazistas ou roupas para cidadãos alemães. Alguns tinham a função nada invejável de limpar as privadas, formando brigadas de limpeza para tentar reduzir os riscos de infecção. Depois de um ano, pedreiros começaram a trabalhar na construção de um crematório para as centenas de pessoas que deveriam morrer, embora a cremação fosse contra os princípios da religião judaica, que permite somente o enterro, considerando a cremação uma profanação do corpo.

Bernd, trabalhando na divisão de carpintaria, recebeu a incumbência de construir mais camas, além de reformar barracões e casas. Ele também foi convocado para a *Ghettowache* (guarda do gueto), um trabalho invejado por muitos, por conta dos privilégios.

Anka não recebeu nenhum trabalho no início e depois caiu doente, ficando impossibilitada de trabalhar. Teve escarlatina, que a deixou de quarentena por seis semanas. Quando finalmente se recuperou, deram-lhe um trabalho no departamento responsável pela entrega de leite, pão e batata mediante apresentação dos cartões de alimentação. "Eu ficava com um balde, destacando o cupom das pessoas e distribuindo conchas de leite", conta. Sua posição lhe dava o direito de barganhar um pedaço extra de pão ou verdura para tentar acrescentar algum sabor à sopa rala que eles tomavam todo dia.

Foi distribuindo leite que ela veio a conhecer o maestro Karel Ančerl, a esposa e o filho. Ančerl ajudou a organizar eventos musicais no gueto, tornando-se maestro da Orquestra de Cordas de Terezín. "Eu acabava dando mais leite para ele. Para o filho. Eu gostava deles, eles gostavam de mim, e ficamos amigos. Se alguém me pegasse, eu estava ferrada."

Nos meses seguintes, as deportações continuaram, chegando mil cabeças a cada três dias. Sessenta mil pessoas, entre idosos, jovens, doentes e famintos, ocupavam as casernas superlotadas — um fluxo de gente demandando mais do que as cozinhas e o sistema de esgoto podiam oferecer. A água racionada do gueto era poluída e precisava ser fervida. Os reclusos só tinham permissão para lavar roupa a cada seis semanas. Buracos foram abertos no teto para aproveitar o espaço valioso do sótão, catacumbas úmidas sob os baluartes passaram a ser utilizadas e até as estrebarias se converteram em local de moradia.

A última remessa de gente viera num estado lamentável, e muitos morreram poucos dias depois da chegada. Eles não tinham preparo para os solavancos da viagem de trem, muito menos para o que encontraram no gueto. O fedor de refugo humano apodrecendo permeava todos os lugares, criando um ambiente bastante lúgubre.

Os trens que chegaram entre setembro e dezembro de 1942 trouxeram os pais de Anka, Stanislav e Ida, a irmã, Zdena, o cunhado, Herbet Isidor, e o sobrinho, Peter. Eles haviam sido deportados de Hradec Králové, a cidade em que Anka frequentara a escola, e estavam bastante abatidos. A mãe de Peter, irmã de Anka, Ruzena, foi enviada para um campo de concentração tcheco em Svatoborice, como punição pelo fato de o marido Tom ter se tornado um "traidor" ao fugir para o exterior. Separada do filho, que ficou com os avós, Ruzena entrou em depressão. Quando foi enviada para Terezín e os reencontrou, havia praticamente perdido o interesse pela vida.

Em seguida, os sogros de Anka, Louis e Selma, que eram divorciados, chegaram separadamente. Louis, de 64, veio primeiro. Depois, veio a ex--mulher, de Westerbork, um campo na Holanda criado em grande parte para receber judeus holandeses. Selma estava acompanhada do segundo marido, que (para constrangimento de Bernd) era mais novo do que ele. Os Nathan não conheciam a nora, e as primeiras palavras que Selma dirigiu a Anka — referindo-se ao dinheiro que ela recebia do pai — foram: "Você sabe que Bernd só casou com você por interesse, não?". Um começo bastante infausto.

Quando outros parentes chegaram, inclusive os pais e o irmão da prima de Anka, Olga (que a princípio estava segura, porque era casada com um gentio), a jovem noiva percebeu que tinha nada mais nada menos do que quinze bocas para alimentar diariamente. Selma esperava que a nova nora cuidasse dela, do marido, do ex-marido e de uma mulher que cuidava dele. Havia também uma tia idosa que dependia completamente dela para se alimentar. A velha tinha tanto medo de passar fome que a esperava acordada todas as noites na esperança de receber algo extra.

"Era engraçado!", brinca Anka, embora a única coisa que tivesse para oferecer fosse "uma gororoba cinza intragável", feita de cevada cozida com consistência de cola de parede. "Parecia que passava a vida indo de um lado para o outro com meu caldeirão procurando coisas para cozinhar... para minha tia e meu tio, minha sogra e meu sogro. Sentia que precisava ajudá-los fosse como fosse. Se dependessem do que recebiam, morreriam de fome." Muitos morreram. Suas irmãs eram jovens. Aguentariam. Mas os pais... Principalmente Stanislav, de 73 anos — "um cavalheiro" —, que nunca se acostumou a dormir no chão com outros senhores de sua idade. Stanislav ficou tão dependente da esposa Ida, de sessenta anos, que ela não pôde arranjar um trabalho, o que significaria mais comida para os dois. "No campo, [minha mãe] estava sempre alegre. Meu pai teria morrido em uma semana não fosse por ela. Ele sempre dependeu dela, mas no campo não deixava que ela saísse de seu lado."

Assim como leite, algumas verduras básicas e grãos, o gueto tinha uma cantina. Jovens e velhos faziam fila às sete da manhã, meio-dia e sete da noite, com pratos e canecas de alumínio, para receber um pequeno pedaço de pão e uma concha de café aguado ou sopa. Quem trabalhava pesado — os *Schwerarbeiter* — recebia as maiores porções, enquanto os trabalhadores comuns recebiam porções normais e os *Nichtarbeiter*, ou não trabalhadores (mais os idosos), não recebiam nada.

"Do fundo, por favor", os mais famintos pediam, esperando que viesse algo mais substancial. Quem estivesse se recuperando de doença recebia um ticket especial que lhe dava direito a uma porção um pouquinho maior. Por isso, muitos fingiam ou prolongavam os sintomas para conseguir mais comida. De qualquer maneira, a comida nunca era suficiente. A fome virou uma tortura constante, e a luta para encontrar comida, uma missão diária. Muitos ficaram apáticos e deprimidos. O destino obrigara indivíduos, outrora orgulhosos, com lindas casas e uma vida próspera, a conviver em intimidade com desconhecidos adoentados. A única coisa que os unia era o sangue judaico. Forçados a respirar aquele ar denso, que fedia a sujeira de gente que não se lavava, o medo e a fome os reduziram a uma amargurada existência.

Novos trabalhos eram entregues todos os dias, além de cadernetas de racionamento e provisões básicas, sem contar os legumes crus, grande parte podre. No início, as provisões eram complementadas com itens como salame e enlatados que chegavam por correio de simpatizantes do país natal. Amigos e familiares também enviavam dinheiro, imediatamente embolsado pelos alemães e trocados por cupons ou pela falsa "moeda do gueto", que podia ser usada no mercado negro.

Os homens faziam a maior parte do trabalho pesado, enquanto as mulheres geralmente cuidavam da saúde e bem-estar de jovens e idosos. Tanto homens quanto mulheres deviam trabalhar na *Landwirtschaft* (divisão agrícola), responsável pelo cultivo de vegetais e pela criação de galinhas para os nazistas, assim como a seleção de batatas, cebolas e outros legumes para os prisioneiros. Um pequeno hospital foi criado para lidar com os diversos casos de pneumonia, escarlatina, sépsis, tifo e sarna, e havia também uma escola improvisada para as crianças.

Embora estivessem sempre com fome e o inverno fosse tão frio que era necessário escavar o gelo que ficava preso na janela, os primeiros residentes de Terezín mantiveram o estoicismo, secretamente gratos pelas coisas não serem piores. Pouco tempo depois de sua chegada, porém, eles se deram conta da "dura realidade" de onde estavam e de que seu destino não estava em suas mãos. "Estávamos relativamente em paz até começarem as execuções", contou Anka.

Os alemães que formavam o *Lagerkommandantur* ordenaram que os anciãos judeus e algumas testemunhas seletas se reunissem na praça perto das casernas Aussig, onde haviam sido erguidas forcas. Lá, enforcaram publicamente um grupo de nove jovens, que haviam "ultrajado a honra alemã" tentando enviar, sem autorização, "correspondência contrabandeada" para a família. Outras pessoas foram enforcadas, incluindo sete jovens, condenados por pequenos delitos, como roubo de doces e posse de cigarro.

Tremendo, Anka disse: "Houve cerca de seis punições como essa. Foi um choque que nos trouxe de volta para a realidade. Percebemos que não seria fácil sobreviver. A partir daquele momento, começamos a ter muito mais cuidado e a nos preocupar com tudo, porque não sabíamos o que ia acontecer".

À medida que chegava mais gente da Alemanha e da Áustria, as normas do comando nazista se tornaram cada vez mais rigorosas. Novos decretos proibiam os residentes de circular em determinadas partes do gueto em horários específicos ou de realizar tarefas cotidianas. Mais cercas e barreiras de segurança foram construídas, e novas sentinelas, alocadas. As principais ruas deviam estar sempre vazias, e as pessoas podiam usar apenas as ruelas de trás. Quem infringisse a lei sofria pena de açoite ou morte. Outros eram levados à Pequena Fortaleza e raramente voltavam.

Para economizar energia elétrica, as pessoas eram confinadas em barracões sem luz, tendo que trocar de roupa no escuro e ler à luz de velas (que estava em falta). Deitada numa esteira suja, com a pele coçando das picadas de insetos, o ar irrespirável, Anka não tinha como conter as lembranças das românticas noites à luz de velas que passara com Bernd no apartamento de Praga. Havia também uma infestação de pulgas e percevejos a combater, além da fome avassaladora. Chegado o inverno, era difícil encontrar madeira para acender o forno e aquecer o quarto ou a comida. Porções de carvão só eram distribuídas quando a temperatura caía abaixo de zero. "As pessoas começaram a morrer de desnutrição, de doenças por falta de higiene, falta de banheiro", lembra Anka. "Aquelas condições eram fatais para os mais idosos."

Nesse ambiente de fome, a situação da comida se tornou insuportável para muitos, e os instintos animais vieram à tona. A sobrevivência, de um modo geral, dependia das habilidades marginais de cada um. "Todo mundo roubava", conta Anka. "Se alguém lhe disse que não roubava, está mentindo." Quem trabalhava na cozinha escondia batatas ou até cascas de batata para vender ou negociar depois. Anka aprendeu a fazer sopa de urtiga e não perdia a oportunidade de pegar alguma coisa na cozinha, que depois tentava trocar. Uma batata já meio velha por uma cebola úmida, por exemplo.

Sua sorte mudou quando recebeu, por acaso, uma lata de sardinha portuguesa, destinada a outra mulher chamada Nanny Nathan, que havia falecido. Anka avisou do erro, mas a agência de correio judaica disse que ela podia ficar com a encomenda. "Aceitei, claro, mas era tanta sardinha que não aguentávamos mais. Meu marido dizia: 'Sardinha de novo?'. Como ficamos ingratos!"

Mesmo com a morte de tanta gente, não havia espaço para os recém-chegados — sobretudo os que vinham da Áustria e da Alemanha. Então em janeiro de 1942 começaram as deportações para o leste, em remessas de mil a 5 mil pessoas por vez. Como em Łódź e nos outros guetos, as pessoas imploravam, tentando convencer os oficiais, às vezes com dinheiro, a retirar o nome de seus familiares ou amigos da lista, mas geralmente não conseguiam. Os primeiros deportados de Terezín foram enviados inicialmente para um gueto em Riga, na Letônia, depois para guetos na Polônia ocupada, mas quase ninguém sabia para onde estava indo. "Era um horror ver aquelas pessoas de maca, velhas e incapazes de caminhar, sendo transportadas sabe Deus para onde! Milhares de pessoas chegavam e eram mandadas diretamente para o leste. Milhares vieram, milhares morreram, milhares foram embora. O ano de 1942 passou. Em 1943, tudo continuou igual."

As deportações viraram uma espécie de terrorismo — uma ameaça que permeava tudo. Ninguém sabia o que o destino lhe reservava para o dia seguinte, e o medo enfraqueceu mais ainda os ânimos. Dos 140 mil judeus enviados para Terezín, cerca de 33 mil morreram e mais de 88 mil foram mandados para campos de concentração, praticamente erradicando a vida judaica na Tchecoslováquia. Quinze mil eram crianças, incluindo 1.260 com a promessa de uma passagem segura para a Suíça, acompanhadas de voluntários. Quase todos foram executados em Auschwitz.

Os "pioneiros", como Anka e Bernd, ainda se aferravam à esperança de que a promessa feita se cumprisse, evitando aquele fado, mas nada estava garantido. "Ninguém sabia se seria enviado ou quando", disse Anka. "Hoje? Na próxima semana? No próximo mês? Tudo o que sabíamos era que 'leste' significava algo horrível, e todo mundo queria escapar desse destino."

À medida que as condições pioravam, a Gestapo passou a vender terrenos imaginários e "direitos de admissão" para judeus alemães privilegiados se mudarem para Terezín, que eles chamavam de balneário, com moradia e assistência médica gratuitas, *Reichsalterheim* (lar de idosos) ou *Bad* (spa). Muitos pagaram extra por um quarto "com vista" ou uma cobertura, constatando, mais tarde, que haviam sido enganados. Mas aí já era tarde. Aqueles que chegaram esperando uma agradável estadia para fugir da guerra ficaram perplexos com as condições do local. Imaginando uma vida social com pessoas de ideias afins, trouxeram tiaras e cartolas, joias e vestidos de paetê, que logo ficaram amarrotados e manchados. Encontraram um ambiente lastimável de desesperança dickensiana pontuada pelo medo constante do que os esperava no final do trilho.

"Foi a primeira vez que me deparei com idosos que deveriam estar num hospital. Eles tinham viajado não sei por quanto tempo, e precisamos cuidar deles. Era desumano. Não havia espaço", contou Anka. "Eles não sabiam onde ficar. Foram enfiados nos sótãos daquelas casas mínimas, transformadas em dormitórios. Tinham que subir e descer, e não podiam."

O verão quente e abafado, sem uma brisa sequer, convidava as moscas. Epidemias de encefalite, difteria e disenteria ceifaram a vida de centenas de pessoas, que perdiam o controle do intestino e morriam deitados sobre o próprio excremento. Os trens despachavam os mortos, cujos pés cadavéricos apareciam sob a mortalha. Postos de saneamento foram criados para limpar roupas e pertences infestados com piolho.

Apesar da situação que se agravava, ou talvez por causa disso, os presos remanescentes criaram uma vida artística dentro dos limites do gueto. Terezín abrigava alguns dos maiores artistas, intelectuais, compositores e intérpretes da Europa, que divisaram formas inovadoras de lidar com a crescente desesperança. Crianças e adultos eram incentivados a se expressar através da arte e da poesia, organizando peças e recitais. Jovens e adultos compartilhavam o material emprestado ou roubado — pedaços de carvão ou cotocos de lápis de cor — para desenhar em folhas arrancadas de livros contábeis ou na contracapa de brochuras.

O aprisionamento parecia desencadear a criatividade dos internos. Alguns faziam colagens com retalhos de pano ou papelão. Um jovem chamado Pavel Friedman escreveu um poema num papel fino, de cópia: "Não vi mais borboletas... As borboletas não vivem aqui no gueto". Tinha 23 anos quando foi morto em Auschwitz. Artistas que faziam desenhos secretos retratando as condições desesperadoras do gueto eram levados para a Pequena Fortaleza e torturados. Quebravam-lhes os dedos. Muitos foram mortos ou enviados para campos de concentração.

A despeito da constante ameaça de represália, a revolução cultural seguia seu curso. Miniexposições, espetáculos musicais e concertos eram organizados em segredo. O teatro de improviso começou discretamente em porões e casernas, mas acabou se tornando tão popular que as peças passaram a ser encenadas em depósitos e ginásios. A administração judaica, responsável pela aprovação de cada performance, emitia entradas, que eram muito procuradas, sendo negociadas no mercado negro em troca de comida.

Como os alemães não intervieram no sentido de proibir essas atividades — permitindo, inclusive, o uso de instrumentos musicais —, os indivíduos passaram a ousar, realizando grandes produções, com o trabalho de arquitetos, cenógrafos e figurinistas. Os escritores escreviam peças satíricas. Uma delas, por exemplo — *Posledni Cyklista* (O último ciclista), do dramaturgo Karel Švenk —, retratava um mundo em que as pessoas de bicicleta eram perseguidas pelos fugitivos de um asilo. Infelizmente, a peça nunca foi encenada em Terezín. O Conselho dos Anciãos resolveu bani-la no ensaio geral, temendo uma represália. Mas depois da guerra — à qual Švenk não sobreviveu —, ela foi recriada de memória pelos sobreviventes e continua a ser apresentada no mundo inteiro.

Outras obras menos controversas tiveram permissão para serem montadas, inclusive óperas como *Aida*, com famosos solistas de toda a Europa.

Houve mais de cinquenta apresentações de uma ópera para crianças chamada *Brundibar*, de Hans Krasa. Tudo graças ao produtor František Zelenka, o cenógrafo tcheco mais influente e inovador de sua era. Após ajudar na produção de mais de vinte peças em Terezín, incluindo obras de Shakespeare e Molière, Zelenka morreu em Auschwitz, aos 42 anos.

Anka assistiu a um memorável ensaio geral de *A noiva vendida*, uma ópera cômica a que ela assistira pela primeira vez na época em que era uma aluna livre despreocupada. Mesmo considerando a atriz que interpretava a noiva muito velha para o papel, Anka adorou a montagem, por causa do otimismo. "Quando a ópera foi composta originalmente, ninguém sabia que ela seria usada em Terezín, mas algumas músicas e frases tinham tudo a ver com a ocasião. Há uma cena em que ela pergunta a ele: 'E o que acontecerá no fim?', ao que ele responde: 'Ficará tudo bem!'. Um grande simbolismo. Momentos como esse foram inesquecíveis."

Durante as apresentações de uma ou duas horas, as pessoas na plateia deixavam de ser prisioneiros que só pensavam em comida, temendo pela própria sobrevivência. Tornavam-se seres humanos livres para rir e chorar, sentir esperança e tristeza, transportados, pela música e pela dança, para tempos mais felizes. "Ajudava a amenizar a realidade", disse Anka. "Por meio da arte, conseguíamos esquecer e seguir adiante."

Uma das maiores realizações artísticas de Terezín aconteceu graças ao dedicado coral amador sob regência do maestro romeno e músico de câmara Rafael Schächter. O coral de prisioneiros fez nada menos do que sessenta apresentações da obra mais difícil de Verdi — o *Réquiem*. A pungente missa católica em latim foi aprendida de cor — nota por nota, palavra por palavra — num porão escuro e frio. Contando apenas com uma partitura contrabandeada, um piano (sem algumas pernas) e um grupo de cantores cada vez mais desfalcado por causa das deportações, Schächter disse ao coral: "Cantaremos para os nazistas o que não podemos dizer a eles".

Uma das frases de *Libera me* dizia: "Livra-me, Senhor, da morte eterna... quando vieres julgar o mundo com fogo". Outra afirmava: "Nada permanecerá impune" no Dia do Julgamento. Uma mensagem impávida de julgamento divino a todos os pecadores. Anka, que esteve presente numa apresentação para oficiais nazistas veteranos, contou que foi a cena mais comovente que ela já viu na vida. No final, os judeus da plateia ficaram sentados, atônitos, esperando a reação dos alemães. Quando os oficiais da SS começaram a aplaudir, todo mundo aplaudiu também, com o rosto coberto de lágrimas.

Como parte da resistência artística sob supervisão da *Freizeitgestaltung*, ou Administração das Atividades de Lazer, as pessoas de Terezín também participavam de palestras e aulas, grupos de costura e programas de aprimoramento. Quem não fazia alguma atividade artística ou educacional para o próprio desenvolvimento ou para o desenvolvimento dos outros tentava melhorar o quartel.

Desafiando abertamente a ameaça de morte que pairava sobre eles, os judeus escolhiam a vida. Naquela rebelião privada, eles cantavam, dançavam, apaixonavam-se, casavam-se e — desesperados por amor e algum contato físico — procuravam conforto onde podiam.

Bernd trabalhava numa oficina de madeira no *Bauhof* ou Bloco H, que ficava dentro dos baluartes atrás do arame farpado. Uma de suas funções era fabricar móveis para os oficiais nazistas, como ele havia feito em Praga. No fim do expediente, ele dava uma escapada para visitar a esposa no alojamento dela. Não havia privacidade, mas não havia motivo para vergonha. Eles não eram os únicos. Muitos casais alugavam quartos privados dos poucos privilegiados que tinham acesso a eles. Outros se viravam com o que tinham, no pouco tempo disponível. Anka contou que, certas noites, quando alguns homens conseguiam entrar nos barracões femininos, o lugar todo sacudia. "Éramos doze mulheres num quarto, e às vezes eram doze homens que dormiam lá ao mesmo tempo, sem ninguém perceber", disse. "Era um dos poucos prazeres que nos restava, e aquilo nos mantinha vivos." O risco era enorme, mas valia a pena. Eles eram jovens apaixonados, e deitar juntos por algumas horas lhes dava esperança.

Observando a deportação de muitas pessoas sem que eles fossem deportados, Anka e Bernd se convenceram de que os nazistas cumpriam sua promessa de segurança para os "pioneiros", e que eles ficariam no gueto pelo tempo que durasse a guerra. Mesmo com a construção, em junho de 1943, de um ramal ferroviário especial que terminava no centro do gueto, Anka ainda acreditava — como muitos — que a guerra terminaria logo.

Aos 26 anos de idade e casada há três, Anka não queria esperar para ser mãe quando fosse velha demais, mas, por outro lado, ela e Bernd haviam decidido não ter filhos naquelas circunstâncias. Embora nunca tenha sido oficialmente declarado, os alemães haviam decretado uma estrita separação entre homens e mulheres, e temia-se que o "crime" de engravidar pudesse ser punido com a morte. De qualquer maneira, quando Anka descobriu no verão de 1943 que estava grávida, ficou secretamente feliz. Sua mãe, Ida, que no momento vivia no mesmo quarto que a filha, perguntou, incrédula: "Como? Quando?". Quando Anka encolheu os ombros, Ida riu. Anka se convenceu de que talvez fosse para ter o filho. Nove meses pareciam muito tempo, e muita coisa poderia acontecer nesse intervalo. Por meio de rádios ilegais e fofoca da polícia tcheca, chegavam notícias que se somavam aos boatos de Terezín. A Sicília havia sido invadida, Mussolini, deposto, e a Itália rendera-se aos Aliados. Houvera uma rebelião massiva no gueto de Varsóvia, e a região alemã de Ruhr sofrera intenso bombardeio. Para muitos, parecia que o fim se aproximava.

Mas não era o fim ainda. Uma epidemia de tifo no gueto começou a matar mais de cem pessoas por dia. Os mesmos vagões que entregavam os pães bolorentos eram utilizados para transportar os cadáveres. Havia tão pouco caixão que os corpos eram enrolados em mortalhas e empilhados nos corredores, obrigando os crematórios a queimar mil mortos por mês.

Até que, no outono, chegou a notícia de que as irmãs de Anka, Ruzena e Zdena, de 36 e 39 anos, respectivamente, seu sobrinho Peter, de oito, e seu cunhado Herbert seriam enviados para o leste numa remessa de 5 mil pessoas. Os pais de seu primo também seriam deportados, assim como outros familiares. "Quando alguém que você ama está a ponto de embarcar no próximo trem, você tenta fazer de tudo para salvá-los", disse Anka. "Obviamente eu tentei de tudo, mas não obtive resultados. Tentei... subornar as pessoas certas... mas não adiantou. Também era arriscadíssimo. Havia muita gente capaz de conseguir algo para subornar alguém. Os alemães diziam mil pessoas, e mil pessoas eram deportadas. Sobreviver era uma questão de sorte."

Muitos se suicidaram, ou tentaram, para evitar a jornada rumo ao desconhecido. Houve 430 suicídios e 252 tentativas de suicídio em Terezín entre 1941 e 1943 — a maioria durante as deportações. Aqueles que não conseguiam encarar um mundo sem seus entes queridos pulavam da janela, cortavam os pulsos, enforcavam-se ou tomavam overdoses de barbitúricos roubados ou comprados na enfermaria.

Uma das últimas lembranças de Anka de parentes deportados foi a de sua tia, "penteada e serena", sentada sobre a mala. "Ela apertou minha mão e disse: 'Até breve', como se fôssemos nos encontrar no hotel de Hradec Králové... Não 'adeus', mas 'nos vemos na semana que vem'. Ela não sabia das câmaras de gás, mas sabia que seria terrível."

Forçando um sorriso, Anka se despediu deles, acenando um adeus enquanto eles se dirigiam ao trem, milhares de passos levantando nuvens de poeira. Anka rezou para que pudesse revê-los em breve e que conseguissem se alimentar sem ela.

Com o passar dos meses e a barriga crescendo, Anka estava feliz com a ideia de ser mãe, embora tivesse emagrecido muito e estivesse se alimentando muito mal, pela falta de nutrientes na comida. "Esperávamos ansiosamente pelo nosso filho", contou. "Lembro de estar grávida de quatro meses e meio e o bebê começar a se mexer. Eu estava no escritório onde trabalhava e senti o movimento. Corri para a sala do meu chefe e anunciei: 'Ele começou a se mexer!'. Eu estava fora de mim, de tanta alegria com aquele milagre." Mas logo sua alegria se transformou em medo, sobretudo porque não havia mais notícias boas sobre a guerra, e as deportações se intensificaram.

Quando o último comandante de campos da ss, o *Obersturmführer* Anton Burger, descobriu que algumas prisioneiras estavam grávidas, ordenou imediatamente que elas reportassem sua condição. Ser judeu e esperar um filho era um crime contra o Reich. Burger decretou que todo feto com menos de sete meses deveria ser abortado. Também ameaçou punir quem escondesse a gravidez, junto com o grupo de onde a pessoa vinha.

Anka e Bernd decidiram não revelar a condição de Anka até ser impossível esconder o fato. Então, eles foram chamados ao escritório administrativo do comandante com mais quatro casais. Não tinham outra escolha senão obedecer. No escritório, sob ameaça armada de nazistas furiosos, foram obrigados a assinar documentos concordando em entregar os recém-nascidos para "eutanásia". Apesar de dominar vários idiomas, Anka não tinha a mínima ideia do que aquela palavra significava e precisou perguntar para alguém depois. Quando soube o que significava, que matariam seu filho logo após o nascimento, quase desmaiou.

"Nunca imaginei que seria obrigada a assinar um documento concordando com a execução [de meu filho]. Ninguém jamais tinha ouvido falar numa coisa dessas... Como alguém pode assinar um documento desse? Mas nós assinamos. Eles disseram: 'Sie unterschreiben!' [Assinem!], e nós assinamos... A presença de alguém da ss com um revólver na sua cabeça faz você assinar qualquer coisa!"

Em novembro de 1943, quando Anka estava grávida de seis meses, os alemães organizaram um censo para assegurar que os pedidos de mantimentos estivessem de acordo com o número de prisioneiros remanescentes. O gueto foi esvaziado. Bernd, que se encontrava na enfermaria com febre, foi deixado para trás, junto com os outros doentes e os bebês. Anka foi evacuada do gueto sem ele, acompanhada pelos pais e por mais 36 mil prisioneiros.

Temendo o pior, eles caminharam pela neve, escoltados por guardas armados, até uma área conhecida como Bohušovická Basin, em campo aberto. Das sete da manhã às onze da noite, foram contados e recontados, esperando o extermínio. Ninguém tinha permissão para sentar ou sair dali, e por isso as pessoas tiveram que fazer suas necessidades ali mesmo, de pé. O frio era intenso, e os mais fracos não resistiram, caindo no chão para nunca mais levantar. Quando finalmente voltaram para o alojamento, Anka ficou imensamente aliviada de saber que as pessoas da enfermaria — incluindo seu marido — não tinham sido executadas.

Então em dezembro seus pais idosos, Stanislav e Ida, foram convocados para a viagem rumo ao leste. O pai outrora orgulhoso, o respeitado empresário de Třebechovice que havia construído uma bem-sucedida fábrica de couro e era o esteio da família, estava reduzido àquela "vida de mendigo", sem saúde. Um oficial da ss batera-lhe no rosto, quebrando seus únicos óculos, de modo que ele não enxergava mais. "Isso foi o que mais me doeu", contou Anka. "Ele virou um velhinho judeu, sempre dependurado na minha mãe, dependendo dela para tudo... Muito triste, ver que ele não conseguia dar um passo sem ela."

Apesar da fome que os consumia e do péssimo estado de saúde, os pais jamais reclamaram de nada, mantendo a esperança até o final. "Quando meus pais foram embora, fiquei muito chateada. Despedi-me deles, mas não sabia que era a última vez que os veria. Foi tudo muito rápido. 'Tchau, até mais.' Eles sabiam que eu estava grávida, e receberam bem a notícia. Havia muitas outras coisas a considerar. Achávamos que, de alguma forma, todos nós conseguiríamos superar aquele momento."

Bernd também assistiu à partida da mãe, Selma, e de outros parentes. O pai cego, Louis, escapou, segundo Bernd, por causa de sua Cruz de Ferro.

Nem os pais nem as irmãs de Anka estavam presentes quando seu filho nasceu, prematuramente, no dia 2 de fevereiro de 1944, poucas semanas após o bombardeio de Berlim pelos Aliados. O gueto, na época, tinha um hospital em funcionamento, com sala de cirurgia, modernos equipamentos esterilizados e centenas de médicos-prisioneiros qualificados. Anka, mesmo com ginecologistas e pediatras seletos, não foi poupada das dores do parto. "Doeu. Foi terrível. Pensei em nunca mais ter filhos, mesmo que me pagassem", declarou, acrescentando, porém: "Nosso menino era um tesouro!"

Depois do nascimento, Anka foi com o filho tão esperado para a *Säuglingsheim*, uma espécie de maternidade, junto com outras mães e bebês, temendo que lhe tirassem o filho a qualquer momento. "Era um bebê normal, que foi bem alimentado", conta.

Anka e Bernd batizaram o filho de Jiri (George), o que alegrou muito o sogro dela, cujo irmão chamava-se George. Mas os alemães não permitiam que os judeus utilizassem nomes não judaicos, e eles tiveram que rebatizá-lo: Dan — "não Daniel, mas Dan". Ninguém veio pegar o bebê para matá-lo, e o casal nunca soube por quê. O que importava era que o filho estava vivo.

Somente após a guerra, nos diários ocultos de outro prisioneiro de Terezín chamado Gonda Redlich, é que o mistério foi desvendado. A esposa de Redlich, Gerta, conhecida de Anka, também estava grávida. Ela e o marido também foram obrigados a concordar com o "infanticídio" em novembro de 1943. As palavras de Redlich em seu diário são comoventes: "Assinei uma declaração juramentada de que matarei meu filho".

Em outra parte do diário, datada de março de 1944, após o nascimento de seu filho (também chamado Dan), Redlich escreveu para seu menino: "Os judeus eram proibidos de nascer, as mulheres, de ter filhos. Fomos forçados a esconder a gravidez de sua mãe. Até os próprios judeus nos pediam para matá-lo, o fruto de nosso útero, porque o inimigo ameaçava castigar a comunidade inteira por todo judeu nascido no gueto". Seu filho foi salvo por "milagre", ele conta, quando a mulher de um oficial alemão deu à luz prematuramente um bebê natimorto. "Por que eles cancelaram o decreto que proibia nascimentos quando você e outros nasceram?", escreveu Redlich. "Médicos judeus salvaram a mulher do oficial. Nossos inimigos sentiram a dor daquela mãe enlutada e permitiram que sua mãe e outras mulheres tivessem filhos."

Anka não sabia nada disso na época e sua única preocupação era proteger o filho. Utilizou alguns trapos de pano como fralda e tinha leite suficiente para alimentá-lo. Compartilhou sua "sorte" com outras mulheres grávidas que também deram à luz no gueto. Uma teve gêmeos, embora três dos bebês tenham morrido mais tarde e uma das mães tenha sucumbido à tuberculose.

Com um mês, porém, e apesar de ter sido salvo da morte, Dan Nathan começou a enfraquecer. "Ele não se parecia com os outros bebês nascidos na época", lembra Anka. Em poucas semanas, seu pequeno recém-nascido pegou pneumonia e morreu no dia 10 de abril de 1944. "Meu menino não foi morto. Só não era forte o suficiente para sobreviver. Morreu nos meus braços. Morte natural. Eu não esperava que isso acontecesse e fiquei profundamente abalada."

Gonda Redlich escreveu: "Uma criança morreu entre as crianças que os alemães permitiram que nascessem. Imagine a dor dessa mãe, que por milagre teve um filho para perdê-lo em seguida".

Bernd cuidou da cremação do filho, cujas cinzas foram depositadas numa pequena caixa de papelão e armazenadas junto com milhares de outras no columbário do gueto até novembro de 1944, quando as jogaram nas águas caudalosas do rio Ohře.

Memorial às cinzas dos mortos espalhadas no rio de Terezín

Anka não foi à cremação. Raramente falou do filho outra vez. "Foi terrível, mas aconteceram tantas coisas terríveis depois que esquecemos. Acabamos superando a dor, de alguma forma", disse mais tarde. Anka perguntou a uma prima por que não podia guardar luto pelo filho. A explicação da prima fazia todo o sentido. "Não podemos nos dar ao luxo de guardar luto, porque enlouqueceremos." E acrescentou: "Começamos a pensar no que aconteceu e por que aconteceu, e precisamos encontrar alguma maneira de não pensar".

Uma das frases favoritas de Anka como lição de vida era uma fala de Scarlett O'Hara em ...*E o vento levou*: "Amanhã eu penso nisso". Anka repetiu essa frase como um mantra durante todo o tempo em que passou nos campos de concentração. Admitia que o que chamava de "teoria Scarlett O'Hara" parecia um subterfúgio "estúpido" e "irracional", mas funcionava. "Se eu conseguir me distanciar do que está acontecendo e dar tempo ao tempo, talvez as coisas estejam melhor no dia seguinte. Até agora funcionou. É uma característica do ser humano achar que sobreviverá de alguma forma. Aqueles que desistiram e pararam de se cuidar foram os que morreram mais cedo."

Tudo o que acontecera acabou enfraquecendo sistematicamente a estabilidade dos anos anteriores. Não havia como fugir, e ninguém era dono do próprio destino. "Minha forma de protesto foi sobreviver", disse Anka simplesmente.

Após a morte do filho, Anka teve um caso sério de icterícia que quase a matou. Ficou isolada na enfermaria, sendo proibida de receber a visita de Bernd. Um dia, o marido apareceu na janela com uma única flor que tinha colhido em algum lugar. Por mais que tenha valorizado o ato de romantismo, Anka contou mais tarde que ela estava com tanta fome que teria preferido um pedaço de pão. Anka acabou se recuperando com o tempo e voltou para Bernd.

Nos meses seguintes, os Aliados se preparavam para invadir a Europa e os primeiros judeus dinamarqueses chegaram a Terezín. Representantes do governo dinamarquês e da Cruz Vermelha da Dinamarca começaram a pressionar os nazistas para saber o paradeiro de quase quinhentos dinamarqueses, questionando-os a respeito dos rumores, cada vez mais frequentes, de extermínio em massa de judeus e outros grupos em campos nazistas. A Dinamarca, de todas as nações ocupadas, protestara veementemente contra o tratamento dos judeus e conseguira salvar a maioria, escondendo-os ou ajudando-os a ter segurança. Aqueles que não foram salvos eram acompanhados tão de perto pelos dinamarqueses que os nazistas concediam-lhes um tratamento especial.

Com o intuito de conter o alvoroço, os alemães permitiram que a Cruz Vermelha Internacional, acompanhada de oficiais dinamarqueses, visitasse Terezín, mas só depois que eles transformaram o lugar num campo modelo, "mostruário" de Hitler. Para limpar o local, mais de 5 mil judeus foram transferidos para o leste em maio de 1944, incluindo todos os órfãos e a maioria dos doentes, sobretudo os tuberculosos. Uma segunda remessa de 7.500 pessoas foi deportada. Os indivíduos esqueléticos ou enfermos que sobraram foram escondidos, e o acesso aos alojamentos mais deploráveis foi cortado.

O comandante planejou com precisão o roteiro da visita que a delegação da Cruz Vermelha devia seguir, providenciando o embelezamento das construções que seriam vistas. As ruas ganharam novos nomes bonitos como "Lake Street" (rua do lago). Como parte da *Verschönerungsaktion* (campanha de embelezamento), criaram novos jardins, com rosas e bancos novos. Tudo foi pintado, inclusive cartazes falsos onde se lia "escola" ou "biblioteca". As flores preenchiam as jardineiras, e foram criados um centro comunitário, uma área de recreação com carrossel e palanque e uma quadra de esportes. Os alojamentos que seriam visitados foram totalmente redecorados, e ruas inteiras de lojas, abertas, "vendendo" produtos confiscados dos prisioneiros.

Sob ameaça de morte, os prisioneiros foram obrigados a aceitar, ensaiando o que fazer, onde estar e como se comportar. Receberam ordem de vestir a melhor roupa que tinham e de estar apresentáveis no dia da visita. Entregas de verduras frescas e pão quentinho foram cuidadosamente orquestradas. A visita da Cruz Vermelha aconteceu no dia 23 de junho de 1944.

O Ministério da Propaganda do Terceiro Reich, sob direção de Joseph Goebbels, gravou a visita de seis horas, adicionando imagens pré-fabricadas, com o intuito de exibi-las mundialmente num filme intitulado *Der Führer schenkt den Juden eine Stadt* (O Führer dá aos judeus uma cidade). O filme, cuidadosamente editado, com o "Galope Infernal" de Offenbach como trilha sonora, a música mais popular para o cancã parisiense, apresentava imagens de jovens saudáveis, trabalhando fora do gueto em ferrarias, fábricas de cerâmica ou ateliês de arte. Homens e mulheres apareciam fabricando bolsas, costurando ou fazendo trabalho de marcenaria, antes de voltarem de braços dados para o gueto, onde desfrutavam de atividades como leitura, tricô, jogos de cartas, recitais e palestras. Havia cenas de uma partida de futebol, velhos casais conversando no jardim e crianças bronzeadas comendo pão com manteiga — o primeiro que elas viam em anos.

Como se não bastasse, o filme mostrava banhos coletivos de homens nus se ensaboando. Homens, mulheres e crianças eram vistos regando a horta do comandante. Anka e Bernd, como muitos outros judeus, apareciam na *Kaffeehaus* vienense tomando "café". Quando o diretor gritava "ação", eles faziam o que mandavam. Sorriam para as lentes, sorvendo aquela água insípida, servida por garçonetes sorridentes de avental branco. Registrando o que aparentava ser um momento histórico, os oficiais da Cruz Vermelha também foram filmados, ao lado de veteranos da ss provenientes de Berlim, apreciando o *Réquiem* de Verdi — executado por um coral bastante reduzido.

Todos no gueto rezavam para que os visitantes percebessem a farsa, fazendo perguntas ou desviando-se da rota planejada. Nada aconteceu. O evento foi um sucesso para os nazistas. O dr. Maurice Rossel, líder da Cruz Vermelha Internacional, declarou: "As pessoas que chegaram aqui não serão transferidas para nenhum outro lugar". Dando aos nazistas um álibi contra as acusações de genocídio, Rossel e seus colegas de delegação anunciaram que os alojamentos dos judeus eram "relativamente bons" e "confortáveis", com carpete e tudo. Não faltava alimentação, nem vestuário. O gueto contava com serviço postal e não descuidava da cultura. Segundo Rossel, os lares da juventude eram de um "valor educacional memorável". "Ficamos maravilhados de encontrar no gueto uma cidade com uma rotina praticamente normal. Achávamos que depararíamos com coisa pior", concluiu, afirmando que seu relatório seria um "alívio para muitos".

Como não sabiam nada a respeito desse relatório, os internos esperavam que o mundo finalmente se inteirasse de sua existência. Por mais adornado que estivesse o gueto, os membros da delegação com certeza perceberiam que o lugar era uma prisão de um quilômetro quadrado isolada do resto do mundo.

Após a visita, todos os enfeites foram destruídos ou desfeitos. Terezín e seus residentes voltaram à vida deplorável de antes, inclusive com diminuição das porções por duas semanas, pela comida e luxos "extras" que tinham recebido. Crianças que no filme apareciam sorridentes em cavalos de pau ou em produções teatrais foram deportadas para Auschwitz com mais 5 mil pessoas, nos dias seguintes à filmagem. Entre os deportados estavam o regente da obra de Verdi, Rafael Schächter, o produtor do filme (um judeu) e o maestro amigo de Anka, Karel Ančerl, junto com a família. Schächter — que havia trazido esperança para milhares de prisioneiros, tocando a última música que muitos ouviriam na vida — acabou sendo morto após sobreviver a três campos de concentração. Ančerl sobreviveu, mas a esposa e o filho, não.

A polícia tcheca de Terezín continuava trazendo notícias de fora sempre que podia, informando aos prisioneiros encantados, por exemplo, que os Aliados haviam ocupado a Normandia e avançavam pela França. "As notícias espalhavam-se como fogo ao vento, e pensamos que tínhamos vencido!", disse Anka. "Dizíamos uns para os outros que em um mês estaríamos em casa." De modo bastante consciente, Anka e Bernd decidiram ter mais um filho — "doidos como éramos". "A primeira gravidez não foi planejada, mas aconteceu. Minha segunda gravidez foi planejada porque pensamos: 'Já estamos aqui há três anos. Quanto mais pode demorar?'." O raciocínio era que, se eles voltassem para Praga com um filho, conseguiriam se virar de algum jeito. Caso contrário, teriam que esperar até ter dinheiro e trabalho, e talvez eles nunca tivessem um filho.

Com o número ainda grande de deportações para o leste, alguns sótãos ficaram repentinamente vazios. Bernd aproveitou para construir um compartimento secreto no que chamou de "palheiro", numa das construções em que ele e a esposa poderiam se encontrar. Esses lugares ficaram conhecidos como *kumbalek* ou cubículos. Mais tarde, Bernd ampliou o espaço, transformando-o num apartamento privado de um quarto, onde eles passaram a morar. "Adaptamos o local para nosso uso", disse Anka.

Havia o constante risco de serem descobertos pelos alemães numa de suas batidas policiais periódicas, mas eles resolveram correr esse risco. A França tinha sido quase toda ocupada, inclusive Paris, e os Aliados partiam agora para um ataque aéreo na Holanda. O verão de 1944 foi quente e longo. Muitos morriam por conta das condições de saneamento, de doença ou inanição, principalmente os velhos. Anka e Bernd, apesar de tudo, estavam felizes, aproveitando os furtivos momentos de proximidade.

Era difícil saber se Anka estava grávida ou não, porque a gestação anterior, somada a doença e desnutrição, havia desregulado seu ciclo menstrual. As mulheres chamavam isso de "síndrome da prisão", que afetava muitas prisioneiras. Anka ainda não sabia se esperava um bebê quando, no outono de 1944 — com a aproximação dos Aliados, que obrigou divisões alemãs inteiras a se renderem —, os nazistas decidiram deportar a maioria dos habitantes de Terezín.

Temendo uma rebelião, e num ato premeditado, os alemães ordenaram primeiro a deportação dos homens mais fortes, para um novo campo "perto de Dresden", na Alemanha, declarando que, nas quatro semanas seguintes, mais mil pessoas seriam transferidas, dia sim, dia não. Todas as promessas de salvação feitas aos pioneiros caíram por terra quando Bernd recebeu uma das temidas cartas de demissão, solicitando que ele se reportasse a um novo *Aufbaukommando*. Quando os anciãos alegaram que os pioneiros tinham recebido uma promessa de imunidade, os alemães responderam que todas aquelas exceções tinham sido "abolidas".

Por regulamento do gueto, Bernd perdeu o cartão de alimentação, devendo apresentar-se para deportação em 24 horas. "Não houve nenhum aviso prévio", conta Anka. "De repente, ordenaram que todos os homens partissem para um gueto diferente. Pensamos que seria um lugar parecido com Terezín, em alguma cidade da Alemanha. Talvez fosse pior, mas ainda seria um gueto. Não associávamos a deportação com nenhum tipo de catástrofe ou horror."

Mesmo sem pensar em nada terrível, Anka teve que lutar novamente para controlar as emoções ao ajudar Bernd a guardar na mala os poucos pertences que levaria rumo ao desconhecido. Os homens estavam reunidos num dos pátios, numa triste despedida dos entes queridos. Depois de abraços e beijos de adeus, prometiam se ver em breve. Sem saber que a mulher estava grávida, Bernd seguiu então para o outro lado do campo e entrou no trem lotado. Era dia 28 de setembro de 1944, quase três anos após ter sido mandado para Terezín.

Sem a presença reconfortante do marido, os dias eram todos iguais para Anka. Desanimada, ela vivia num mundo de dor, fome e pavor. Com tantos prisioneiros sendo deportados e as demandas da máquina de guerra nazista cada vez mais presentes, Anka foi transferida para uma fábrica dentro do gueto, onde passou a trabalhar cortando tiras de folha de mica processada para velas de ignição de aeronaves. "Eles chamavam essas folhas de *Glimmer* (mica, em alemão). Elas vinham em pequenas placas transparentes, que dividíamos em finas camadas com um faca muito afiada." Essa *Glimmer spalten* era uma divisão vital para a Luftwaffe, poupando muitos da deportação, inclusive Anka.

Na solidão desesperadora do novo trabalho, sem conseguir mais alimentos extras para si e para o sogro cego, o único parente que lhe restara, Anka não imaginava como iria resistir. Os nazistas anunciaram então que precisavam de mais mil pessoas para trabalhar no novo campo de concentração alemão. O nome de sua amiga, Mitzka, constava da lista, assim como o de muitos outros amigos de Praga que também eram prisioneiros. Anka eximiu-se graças a seu trabalho. Para conter a agitação, o alto-comando alemão anunciou também que quem quisesse poderia acompanhar os amigos e familiares para o novo campo perto de Dresden. O objetivo era alimentar a esperança de salvação para aqueles que fossem enviados para um emprego útil.

Anka, com um nó no peito, decidiu acompanhar Bernd. "Na época eu sabia que estava grávida, mas meu marido não... Uma insanidade total." Segundo Anka, da mesma forma que ela havia sobrevivido com Bernd em Terezín, poderia sobreviver em algum outro lugar, mesmo que fosse pior. Ainda não sabia onde ele estava, nem que condições enfrentaria, mas estava determinada a ficar do seu lado. "Pelo menos, a Alemanha era um país civilizado. Um bom lugar para morar", refletia Anka, descrevendo a decisão de voluntariar-se como "a maior tolice da minha vida". Ela e Bernd sobreviveram três anos juntos. Haviam perdido o filho e a maior parte da família. Nada pior podia acontecer, acreditava Anka, rezando para que pudesse trabalhar num lugar onde tivesse a oportunidade de rever os pais e as irmãs, permanecendo junto da família até o fim da guerra.

Anka também temia esperar e acabar sendo deportada para algum outro lugar, onde jamais veria a família novamente. Arrumou seus poucos pertences — dessa vez com uma mentalidade muito mais prática do que quando viera para Terezín três anos antes trazendo uma caixa de sonhos —, com a ajuda de uma amiga que ficaria para trás. "Eu não tinha contado para ninguém que estava grávida, mas quando guardei um vestido que alguém tinha feito para mim na primeira gravidez, minha amiga perguntou: 'Por que você está levando esse vestido?'. Como eu não respondi, ela exclamou, atordoada: 'Meu Deus, você está grávida! Você está louca? Por que você está indo, se não foi obrigada?'."

Alguns dias depois, em 1º de outubro de 1944 — pouco tempo após a chegada das tropas americanas à Linha Siegfried na Alemanha ocidental —, Anka foi embora de Terezín para sempre. Ao subir no vagão de terceira classe, ela, Mitzka e as amigas foram espremidas "como sardinhas". Portas e persianas se fecharam, e o trem, com um apito estridente, entrou em movimento.

Anka, tentando se controlar, esperava que a viagem que a levaria até o marido não demorasse muito.

Suas preces foram ouvidas no sentido de que ela estava indo atrás de Bernd, como esperava. Por crueldade, o trem chegou a parar na estação de Dresden, onde os passageiros achavam que desembarcariam. Aliviados, ela e os outros esperavam a liberação para se encaminhar ao novo campo e encontrar seus entes queridos. Exaustos, famintos e desidratados, ficaram esperando nos vagões trancados, até que, subitamente, o trem retomou a marcha. Para horror de todos, a próxima estação em que pararam era em Bautzen, a sessenta quilômetros de Dresden. Foi nesse momento que eles descobriram a mentira. "Aos poucos, fomos percebendo para onde estávamos indo", contou Anka, descrevendo a visão dos nomes poloneses nas estações como um "momento ruim."

"Ir para o leste significava um único lugar, sobre o qual não sabíamos nada a respeito além do nome — Auschwitz. Era um campo de concentração, um campo horrível. Mas não sabíamos mais nada."

Anka não tinha como saber, mas se seu filho Dan tivesse sobrevivido e ela chegasse com ele nos braços na terrível *Rampe* de Auschwitz II-Birkenau naquele fatídico domingo de outubro, os dois seriam mandados diretamente para as câmaras de gás. Mas não foi isso que aconteceu. Anka carregava uma nova vida na barriga, um coraçãozinho batendo contra todas as chances.

Já acostumada a esconder a gravidez, somente Anka sabia que estava esperando um filho novamente quando — depois de dois dias — as portas do trem se abriram e ela ficou frente a frente não com o rosto sorridente de Bernd, mas com o que lhe parecia ser o inferno na Terra.

4
Auschwitz II-Birkenau

Priska

No caos absoluto que se seguiu à chegada de Priska ao segundo dos três vastos campos de extermínio em massa conhecidos coletivamente como Auschwitz, a última remessa da Eslováquia foi recebida com hostilidade por prisioneiros funcionários de pijama listrado conhecidos como *Kapos*, que tiravam as pessoas do trem com violência. Um grupo de sentinelas da ss bastante sérios aguardava de um lado, com a arma levantada. "Não sabíamos o que era Auschwitz", conta Priska, "mas ficamos sabendo logo que saltamos do trem."

Aturdida, em silêncio, por um mundo surreal de cercas elétricas de alta voltagem, torres de vigia ocupadas por soldados com metralhadoras e as luzes inescapáveis dos holofotes, Priska e Tibor se viram imediatamente cercados por agressão e crueldade, com chicotes e bramidos — "*Alle heraus!* [Todo mundo, fora!] Depressa! Larguem a mala! *Schnell!*".

Jovens e velhos, igualmente indefesos, eram despejados dos vagões e empurrados para filas de controle. Rapidamente separados uns dos outros enquanto ainda se recuperavam da confusão, suas malas preciosas foram abandonadas sobre poças de barro. Algumas mulheres ficaram histéricas, tentando se agarrar aos entes queridos ou proteger os filhos das mãos maldosas dos estranhos.

Priska foi arrancada dos braços de Tibor e jogada ao chão, mas Edita conseguiu segurá-la antes que ela caísse. Num pranto desesperado, Priska procurava o jovem marido, que desaparecera na multidão a sua volta. Trôpega, deparou-se com o capitão sênior da ss. Mais tarde, ficaria sabendo que ele se chamava Mengele. No momento, parecia-lhe apenas mais um oficial nazista de olhar frio e impessoal.

Dr. Josef Mengele

Com um sorriso estampado no rosto pálido, Mengele perguntou a ela: "Qual o problema, mocinha bonita?".

Endireitando-se, Priska ergueu o rosto e retrucou: "Não importa".

"Deixe-me ver seus dentes", ordenou Mengele.

Ela hesitou, mas acabou abrindo a boca.

"Arbeiten!" (Trabalhar!), exclamou o oficial.

Com violência, empurraram-na para uma fila à direita. No oceano de sofrimento em que se afogava, ninguém podia parar ou olhar para trás. Tibor havia sumido na enxurrada de gente perplexa que se espalhava por centenas de metros, e Anka não sabia se Edita havia conseguido segui-la.

Empunhando bastões, aos berros de "Schneller!" (Mais rápido!), os *Kapos* e guardas uniformizados da ss conduziam as mulheres em grupos de cinco, lado a lado, por um corredor de lama cercado por fossos profundos e altas cercas de arame farpado. Levadas a uma construção remota feita de tijolos na periferia do campo, as mulheres entraram numa longa sala com janelas, onde receberam ordens de se despir para a "desinfecção".

Pasmas, muitas daquelas mulheres, que nunca haviam sido vistas nuas nem pelo marido, fraquejaram. Se alguma demorasse mais para tirar a roupa ou implorasse por algo para cobrir a nudez, era derrubada com uma surra até obedecer. As roupas, joias, dinheiro e relógios confiscados eram empilhados num canto para serem distribuídos no centro comercial de Auschwitz — um depósito chamado de *Kanada*, por conta do país, rico em recursos naturais. Lá, o *Kanadakommando*, de aproximadamente mil pessoas, a maioria prisioneiras judias, era supervisionado de perto, ao lado de uma montanha gigantesca de roupas de cerca de dez metros de altura.

A função do *Kanadakommando* era separar roupas de qualidade e agasalhos, que seriam desinfetados e enviados para o Reich. O grupo deveria procurar, nos forros e nas costuras das vestimentas, ouro, cédulas, pedras preciosas e joias. Remexendo nos bolsos dos condenados, encontravam fotografias de reuniões familiares e parentes, que eram jogadas numa pilha para serem queimadas (embora algumas tenham sido bravamente salvas).

Depois de totalmente nuas, as recém-chegadas eram conduzidas por um corredor até uma sala pequena, onde dedos habilidosos examinavam bocas e outros orifícios em busca de tesouros ocultos. Aquelas que temiam perder tudo o que possuíam pediram ao dentista para esconder diamantes nas obturações. Outras guardavam joias na vagina. A maioria era descoberta. Após a inspeção minuciosa, as mulheres eram entregues como ovelhas para os tosquiadores, que lhes raspavam a cabeça.

De cabeça baixa, soluçavam ao verem seus cachos tão preciosos e bem cuidados serem cortados e recolhidos em sacas. Sem cabelo, símbolo integral da feminilidade, aquelas mulheres sentiam-se degradadas e escravizadas, passando a mão pela careca desconhecida. Na sequência, deviam subir em pequenos bancos, para que lhes tosassem as axilas e os pelos pubianos, embora, na pressa, nem todas as mulheres, incluindo Priska, tenham sido completamente raspadas.

A sessão de tosa com lâminas quase cegas, uma medida criada para identificar as prisioneiras, caso elas fugissem, e reduzir o risco de piolhos, era o elemento mais chocante do processo de desumanização a que as mulheres da Eslováquia submetiam-se agora. Privadas de suas roupas, de seu cabelo, de identidade e dignidade, muitas vezes elas ficavam com cortes dolorosos na cabeça mal raspada. Amigos e parentes agarravam-se uns aos outros em abraços apertados, com medo de perder o contato físico, porque, de repente, todos tinham a mesma aparência "não mais humana".

Como era gente demais para ser examinada do lado de dentro, as mulheres foram enxotadas para campo aberto, onde haveria a primeira chamada (*Appell*) e outra inspeção de Mengele, o médico-chefe responsável pelas mulheres no campo de Birkenau. O choque do ar frio na cabeça e no corpo nus dificultava a respiração. Sem conseguir olhar nos olhos umas das outras, as mulheres foram enfileiradas em grupos de cinco para serem vasculhadas, numa degradação completa. Encolhidas de medo naquele chão de terra e lama, elas sentiam que o mundo saíra do eixo, pois a vida que conheciam lhes fora para sempre arrancada.

Onde estavam seus entes queridos, tragados pela noite? O que havia acontecido com a liberdade de outrora? No caos de Auschwitz, com aquele cheiro infernal constante, Priska não era a única que se sentia à beira da loucura.

Quando o dr. Mengele se aproximou, ela reparou que ele tirava da fila as mulheres aparentemente doentes ou que tinham alguma cicatriz ou machucado visível. Às vezes, a seleção parecia completamente arbitrária. Mengele devia escolher algumas mulheres só porque não ia com a sua cara. Tendo ouvido o diálogo entre ele e várias prisioneiras antes dela, Priska sabia que o oficial nazista lhe perguntaria se ela estava grávida. Forçando uma postura de dignidade externa, por dentro ela jamais se sentira tão humilhada e apavorada.

Então de repente ele para na frente dela, sorrindo tão perto que dava para sentir o cheiro de sua loção pós-barba. Priska ergueu a cabeça. Com uma elegância incongruente, Mengele, em seu uniforme impecável, examinou-a de cima a baixo, aparentemente impressionado com a saúde que ela tinha em comparação com as mulheres esqueléticas a sua volta.

Priska sabia, contudo, que não podia confiar nele. Ela e Tibor haviam sido transportados para o campo feito animais, sem água, sem comida, recebendo ordens aos berros e surras. Tendo sido obrigada a separar-se do único homem que amara na vida, Priska perdera toda a sua dignidade, e expressava nada mais do que desprezo. Se Hitler realmente pretendia manter a promessa de fazer da Europa um lugar *Judenrein*, purificado de todos os judeus, não pouparia o filho de uma judia.

Mengele a analisava sem pestanejar. Havia muito pouco tempo para decidir. Mas assim que ele perguntou em alemão se ela estava grávida, Priska encarou-o de frente.

"Nein", respondeu, sem querer deixar transparecer que dominava o idioma que Mengele e seus colegas com arrogância presumiam que todos entendiam. Seu coração batia violentamente dentro do peito. Priska sabia que se fosse descoberta mais tarde, o que inevitavelmente aconteceria se ela ficasse presa por muito tempo, as consequências daquela mentira poderiam ser severas.

Depois de uma pausa, o médico com ph.D. em antropologia, que ambicionava tornar-se um grande cientista, aceitou a resposta e passou para a próxima mulher da fila.

No final dessa primeira *Appell*, Priska e as outras mulheres foram conduzidas para uma *Sauna* novinha, com muitas janelas e eficiente disposição em T, criada especialmente para processar a pequena porcentagem de prisioneiras destinadas a trabalhar. Ainda nuas, elas foram levadas a uma sala de banho, toda feita de concreto, onde os *Kapos*, com atitudes violentas para adular seus superiores, as apressavam, organizando-as debaixo de uma complexa grade de canos de cobre e grandes duchas de metal. As mulheres esperavam, descalças no chão escorregadio, numa demora agonizante.

De repente, um jato de água pelando começa a jorrar, e as mulheres gritam, incrédulas. Muitas tentam matar a sede com a água do banho, mas a água em Birkenau não é potável, e elas rapidamente cospem o líquido salgado e poluído. Não havia sabonete nem toalha, mas os *Kapos* vieram com sprays de desinfetante, que lançaram sobre a cabeça e as axilas das mulheres, limpando todos os cortes e feridas. A água saía em pequenos jatos, às vezes fria,

As duchas na *Sauna*, Birkenau

às vezes quente, mas as mulheres faziam o que podiam para lavar o fedor do medo que exalavam pela pele.

Ainda molhadas, iam para outra sala, onde ficavam um tempo para se secar. Com os guardas apressando-as aos berros, foram conduzidas por um corredor paralelo ao de entrada até um espaço quase do mesmo tamanho do hall em que se despiram, seguindo para uma pequena latrina sem porta, no canto do local.

Recebendo ordens de se agachar sobre buracos no chão em grupos de cinco, as mulheres recuavam pelo cheiro forte de amônia que vinha da vala sanitária. Poucas conseguiram se aliviar, sendo cutucadas com bastões para terminarem logo e saírem. Não havia papel para se limpar. Assustadas e confusas, dirigiram-se à porta que dava para outra pequena sala, ligada ao hall principal, em que havia uma enorme pilha de roupas descartadas. Ao entrar, cada uma recebia uma ou duas peças de roupa velha, que eram jogadas por algumas internas.

Sem fazer contato visual, remexendo na pilha de roupas irregulares com dedos sujos, aqueles cujas escolhas podiam significar a diferença entre a vida e a morte jogaram um par de calçados aleatórios para Priska e um vestido preto de material resistente, pelo qual ela ficou eternamente agradecida.

Muitas de suas companheiras menos afortunadas receberam peças pequenas demais, cuecas e até vestidos longos de seda. O momento poderia ter sido divertido se elas estivessem em qualquer outro lugar. Mas, no final, elas vestiram o ridículo uniforme de presidiária sobre a pele úmida e ficaram se olhando, com um pressentimento terrível.

As mulheres de Sered' foram empurradas para fora — sempre em grupos de cinco —, dando em outro descampado, de onde foram levadas por um corredor de arame farpado até outro edifício. Ainda nos limites do campo feminino, o lugar era conhecido como bloco *Durchs* (de trânsito) ou "Lager C", onde fileiras e mais fileiras de barracões de madeira, de trinta metros por dez cada, abrigavam milhares de mulheres apavoradas.

A geografia da morte em cujo centro Priska se encontrava era uma imensa rede de três campos e o ponto fatal de junção de mais de quarenta campos-satélite. Não muito longe de Oświęcim, a remota cidade polonesa do sul que os nazistas rebatizaram de Auschwitz, o lugar acabou se tornando o maior símbolo da decisão de genocídio do Terceiro Reich. Originalmente uma guarnição militar de cavalaria conquistada pelo Exército polonês, Auschwitz I, a princípio, era para ser um campo de prisioneiros "Classe 1" para presos políticos e criminosos judeus e não judeus. Em maio de 1940 é que o local foi

Os barracões de madeira em Auschwitz II-Birkenau

oficialmente chamado de *Vernichtungslager* (campo de extermínio), sob o comando de Rudolf Höss, capitão da ss, que servira anteriormente em Sachsenhausen e Dachau.

Auschwitz II-Birkenau, construído em 1941 por prisioneiros de guerra soviéticos, dos quais 100 mil deveriam permanecer lá (a maioria acabou morrendo), ficava a três quilômetros e meio de distância, na área de uma ex-vila polonesa chamada Brzezinka, rebatizada pelos alemães de Birkenau, que significa "bétulas". Uma planície pantanosa situada no ponto de confluência de dois rios, o local foi escolhido pela localização central dentro do Reich e pela proximidade de uma grande rede ferroviária.

Assim que os nazistas decidiram ampliar suas operações na Polônia, os 1.200 habitantes da vila de Brzezinka tiveram de abandonar suas casas, que acabaram demolidas. Milhares de pessoas foram evacuadas para criar uma "terra de ninguém" de vinte quilômetros quadrados, onde o campo ficaria escondido do resto do mundo. Os tijolos das casas demolidas foram utilizados para construir o portão arqueado do campo, os alojamentos dos guardas e alguns blocos de prisioneiros. Outros blocos foram construídos de madeira. Birkenau foi reclassificado como campo de concentração em março de 1942.

Auschwitz III, lugar que os alemães chamaram de Monowitz, foi construído em 1942 como um *Arbeitslager*, ou campo de trabalho, com o objetivo específico de fornecer trabalho escravo para a empresa química alemã IG Farben. Na fábrica Buna Werke, da Farben, de fabricação de combustível sintético, trabalharam cerca de 80 mil pessoas até 1944. Auschwitz I e Auschwitz II-Birkenau começaram a receber judeus no início de 1942, com as primeiras deportações provenientes de Bratislava e Silésia. Para evitar o congestionamento, o campo foi ampliado, com a construção de blocos de madeira, a perder de vista. A partir de então, eles começaram a receber judeus de campos como Drancy, na França, e Westerbork, na Holanda, antes de apanhar os internos de Terezín.

Josef Mengele chegou em Birkenau em maio de 1943, membro de um contingente alemão de especialistas médicos em genética e outros experimentos. Com a devoção de um workaholic, ele rapidamente ascendeu a uma posição sênior. Embora seja conhecido como um dos responsáveis pela seleção dos prisioneiros, sendo retratado como a personificação da morte por muitos sobreviventes, não era sempre Mengele que inspecionava os novos *Häftlinge*. Demonstrava, contudo, um enorme zelo e entusiasmo pela função que exercia, dando as "boas-vindas" na *Rampe* para o maior número de deportados possível.

Os oficiais da ss também recebiam porções extras de sabonete, comida, *schnapps* e cigarro por "ações especiais" que realizassem, como a seleção e execução de prisioneiros. Esses extras complementavam as generosas refeições diárias, preparadas para eles pelos cozinheiros da Waffen ss, que incluíam frango assado, peixe ao forno, canecas de cerveja e quantidades ilimitadas de sorvete e sobremesas.

Perto dali, milhares de prisioneiros subnutridos chegavam a Auschwitz todos os dias. Cada um era um novo candidato à execução. Estima-se que 90% deles foram mortos poucas horas após sua chegada. Identificados como dignos de *Sonderbehandlung*, ou "Tratamento Especial" ("sb", nos registros), esses prisioneiros eram sumariamente exterminados. No início, o campo ficava a um quilômetro de distância do desvio ferroviário, e aqueles condenados à morte eram transportados em caminhões cobertos com lona.

A ss havia recorrido a diversos métodos para matar os judeus e outros inimigos do Reich, desde tiro e desnutrição até asfixia com monóxido de carbono, mas essas práticas se mostraram ineficientes e demoradas, enquanto a queima dos corpos nas trincheiras desperdiçava combustível valioso. O comando nazista acabou encontrando um método para eliminar um grande número de pessoas ao mesmo tempo, exigindo pouca mão de obra e quase nenhum gasto. Muitos prisioneiros de Auschwitz foram mortos com uma injeção de fenol no coração, mas prisioneiros posteriores experimentaram a nova prática preferida da ss: o envenenamento por gás em câmaras especiais.

No centro de Birkenau havia duas casinhas de tijolo que resistiram à destruição da vila polonesa original. Conhecidas como "a casa vermelha" e "a casa branca", elas foram transformadas em "casas de banho", onde os prisioneiros pensavam que seriam lavados e desinfetados. Um caminhão com o símbolo da Cruz Vermelha costumava ficar estacionado do lado de fora, transmitindo segurança. Na verdade, era o veículo utilizado para transportar tambores de Zyklon B aos encarregados do extermínio de prisioneiros. O Zyklon B, um pesticida poderoso que havia sido usado para fumigação nos guetos, consistia em pequenas bolinhas cristalizadas que liberavam cianeto de hidrogênio ao reagirem com a umidade e o calor. Os prisioneiros de guerra soviéticos foram objeto de experimentos bastante cruéis no subsolo de uma prisão em Auschwitz I durante 1941 até os médicos nazistas aperfeiçoarem o sistema.

Aqueles que seriam mortos recebiam toalhas e pedaços de sabonete, que lhes eram entregues por homens vestidos de branco. Tudo para iludi-los. Entravam nus nas casas com janelas emparedadas e portas herméticas. A maioria não tinha a mínima ideia do que aconteceria. Os alemães então deixavam passar alguns minutos agonizantes até que o calor dos corpos aquecesse o espaço, o que potencializava o efeito do gás. Só no momento em que se encontravam no escuro sulfuroso é que os prisioneiros, suados, começavam a suspeitar de seu destino. Quem dera fosse sair água dos falsos chuveiros. Muitos se abraçavam, rezando ou recitando o "Shema Israel" da Torá. Depois de um tempo específico contado no relógio, soldados uniformizados vestiam máscaras antigás, subiam numa escada e jogavam as bolinhas de Zyklon B por aberturas especiais no telhado ou na parede. O Zyklon B, em contato com o calor e o suor, produzia o vapor letal.

Com a boca espumando ou com sangue nos ouvidos, as vítimas podiam levar até vinte minutos para morrer, dependendo da proximidade das aberturas. Quem administrava o gás ouvia os berros e golpes na porta dos prisioneiros desesperados para respirar. Só quando se fazia silêncio, e depois de passado tempo suficiente para o sistema de ventilação eliminar todo o gás do ambiente, é que os prisioneiros do *Sonderkommando* (unidade especial) entravam. Esses qualificados agentes de destruição em massa eram obrigados, sob ameaça de morte, a se desfazer dos corpos. Em grupos de quatrocentos a novecentos homens, eles também eram conhecidos como *Geheimnisträger*, "portadores de segredos". Mantidos em estrito isolamento do resto dos prisioneiros, sua função era abrir as câmaras de gás, retirar os mortos e começar a pavorosa tarefa de limpar as fezes, vômito e sangue do local, de modo a prepará-lo para a próxima "leva".

Às vezes, esses prisioneiros se deparavam com membros da própria família. Diante de tamanho horror, muitos cometeram suicídio, a única forma que encontraram de escapar. Cada unidade era exterminada e substituída em intervalos de três meses a um ano, dependendo de sua eficiência. A primeira tarefa de qualquer novo *Sonderkommando* era desfazer-se dos corpos de seus predecessores. Poucos sobreviveram à guerra, mas, sabendo o que lhes esperava, alguns registraram suas experiências por escrito, escondendo as evidências que seriam descobertas após sua morte.

Câmara de gás em Auschwitz I

A indignidade em relação a esses prisioneiros e aos corpos que eles descartavam não terminava com sua morte. Pouca coisa era desperdiçada na máquina de reciclagem humana nazista, que aproveitava tudo para o Reich. Os cachos de cabelo e tranças que haviam sido raspados da cabeça das prisioneiras eram usados para fazer tecidos ou redes, ou como material isolante e impermeável para a maquinaria bélica alemã. Os dentes eram arrancados com alicates dos corpos ainda mornos — tarefa executada também pelo *Sonderkommando*. Os melhores dentes eram guardados para fazer dentaduras. Qualquer material precioso utilizado nas obturações era entregue à SS, para cobrir os custos de estadia, comida e transporte do programa de extermínio. O ouro era derretido e transformado em grandes pepitas de "ouro dentário".

Mais tarde, com os trens de deportação chegando o tempo todo, os quatro crematórios do campo (*Krema*), numerados de II a V, foram especialmente construídos como fábricas de extermínio com uma capacidade muito maior. Esses modernos edifícios de concreto tinham cem metros de comprimento por cinquenta de largura, contendo quinze fornos. Além de serem muito mais eficazes do que as casas de tijolos, contavam com vestiários subterrâneos que davam direto para as câmaras de gás acusticamente isoladas, concebidas como duchas, que por sua vez possuíam elevadores especiais para trazer os corpos para cima uma vez terminado o trabalho. No total, os crematórios eram capazes de matar mais de 4 mil pessoas por vez. No auge de seu funcionamento, matavam 8 mil pessoas, entre homens, mulheres e crianças, num único dia.

No início, as cinzas quentes dos mortos eram espalhadas em lagoas ao redor do campo, mas, quando as águas ficaram entupidas de restos humanos, as cinzas passaram a ser transportadas a uma clareira de bétulas prateadas e jogadas no solo, sendo utilizadas também como fertilizantes em campos próximos, à medida que a área se tornava o maior cemitério judaico do mundo. Os ventos do leste carregavam as cinzas, em espirais de poeira de ossos, que se depositavam sobre toda e qualquer reentrância da pele humana, deixando uma grossa camada de pó na superfície de tudo e nos lábios. Os internos que, de alguma forma, conseguiram evitar esse destino acabaram, inadvertidamente, inalando as cinzas de seus entes queridos — dia após dia.

Priska, recém-chegada de Bratislava, não sabia nada disso nas primeiras horas de permanência em Auschwitz II-Birkenau. No barraco abafado, sem janelas, em que fora trancada com uma quantidade absurda de pessoas, tudo o que sabia era que ela e o filho estavam num lugar perigosíssimo. Felizmente, contava com a companhia de Edita, que não a abandonava nunca. Somente quando as mulheres que já se encontravam lá havia algum tempo começaram a sussurrar no escuro é que Priska compreendeu a gravidade da situação. Veteranas de quase todas as nacionalidades, carecas e com olhos afundados no rosto assediavam as novas prisioneiras perguntando se elas tinham alguma coisa para comer. Decepcionadas com a negativa, começavam a contar o que acontecia no campo, discutindo entre si. Estavam todas condenadas, afirmou uma, em tom ameaçador. Elas tinham sido trazidas ali para morrer — de esgotamento ou inanição —, e não havia como escapar. Não, elas estavam apenas em quarentena, garantiu outra, dividindo o grupo num bate-boca. Como explicar, senão, a tosa e a numeração tatuada? Elas deviam rezar para serem selecionadas para *Arbeit*, porque era a única chance de sobreviver, informou uma terceira.

Mas onde estava o resto das pessoas?, perguntavam as novatas, preocupadas. E os seus familiares? Poderiam estar em outro barracão ou foram mandados para outro lugar para trabalhar?

"Está vendo aquilo?", as internas esqueléticas, com um sorriso torto, apontavam, pelas rachaduras da parede, para a fumaça espessa que saía de uma chaminé ao longe. "É ali que seus amados estão, e é ali que todos nós terminaremos!"

As promessas dos nazistas de aniquilar os judeus em massa sempre pareceram devaneios, nos quais era impossível acreditar, mas ao saber das câmaras de gás e começar a respirar o cheiro nauseabundo de carne humana queimada e cabelo chamuscado, Priska não teve dúvida de que as prisioneiras estavam dizendo a verdade. A fumaça dos mortos envolvia a todos como uma mortalha. "No dia a dia, foi ficando cada vez mais evidente o que aconteceria com as mulheres e os filhos de quem estivesse grávida", contou. "A lógica me convenceu de que o índice de sobrevivência naquele inferno era muito baixo."

Sem poder se basear na fé, Priska só queria salvar o filho — e isso significava não morrer de inanição como o resto das pessoas. Em pouco tempo, os internos perceberam que teriam que sobreviver com base numa dieta líquida, começando com a "água suja" que os alemães chamavam de café — feito com água de pântano e trigo queimado —, servido de manhã e de noite. Ao meio-dia, a "refeição" era uma sopa indescritível, feita de vegetais podres, acompanhada de um pequeno pedaço de pão duro. Com essa alimentação, Priska tinha muito pouco no estômago para sofrer de enjoos matutinos.

Seguindo instintos animais e os ditames da sobrevivência, ela e Edita notaram que as outras prisioneiras, despertando de seu torpor, avançavam nas caldeiras de sopa assim que elas eram trazidas pelas companheiras. Havia discussão entre facções e grupos de diferentes nacionalidades, enquanto os *Kapos*, com porretes ou mangueiras, impingiam duros castigos a quem lambia as gotas que derramavam no chão ou brigava como chacais por migalhas. As mais famintas suportavam as pancadas, enfiando as mãos sujas na sopa em busca de alguma sustança. Naquela situação, em que qualquer coisa era vital para a sobrevivência, os antigos rituais de lavagem das mãos foram abandonados. Priska viu que a melhor parte era a concha que restava no fundo da caldeira, mas essa era a parte mais disputada, e ela precisava esperar sua vez.

Após esvaziar o prato, lambendo-o até a última gota, na penumbra interrompida somente pelos holofotes intermitentes das torres de vigilância, Priska e suas companheiras de alojamento tentavam dormir, uma ao lado da outra (com seis ou mais numa mesma cama), sobre esteiras sujas ou colchonetes finíssimos, dispostos em catres duros, num barraco sem janela em que a chuva e o vento entravam, sem cerimônia, por toda fresta que havia. Separadas por cobertas insuficientes, as internas não se descalçavam à noite, por medo de roubo, agarrando-se a cumbucas e colheres como quem se agarra a botes salva-vidas.

Barracão de mulheres num campo de concentração

Aquelas que dormiam na parte de baixo dos treliches eram as privilegiadas, embora fossem visitadas por ratos, que, na umidade da terra úmida, vinham roer a pele morta de seus pés. Quem dormia no meio sofria de calor e falta de oxigênio no verão, e quem ficava na parte de cima torrava no calor e se molhava no inverno, apesar de ter a vantagem de comer a neve que caía ou engolir a água da chuva. Nos três casos, todas acordavam doloridas, com os músculos e ossos moídos.

Sem trabalho e nada em que pensar a não ser no medo, na fome e na sede sem fim, Priska e as outras prisioneiras viviam em estado de apreensão, esperando ansiosamente pelo que o destino lhes reservava. Presas no ar irrespirável do barracão, cada dia penumbroso parecia estender-se infinitamente, e o ócio compulsório só as desanimava ainda mais. Muitas mulheres enlouqueceram, pranteando, nostálgicas, a perda dos filhos, pais ou entes queridos. O desespero era contagiante, e a morte era vista como uma salvação. Outras — apáticas e destruídas — fecharam-se em si mesmas, mudas e espectrais, seguindo ordens às cegas, num estado de pavor permanente.

Todas eram supervisionadas pelos *Kapos*, conhecidos como *Blockältesten* (os anciãos do bloco): criminosos que conquistaram um status privilegiado ou pessoas que haviam provado que eram capazes de perpetrar o tipo de brutalidade que os nazistas exigiam. Alguns desses *Häftlinge* estavam em Auschwitz havia anos e sabiam que a única forma de sobreviver a longo prazo era reproduzindo o ódio incendiário de seus senhores. Como todos os prisioneiros funcionários do sistema nazista, o cargo dependia de sua competência. Se fossem lenientes demais, corriam o risco de sofrer severas punições e até uma rápida excursão às câmaras de gás. Aqueles que desagradavam a ss perdiam o posto e eram jogados no próprio alojamento que supervisionavam, para morrer nas mãos daqueles que aterrorizaram. Dessa forma, os *Kapos* asseguravam que a ordem seria mantida, sobretudo após anoitecer, quando não havia nenhum oficial da ss no campo. Em troca da colaboração, os prisioneiros funcionários recebiam quartos separados dos blocos principais, camas menos duras e comida. Também recebiam combustível para fazer fogo no inverno. As mulheres sob seu comando não podiam conversar nem ajudar, correndo o risco de apanhar ou receber castigo pior à menor infração.

Mesmo assim, as prisioneiras conversavam em sua própria língua, sussurrando à noite sobre amigos e familiares, maridos e namorados, filhos e a vida perdida. Pensar nos filhos, nos pais e nos cônjuges era um tormento. Como faziam falta as cores e os risos, o canto dos pássaros e as flores! Algumas recitavam poemas ou trechos de livros. Outras, mais ousadas, cantavam juntas, baixinho — geralmente canções sentimentais que as faziam derramar rios de lágrimas.

O principal assunto, porém, era comida. Por mais que tentassem, as prisioneiras não conseguiam escapar à tortura de lembrar grandes banquetes com receitas que incluíam somente os ingredientes mais finos. Salivando naquele fétido emaranhado humano, falavam da cozinha da família cheirando a pão fresquinho, mesas fartas e do gosto doce do vinho tinto. Só quando as lembranças se tornavam dolorosas demais é que alguém gritava para elas pararem de fantasiar, e o silêncio imperava novamente.

No momento em que enfim sucumbiam à exaustão física e mental, viam-se espremidas num espaço tão pequeno que eram obrigadas a ficar imóveis. Os cães de guarda da ss tinham canis maiores. Apertadas umas contra as outras, se uma mulher precisasse se virar para aliviar o quadril prensado contra a madeira ou descer da cama para usar o balde, todas tinham que acompanhar o movimento. O sono intermitente era interrompido por pesadelos, urgências fisiológicas ou sonhos avassaladores com o próprio lar.

Todas as manhãs, por volta das quatro horas, as mulheres eram acordadas com um sino estridente ou com o som de um gongo, acompanhado de gritos e passos. As *Kapos* vinham apressá-las, conduzindo-as às filas de chamada para serem contadas e recontadas. Cegadas pelos refletores e com as pernas trôpegas, as prisioneiras tinham que esperar, em grupos de cinco, até doze horas na *Appellplatz* designada, independente das condições climáticas. Aquelas a ponto de desmaiar eram sustentadas pelas companheiras, pois qualquer pessoa com dente sujo, cicatrizes ou que estivesse fraca demais para se manter em pé corria um grande risco de ser condenada.

Respirando pela boca para não sentir o cheiro onipresente da morte, as mulheres esperavam nuas, expostas aos ventos cortantes e tempestades de granizo que varriam a planície. De um modo geral, era Mengele que, com o olhar rápido e profissional de um médico, decidia quem morreria naquele dia e quem trabalharia até a morte nas fábricas do Reich. Ele gostava tanto de cumprir seu dever que normalmente realizava as seleções mesmo quando não era seu turno.

Um dia, surpreendeu Priska ao chegar na frente dela e apertar seu seio. "Fiquei com medo que saísse leite, mas graças a Deus não saiu", conta. Encarando-a com olhos castanhos, o médico, exibindo a Cruz de Ferro que recebera por sua atuação na campanha da Ucrânia, contemplou Priska por um momento e seguiu adiante.

Uma prisioneira cujo seio foi apertado da mesma forma ficou horrorizada quando Mengele gritou: "Leite! Grávida!". Como um diretor indicando que o ator saísse do palco, o menor movimento de sua mão fez com que a moça fosse afastada do grupo e levada para uma prisioneira médica, que, após examiná-la, confirmou que ela estava prenha. A moça negou, mas a médica insistiu. Quando esta foi chamar um guarda para levá-la, a moça aproveitou a chance de escapar e voltou para a fila de chamada — uma ação que salvou sua vida.

Até Mengele precisava dormir de vez em quando. Então outros médicos, como o dr. Fritz Klein, de expressão condescendente e com seus cães, realizavam algumas das *Selektionen* matutinas. Após perguntar o nome, a idade e a nacionalidade das mulheres, ele lhes inspecionava o corpo procurando eczemas, manchas ou deformidade, indicando com um movimento de dedo se elas teriam a graça de viver mais um dia ou se seriam asfixiadas com gás. Antissemita brutal que examinava as mulheres à sua frente com evidente aversão, Klein, no julgamento por crimes de guerra, declarou publicamente que os judeus eram "o apêndice inflamado" da Europa que precisava ser cirurgicamente extirpado.

Todos os dias, ao cair da tarde, as mulheres submetiam-se à mesma inspeção novamente, onde seu futuro era determinado. As prisioneiras que desistiam ou que não conseguiam se manter eretas pela fraqueza decorrente de diarreia, desidratação ou alguma doença eram afastadas — geralmente desaparecendo para sempre.

Edita permaneceu perto de sua amiga grávida, ajudando-a a se manter em pé e dormindo a seu lado para protegê-la e aquecê-la. De vez em quando, e sempre à noite, encostava os lábios no ouvido de Priska e sussurrava: "Abra a boca". Priska obedecia, e uma fatia de batata ou um pequeno pedaço de pão preto era colocado entre seus dentes, como um milagre — "a coisa mais deliciosa que eu já comi". Priska não tinha a mínima ideia de como Edita conseguia aquelas provisões salvadoras numa terra desolada como aquela, mas sem essas surpresas dificilmente teria sobrevivido.

Dia e noite, as mulheres eram picadas por piolhos, que infestavam as roupas e multiplicavam-se rápido demais para serem erradicados. O processo de procurar e matar os piolhos entre o polegar e o indicador era uma distração que durava algumas horas. Sem cuidados médicos ou a possibilidade de desinfestação, as picadas que as prisioneiras coçavam infectavam, quase sempre levando ao óbito. Outras feridas eram causadas pela falta de um lugar macio para dormir. A pele ia rasgando gradualmente por conta da sujeira e da desnutrição.

Com mais de oitocentas mulheres por bloco, as doenças tomavam conta de seus corpos indefesos e abandonados, maltratados diariamente pela disenteria. As pias consistiam em longas tinas de água em barracões separados, com duas torneiras de onde saía água marrom, e não havia escova de dentes ou sabonete à vista. As mulheres que já estavam lá havia mais tempo ensinavam as novatas a usar areia ou terra para se esfregar, e algumas chegavam a utilizar a própria urina para limpar as pústulas.

As prisioneiras só tinham permissão para ir ao banheiro uma ou duas vezes por dia. Os banheiros consistiam em duas lajes de concreto, com cinquenta metros de comprimento e cinquenta buracos cada, construídas sobre uma fossa. Levadas em massa pela superfície lamacenta até as latrinas improvisadas sujas de fezes, as mulheres tinham apenas alguns minutos para fazer suas necessidades e precisavam se limpar com as mãos, pedaços de palha da esteira sobre a qual dormiam ou retalhos de pano que rasgavam da própria roupa. Quem estava menstruada não tinha muita opção para segurar o sangue. Com isso, pelo menos, Priska não precisava se preocupar, pois seu filho, de alguma forma, permanecia vivo dentro de seu corpo cada vez mais franzino.

Com berros de "Weitergehen!" (Sigam em frente!), as internas eram rapidamente reconduzidas a seus blocos até a próxima *Appell*, esforçando-se para erguer a perna e tomando cuidado para não perder o sapato, providencial no lamaceiro.

Latrina de Auschwitz II-Birkenau

Toda vez que recebiam permissão para sair, Priska, num desespero crescente, procurava por todos os lados algum sinal de seu querido Tiborko, mas tudo o que via eram centenas de chaminés obsoletas sobre blocos e mais blocos de cimento, diversas torres de vigilância feitas de madeira (conhecidas como "cegonhas") e a constante nuvem de fumaça densa das fornalhas.

Tibor lhe pedira que pensasse somente em coisas bonitas, mas o que havia para ver naquele terreno pantanoso e lúgubre, feito de argila amarelenta sem espaço para verde, cujo horizonte era uma cerca de arame farpado? O ar estagnado cheirava a morte, naquele campo que se estendia para lá de onde a vista alcançava. Bétulas balançavam sob o vasto céu, mas o sol era pálido demais para penetrar a permanente treva, e os pássaros haviam abandonado aquele sítio esquecido, deixando nada mais do que um silêncio atordoante. Onde estava o resto do mundo?

Naquele complexo de destruição do espírito humano, os espectros grotescos a sua volta apresentavam o rosto cadavérico, com expressão catatônica. Transportados para o nada e reduzidos a uma existência inumana (ou inexistência), aqueles seres se tornaram figuras sombrias, meio loucas, meio mortas. Não havia a mínima chama de esperança em seus olhos, diante da inevitabilidade da morte. Os internos já estavam acostumados a acordar ao lado de cadáveres — fato que procuravam esconder para ficar com uma porção extra de comida.

Sofrendo de saudade de casa e sem o menor gesto de delicadeza, Priska começou a achar que sua esperança de sobrevivência não passava de ingenuidade. Atormentada pela fome e pela sede, com a pele cheia de pruridos e quase sem suportar o próprio fedor, não conseguia acreditar no que lhe havia acontecido desde que ela e Tibor foram arrancados de casa. Onde estava a vida maravilhosa que tivera em Zlaté Moravce? Na época em que ensinava a amiga Gizka ou se deliciava com aquelas guloseimas nos degraus da confeitaria? Para onde haviam ido os momentos mais felizes de sua vida, ao lado de Tibor, comendo *Sachertorte* nos cafés enfumaçados de Bratislava, cercada de pessoas importantes e inteligentes? Ou sentada em silêncio ao lado do marido, enquanto ele escrevia qualquer coisa em seus cadernos, soltando baforadas aromáticas de seus cachimbos? O inescrupuloso plano mestre de Hitler havia destruído seu passado, e agora só lhe restavam lembranças.

Entorpecida e apavorada como estava, houve um momento em que Priska pensou em ceder à desesperança ao seu redor e deixar que o destino a conduzisse para onde quisesse, junto com o resto. Mas depois de perder três filhos, o desejo de sobreviver e a determinação de trazer o filho ao mundo a enchiam de tenacidade. Priska não sabia se sobreviveriam, mas, acontecesse o que acontecesse, precisava ver o marido uma última vez.

Os prisioneiros homens ficavam longe do campo das mulheres em Birkenau, alojados em barracões do outro lado do enorme complexo. Embora alguns recebessem ordens de limpar as latrinas ou executar trabalho manual em outros setores, os selecionados geralmente usavam um triângulo rosa sobre o uniforme listrado que os identificava como homossexuais. Priska, portanto, buscava em vão. Começou a temer que seu delicado marido, jornalista e funcionário de banco, já tivesse "saído pela chaminé" ou deportado para algum lugar distante. Suas esperanças desvaneciam-se com o passar dos dias.

Até que o Deus a quem ela rezava todas as noites antes de fechar os olhos finalmente respondeu a suas preces. Pelos rolos da cerca de arame farpado ela avistou Tibor num pequeno grupo de homens que passavam para a parte feminina do campo. Reconheceu-o logo, embora ele estivesse muito diferente — mais magro do que nunca, quase transparente, de tão pálido.

Sem acreditar no que via e perigando levar um tiro ou apanhar até a morte, Priska saiu correndo de tamanco pelo barro até a cerca elétrica — tomando cuidado para não tocá-la — e conseguiu trocar algumas palavras com ele até serem descobertos.

Tibor — que poucas semanas antes celebrara seu trigésimo aniversário com ela — parecia um velho de sessenta anos. Ainda assim, parecia muito emocionado de ver sua "Piri". Disse-lhe que rezava fervorosamente para que ela e o filho sobrevivessem. "Isso é o que tem me mantido vivo!", exclamou ele.

"Não se preocupe. Eu vou voltar. Nós vamos conseguir!", garantiu Priska com renovada convicção, até ser forçada a se separar dele. Os dois foram arrastados de volta para suas respectivas zonas, adquirindo novas marcas de contusão no corpo.

O milagre de ver Tibor aquela tarde e saber que ele ainda estava vivo foi suficiente para levantar o ânimo de Priska. O pensamento de que poderia encontrá-lo de novo tornou-se um grande estímulo e consolo para ela. As palavras de incentivo do marido ecoavam em seus ouvidos. Espremida entre Edita e as outras mulheres em seu catre aquela noite, Priska começou a sentir mais força para salvar o filho. Com certeza a guerra já teria acabado quando a pequena Hanka ou o pequeno Miško nascesse.

Pouco tempo depois que ela e Tibor foram deportados, os boletins informativos que eles seguiam secretamente no rádio de um amigo anunciaram que a maré estava virando contra os alemães. A França estava livre, e as forças soviéticas e americanas se aproximavam. Talvez eles fossem libertados em questão de semanas, e aí ela, Tiborko e o filho poderiam voltar para casa e retomar a vida cruelmente interrompida. Alisando suavemente o ventre com a mão, Priska calculava quando o filho nasceria. "Fiquei grávida no dia 13 de julho de 1944, por isso sabia exatamente a data, contando nove meses", lembra.

Sua data prevista era 12 de abril de 1945. Fixando esse dia na cabeça, Priska decidiu, naquele momento, que protegeria o filho acontecesse o que acontecesse, mantendo-se viva pelo menos até ele nascer. Tendo saído praticamente ilesa de Bratislava após os primeiros cinco anos de guerra, Priska era forte e saudável. Seu marido estava vivo, a amava e contava com a sobrevivência de ambos.

Priska lhe prometera que conseguiriam sobreviver — e assim seria.

Foi um sonho a que Priska se agarrou até o alvorecer do dia 10 de outubro de 1944, cerca de duas semanas após sua chegada em Auschwitz II-Birkenau, quando ela e as outras prisioneiras foram violentamente conduzidas até o dr. Mengele, que decidia o destino delas de acordo com seu humor. Sempre sorrindo, e dessa vez batendo com um chicote sobre as botas lustradas, ele indicava *links oder rechts*, selecionando as mulheres saudáveis para o trabalho forçado. Priska ainda tinha brilho nos olhos e viço em comparação com as mulheres que já estavam havia anos nos guetos ou nos campos. Era carne nova no pedaço. Antes mesmo de compreender o que estava acontecendo, foi dirigida a um lado pela indicação do chicote de Mengele e incluída num grupo de mulheres consideradas aptas para *Arbeit*.

Depois de receber um pedaço de pão e uma concha de um líquido ralo retirado de uma caldeira, as mulheres foram inesperadamente conduzidas de volta aos vagões de um enorme trem, que aguardava, agourento, sobre os trilhos.

Enquanto gritava em silêncio o nome do marido, as portas se fecharam de maneira definitiva sobre seus sonhos de revê-lo. Com um apito de vapor, a pesada locomotiva preta se pôs em movimento, afastando-a do inferno de Auschwitz rumo a um destino novo e desconhecido.

Rachel

Com pouca variação na mecânica diária da máquina de extermínio nazista, Rachel e as irmãs eram tratadas como o resto das mulheres deportadas para o fim da linha em Auschwitz no final do verão e outono de 1944.

Depois que o trem vindo de Łódź parou sobre o ramal específico de Birkenau com um rangido de metais, as portas se abriram e a luz ofuscou os olhos de quem se encontrava no vagão. Com as pernas enrijecidas pela imobilidade forçada, os passageiros foram retirados do trem, apavorados, em meio a gritos de desespero e choro. Antes de saber o que estava acontecendo, foram agrupados num canto e empurrados para a *Sauna*, onde receberam ordens de tirar a roupa. Apressados por chicotes e insultos, foram obrigados a deixar para trás todos os vestígios de sua antiga vida.

"Eles rasparam nossa cabeça, nos lavaram com algum desinfetante, e depois fomos para o outro lado daquela enorme sala", conta Rachel. "Eles andavam de um lado para o outro olhando as mulheres — e *como* eles olhavam —, a fim de selecionar as mais jovens e saudáveis. Não havia bebês, nem mães. Só mulheres saudáveis capazes de trabalhar."

Com os braços levantados, seus brincos foram arrancados das orelhas com alicates, e os anéis, puxados violentamente dos dedos por mãos sujas de graxa. "Vocês não precisarão de relógio no lugar para onde vão", ironizavam os prisioneiros funcionários, apoderando-se também dos relógios. Em seguida, os ouvidos, a boca e as partes íntimas eram inspecionados antes da tosa. Nuas, sem pelos, numa humilhação irreproduzível, as jovens mulheres pareciam idênticas na sessão de avaliação para determinar quem era capaz de trabalhar, até a morte. Tinham quase todas a mesma idade, altura e compleição física, sem nenhuma incapacidade ou marca evidente.

"Estávamos assustadíssimas", contou Sala. "Não reconheci minha própria irmã depois que uma guarda da ss nos raspou. Lembro-me de ter dito a ela que nem parecíamos mais seres humanos. Eu estava com um colar que uma amiga tinha feito para mim e não tive o cuidado de escondê-lo. As guardas o arrancaram do meu pescoço. Elas nem falavam conosco. Tudo muito cruel. Depois, fomos levadas para o lado de fora, para todos testemunharem nossa vergonha."

Esperando em fila por sua vez de ser julgada, Rachel observava o belo médico da ss, a primeira pessoa que vira na *Rampe*, apertando os seios de cada mulher. Quem estivesse visivelmente grávida era retirada da fila. Rachel suspeitava que estava esperando um filho do marido Monik, mas não tinha certeza. De qualquer maneira, pressentiu que admitir a gravidez seria um erro fatal de julgamento. Tremendo de frio e medo, a atraente mulher, que já nem sabia ao certo se queria ter um filho naquele contexto, deve ter se sentido constrangida em negar a existência dele.

Quando Mengele passou sem a interpelar, Rachel percebeu, com certa tristeza, que não tivera chance de contar a novidade para o marido ou para a querida mãe, Fajga. E agora, não se atrevia a contar para as irmãs, temendo que a informação tivesse repercussão no destino delas também. Em algum lugar das diversas fileiras de manequins trêmulos, Sala, Bala e Ester passaram pelo mesmo processo clínico de seleção, em que as mulheres fracas e subnutridas eram afastadas e levadas dali. Mesmo após anos no gueto de Łódź, as mulheres eram salvaguardadas pela juventude, aparentando muito mais vitalidade do que aquelas cujos ossos marcavam a pele.

Cumprindo o destino determinado pelo sempre animado dr. Mengele, as quatro irmãs foram direcionadas a um grupo que partiria imediatamente para um campo de trabalho escravo. Apressadas pelos chicotes, elas foram conduzidas ao interior do edifício, onde receberam peças de roupas desconexas, retiradas de uma pilha que parecia ser tudo o que restara do último carregamento humano — como se eles tivessem acabado de abandonar suas vestes. Tal qual acontecia com todo mundo que passava pela *Sauna*, a escolha das peças era aleatória, sem nenhuma consideração de tamanho ou forma. Esses vestígios tangíveis de vidas destruídas incluíam vestidos de adolescentes, macacões, chapéus de pena e até roupas de bebê. Algumas prisioneiras receberam vestidos de coquetel de costas nuas com botas masculinas. Outras, roupa de dormir ou blusa de verão. Algumas tiveram a sorte de conseguir roupa íntima ou panos que poderiam ser usados como tal, mas a maioria não vestia roupa de baixo — uma experiência completamente nova para elas. Para os pés, havia calçados grandes demais, tamancos pretos tipo "holandês" ou sapatos de salto alto, que logo se tornariam instrumentos de tortura.

"Tive muita sorte", conta Rachel. "Eles me jogaram um vestido preto que devia ter sido de uma deficiente física, com uma pala removível. Parecia uma barraca, de tão grande. Poderia esconder minha gravidez. Ninguém veria as transformações acontecendo por debaixo do vestido. Em seguida, eles me lançaram um par de sapatos apertados, mas que eu calcei mesmo assim."

Novamente, as irmãs conseguiram ficar juntas, só que dessa vez elas foram levadas para o lado de fora, onde a aparente ordem era alcançada com violência. Obrigadas a esperar em grupos de cinco na área de chamada até o próximo estágio do pesadelo, elas aguardavam em posição de sentido, as pernas rijas, com aqueles trajes ridículos, enquanto observavam o resto ser conduzido qual rebanho a outro bloco ou algum lugar pior. Os ventos poloneses anunciavam o início de um dos invernos mais rigorosos da história da Europa, e as mulheres se perguntavam o que aconteceria com elas e se seriam capazes de escapar algum dia daquele terrível purgatório.

Felizmente para elas, não havia tempo a perder. Os alemães sabiam que estavam perdendo a guerra e, com a maioria dos cidadãos alistados, a escassez de mão de obra para a indústria de armamentos era um problema sério. Como havia acontecido nos guetos, os nazistas perceberam que os prisioneiros mais saudáveis — mesmo judeus — poderiam ser economicamente úteis antes de serem mortos. A fábrica para onde as mulheres iam era vital para a continuação dos ataques aéreos contra os Aliados — um campo de combate em que os alemães vinham tendo sucesso. Devido aos avanços tecnológicos, os aviões de caça de ambos os lados da guerra eram capazes de produzir devastações sem precedentes, mas a Luftwaffe ganhara supremacia aérea desde o início sobre a Europa ocidental com suas aeronaves Messerschmitt, Junkers, Heinkel, Stuka e Focke-Wulf. Hitler considerava seus bombardeiros como a "artilharia aérea" de apoio às forças terrestres, mas quando os Aliados viraram o jogo na Batalha da Grã-Bretanha, a força aérea alemã sofreu uma série de baixas catastróficas. Na derrota em Stalingrado, os nazistas perderam novecentos aviões. Portanto, mais aviões precisavam ser fabricados — e rápido. Qualquer pessoa considerada fisicamente capaz de trabalhar era recrutada, enquanto o resto era simplesmente descartado.

Alheias ao destino que havia sido determinado para elas, as mulheres desnorteadas em Birkenau no final de 1944 esperavam, morrendo de sede, à medida que a luz se desvanecia e a temperatura caía ainda mais. À distância, ouviam-se latidos de cães, gritos desesperados e disparos esporádicos de metralhadora. Incrédulas e aterrorizadas, as prisioneiras receberam ordens de não se mover. Quem se cansava da posição, solicitava água ou pedia para usar o banheiro apanhava. As *Kapos* e as guardas da ss estavam ali para isso.

Depois de um tempo, as prisioneiras tiveram permissão para sentar no barro gélido, recebendo uma pequena porção de alguma substância aguada em potes que, evidentemente, haviam sido utilizados como penicos. O líquido salgado servido fedia e era intragável, mas as mulheres fecharam o nariz e o engoliram assim mesmo, numa vã tentativa de matar a sede. "Recebemos sopa, mas sem colher. Tivemos que comer com as mãos", contou Rachel, a mente lutando contra a profanação, enquanto o corpo clamava por comida.

Em seguida, as mulheres ficaram horas sentadas no escuro, observando o estranho brilho carmesim no céu, proveniente das chaminés do campo. Evitavam inalar aquele ar, que cheirava a carne queimada e deixava na garganta um pigarro cáustico. Uma por uma, as prisioneiras veteranas as abordavam, sussurrando sadicamente: "Estão vendo aquelas chaminés? Eles envenenam as pessoas aqui, com gás, e depois queimam os corpos. Se a sua mãe foi para a esquerda, é lá que ela está agora".

Com a mente esgotada, as novas internas não conseguiam processar aquela informação. As palavras que ouviam eram surrealistas e negativas demais para serem verdadeiras. Mas aí veio a assustadora suspeita de que aquelas criaturas cadavéricas, de olhar insano e andar arrastado, estavam falando a verdade. Perante a constatação de que quase toda a sua família tinha sido envenenada e incinerada, a fumaça corrosiva as fez sufocar. Rachel ficou atordoada. Se os nazistas eram capazes de fazer isso com homens, mulheres e crianças inocentes, o que não fariam com um bebê recém-nascido? Com o medo apunhalando-lhe o útero, ela mal conseguia respirar.

Seu pavor quanto ao que podia acontecer se descobrissem sua gravidez justificava-se. Com tantas mulheres sendo deportadas dos territórios ocupados para Auschwitz diariamente, a ss chegou à conclusão de que parte delas deveria estar grávida. Aquelas que não conseguiam esconder a gestação eram enviadas para as câmaras de gás, mas com a continuidade da guerra e a necessidade de mulheres jovens para o trabalho nas fábricas, surgiu o problema daquelas que ainda não tinham revelado que estavam grávidas. Os nazistas então improvisaram uma clínica de aborto primitiva em Birkenau, administrada por prisioneiros médicos. Muitas mulheres, forçadas a abortar em condições hostis e insalubres, morreram de qualquer maneira. As poucas que conseguiam esconder a gravidez e inclusive o nascimento do filho, perdiam o bebê por desnutrição. As mulheres que receberam permissão para dar à luz nunca viram os filhos, que morreram de inanição ou foram entregues ao dr. Mengele, para experimentos. Em seu bloco especial, conhecido como "zoológico", o capitão da ss e sua equipe médica realizavam operações indescritíveis, de tão pavorosas, com gêmeos, bebês, anões e adultos, que iam desde esterilização e castração até tratamento de choque elétrico e amputação — às vezes sem anestesia. Algumas mulheres eram incentivadas pelas prisioneiras médicas a matar o filho para salvar a própria vida.

Até que, numa aparente mudança de política, a ss anunciou que interromperia todos os abortos, garantindo comida extra para mulheres grávidas, que seriam isentas das inumeráveis *Appelle*. A ordem foi revogada pouco tempo depois, e todo filho ariano de não judeus era levado para "germanização" antes de ser entregue como filho de alemães sem filhos. Quase trezentas mulheres grávidas no bloco especial de maternidade foram enviadas para a câmara de gás. Os bebês que não foram enviados morreram de fome, sede ou doença. Outros foram envenenados com gás ou queimados nos fornos. Alguns receberam injeções letais no coração. Inúmeros outros foram afogados em baldes.

Rachel não tinha como saber nada disso, mas sabia que a morte era o negócio de Auschwitz. Ainda horrorizadas com a notícia da aniquilação da família, ela e as irmãs ficaram sabendo, pelas companheiras *Häftlinge*, que as câmaras de gás do campo eram disfarçadas de duchas. "Mais cedo ou mais tarde, todos nós vamos virar fumaça junto com nossos entes queridos", diziam-lhes friamente. Então, algumas horas mais tarde, quando as prisioneiras foram despertadas de madrugada com ordens da ss de ir para o banho, elas entraram em pânico. Com o corpo sacudido pelos soluços, as mulheres seguiram cegamente, em direção ao matadouro. Iam com a mão apoiada no ombro da companheira da frente, sem se importar mais com a nudez. Muitas prisioneiras rezavam em voz alta, fazendo acordos com Deus: se sobrevivessem, seriam melhores judias e dedicariam a vida a ajudar os outros. "Eles nos levaram para uma sala, e eu cheguei a ver os chuveiros", conta Sala. "Pensei: 'Já era. É o fim. Vou inalar gás'. Mas não. Saiu água. Fomos salvas novamente."

A esperança reacendeu-se brevemente, com os jatos de água fria que lavavam o medo. Água significava vida. Vida era igual a *Arbeit*. Trabalho poderia significar sobrevivência. Ainda molhadas, de água e desinfetante com cheiro forte, elas foram retiradas das duchas e enfiadas nos uniformes de presidiária. Receberam um pedaço de pão com sopa e foram conduzidas agilmente para os trilhos ferroviários que as haviam transportado pelos portões quase 24 horas antes. Em silenciosa obediência novamente, as irmãs conseguiram se manter juntas na confusão, subindo por uma rampa de madeira ao mesmo vagão de carga, até que as portas se fecharam e foram trancadas pelo lado de fora com um estrondo assustador.

Do lado de dentro, comprimidas na penumbra daquela atmosfera nauseante, as irmãs quase sufocaram com o cheiro de suor, medo e urina deixado pelos desgraçados anteriores, recém-chegados do mundo além-cerca, sem dúvida para serem enviados diretamente para os fornos. Com os olhos acostumando-se com o escuro, as oitenta ou mais mulheres ali confinadas não tinham a mínima ideia de para onde estavam indo ou do que aconteceria quando chegassem a seu destino. Provavelmente não veriam o céu por vários dias e não conseguiriam mexer as pernas, apertadas umas contra as outras sem espaço para sentar, descansar ou respirar.

Nenhuma dormiria. Todas sofreriam. Algumas morreriam.

Mas a única coisa que importava é que elas tinham sido salvas do inferno de restos humanos, que devorava tudo. Apesar de terem sonhado com a possibilidade de um futuro inimaginável, não cogitaram que haveria vida *após* Auschwitz, o lugar em que inalariam seus entes queridos, num último suspiro fatal.

Com um solavanco que esmagou todo mundo, o trem começou a se afastar do labirinto de arame farpado. Sala conseguiu chegar à pequena janela do vagão, enquanto o trem cruzava lentamente os limites daquele lugar, que era um dos mais cruéis.

O trem foi ganhando velocidade, revelando o território além do campo na luz fria daquela manhã cinza. Tendo atravessado um portal para outro mundo, Sala viu pomares cheios de macieiras e vastas lavouras, onde as pessoas trabalhavam, inclinadas sobre abóboras e repolhos, como se fosse um dia como outro qualquer. A paisagem rural que se descortinava perante seus olhos consistia em milhares de acres de terra cultivada por prisioneiros e colonizadores alemães, que haviam sido trazidos como parte de um experimento agrícola. Enquanto os prisioneiros de Auschwitz-Birkenau morriam de fome, aqueles pastos férteis, separados do complexo somente pelas cercas de alta tensão, vicejavam, em abundante produção.

Trilhos que levavam a Auschwitz II

De repente, Sala vê algo que faz seu coração se encher de esperança: uma mulher trabalhando no campo, muito parecida com sua mãe, Fajga. Sala ficou histérica com a visão de sua querida mãezinha ainda viva. "Comecei a gritar: 'Mãe! Mãe!'. Ela me olhou como se eu fosse louca, mas jamais me esquecerei de seu rosto — ela era igualzinha à minha mãe."

Rachel, que estava a seu lado, agarrou a irmã pelos ombros e lhe deu um tapa no rosto. As duas mulheres caíram uma sobre a outra quando o trem ganhou velocidade, distanciando-as dos fantasmas de quem haviam amado.

ANKA

QUANDO ANKA E A amiga Mitzka chegaram a Auschwitz II-Birkenau no vagão de terceira classe vindo de Terezín, estavam em péssimas condições, tanto físicas quando mentais. Por dois dias, viajaram confinadas com outras tantas passageiras, num lugar sem espaço para se mexer, que fedia a corpos sujos, ou coisa pior. Com as janelas trancadas, não havia ar para respirar. Sem água e sem comida, Anka lembra: "O pior de tudo era a sede".

O trem serpenteante ainda não havia começado a diminuir a velocidade, e as passageiras, desafiando as ordens dadas, decidiram espiar pelas venezianas. Avistaram chaminés cuspindo fogo. "Não sabíamos o que significava aquilo, mas o cenário era horripilante... Um cheiro terrível, que eu nunca havia sentido antes. Nem sei descrever... Jamais me esquecerei daquele cheiro, mas... a visão das chaminés era tão assustadora que, mesmo sem saber o que estava acontecendo, você recuava."

Assim que o trem parou e as portas se entreabriram, as passageiras saltaram do trem, trôpegas, como se estivessem bêbadas. Depararam-se com um pandemônio. "Raus! Schnell! Laufen!" (Fora! Rápido! Corram!), gritavam os oficiais. Em estado de pânico, as mulheres foram cercadas por homens de aparência demente, com pijama listrado, que lhes diziam para largar as malas cuidadosamente pintadas com o nome de cada uma, garantindo-lhes que seriam devolvidas mais tarde. Isso nunca aconteceu.

"Havia cães latindo e pessoas gritando. Um caos! Ninguém sabia para onde ir... Milhões de pessoas vagando de um lado para o outro, perdidas... Pelo menos mil pessoas. Não me lembro se era dia ou noite", conta Anka. "Os guardas da SS gritavam e batiam em todo mundo que vinha falar com eles. O próprio apocalipse. Dava para sentir algo estranho, mas não sabíamos o que era." Os *Kapos* rapidamente separaram os homens das mulheres, mas os prisioneiros, acostumados à segregação de Terezín, não temeram tanto a divisão no início. "Eu estava no mesmo vagão de um amigo mais ou menos da minha idade. Éramos amigos da vida toda. Ele me disse: 'Bom, é melhor a gente se despedir, porque eu vou com os homens e você, com as mulheres. Até depois da guerra'. Nunca mais o vi."

Homens e mulheres, então, formaram fila em frente de um oficial de alto posto — o infame dr. Mengele —, que direcionava alguns para um lado e alguns para o outro. "Como eu era jovem e saudável, fui direcionada para a direita. Todas as mulheres com filho e pessoas acima dos quarenta anos foram mandadas para a esquerda... No momento, parecia uma seleção aleatória. Mas não era."

Em seguida, Anka e as outras *Häftlinge*, inclusive amigas de Terezín, foram organizadas em fileiras de cinco e afastadas, sem tempo de tomar fôlego. "Tivemos que correr naquela lama. Com aquele fedor e o fogo. Apavorante. Ninguém podia imaginar como aquele lugar era terrível. Não dá nem para contar." Conduzidas como rebanho para a *Sauna* distante, "o vestuário", conforme lhes disseram, encontraram mulheres em diversos estados de nudez. Elas também receberam ordens de tirar a roupa, inclusive a de baixo, e deixar tudo numa pilha de roupas. A ordem veio acompanhada da ameaça de morte para quem se opusesse. Como todas as mulheres que vieram antes, elas perderam todas as suas joias e acessórios, que foram arrancados dos pulsos, das mãos e do pescoço.

Em todos os anos em Terezín, Anka havia conseguido, de alguma forma, manter sua aliança de casamento e o anel de noivado, de ametista e prata, que Bernd lhe dera, escondendo-os debaixo da língua ou nas mãos fechadas. Agora, apesar do olhar radiante dos *Kapos* e guardas de Birkenau, conseguiu escondê-los mais uma vez.

Na sala seguinte, as prisioneiras foram obrigadas a sentar-se nuas, enquanto homens e mulheres com navalhas lhes raspavam a cabeça sem nenhum cuidado. Anka tentou não chorar ao ver seus cachos, outrora sedosos, caírem sobre seus joelhos e depois no chão. O cabelo raspado era varrido por uma escova feita de galhos de bétula, formando um emaranhado de pelo — grande parte ainda adornada com presilhas e fitas. Como animais tosados, aquelas jovens barbarizadas já não se sentiam humanas. Anka descreveu o momento como uma das piores coisas que aconteceram. "Você se sente mais do que nu; sente-se degradado... como uma barata, que pode ser pisada. Não doeu, mas a humilhação... Se a pessoa não faz isso por vontade própria... Você não imagina como a pessoa se sente sem cabelo."

Quando eles ordenaram que se formasse uma fila novamente, Mitzka, que havia sido separada da amiga por alguns minutos, gritou freneticamente: "Anka! Anka, cadê você?".

Anka respondeu: "Se você for a Mitzka, estou bem do seu lado, à direita".

Cabelos raspados da cabeça das mulheres em Auschwitz

"Andávamos nuas com os homens nos olhando", lembra Anka. "Uma coisa horrível. Estávamos com medo, mas ainda não sabíamos de quê."

Conduzida à chuva e aos ventos do lado de fora para outra *Appell* e para o próximo "teste de Mengele", Anka foi revistada novamente, cobrindo os seios e rezando por alguma dignidade. Ao perceber que os oficiais confiscavam os últimos pertences de valor das prisioneiras, largou os anéis no solo, com os olhos marejados, o pé descalço enterrando-os na argila mole. "Peguei meus dois anéis e os joguei na lama. 'Nenhum alemão vai ficar com eles', pensei. Aquilo partiu meu coração, mas a escolha foi minha, não deles. Talvez alguém tenha encontrado os anéis depois, mas aquilo era o que eu tinha de mais precioso no momento." Anka sabia que perdia para sempre aqueles símbolos do amor entre ela e Bernd, mas era um ato de resistência importante, um caminho que ela estava decidida a trilhar.

Já do lado de dentro, as prisioneiras foram informadas de que teriam que tomar um banho — notícia bem recebida, uma vez que ninguém imaginava o que mais poderia significar "tomar banho" naquele lugar. A água que saía dos canos em vez de gás era fria, intermitente e suja, e não havia nada com que se ensaboar. Ainda molhadas, as mulheres receberam pedaços de pano feitos de um material que irritava a pele. "Deram-nos uns trapos horríveis para vestir, e algumas mais sortudas (ou não) receberam calçados. Eu consegui um tamanco de madeira." Em seguida, elas foram conduzidas aos barracões enfileirados que constituíam os blocos prisionais. No caminho, sentiram o fedor permanente que parecia sair das chaminés junto com a fumaça.

Uma das mulheres virou-se para Anka e perguntou: "Por que eles estão fazendo churrasco aqui?". Anka olhou para os estranhos círculos de fumaça negra, mas não soube responder. "Estávamos tão assustadas e confusas que tudo parecia um pesadelo. Infelizmente, o pesadelo se confirmou."

O alojamento delas parecia um enorme galinheiro, o chão sujo e sem janelas, apenas pequenas aberturas no teto. Havia divisórias de madeira, com tábuas formando catres em três níveis, sem colchão nem coberta. O local já estava superlotado. Devia haver cerca de mil mulheres ali, com mais de doze por cama. As recém-chegadas foram recebidas com sons de insatisfação e o calor fétido dos corpos sujos. Sem saber onde se sentar, perguntavam-se, em silêncio, onde dormiriam ou o que deveriam fazer.

Uma das amigas de Anka, deportada de Terezín com a família, olhou em volta buscando desesperadamente um rosto conhecido, mas não encontrou ninguém. Depois de um tempo, perguntou a uma das mulheres: "Qual o esquema aqui? Quando vamos ver nossos pais de novo?". O resto das *Häftlinge* gargalhou de maneira tão histérica que Anka achou que elas estivessem loucas. Foi para esse lugar que eles nos mandaram, para um hospício? Será que elas também enlouqueceriam naquele poço de desespero? Uma mulher mais velha disse: "Vocês vão ver, ah, se vão!". Outra, com uma risada lunática, exclamou: "Sua idiota! Eles estão saindo pela chaminé agora. Todas nós vamos virar fumaça. Lá em cima, você encontrará seus pais!".

Anka chegou à conclusão de que aquelas mulheres tinham realmente enlouquecido. "Mas logo percebemos que elas estavam certas. Naquele momento, soubemos o que estava acontecendo. Eles queimavam pessoas em fornalhas."

As mulheres de Terezín se apertaram como podiam, tentando permanecer juntas. Anka e Mitzka abriram caminho entre dois corpos fedorentos num espaço que mal dava para uma criança. Deitaram nas tábuas duras, tentando compreender tudo o que acontecera desde que deixaram o "luxo" do gueto. Algumas começaram a chorar, mas a maioria delas permaneceu em silêncio, vencidas pela exaustão, ou paralisadas de medo, diante da patrulha das prisioneiras guardas.

"As *Kapos* eram internas como nós, só que estavam lá havia mais tempo e receberam esse trabalho melhor. Algumas eram legais, mas outras eram piores do que os alemães. Davam uma informação aqui, outra ali, como quem não quer nada, e de repente, juntando as palavras, ficávamos sabendo da verdade. As pessoas enviadas para o outro lado eram envenenadas poucos minutos após sua chegada. Meus pais, irmãs, Peter e todos os que nos precederam terminaram na câmara de gás."

Enquanto Anka tentava compreender o impossível, uma mulher chamada Hannelore, que viajara com elas, começou a cantar uma canção popular alemã. Antes da ascensão de Hitler, ela era cantora profissional, e cantava aquela noite para espantar os males. Anka disse que o canto produziu o efeito contrário. As mulheres ficaram loucas, pedindo para ela parar. "O som daquela música, por algum motivo, evocava as câmaras de gás. Uma coisa muito estranha", contou Anka.

Algumas horas depois da chegada das mulheres, as *Kapos* lhes trouxeram um líquido ralo e gorduroso que chamavam de sopa, servido numa caldeira de metal enferrujado. As prisioneiras receberam um prato sujo para dividir entre quatro pessoas e nenhuma colher. "Estávamos tão aturdidas com tudo o que estava acontecendo, tão assustadas e tão fora do ar que ninguém sentia fome até aquele momento." Ainda sem compreender que não comeriam quase nada ali, as novas internas rejeitaram a única refeição que receberiam em vários dias. As polonesas avançaram para pegar sua parte, lambendo os pratos como bichos.

Lisa Miková, prisioneira tcheca que chegara no mesmo trem de Anka, explicou: "As polonesas não acreditavam. 'Vocês não querem comer?', perguntaram. 'Não, é horrível', respondemos. 'E os pratos nem lavados estão.' Elas caíram na gargalhada. 'Podemos comer?', perguntaram. Vimos que elas estavam famintas. Ficavam lambendo o prato mesmo depois de acabar a comida. No dia seguinte, serviram sopa de novo, e hesitamos novamente. As polonesas nos disseram: 'Também comemos com garfo, faca, colher. Somos normais. Este lugar é que não é normal. Se você não comer, perderá peso, perderá a força e acabará morrendo'. Dava para ver. Era só olhar em volta. Por isso, começamos a comer, mesmo com nojo".

Poucas mulheres conseguiram dormir nas primeiras noites, e aquelas que acabavam adormecendo eram acordadas violentamente para as chamadas matutinas, sendo expulsas do barracão por guardas com bastões. Do lado de fora, as prisioneiras recebiam ordens de tirar a roupa e fazer fila, esperando horas no frio e no escuro para serem examinadas, sem nenhum motivo aparente. Algumas apanhavam, sendo chamadas de "Saujud!" (judia suja!). Outras recebiam tapas ou cuspes na cara. Muitas foram retiradas da fila e afastadas. "Para chegar lá, tínhamos que caminhar vários acres na lama, com a constante visão das chaminés cuspindo fogo sobre nossas cabeças. O próprio inferno. Aos poucos, começamos a entender o que estava acontecendo."

Enquanto esperava sua vez de viver ou morrer, Anka apreciava a importância de ter sapatos, por mais apertados ou dolorosos que eles fossem. As mulheres que estavam descalças tremiam, desesperadas. Ninguém seria capaz de sobreviver sem algo para proteger os pés da lama fria e úmida que cobria o solo. Com os sapatos quase congelados, Anka rezava para não perdê-los nunca. Era o que a mantinha viva. Anka também aprendeu outros macetes de sobrevivência, sobretudo a arte de se tornar invisível, mantendo a cabeça baixa, camuflando-se sem chamar a atenção. Havia diferentes facções entre as prisioneiras, numa disputa entre leste e oeste, com alemãs, austríacas e tchecas de um lado e polonesas, romenas e húngaras de outro. Sapatos, comida e roupas normalmente eram roubados enquanto as pessoas dormiam. Com os nervos à flor da pele, as internas brigavam bastante, e muitas vezes eram pegas no meio da briga.

"Quanto mais tempo no campo, mais você sabia lidar com as situações e sobreviver", contou Anka. "Todos faziam o máximo para não ofender os alemães, para ser como um inseto, insignificante, de modo a passar o dia sem ser atacado." Saber alemão ajudou, pois Anka entendia as ordens e respondia mais rápido do que o resto das prisioneiras. Seu sexto sentido também foi de extrema valia, afastando-a de pessoas perigosas ou suspeitas. De maneira brilhante, Anka conseguia desfocar do futuro e focar somente em lidar com o que se apresentava no momento.

"O medo era avassalador, mas precisávamos enfrentar o que aparecesse pela frente", disse. "Lembrei-me novamente de Scarlett O'Hara em ...*E o vento levou*, dizendo: 'Amanhã eu penso nisso'. Era o que eu fazia."

Anka passou os dez dias seguintes "vivendo num inferno", como ela mesmo disse. Respirava morte. Num lugar em que todo o conceito de tempo estava perdido, os dias pareciam séculos. Procurava viver uma hora de cada vez, sem nunca saber o que poderia acontecer com ela. "Sentíamos medo o tempo todo, 24 horas por dia", conta. Não havia nada para comer além de pão duro e "café" aguado de dia e água salgada à noite. Se pelo menos houvesse grama no campo. Nem isso. Milhares e milhares de pessoas morreram de fome ou doença em Auschwitz. O que lhes traziam para comer provocava espasmos abdominais e diarreia, e, no entanto, pela primeira vez na vida, eles não podiam simplesmente ir ao banheiro quando quisessem. Anka contou que praticamente todo mundo teve disenteria. "Imagine o cheiro que ficava... A gente, naquela situação extrema, sem possibilidade de se lavar nem nada. Foi muito difícil aquele momento. Estar grávida me ajudou a seguir em frente."

Com acesso limitado às latrinas coletivas improvisadas de concreto, as prisioneiras eram apressadas pelos oficiais da ss, que gritavam: "Schneller! Scheisse!". Anka contou que jamais se esqueceria da "brincadeira" humilhante dos nazistas, cutucando-as nas costas enquanto elas defecavam naquele lugar sujo e fedorento. "Só por diversão, sem nos deixar fazer nossas necessidades em paz, um grupo disse que acharíamos graça dos judeus quando fizéssemos o que eles estavam fazendo... Tão degradante!"

A *Appell*, anunciada por um sino, acontecia ao amanhecer e ao anoitecer, com novas *Selektionen* nesse intervalo. Na complexa aritmética da morte, havia tanta gente para contar e registrar que as chamadas geralmente duravam mais de três horas. Enfileiradas em frente a uma equipe de médicos fumando cigarro, as mulheres mortificavam-se. "Era horrível. Com roupa ou sem roupa... famintas e assustadas, íamos até lá, e depois aquela história de ir para a direita ou para a esquerda. Àquela altura, já sabíamos o que aquilo significava... às quatro da manhã... na chuva e no frio... Tínhamos o medo constante de ser o próximo. E se eles descobrissem que eu estava grávida, já era."

Anka passou por doze dessas seleções, no mínimo. "Não creio que eles olhassem para nós como seres humanos. O único critério era: 'Será que ela tem saúde suficiente para trabalhar?'." Num constante diálogo interno, Anka se perguntava: "Será que vou conseguir? Será que vou conseguir desta vez?". "Pensava o tempo todo em mim", contou. "Mas entre viver ou morrer... você escolhe viver. Não há nada a fazer, a favor ou contra, mas você fica aliviado de ir para um lado, enquanto todo o resto vai para o outro. Nada pessoal com os outros, mas você foi selecionado para viver."

Se houvesse uma divergência de contagem — por causa de doença ou morte —, os prisioneiros tinham que esperar horas, exaustos, até que os números batessem. Fraca por ter de sobreviver com base em algumas centenas de calorias por dia, Anka, grávida, nua, se esforçava para não desmaiar, como acontecia com tantas mulheres durante as intermináveis chamadas. "Se alguém desmaiasse ou ficasse doente, era mandado direto para a câmara de gás. Desmaiei porque estava grávida, assustada, com frio e com fome, mas minhas amigas me seguraram e me soergueram, e eu fui salva. Todo mundo sempre foi muito gentil comigo. Porque quem ficava doente em Auschwitz era morto."

Dessa forma, Anka conseguiu sobreviver mais um dia.

Assim como Priska em relação a Tibor, Anka não via a hora de voltar para os braços de Bernd. A única coisa que lhe restara era a esperança. Esperança de ter um futuro melhor. Esperança de não ficar doente ou perder o filho. Esperança de sobreviver. Será que Bernd também teria passado por essa fase bizarra de aclimatação ao chegar a Auschwitz uma semana antes? Estaria ele em algum barracão, do outro lado do campo, preocupado com ela da mesma forma que ela se preocupava com ele?

Como Priska, porém, Anka soube logo que as mulheres ficavam separadas dos homens por postes de cimento de três metros de altura e muitos quilômetros de arame farpado. Anka tampouco encontrou informações sobre os outros membros da família — os pais e avós, tias e tios. Mesmo que a história das câmaras de gás e dos fornos fosse verdade, os mais jovens, saudáveis como ela, certamente teriam sido poupados.

O que Anka não sabia é que ela fazia parte da minoria. Dos milhares que haviam sido deportados para Auschwitz (1,3 milhão de pessoas, segundo estimativas), 1,1 milhão morreu, inclusive a maior parte de sua família. Anka descobriu mais tarde que alguns foram enganados, com a promessa de que ficariam juntos num *Familienlager* (campo familiar) — uma seção criada pela ss em Birkenau, no verão de 1943, por conta da possível visita de inspeção da Cruz Vermelha em Auschwitz depois que eles receberam permissão para visitar Terezín. Como parte da campanha de propaganda nazista mundial, a partir daquele momento, todos os novos deportados de Terezín foram enviados para o campo familiar, onde mantiveram seus pertences, o cabelo e as roupas.

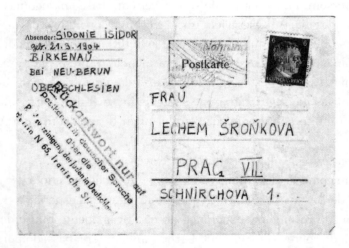

Cartão-postal da irmã de Anka, Zdena, enviado de Birkenau, com a palavra *lechem*

As novas internas tchecas foram obrigadas a escrever cartões-postais para parentes em Terezín e outras partes do país, a fim de amainar o crescente medo de que nenhum dos deportados entrasse em contato com a família de novo. Num desses cartões, recebido pela prima Olga em seu apartamento na rua Schnirchova, Praga, datado de outubro de 1943, a irmã de Anka,

Zdena, escreveu — em alemão, conforme prescrito: "Queridos, estou aqui com meu marido, minha irmã e meu sobrinho. Estamos todos bem e com saúde. Muitos beijos, Zdena Isidor". Correndo perigo de vida, Zdena escreveu a palavra *lechem* (*pão*, em hebraico) em vez de *Olga* no destinatário com a esperança de que a prima entendesse o recado: eles estavam passando fome. Olga entendeu e enviou comida imediatamente, mas Zdena e seus familiares jamais a receberam.

O dr. Rossel, da Cruz Vermelha Internacional, realmente fez uma visita inesperada a Auschwitz naquele ano, mas foi impedido de ver os alojamentos e a enfermaria. Ficou conversando sobre esportes de inverno com um jovem oficial da SS e prometeu enviar remédios e cigarros antes de partir. Como a Cruz Vermelha não exigiu uma inspeção mais minuciosa, o *Familienlager* foi logo destruído. Depois de tanto tempo de proteção dentro daquela "ilha de segurança num oceano de horror", o pessoal de Terezín ficou à deriva. Na noite de 8 de março, no maior genocídio de cidadãos tchecos do campo, cerca de 3.700 judeus estavam entre as quase 5 mil pessoas enviadas para as câmaras de gás, incluindo a maior parte da família de Anka. Muitos cantaram o hino nacional tcheco a caminho da morte.

Depois de mais de uma semana em Birkenau, Anka perdeu totalmente a noção de tempo. Já não tinha forças para pensar no destino dos parentes. Não conseguia nem pensar no próprio filho que crescia dentro dela, cuja existência só aumentava o perigo. Anka estava focada em sobreviver à próxima seleção, ao mesmo tempo que evitava inalar as cinzas presentes no ar do campo. Na manhã de 10 de outubro de 1944, Anka ouviu o dr. Mengele dizer aos subordinados: "Diesmal sehr gutes Material" (Desta vez, muito bom material), enquanto dava prosseguimento às suas escolhas pessoais, virando as mulheres de frente e de costas para examiná-las. Novamente, a gravidez de Anka passou despercebida, e ela foi selecionada para a vida. "Sentíamo-nos como gado sendo levado para o abatedouro."

Naquela manhã, ainda nuas, com as roupas na mão, ela e um grupo de mulheres não foram conduzidas de volta para os sórdidos barracões, mas para um edifício grande e baixo, de aspecto amedrontador. Quem vacilava por medo recebia bofetadas dos *Kapos*. "Então é isso? Essa é a câmara de gás de que nos falaram? Achei que eu tivesse sido selecionada para *Arbeit*", pensava Anka, mesmo sabendo que "Arbeit" significava trabalhar até a morte, em vez de ser morta imediatamente.

Dentro do edifício desconhecido, as mulheres receberam ordens de tomar banho. Rezando, foram levadas em massa para a ducha, com o mesmo sentimento de impotência e desamparo. Qual não foi a surpresa quando, dos chuveiros, saiu água gelada, não gás! "Água! Vida!", exclamaram algumas. Mais limpas do que nos últimos dias, as prisioneiras receberam outras roupas usadas, um pequeno pedaço de pão e salame, antes de serem transportadas, às pressas, até a rampa. Embarcando em vagões de carga, cerca de quinhentas mulheres foram trancadas lá dentro, até que o trem deu a partida, afastando-as da atmosfera apocalíptica de Auschwitz.

Avistando as chamas laranja-avermelhadas por uma rachadura do vagão, Anka não tinha a mínima ideia de seu destino, mas pela primeira vez em várias semanas permitia-se respirar normalmente de novo. "Estávamos sendo mandadas embora, e ficamos muito animadas, porque sabíamos que nenhum lugar poderia ser pior... O sentimento de sair de Auschwitz viva... é indescritível! Parecia o paraíso."

Perder de vista o inferno de Birkenau, Anka sempre disse, foi um dos melhores momentos de sua vida — assim como foi para Rachel e Priska. O que nenhuma delas sabia era que ainda teriam de enfrentar as maiores ameaças de sobrevivência que elas e os filhos poderiam encarar: a fome, a exaustão e o frio.

5
FREIBERG

A fábrica de Freiberg, onde as mulheres foram escravizadas

FOI NA NOVA FÁBRICA de munição de Freiberg, uma cidade medieval da Saxônia a 35 quilômetros de Dresden, que as três mulheres grávidas entraram oficialmente nos registros de trabalho escravo do regime nazista pela primeira vez.

Rachel Friedman, 25 anos, registrada como judia polonesa "Rachaela Friedmann" (*Häftling* nº 53.485), foi a primeira das três a ser enviada para Freiberg num trem que partiu de Auschwitz no dia 31 de agosto de 1944. Uma das primeiras 249 judias polonesas que chegavam, Rachel estava acompanhada das irmãs Sala, Bala e Ester, ainda em choque por ter perdido o resto da família logo após chegar a Auschwitz, vindo de Łódź.

Priska Löwenbeinová, 28 anos (nº 54.194), com a designação "SJ", de "judia eslovaca" em alemão, chegou ao KZ Freiberg no dia 12 de outubro de 1944. O trem em que viera transportou mais quinhentas mulheres, entre tchecas, alemãs, eslovacas, holandesas, iugoslavas, italianas, polonesas, húngaras, russas, americanas e algumas "apátridas". A nova amiga de Priska, Edita, que garantira a Tibor que cuidaria de sua esposa, mantinha-se fiel ao seu lado. Embora não se conhecessem, Priska viajou no mesmo trem de Anka, 27 anos (nº 54.243), registrada como judia tcheca "Hanna" Nathan. Anka estava acompanhada da amiga Mitzka e de várias conhecidas de Terezín.

Outro transporte de 251 mulheres, a maioria judia polonesa, havia partido de Birkenau no dia 22 de setembro. Os três transportes receberam numerações consecutivas de prisioneiros, indicando meticulosa coordenação entre as autoridades de Auschwitz e de Flossenbürg, na Baviera — o principal campo de concentração da região, que passou a controlar o KZ Freiberg. Apesar de não terem nome nem identidade para os nazistas, nenhuma das 1.001 mulheres e adolescentes (com idades que variavam entre catorze e 55 anos) enviadas para a fábrica de porcelana abandonada no centro de Freiberg teve que passar pelo martírio de ter números tatuados no braço. Auschwitz era o único campo de todo o sistema nazista que tatuava seus prisioneiros, prática iniciada em 1941. Os destinados à câmara de gás não eram registrados nem tatuados, o que preocupava quem não tinha a marca.

"Víamos que todo mundo era tatuado", disse Anka, "e jamais compreendi por que ninguém nos tatuou. Talvez porque soubessem que iríamos morrer ou ser enviadas para trabalhar na Alemanha ou em outro lugar, e não valesse a pena."

A viagem de trem de Auschwitz levou duas noites e três dias, em vagões de carga com pouca comida e água. A única forma de saber se era dia ou noite era pelo fio de luz que entrava pelas grades da janela minúscula. Apoiadas umas sobre as outras ou agachadas num canto, abraçando as próprias pernas, as mulheres se revezavam para utilizar o balde, na mesma humilhação. Dependendo do trem, algumas receberam café, pão e sopa, preparados numa cozinha suja acoplada aos vagões. Outras, como Anka, não receberam nada.

O trem finalmente chegou à movimentada estação de carga de Freiberg e expeliu seu conteúdo antes de voltar para buscar o próximo carregamento. "Saímos do trem destruídas, morrendo de fome e sede, mas estávamos vivas", contou Anka. "A sede nos matava... Uma coisa terrível. Entre fome, frio e sede, o pior é a sede. Todo o resto é suportável, mas a sede nos seca por dentro. E com o passar do tempo vai piorando... Algo indescritível, de tão horrendo... Você dá tudo por um gole de água... Até que paramos na estação, na Alemanha... e eles nos deram algo para beber. Um néctar! Não estávamos em Auschwitz, mas num país civilizado."

Sujas, desalinhadas e assustadas, as mulheres contemplaram, cheias de esperança, o céu sem chaminés ou nuvens escuras de fumaça. Em estado de perplexidade, elas subiram pela Bahnhofstrasse até a cidade medieval. Uma sobrevivente de catorze anos, Gerty Taussig, de Viena, disse: "O lugar era bastante tranquilo. Não havia ninguém na rua. Sentimos que as coisas iriam melhorar. Mas estávamos enganadas". Priska conta: "Ficamos deslumbradas com o cheiro das árvores e o verde do parque pelo qual passamos".

Registro de Priska em Freiberg

Localizada na base de Erzgebirge (Montanhas de Minério), entre a Saxônia e a Boêmia, a cidade de Freiberg possuía inúmeras minas de minério e prata e uma universidade, do século XVIII, dedicada à mineração e metalurgia. Os únicos judeus que restaram na cidade eram os casados com arianos, e a maioria dos gentios trabalhava nas minas ou na indústria óptica. Diversos trens transportando *Häftlinge* entre guetos e campos de concentração haviam passado por Freiberg no decorrer da guerra. Alguns vinham de Auschwitz, a caminho de campos próximos, situados nas cidades de Oederan e Hainichen, ambas na Saxônia. Muitos paravam em Freiberg para descarregar o material humano, destinado à escravidão nas minas e outras indústrias.

Só uns poucos indivíduos, numa população de 35 mil habitantes, tentaram ajudar os pobres prisioneiros em seu meio, e ninguém fez nada para assistir as mulheres de Auschwitz, reunidas em fila, caminhando pelas ruas da cidade — uma caminhada que durou um pouco mais de meia hora. Sala, irmã de Rachel, tem uma teoria para explicar por quê. "Quem nos via de longe devia pensar que vínhamos de um sanatório de prostitutas, assassinos ou criminosos. Olhavam-nos espantados. Não parecíamos pessoas normais: descalças ou de tamanco, com roupas esquisitas." Priska disse algo parecido: "As pessoas nos olhavam como se fôssemos animais de circo".

A decisão de fabricar peças de avião numa fábrica abandonada no centro de Freiberg havia sido tomada no final de 1943 pelo governo nazista em colaboração com a indústria de armamentos e a SS. Além de todos os aviões de caça perdidos, muitas das grandes fábricas de aeronaves da Alemanha haviam sido bombardeadas num ataque massivo estratégico conhecido como a "Grande Semana", em fevereiro de 1944. Milhares de bombas aliadas foram lançadas sobre cidades alemãs em 3.500 incursões. A perda de aviões e pilotos nessa proporção significava que a superioridade aérea sobre a Europa passava, irrevogavelmente, para as mãos dos Aliados. O que restou da indústria bélica nazista teve que ser transferido para casamatas ou lugares sem vínculo com a guerra.

Até aquele momento, Freiberg nunca tinha sofrido um ataque militar. No dia 7 de outubro de 1944, quinhentos bombardeiros americanos, em missão de destruir refinarias de petróleo na região industrial tcheca de Most, tiveram de procurar um alvo alternativo por conta das nuvens baixas que pairavam sobre a área. Avistando Freiberg, com todo o seu movimento ferroviário e um grande número de fábricas, eles lançaram sessenta toneladas de bombas, matando quase duzentas pessoas e destruindo centenas de casas. Em menos de uma semana, e já utilizando mão de obra escrava, os destroços foram recolhidos e os trilhos, reconstruídos, de modo que o último transporte pudesse chegar de Auschwitz, trazendo Anka, Priska e quase mil outras mulheres para sua nova casa.

Fábrica e alojamento em ruínas

A enorme Freiberger Porzellanfabrik de parede de taipa, situada na Frauensteinerstrasse sobre uma colina com vista para a cidade, foi construída em 1906 para fabricar isoladores elétricos e cilindros industriais de argila. Propriedade de uma empresa chamada Kahla AG, a fábrica fechou as portas em 1930, devido à depressão econômica e ao suicídio do dono judeu, o dr. Werner Hofmann, após a *Kristallnacht*. Abandonada por mais de uma década, o edifício foi usado, inicialmente, como depósito militar e alojamento temporário para soldados alemães. Quando decidiram fabricar peças de aviões ali, os homens saíram e as mulheres entraram.

A Arado-Flugzeugwerke, empresa de Postdam, assinou um contrato com o Ministério de Armamentos e Produção Bélica do Reich para produzir estabilizadores, manches, asas e outras peças para suas aeronaves Arado. Mais especificamente, componentes necessários para o Ar 234, o primeiro bombardeiro a jato da história, tão veloz e acrobático, diziam, que era quase impossível interceptá-lo. Esse avião era vital para o *Jägerprogramm* (Programa de Caça) nazista, cujo objetivo era retomar o controle do espaço aéreo. Com o nome em código Freia GmbH, a Arado concordou em pagar à ss quatro *Reichsmarks* por dia para cada "trabalhador" fornecido, menos setenta *Pfennigs* por dia pelos "serviços de catering". Pelo "empréstimo" da mão de obra somente de uma fábrica, a ss ganhava mais de 100 mil *Reichsmarks* por mês, o equivalente a 30 mil libras hoje em dia.

A maioria das prisioneiras trabalhava na principal fábrica administrada pela Freia, mas algumas foram transferidas para uma fábrica de munições próxima, Hildebrand, onde produziam, além de munições, peças ópticas de precisão para aviões e submarinos. As prisioneiras eram supervisionadas por um pequeno grupo de trabalhadoras alemãs qualificadas, além de 27 homens da ss e 28 mulheres da ss-*Aufseherinnen* (guardas carcerárias). O ss *Unterscharführer* (Líder de Esquadrão Júnior) Richard Beck assumiu o comando-geral do campo e logo ficou conhecido, no código do campo, como "Šára" pelas prisioneiras.

As recentes prisioneiras e primeiras mulheres estavam entre os 3 mil trabalhadores, incluindo prisioneiros de guerra italianos, assim como trabalhadores forçados da Rússia, Polônia, Bélgica, França e Ucrânia, empregados nas diversas fábricas e minas de Freiberg. Os italianos estavam lá como punição pela traição de seu país ao Reich. Os chamados *Ostarbeiter* (trabalhadores do leste), recrutados dos territórios ocupados à força, receberam o apelido *Untermenschen* (criaturas sub-humanas) por parte dos nazistas, que os tratavam dessa forma. Havia também alguns *Volksdeutsche*, alemães trazidos de volta à pátria, com a informação de que poderiam retornar ao lar ao término do contrato.

Embora tudo indicasse que a guerra estava atingindo um ponto crítico, com a chegada das tropas americanas à Linha Siegfried e o poderio soviético, barracões de madeira ainda eram construídos para as mulheres judias a um quilômetro e meio da fábrica, perto da entrada de uma mina de prata. Até esses alojamentos ficarem prontos, as mulheres foram alojadas na cobertura recém-disponibilizada da fábrica de seis andares.

Quando Rachel chegou na primeira leva, o lugar ainda estava em fase de desenvolvimento. Como não havia máquinas nem material para trabalhar, ela e as outras prisioneiras foram trancadas em alojamentos lotados, sem nada para passar o tempo. A única chance que tinham de esticar as pernas era durante as intermináveis *Appelle* que os nazistas ainda insistiam em fazer, de manhã e de noite, onde as mulheres ficavam horas esperando, no frio e na chuva, para serem contadas. Mesmo assim, diziam a si mesmas, era melhor do que em Auschwitz.

Registro de Rachel em Freiberg

As condições dos dormitórios também eram muito melhores. Dormiam duas mulheres por cama nos treliches, com no máximo noventa prisioneiras por quarto. Havia até travesseiro e uma espécie de colcha, além de um lavatório, com água fria (e intermitente) e um vaso sanitário, sem papel higiênico. Para se limpar, as mulheres usavam o forro da roupa, papelão ou jornal velho — o que encontrassem. Bom mesmo era se limpar com o rosto de Hitler impresso no jornal.

As prisioneiras foram informadas de que, quando começassem a trabalhar, se revezariam em turnos de doze a catorze horas. Antes de começar, porém, um surto de escarlatina as deixou em quarentena por uma semana. Os alemães decidiram criar uma enfermaria, administrada pela médica russa Alexandra Ladiejschtschikowa (gentia), de 42 anos, e pela pediatra tcheca Edita Mautnerová, de 32 anos, que mais tarde desempenharia um papel fundamental na vida daquelas mulheres.

Terminado o período de quarentena, as mulheres finalmente começaram a trabalhar. Fazia duas semanas que elas haviam deixado Auschwitz. O grupo do primeiro turno levantava às três da madrugada, a chamada era às quatro e meia e o trabalho começava às seis e meia, com um pequeno intervalo ao meio-dia. O trabalho não exigia tanto no início, pois a maquinaria pesada ainda não havia chegado. As mulheres se limitavam a aplainar e polir pequenos componentes. Mas os dias eram longos e tediosos, desanimando qualquer um. "Todo mundo estava deprimido, e precisávamos nos ajudar. A pior parte era não poder sentar por catorze horas e não poder nem falar."

Quando chegaram os últimos trens, a linha de produção já estava mais bem organizada, de modo que as prisioneiras começaram a trabalhar logo. "Fomos levadas para uma grande fábrica no alto de uma montanha, onde começamos a trabalhar imediatamente", conta Anka, que aprendeu a rebitar estabilizadores. A maquinaria era pesada e de difícil manejo, mas a fábrica era seca e aquecida, e as prisioneiras sentiam-se imensamente gratas por isso. "Eu nunca tinha visto uma rebitadora na vida, nem minha amiga, então dá para imaginar a qualidade do acabamento... Trabalhávamos catorze horas por dia, a ss vivia nos perturbando, mas ali não havia câmaras de gás, e isso era a única coisa que importava." Sala disse: "Recebemos um emprego e começamos a fabricar aviões. Foi por isso que [os alemães] não ganharam a guerra. Porque nós é que fabricamos aqueles aviões!". De acordo com Priska, elas cometiam muitos erros. "Não dava para confiar num avião produzido naquela fábrica!"

As mulheres trabalhavam em dupla nas salas de trabalho não aquecidas do térreo e do primeiro andar. De pé sobre o piso de concreto frio, com sapatos apertados ou rasgados, elas se revezavam para segurar as perfuradoras, utilizadas nas asas apoiadas sobre cavaletes ou estruturas de metal. Algumas

1	„	Munk	Edith	26·12·24		12-10-44
2	Stal. jüd	Nathan	Hilda	24·1·16		12-10-44
3	Tsch. jüd.	Nathan	Hanna	20·4·17		12-10-44
4	RO. jüd.	Nadbath	Ingeborg	15·2·24		12-10-44
5	Tsch. jüd	Nagler	Helena	23·11·14		12-10-44
6	„	Nassau	Grete	11·8·98		12-10-44

Registro de Anka em Freiberg

tinham a tarefa de soldar, limar, polir, laquear, enquanto outras ordenavam os componentes ou aplainavam as bordas das folhas de alumínio. Para aquelas profissionais formadas, que jamais tinham feito trabalho manual na vida, a repetição era algo física e mentalmente cansativo, forçando os braços, os ombros e as mãos, que doíam sem parar. Com o barulho insuportável das furadoras e britadeiras, o ar era denso, por conta da poeira produzida pelo metal raspado, e a atmosfera, tóxica.

Rachel e a irmã Bala foram mandadas para a fábrica próxima, Hildebrand, que funcionava 24 horas por dia produzindo hélices e pequenas peças para os aviões. Eram "vigiadas de perto", advertidas das duras consequências de qualquer sabotagem. "Eles nos diziam que, se alguma coisa saísse errada da fábrica, a pessoa responsável pela máquina seria enforcada na frente de todo mundo", contou Rachel.

Na fábrica Freia, havia um oficial da ss no comando-geral de cada andar, assistido por uma equipe feminina de oficiais da ss, algumas rígidas, outras indiferentes. As *Häftlinge* recebiam punições diariamente, inclusive castigos físicos. Uma guarda chegou a dar um bofetão no rosto de Priska por um descuido mínimo; mas em geral ela tinha sorte. Anka também apanhou de uma guarda da ss que parecia recém-saída da adolescência. "Eu estava grávida, em farrapos, sem cabelo, destruída, e ela veio e me deu uma tapa no rosto. Não doeu. Só que foi totalmente sem sentido." Anka sentiu vontade de chorar "muito" pela "injustiça" de levar um tapa sem motivo e por não poder revidar, mas se recusou a dar essa satisfação à oficial. "Doeu-me por dentro, mais do que qualquer outra coisa que eu já tinha vivido."

Os chamados *Meisters*, capatazes civis que trabalhavam com as prisioneiras, raramente se comunicavam com elas, a não ser para dar ordens. Quando falavam, muitos usavam um dialeto saxônico que não era entendido nem por quem falava alemão. Muitos daqueles homens haviam estado na Wehrmacht. Ou eram velhos demais para combater, ou tinham sido dispensados por terem sido feridos. Todos preferiam manter o posto confortável enquanto durasse a guerra a ser mandado para o front. "Não creio que eles soubessem quem éramos nós. Ninguém jamais falou comigo ou me ajudou de alguma forma", conta Anka, que formava dupla com a amiga Mitzka. "Ninguém perguntava de onde éramos ou o que tinha acontecido conosco. Ninguém sabia nada. Ninguém jamais me deu um pedaço de pão ou qualquer outra coisa. E eles viam como estávamos e como éramos tratadas."

A sobrevivente Lisa Miková tinha uma amiga farmacêutica. Seu *Meister* era um homem chamado Rausch, que utilizava linguagem de sinais para se comunicar. Um dia, por não ter entendido direito o que Rausch queria dizer, Lisa encomendou o remédio errado. "Ele jogou o remédio na parede e bateu nela. Já cansada, ela lhe diz, em perfeito alemão: 'Se me disser o que quer, posso conseguir'."

"Você fala alemão?", perguntou Rausch, espantado.

"Claro", respondeu Lisa. "O que está achando? Somos médicas, professoras — pessoas inteligentes."

"Disseram-nos que vocês eram todas prostitutas e criminosas de diferentes cidades, e que foi por isso que rasparam a cabeça de vocês."

"Não. Somos apenas judias."

"Mas os judeus são negros!", exclamou o capataz, baseando-se numa das propagandas nazistas mais disparatadas da época.

Depois do incidente, Rausch passou a tratar as mulheres com mais respeito. Nem todo mundo era assim. Alguns guardas se recusaram a acreditar que as prisioneiras não eram prostitutas ou criminosas, rindo quando lhes contaram. Um "corcunda" chamado Loffman, formado na escola da Gestapo com honrarias, costumava insultar severamente aqueles sob seu comando. "Você, professora?", disse para uma prisioneira. "Você não passa de uma porca imunda!" Outros guardas, ainda mais sádicos, batiam nas prisioneiras com ferramentas, cintos ou cordas. O carrancudo *Unterscharführer* conhecido como Šára se zangava com qualquer coisa, batendo nas mulheres que o aborreciam.

As guardas, de um modo geral, eram as mais cruéis. Além de bater nas prisioneiras ou chicoteá-las, inventavam castigos que fossem humilhá-las em sua feminilidade, como proibi-las de usar o banheiro ou ordenar que suas amigas raspassem o pouco de cabelo que lhes restara, deixando, às vezes, uma faixa de cabelo no meio da cabeça. Uma oficial da ss especialmente brutal disparou sua pistola para assustar as mulheres e acabou acertando uma delas na perna, que gangrenou.

As prisioneiras trabalhavam em turnos alternados, uma semana à noite, uma semana de dia, sete dias por semana. Alguns domingos eram de folga, oportunidade que elas tinham de descansar e lavar os farrapos que chamavam de roupa. Uma vez por mês, as poucas prisioneiras seletas que trabalhavam nos escritórios, mais próximas dos alemães, eram conduzidas em grupos ao *Arbeitshaus*, um reformatório do século xvii no centro da cidade velha. Lá, era-lhes concedido o luxo de tomar um banho.

Para todas as mulheres, no entanto, o trabalho era tão pesado e a alimentação tão insuficiente que o declínio físico era rápido e severo. Muitas desmaiavam, provocando um atraso indesejado na produção. Para reavivá-las, o método utilizado era a surra. A sobrevivente Klara Löffová contou que havia duas regras importantes: "Não admitir que você está doente ou que não sabe o que fazer". Elas também não entravam em pânico quando tocavam as sirenes de ataque aéreo. "O perigo de morrer ou ser ferida num bombardeio nos parecia menor do que o perigo de ser supervisionada pela ss com armas." Secretamente, elas comemoravam todo avião aliado que chegava, desdenhando o som ensurdecedor da artilharia antiaérea posicionada nos telhados próximos. Se vissem um avião americano ou britânico sendo alvejado, desanimavam, e "o resto da jornada não rendia".

Apesar de ser paga para alimentar a mão de obra, a ss dava-lhes o mínimo necessário para sobreviver, geralmente comida em péssimas condições de conservação. Uma das prisioneiras descreveu o que comiam como "um pedaço de alguma porcaria quente". A única coisa boa é que elas recebiam uma caneca, uma cumbuca e uma colher, o que significava que não precisavam mais comer com as mãos, sempre sujas. As rações eram exatamente as mesas de Auschwitz: água escura com um pedaço de pão de manhã, depois uma sopa de beterraba, tubérculos ou abóbora de cheiro duvidoso. As refeições eram feitas no chão, ou em qualquer lugar que as prisioneiras encontrassem espaço. Klara Löffová conta: "A sopa era preparada numa espécie de cozinha, às vezes grossa, às vezes rala. Em mesas longas, sem cadeiras, nosso *Lagerführer* alemão, um oficial da ss, andava de um lado para o outro com seu coturno e um cinto da ss na mão, pronto para usá-lo. Dessa forma, as meninas aprenderam logo a não roubar comida de ninguém". As prisioneiras também aprenderam a proteger os olhos, porque perder um olho significava voltar a Auschwitz, certamente para morrer.

À noite, elas recebiam quatrocentos gramas de pão e um pouco de café. De vez em quando, havia algo extra (*Nachschub*), como uma colher de margarina, uma porção de geleia ou uma fatia de salame. Em muitas ocasiões, as prisioneiras não sabiam se comiam a margarina ou a usavam na pele seca e descamada. Anka contou que algumas mulheres, mais disciplinadas, dividiam a comida em porções, para comer ao longo do dia. "Eu comia a minha parte de uma vez e depois ficava com fome por 24 horas."

Priska, grávida, vivia com desejo de comer cebola crua, e chegava a trocar seu pão inteiro por um pedaço do bulbo. Tinha mais sorte do que a maioria, porque sua protetora, Edita, subornava um dos guardas mais velhos da Wehrmacht com alguns bens preciosos que de alguma forma conseguira salvar. O homem conhecido como "Tio Willi, o Bravo" era o único sob cujo uniforme parecia bater um coração humano. Ele arriscava o emprego e a vida, às vezes, para ajudar com pequenos favores as mulheres que supervisionava. Graças a Willi, Edita podia sussurrar para a amiga grávida: "Abra a boca", oferecendo-lhe porções extras.

Gerty Taussig disse: "Sabíamos exatamente quem contrabandeava ouro ou diamante nas partes íntimas, porque essas mulheres estavam melhor do que a maioria das prisioneiras. De qualquer modo, ninguém contava o segredo delas". Mesmo com as raras porções extras, a fome maltratava as mulheres grávidas, tornando-se sua única preocupação e companheira constante, junto com o filho, que lhes crescia no ventre.

Anka jamais se permitiu pensar na possibilidade de não sobreviver. "Fui abençoada com um espírito bastante otimista, o que me ajudou muito. Eu sempre olhava para cima, nunca para baixo. Sabia que conseguiria, o que era algo completamente ilógico, irracional, mas eu vivia com essa ideia, mesmo quase morrendo de inanição."

Rachel, que também ansiava por comida, conta: "Chegávamos em casa exaustas, e quem conseguia guardar um pedaço de pão compartilhava". Um dia, ela encontrou uma fatia de batata crua, que chupou como uma bala, até não sobrar mais nada. Outra vez, deparou-se com um repolho murcho jogado na lama e, mesmo sabendo que poderia levar um tiro se fosse pega abaixando para apanhá-lo, resolveu arriscar. O repolho fedia e estava tão putrefato que se desfazia. Mas Rachel devorou-o inteiro, afirmando que nunca comera nada tão saboroso na vida.

Em quase todo momento livre, as mulheres falavam de comida. "Comida de verdade!", ressaltou Anka. "Não um ou dois ovos, mas dez ovos em bolos com quatro quilos de manteiga e um quilo de chocolate. Era a única forma de aguentar. Quanto mais apetitosos os bolos, melhor. Aquilo nos dava uma espécie de satisfação. E inventávamos outras maravilhas, como banana coberta de chocolate e geleia. Era uma fantasia que nos ajudava, embora estivéssemos passando fome. Na verdade, não sei se ajudava, mas não conseguíamos não pensar em comida com aquela fome toda." Em vez de bolos cremosos, elas tinham que sobreviver a base de líquidos asquerosos e de um pequeno pedaço de pão. "No final, acabamos gostando de tudo o que eles nos davam para comer. Tudo era maravilhoso e pouco."

Ao finalizar o turno, elas finalmente podiam descansar nos últimos andares da fábrica. Nesse momento, as prisioneiras sentiam-se aliviadas de trabalhar num edifício sólido, não num barracão frio, embora, ao abrir a porta do dormitório, tivessem sentido imediatamente o cheiro de *Bettwanzen* — percevejos. A ss acusava as mulheres de trazerem os percevejos para o quarto, mas as prisioneiras anteriores devem ter sido as responsáveis. "Os percevejos têm um cheiro específico, meio doce", lembra Anka. "É horrível, e havia milhares deles, tantos, que caíam do teto dentro da nossa comida. Ou seja, comíamos percevejos também. No início, não nos importávamos tanto, porque os percevejos só vivem em lugares quentes. Mas se você esmagá-los, eles têm um cheiro terrível."

Sem acesso a informações, notícias e até relógio, as mulheres mal sabiam que dia era e não tinham a mínima ideia dos eventos dramáticos que sucediam no mundo do lado de fora. Naquela fábrica fechada, onde jamais viam a luz do dia e respiravam somente aquele ar viciado, ninguém se dava ao trabalho de informá-las. Nem os soldados mais velhos da Wehrmacht, que demonstravam ocasional gentileza, falavam muito. Elas não sabiam, por exemplo, que o *Sonderkommando* de Auschwitz II-Birkenau havia destruído o Crematório IV em outubro de 1944, inutilizando-o, mas ouviram da boca de algumas trabalhadoras alemãs sobre a Batalha do Bulge, nas Ardenas.

A rotina diária prosseguia sem variações. Sujas e fedendo, com dor nos músculos, nos pés e nos dentes, a maioria das mulheres passava os dias e as noites em suas próprias batalhas mentais, procurando sobreviver. Algumas não suportaram aquela existência exasperante e enlouqueceram, sendo afastadas. "Trabalhávamos como condenadas, de pé, durante horas, carecas e quase sem roupa. Comíamos, em silêncio, e não nos metíamos aonde não éramos chamadas", disse uma prisioneira. "A roupa que estivéssemos vestindo, lavávamos e a vestíamos de novo, molhada mesmo. Ninguém tinha tempo para mais nada." Deteriorando-se por dentro, as gengivas sangravam, a pele dura rachava e qualquer pequena ferida se tornava potencialmente letal. Nenhuma mulher ficava menstruada, pois o corpo delas havia se fechado, como se estivesse morto por dentro, e ninguém tinha forças para pensar em resistir ou rebelar-se. "Em Freiberg, não sabotávamos nada. Tínhamos medo da nossa própria sombra", contou outra prisioneira. "Não sabíamos como revidar. Se você perguntasse: 'Para onde você está me levando e por quê?', levava um safanão na cabeça ou um tiro. Por isso, todo mundo ficou com medo de falar."

Com prisioneiras formadas, mas não qualificadas para aquele trabalho, o progresso na fábrica era bastante lento. Portanto, quando o grupo de Klara Löffová terminou a primeira asa de avião no Natal, houve uma grande algazarra, com promessas — jamais cumpridas — de sopa extra, pão ou queijo para quem concluísse um trabalho. "As trabalhadoras alemãs comemoravam, amarrando a asa no teto, quando de repente a corda arrebentou e a asa caiu no chão", conta Klara. "Era o nosso momento de comemorar." Algumas mulheres realmente receberam pequenos bônus no Natal — uma porção um pouco maior e a chance de "comprar" sal de aipo —, mas, de um modo geral, o trabalho continuou como de costume.

No Ano-Novo de 1944, grávida de seis meses e ainda escondendo a gestação debaixo do vestido largo, Anka tropeçou enquanto carregava uma bancada pesada de metal, que caiu sobre sua perna, ferindo-a, mas felizmente sem quebrar o osso. "Meu primeiro pensamento foi: 'Meu filho! O que vai acontecer com meu filho?'. Fui mandada para um hospital improvisado, fizeram um curativo na minha perna e fiquei um tempo lá. Era um lugar quente, e eu não precisava trabalhar. Não havia muita comida, mas consegui descansar, poupando energia para curar a perna."

Deitada na pequena enfermaria tentando aparentar saúde suficiente para não ser enviada de volta para Auschwitz, Anka sabia que ficar doente não era uma opção num lugar onde a única alternativa para o trabalho era a morte. Algumas mulheres nem sabiam que existia uma enfermaria. Outras sabiam, mas temiam que fosse apenas um degrau para a execução, e portanto evitavam ir para lá, cuidando de seus próprios machucados, feridas e doenças como podiam. "Quem estava doente ou trabalhava, ou morria", contou Gerty Taussig. "Muitas pessoas tratavam de problemas de pele com urina, que era tudo o que tínhamos. Isso também ajudou minha melhor amiga, que sofria de impetigo, com pus escorrendo do braço. Uma vez, minha cama desabou, e eu caí de costas, ficando paralisada por um tempo. Não veio nenhum médico, mas sobrevivi."

Sem nunca ter tido tempo para pensar no filho que crescia em seu ventre, Anka pôde, pela primeira vez, prestar atenção no que acontecia dentro dela. Não sentia os chutes, como sentira com Dan, mas sabia, de alguma forma, que ele ainda estava vivo. Recordando as noites românticas que tivera com Bernd em seu ninho de amor em Terezín, calculou que o segundo filho nasceria no final de abril. Perguntava-se também o que aconteceria se ela e o filho sobrevivessem. Incapaz de esconder a gravidez da dra. Mautnerová, a pediatra tcheca que cuidava dela, Anka resolveu lhe confidenciar seus medos.

"Fazia-lhe perguntas idiotas: 'O que vai acontecer se a guerra não acabar e meu filho nascer? Os alemães vão pegá-lo para criar, e aí como é que eu vou encontrá-lo?'. Nunca me ocorreu que eles matariam a criança, ou a mim. Eu perguntava essas coisas para ela, e ela, sempre muito delicada, me respondia sem tirar minhas esperanças, garantindo que eu encontraria meu filho onde quer que fosse."

Depois de um tempo, Anka voltou a trabalhar, mas foi designada para as atividades chamadas "fáceis", como, por exemplo, varrer o chão de todos os andares da fábrica, inclusive das escadas, catorze horas por dia. Apesar de ser uma tarefa monótona, Anka disse que era o melhor exercício que uma mulher grávida podia fazer. Mesmo assim, ao que tudo indicava, os guardas não percebiam que Anka estava esperando um filho, ou ela provavelmente teria sido mandada para a câmara de gás.

Rachel também teve sorte de ter um chefe tcheco, sensível à sua condição. "Quando ele viu minha barriga crescendo, me deixava trabalhar sentada, verificando se os rebites das asas estavam o.k.", conta. "Perdi peso, mas não tinha enjoo. Por isso, queria muito salvar meu filho. Não havia nada mais importante no mundo para mim."

Em janeiro, os novos alojamentos para as trabalhadoras judias finalmente ficaram prontos, situados a quase dois quilômetros de distância da fábrica, numa rua chamada Schachtweg, dentro de uma área conhecida como Hammerberg. À medida que a temperatura baixava, as mulheres eram expulsas da cama quentinha, infestada de percevejos, e transferidas para os novos barracões, frios de congelar. Chegaram no meio de uma nevasca. O edifício, rodeado de uma cerca alta, estava coberto de neve. Os quartos, que cheiravam a madeira e cimento, não tinham aquecimento. Havia goteiras no teto, e a água escorria pelas paredes, encharcando os colchões de palha que elas ocupariam. Devido ao pé-direito baixo, os treliches habituais foram substituídos por beliches. Difícil saber o que era pior: as camas molhadas de cima ou as camas úmidas de baixo.

O *Waschraum* ficava num outro prédio e não estava funcionando no início. As mulheres então tinham de se lavar numa torneira externa, que muitas vezes congelava. Havia pequenas estufas e até um pouco de carvão quando as prisioneiras chegaram, mas os *Kapos* resolveram levá-lo para acender a lareira de seu quarto. O gelo se acumulava nas janelas. Outros barracões para prisioneiras de guerra russas, ucranianas, italianas, polonesas, francesas e belgas foram construídos na mesma área, e as mulheres chegavam a vê-las ocasionalmente, pelas telas de arame farpado que as separava. Alguns homens também trabalhavam na fábrica como eletricistas ou mecânicos — rostos familiares para aquelas cujo trabalho os colocava em contato.

Representando um risco para todos, mensagens eram enviadas por meio de papéis enrolados em pedras, lançadas pelas cercas. Trechos de informações sobre o andamento da guerra eram trocados, dando lugar inclusive a alguns relacionamentos. Uma prisioneira veio pedir a Priska, que era poliglota, para traduzir uma *billet-doux* (carta de amor) do francês para o eslovaco, um "crime" punível sabe-se lá por qual penalidade. Mesmo consciente de que infringia a "lei", Priska traduziu, lembrando das cartas de amor que ela e Tibor haviam trocado e da alegria de vê-lo pela cerca de Auschwitz.

Um dia, um guarda da SS flagrou-a rabiscando num pedaço de papel com um cotoco de lápis. Era uma resposta para uma mulher que havia se apaixonado por um belga. Ao ver o guarda avançar em sua direção, Priska simplesmente amassou o papel e o engoliu, destruindo a evidência do "crime". Recebeu uma surra por desobediência, seguida de um longo interrogatório, mas não contou nada.

A empresa privada alemã que dependia de mão de obra escrava para continuar existindo pelo menos até o fim da guerra forneceu roupas de inverno para as prisioneiras, incluindo meias e tamancos negros de madeira, para ir e voltar da fábrica. Mesmo assim, como não havia tamancos em quantidade suficiente, muitas mulheres tinham que se virar com os sapatos de sola fina, inapropriados, que receberam em Auschwitz. Além disso, os tamancos nem sempre eram a melhor opção, porque ou eram grandes demais, ou pequenos demais, provocando bolhas que infeccionavam. Sem borracha na sola, os tamancos também eram escorregadios para andar no gelo. E como não eram fechados, enchiam de água ou neve, e nunca secavam.

Os calçados de madeira também tinham a desvantagem adicional de fazer muito barulho no chão de granito por onde as mulheres passavam, incomodando ainda mais os ossos já doloridos. Para piorar, os guardas da ss, com seus coturnos sempre lustrados, marchavam ao lado das prisioneiras, berrando para que elas mantivessem o passo. "Links! Zwei! Drei! Vier...!" (Esquerda, dois, três, quatro...!) "As pessoas que viviam perto das ruas por onde passávamos estavam incomodadas", contou Klara Löffová. "Algumas chegaram a mandar reclamações para a fábrica sobre o barulho às cinco da manhã. Imagine, quinhentas mulheres de tamanco marchando na rua. Era tempo de blecaute. Ninguém tinha permissão para acender a luz. Às seis, de novo, o grupo que voltava do turno da noite, e mais barulho. E de manhã era o único momento em que as pessoas ousavam ir para a cama — a Força Aérea Real, àquela altura, regressava à Inglaterra. Para nós, não importava. Nós também não dormíamos."

Mesmo com sapatos novos, as mulheres ainda usavam as peças de roupa bizarras que haviam recebido, em farrapos, de tanto uso, sendo presas por clipes e barbantes. Além disso, a maioria das prisioneiras não tinha roupa de baixo nem meia. As mais sortudas amarravam um pedaço de pano na cabeça pelada para se proteger dos ventos frios durante as duas caminhadas diárias. Mais tarde, elas usariam o mesmo pano como camiseta improvisada, acolchoamento para sapatos apertados ou meias para pés congelados. Quase sempre, porém, os guardas confiscavam esses panos.

E então a jornada de ida e volta para a fábrica no escuro se tornou uma nova tortura, sobretudo com os pés doendo e as pernas enrijecidas pela imobilidade causada pelo frio. "Era uma longa caminhada pela cidade, recebendo cuspes e insultos na cara", conta Anka. "E tínhamos que andar toda aquela distância sem casaco, meias, nem nada. Era horrível." Chavna Livni, sobrevivente, lembra: "Todo dia, a caminhada pela cidade escura. Antes de amanhecer, na escuridão total. As ruas desertas. Aos poucos, fui conhecendo cada pedra, cada canto em que o vento castiga mais. E depois a volta, novamente no escuro, para o frio do alojamento, onde havia estufas, mas apagadas".

Com a chegada do inverno, a chuva cedeu lugar à neve, e as prisioneiras, famintas, congeladas, se arrastavam, exaustas, pelo gelo, à medida que novas nevascas cobriam o caminho de grossas camadas brancas. Escoltando-as, os guardas iam paramentados com diversos níveis de agasalho, cobertos por sobretudos ou capas militares, os rifles nos ombros, as mãos, protegidas por luvas, enfiadas nos bolsos.

Um alemão gentil, com que Rachel trabalhava, lhe deu secretamente alguns pedaços de pano feitos de algodão, rasgados do material usado para polir as asas dos aviões. Na borda, havia a estampa "Freiberg KZ". Alguém conseguiu agulha e linha, e Rachel transformou o tecido em belos sutiãs para ela e para Bala. O mesmo supervisor gentil também arranjava alguns extras, e foi ele quem lhes arrumou tamancos, já que elas não tinham calçados. "A desculpa dele é que cortaríamos o pé nas limalhas produzidas pelas máquinas, e a ferida poderia infeccionar, mas sempre achamos que era para facilitar a caminhada para o trabalho no frio e na chuva."

Leopoldine Wagner, uma austríaca que havia sido contratada como intérprete para as prisioneiras de guerra italianas, era outra empregada da fábrica que arriscava a vida para ajudar as prisioneiras. "Ficávamos arrasadas de ver aquelas mulheres tão magras, de cabeça raspada, num frio de dezoito graus abaixo de zero, sem agasalhos, meias, só de tamancos, com os pés feridos", lembra. Leopoldine se envergonhava de ser casada com um alemão em face de tanta miséria e de ver pessoas "em estado tão lastimável", com pus e sangue nos pés. Ao descobrir que elas só comiam uma sopa de nabo "intragável", procurou dar um pedaço de pão ou algum outro alimento às prisioneiras

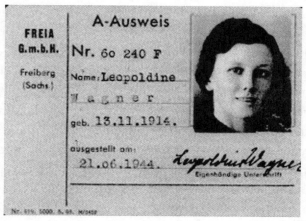

Cédula de identidade de Leopoldine Wagner

quando elas vinham limpar o chão de sua sala. Um dia, deu um top para uma mulher que não tinha nada para aquecer as costas e sustentar os seios.

No dia seguinte, um oficial da ss lhe devolveu a peça de roupa, perguntando-lhe se não era dela. Ela respondeu que sim, envergonhada. "Se você tiver algo para dar, dê para uma alemã", disse secamente o oficial. "Caso contrário, seu nome não será mais 'Frau Wagner', mas 'número mil e pouco'."

Ante essa ameaça, Leopoldine Wagner ficou assustada, ponderando se deveria continuar se arriscando a ajudar as prisioneiras. "Fiquei com medo, claro. Se a pessoa não uivasse com os lobos, pararia no campo de concentração." Mesmo assim, um dia ela entrou em contato com uma judia húngara, uma adolescente chamada Ilona, que havia sido pianista antes da guerra. Num ato de coragem, Leopoldine decidiu ajudá-la a fugir. "Eu vivia repetindo o endereço de minha irmã na Áustria para que ela gravasse", conta. "Minha ideia era que ela se refugiasse num convento." Com a ajuda do padre católico local, escondeu o hábito de uma freira no confessionário da igreja Johanniskirche, no centro da cidade velha, e disse a Ilona para tentar escapar dos guardas e correr para lá na próxima vez que fosse tomar banho no *Arbeitshaus*. "O que aconteceu com ela, não sei. Mas o hábito desapareceu."

Outros habitantes da região, como Christa Stölzel, dezessete anos, que trabalhava no escritório da fábrica, também se apiedaram das prisioneiras, escondendo pão e bolo na lata de lixo para quem viesse limpar à noite. Era um crime para o qual estava previsto uma dura penalidade, mas Christa fez isso diversas vezes, na esperança de ajudar as prisioneiras. Outras pessoas também demonstravam solidariedade — como o supervisor que deixava curativos para as feridas ou, em ocasiões especiais, pequenas sacolas de doces, escondidas entre os suportes das asas dos aviões.

A maioria dos moradores da cidade, no entanto, nada fez — por medo ou ignorância. Frau Wagner contou que qualquer informação sobre o campo era "simplesmente abafada". "A maioria das pessoas só sabia que havia barracões em Hammerberg, mas quem sofria lá dentro, ninguém queria saber", acrescentou. Com limitada intervenção externa, o drama das mulheres, com a chegada do inverno, só se agravou. Mesmo com a estratégia de dormir três ou mais numa cama com uma coberta fina, elas passavam frio, com as mãos e os pés congelados. O frio intenso não ajudava em nada na fome, pois quanto mais calorias elas queimavam para se aquecer, mais lhes doía o estômago. Aos poucos, o corpo começava a desvanecer, junto com o moral.

O que desmoralizava as mulheres ainda mais ao caminhar diariamente pelas ruas de Freiberg era a visão dos habitantes da cidade em sua rotina normal, como se nada estivesse acontecendo. Viam crianças fazendo bonecos de neve, indo para a escola bem agasalhadas, com direito a gorro e cachecol. Viam homens prontos para o trabalho, despedindo-se de suas mulheres, que lhes acenavam da janela. "Víamos as pessoas nos olhando do conforto de suas casas", conta Lisa Miková. "Havia um monte de guardas da ss — uns vinte — e seria impossível se comunicar conosco ou nos dar comida, mas ninguém jamais tentou. Não havia interesse."

Gerty Taussig, de catorze anos, sabia na época que seus pais e sua irmã haviam morrido na câmara de gás de Auschwitz. "Era desolador ver as famílias reunidas alegremente na comodidade do lar, comendo, rindo, levando uma vida normal", contou Gerty. "Ninguém se compadecia. Ninguém. Éramos apenas fantasmas. Ninguém imaginava que fôssemos capazes de sobreviver e voltar a ter uma vida normal como aquela."

Um dia, Hannelore Cohn, prisioneira alemã de 22 anos, estancou de repente na ida para o trabalho, e por pouco não provocou um "engavetamento humano". Sua mãe, uma loura gentia de Berlim, estava parada numa esquina, vendo a filha passar. Um dos *Meisters* alemães havia escrito secretamente para sua família, a pedido de Hannelore, para avisar que ela estava viva. "Sua mãe se mudou para Freiberg só para ver Hannelore indo e voltando da fábrica", contou a sobrevivente Esther Bauer, que conhecia Hannelore havia bastante tempo. "Sua mãe ficava parada no portão, nos observando ir para o trabalho todos os dias. Elas não podiam se falar, mas pelo menos Hannelore sabia que ela estava ali. Todas nós sabíamos."

Gerty Taussig também se lembra da situação. "Imagine, ver sua filha, esquelética, passando na sua frente, e não poder fazer nada, nem acenar. Uma tragédia." Mesmo assim, a mãe de Hannelore não deixava passar um dia sem ir para aquela esquina, várias semanas seguidas, trazendo, com sua presença, consolo para quem reparara nela.

Já dentro da fábrica, as prisioneiras tinham a oportunidade de se secar e se aquecer um pouco, embora as mãos pulsassem, doloridas, quando o gelo começava a derreter. Se estivesse chovendo ou nevando no caminho de volta ou durante a *Appell* noturna, elas não tinham onde deixar as roupas para secar, e a única opção era deitar assim, molhadas e tremendo de frio. Aliás, o frio era tão intenso, que a água congelava na torneira do banheiro coletivo. Havia apenas uma toalha para dividir e um pequeno pedaço de sabão, quando muito. Não havia escovas de dentes nem pentes. Quando o cabelo delas começou a crescer, de forma irregular, a cabeça passou a coçar. Em alguns casos, o cabelo renascia totalmente branco.

Os dias corriam sem dar trégua, e as *Häftling* se conformavam com aquela "vida" que o destino lhes reservara, lutando para sobreviver mais um dia. Vivendo em barracões separados, trabalhando em turnos diferentes, geralmente não no mesmo edifício, Priska, Rachel e Anka ainda não sabiam nada umas sobre as outras. Tampouco sabiam das demais mulheres que também escondiam a gravidez, perguntando-se, como elas, quanto tempo conseguiriam ocultar a gestação até serem descobertas. Uma amiga tcheca de Lisa Miková, que conseguira esconder a gravidez de maneira inesperada, entrou em trabalho de parto uma noite. "Ela pariu o próprio filho sozinha, nos alojamentos de Freiberg, em fevereiro, e a ss o matou", conta Lisa. "Os guardas levaram o bebê recém-nascido, e depois ela ficou sabendo que o mataram." Mais duas mulheres, suspeitas de estarem grávidas, foram mandadas de volta para Auschwitz.

O que aconteceu com elas ninguém sabe, mas o dr. Mengele não deve ter ficado nada satisfeito com a condição, diz Ruth Huppert, sobrevivente tcheca que esteve no gueto de Terezín com o marido mais ou menos na mesma época que Anka. Ao ficar grávida durante uma nova leva de deportações no final de 1943, ela tentou abortar o filho, mas os nazistas haviam proibido os prisioneiros médicos de realizarem abortos. Como as três mulheres grávidas de Freiberg, Ruth foi enviada para Auschwitz, mas conseguiu esconder a gravidez durante as seleções. Depois, convenceu um *Kapo* a inserir seu nome na lista das selecionadas para trabalho escravo em outro lugar.

Já quase no final da gestação, quando estava trabalhando numa refinaria de petróleo alemã, sua gravidez foi descoberta, e ela foi mandada de volta para Auschwitz em agosto de 1944. Mengele, curioso para saber como ela tinha conseguido passar despercebida, disse-lhe: "Primeiro, você tem o filho, depois vemos". Poucas horas após o nascimento de uma menina, o "Anjo da Morte" anunciou que queria ver quanto tempo um bebê conseguiria sobreviver sem comida. Ordenou que os seios da mãe fossem firmemente enfaixados para impedir que ela alimentasse a filha. Por oito dias, febril e com os seios inchados de leite, ela e a bebê esperaram, inermes, recebendo visitas diárias de Mengele. Só quando a recém-nascida estava à beira da morte é que sua mãe lhe injetou a morfina concedida por um prisioneiro médico. A morte de sua filha salvou sua vida: ela foi enviada para outro campo de concentração, e sobreviveu.

As três mães e seus bebês em Freiberg poderiam ter tido um destino semelhante se sua gravidez tivesse sido descoberta e elas tivessem voltado para as mãos do dr. Mengele. Não que houvesse alguma garantia de que elas fossem sobreviver em Freiberg, sobretudo quando, nos meses seguintes, a morte começou a levar suas amigas. Primeiro, uma eslovaca, de vinte e pou-

Memorial aos mortos do KZ Freiberg

cos anos, adoeceu e morreu de sepsia após menos de um mês na fábrica. Foi enterrada no mesmo dia em que uma moça alemã de 32 anos morreu de escarlatina. Essas mortes precederam pelo menos outras sete, em rápida sucessão — meninas e mulheres, de dezesseis a trinta anos, que sucumbiram à pneumonia, doenças respiratórias, cardíacas ou outras afecções. Todas foram cremadas e enterradas numa cova coletiva do cemitério local, Donat.

Priska, exausta e faminta como o resto das prisioneiras, se recusava a pensar em morte. Ainda com esperança de que Tibor estivesse vivo em algum lugar, se esforçando para pensar somente em coisas bonitas, contemplava o desenho que o gelo fazia nas janelas do alojamento. Uma das poucas que andava de cabeça erguida no caminho de ida e volta da fábrica, Priska chutava a neve fina para vê-la cintilar, maravilhando-se com a geada que cobria as árvores como açúcar nas manhãs de neblina. Havia prometido a Tibor que sobreviveria com o filho, e ele declarara que só vivia por isso. "Eu focava somente no meu marido e no meu filho. Não tentei me aproximar de ninguém", contou Priska. "Esperava que Tibor estivesse lá quando eu voltasse para casa."

A esperança diminuía com a queda de temperatura, e as mulheres começaram a sentir um desamparo crescente. Sabiam que o longo e rigoroso inverno só tornaria tudo mais insuportável. Privadas das necessidades mais básicas, trabalhando como escravas para os nazistas, aquelas figuras espectrais emagreciam mais ainda. Com a vida e as roupas esfarrapadas, desenvolviam feridas purulentas decorrentes das picadas de piolhos, percevejos e do próprio declínio interno. Não havia espaço na cabeça para pensar em mais nada além de comer e sobreviver mais um dia. "Não me lembro nem de ter sonhos", conta Anka. "Dava tanto trabalho manter-se viva que não havia tempo para mais nada."

Para Anka e Rachel, que já haviam enfrentado anos de privação nos guetos, sua lastimável existência, além do alcance humano, parecia interminável. O que aconteceria com elas e seus filhos? E Bernd? E Monik? Será que estavam vivos, pelo menos? Anka tinha Mitzka para compartilhar seu fardo, embora temesse que o fato de ela saber de sua gravidez representasse um perigo. Rachel, que trabalhava e dormia com Bala todos os dias, não havia lhe contado (nem às outras duas irmãs) que esperava um filho, por medo de que a informação também as comprometesse.

Sala e Ester tiveram a sorte de ocupar cargos secretariais no escritório da fábrica, o que significava melhor comida, roupa e relativo conforto. "Começamos construindo aviões, mas um oficial da ss veio falar comigo quando eu estava limando uma peça de metal e me perguntou em alemão: 'Onde está sua irmã?'. Eu estava sempre com ela, mas fiquei espantada, porque não imaginava que ele soubesse de nosso parentesco." Ele pediu-lhes que o acompanhassem, e os três foram para o outro lado da fábrica. "Ele continuava falando comigo em alemão. 'Vocês sabem ler e escrever?', perguntou. Colocou-nos numa sala onde ficavam os projetos dos aviões, e tivemos segurança por oito meses! Uma sorte danada. O trabalho era relativamente tranquilo, tínhamos o domingo de folga e chegávamos a ser protegidas nas casamatas quando havia um ataque. O único problema era que fazia frio naquela área da fábrica. Enrolávamo-nos em jornal para nos aquecer."

Após o dia no escritório, Sala e Ester se juntavam às outras mulheres na longa caminhada de volta aos alojamentos, onde reencontravam as irmãs Rachel e Bala. As quatro davam força uma à outra. "Ajudava a atenuar nossos problemas", disse Sala. "Todas nós fazíamos isso, principalmente quando alguém estava a ponto de desistir. Dizíamos que as coisas melhorariam no dia seguinte. Sempre no dia seguinte."

Apesar da fome constante, as mulheres continuavam inventando banquetes imaginários e trocando receitas. Um jogo comum era "convidar" as amigas para um jantar sofisticado, detalhando o modo de preparo dos diversos pratos e imaginando o momento de comer, até encher a barriga. Outro jogo sem fim era falar da primeira coisa que elas gostariam de comer quando a guerra terminasse — o mágico, mítico momento conhecido como "futuro", que ninguém podia garantir que chegaria. Pão quentinho com manteiga era uma das opções mais mencionadas, embora as mulheres mais jovens geralmente preferissem algo doce. Batatas cozidas das mais diversas formas (principalmente fritas) costumavam ser a opção mais votada.

Aquelas que sempre comeram a comida preparada pela mãe ou empregada disseram que foi em Freiberg que aprenderam a cozinhar, embora se distraíssem ouvindo as listas de ingredientes de pratos tão extravagantes. Era uma espécie de tortura autodestrutiva, que as fazia lembrar da mãe, da avó e da vida confortável de "antes", com todos os aromas e rituais familiares: o cheiro do pão quentinho, de dar água na boca, o aroma de café fresquinho ou o cheiro de lavanda, a sensação do sabonete nas mãos antes de cada refeição. Olhando o estado de imundície dos mesmos dedos agora, as prisioneiras quase riam.

"De uma hora para a outra, dizíamos: 'Chega! Não vamos mais falar sobre isso!'. Meia hora depois recomeçávamos", contou Lisa Miková. "A comida ocupava o centro dos nossos pensamentos. O tempo todo. Era algo que dominava nossa vida. Ficávamos pensando em carne, bolinhos e coisas normais como pão e presunto. Eu costumava dizer que se tivesse apenas batata e pão, não precisaria de nada mais, a vida toda."

Gerty Taussig encontrou uma batata crua inteira um dia, que compartilhou com a melhor amiga. "Cortamos a batata em fatias bem fininhas e comemos. Foi a coisa mais deliciosa que já comi. Cheguei a falar para mim mesma: 'Se eu sobreviver, só vou comer isso'. Pena que acabou rápido demais."

Além da grande perda de peso, a desnutrição das mulheres causava diversos problemas de saúde, que não eram tratados nem cuidados. Um dia, Klara Löffová desenvolveu uma dolorosa infecção no dente. "No início, ninguém ligou, mas depois de alguns dias meu rosto inchou a ponto de eu não conseguir enxergar. Nosso *Lagerkommandant* me levou a um dentista na cidade. Tive que ir caminhando na sua frente. Ele vinha atrás, carregando um rifle com baioneta. As pessoas nos olhavam como se ele tivesse capturado a maior espiã do mundo." O dentista foi informado de que, como Klara era uma prisioneira, ele deveria se limitar a "fazer somente o necessário" e não "desperdiçar" anestesia com ela. O oficial da SS queria assistir, mas o dentista o expulsou da sala, dizendo que não havia espaço suficiente para ele trabalhar. "Entrei lá, era um consultório aquecido, limpo, e o dentista era muito educado", contou Klara. "Comecei a chorar, e ele me perguntou se estava doendo tanto assim. 'Não', respondi. 'Estou chorando porque há muito tempo eu não era tratada como ser humano.' Ele utilizou [o analgésico] novocaína, e me aconselhou a mentir para o *Scharführer*, se ele perguntasse, dizendo que havia sido muito doloroso. Fiquei lá mais de uma hora. Aproveitei cada minuto e voltei, toda feliz, uma semana depois, para um check-up desnecessário."

Tal compaixão era rara. A maioria das mulheres vivia com a expectativa diária da morte. Julgando que nada poderia ser pior do que Auschwitz, elas começaram a perceber que seu período no KZ Freiberg também seria uma luta para sobreviver. "Era para nós morrermos", declararam diversas mulheres. "E queríamos muito viver!" Sem nenhum sinal de resgate no decorrer dos dias, a questão não era "se" elas morreriam, mas "quando". Se não fosse por fome ou nas mãos dos guardas, o número cada vez maior de bombardeios aliados certamente as mataria.

Houve um turno inteiro de mulheres na fábrica, inclusive as três grávidas, quando os aviões britânicos do Bomber Command atacaram Dresden, a quarenta quilômetros de Freiberg. O marechal da Aeronáutica Arthur Harris ordenou uma série de ataques entre 13 e 15 de fevereiro de 1945. A maioria dos habitantes de Dresden achava que sua cidade jamais seria atacada, por conta de seu status histórico e cultural. Muitos não sabiam que no sexto inverno da guerra, os nazistas haviam escolhido Dresden como ponto estratégico de defesa, na fuga de Praga para Hamburgo, colocando a cidade no centro das atenções dos Aliados.

Fazia seis anos desde que Hitler ordenara o bombardeio estratégico de cidades polonesas como Wieluń e Varsóvia, seguido de ataques devastadores na Holanda, e quatro anos desde que o *Blitzkrieg* de Londres ceifou a vida de 20 mil pessoas entre setembro de 1940 e maio de 1941. O ataque à capital britânica durou 76 noites consecutivas, destruindo mais de 1 milhão de casas. De modo quase simultâneo, o porto de Liverpool e os arredores foram atacados numa série de bombardeios entre agosto de 1940 e maio de 1941, matando quase 4 mil pessoas. A cidade de Coventry foi alvejada nos dezoito ataques da Operação Mondscheinsonate (Sonata ao Luar), o mais devastador ocorrendo no dia 14 de novembro de 1940. Quinhentos bombardeiros alemães atacaram a cidade aquela noite, com quinhentas toneladas de bombas, cujo alvo eram as fábricas. Mais de 4 mil casas foram destruídas, devastando dois terços da cidade. Centenas de pessoas morreram e mais de mil ficaram feridas, somando-se aos atingidos nos ataques anteriores. Nos anos seguintes, a cidade foi alvo de outros ataques. O número de mortos chegou a 1.236.

Esses e outros ataques foram respondidos com inúmeros raides, por parte dos Aliados, à Alemanha e à Polônia ocupada, incluindo cidades como Hamburgo, Berlim, Pforzheim, Swinoujscie e Darmstadt, com resultados igualmente devastadores. Dresden, porém — conhecida como "Caixa de Joias" pelo estilo rococó e barroco de sua arquitetura —, tornou-se um dos alvos mais controversos. Quando os primeiros bombardeiros britânicos Lancaster chegaram à cidade às dez da manhã, após um voo de cinco horas de Lincolnshire, no dia 13 de fevereiro de 1945, as sirenes começaram a tocar, avisando os cidadãos de Freiberg de um possível ataque aéreo. A ss trancou a maioria das prisioneiras — inclusive Priska, Rachel e Anka — no último andar da fábrica, que poderia ser um dos alvos do ataque. Em seguida, elas foram conduzidas aos abrigos antiaéreos com os supervisores e outros funcionários não militares.

As mulheres receberam orientação de apagar as luzes e baixar as cortinas para não atrair a atenção, mas elas desobedeceram. Queriam ver os cerca de setecentos bombardeiros sobrevoando a cidade, em voos rasantes. Em diversas ocasiões, os bombardeiros cercaram a fábrica, como que em voos de prova, e as mulheres se perguntavam se elas poderiam ser o próximo alvo. "Desejávamos que a Força Aérea Real jogasse uma bomba em nós, para que a fábrica não pudesse continuar com seu projeto de guerra", conta Anka. "Mas isso nunca aconteceu."

Rachel também se lembra que, nas noites em que Dresden foi bombardeada, elas gritaram em direção ao céu: "Aqui! Joguem uma bomba aqui! Vamos morrer de qualquer maneira!". Rachel conta: "Tínhamos certeza absoluta de que nenhuma de nós sobreviveria. Era só uma questão de tempo. Procurávamos viver o máximo possível. Somente após o bombardeio de Dresden é que começamos a acreditar que poderíamos ser salvas".

Alguns guardas alemães, postados à porta para impedir que as prisioneiras fugissem, reclamavam do risco que corriam. "Eles nos diziam para não olharmos pela janela e não fazermos nenhum sinal com luzes para os pilotos", disse Lisa Miková. "Estávamos exultantes, e eles ficaram furiosos com a nossa alegria."

Embora a capital da Saxônia não fosse tão próxima, o céu noturno foi iluminado pelos explosivos que a dizimaram. Cerca de 25 mil habitantes de Dresden morreram, e o fogo subsequente destruiu mais de seis quilômetros quadrados da cidade. "Foi o espetáculo mais magnífico que já vi na vida, todas aquelas bombas colorindo o céu de vermelho, e nós desejando o pior para nossos inimigos. Foi fabuloso, uma satisfação indescritível!", contou Anka. "Depois da guerra, todo mundo falou mal do 'bombardeiro' Harris, mas para mim ele era um santo."

O bombardeio de Dresden

Um dos capatazes que trabalhava na fábrica voltou da cidade devastada no dia seguinte e contou que não havia restado nada na parte velha. Nenhuma família escapara. Gerty Taussig contou que eles não se importavam com nenhum dos eleitores de Hitler, somente com as maravilhosas obras de arte que deviam ter sido destruídas. "Uma das guardas nos disse que eles estavam muito chateados", conta Rachel. "'Esta é a nossa cidade, o nosso povo!', disse a guarda, avisando que se alguém deixasse transparecer qualquer sinal de alegria pelo bombardeio ou olhasse na direção da janela, seria morto." Rachel advertiu as prisioneiras para que elas se contivessem.

O primeiro ataque a Dresden ocorreu durante o turno da noite. No dia seguinte, os aviões voltaram — lançando setecentas toneladas de bombas, em plena luz do dia. No terceiro dia, eles atacaram os subúrbios e uma refinaria de petróleo da região. "Dava para saber, pela luminosidade do fogo", contou Lisa Miková. "Confesso que não sentimos pena. Pensávamos: 'E nossos pais e maridos? Quem começou tudo isso?'. Encaramos o momento com frieza, mesmo sabendo que devia haver mulheres e crianças envolvidas e milhares de mortos. No dia seguinte, os guardas estavam furiosos e descontaram em nós, esbofeteando todo mundo e nos proibindo de usar o banheiro."

O súbito aparecimento em Freiberg de refugiados em procissão melancólica fugindo de Dresden com seus pertences reavivou a esperança na fábrica. Com centenas de aviões aliados sobrevoando a cidade, as prisioneiras ousavam acreditar que a salvação poderia estar próxima. Nem ligavam muito quando eram mandadas para a rua para limpar os escombros resultantes dos ataques. Era um prazer ver o que os Aliados haviam feito. A única decepção de Rachel era que os britânicos não haviam destruído a via férrea. "Por que eles não bombardearam os trilhos ou os trens?", indagava-se. "Ninguém jamais seria enviado para um campo de concentração de novo!"

No dia 31 de março de 1945, novos ataques dos Aliados destruíram as linhas de abastecimento da fábrica de Freiberg, esgotando o suprimento de matéria-prima. Não havia mais combustível para as máquinas, e o fornecimento de energia passou a ser irregular. Toda a produção parou. Com medo de perder o trabalho, os guardas diziam para as prisioneiras "se manterem ocupadas". Elas então criavam objetos a partir de pedaços de metal descartados, incluindo pequenas facas para cortar ou comer o que elas chamavam de "a melhor refeição do mundo": grama. Agora que a neve estava derretendo, elas podiam se agachar disfarçadamente e arrancar tufos de grama a caminho da fábrica e na volta para casa. Outras prisioneiras confeccionaram pequenos pentes de alumínio. Embora algumas tivessem sido tosadas novamente depois de Auschwitz, uma pequena penugem começava a crescer na cabeça da maioria das mulheres, e aqueles acessórios de beleza preciosos as faziam lembrar de uma época em que haviam sido mais civilizadas.

Pente feito de metal de aeronave em Freiberg

Uma amiga de Gerty Taussig estava emocionada de ter um pente daqueles, e não o largava nem um segundo, temendo que o roubassem. Durante uma *Appell*, um guarda da ss descobriu o pente e o retirou de sua mão. "Para que você precisa disso?", perguntou, de maneira áspera.

"Para pentear meus lindos cabelos", retrucou a moça, passando a mão pelos fios que não eram suficientes para esconder a careca. Mesmo caindo na gargalhada, o guarda não lhe devolveu o pente.

Numa das chamadas matutinas de costume, sempre realizadas com um senso de urgência desnecessário, Priska — grávida de nove meses e extremamente fraca — demorou para aparecer. Por conta das pernas e pé inchados, ela caminhava lentamente. "Por que você está atrasada?", perguntou um dos guardas.

"Meu atraso dificilmente destruirá o Reich", respondeu Priska, sorrindo.

O guarda ergueu a mão e lhe bateu tanto pela insolência que ela caiu no chão, curvando-se para proteger a barriga. A surra poderia facilmente ter matado Priska e o filho. Quando ele finalmente parou, algumas mulheres a ajudaram a se levantar. Com gosto de sangue na boca, Priska as tranquilizou: "Está tudo bem. Estou bem". E, esboçando um sorriso, acrescentou: "Melhor do que levar um tiro!". Recorrendo novamente a sua fé, disse em silêncio para o filho em seu ventre: "Eu sabia que você sobreviveria".

A primavera substituía gradualmente o frio do inverno. Pelas janelas, as mulheres ouviam os pássaros cantando sobre as copas das árvores, que floresciam. Com o início de uma nova estação, anunciando o sexto ano sob domínio nazista, as prisioneiras se perguntavam o que lhes reservariam as semanas e os meses seguintes. Muitos dos *Meisters* haviam sido enviados para o front, e quando elas receberam instruções para desmontar tudo para levar para outra fábrica, não sabiam se ficavam felizes ou apreensivas. Boatos assustadores começaram a se espalhar pelo local. Seriam todas "liquidadas"? Assassinadas no alojamento antes de a ss ir embora? Ou seriam levadas junto com a maquinaria bélica? O maior receio era ser mandada de volta para Auschwitz. Elas não sabiam que os soviéticos haviam libertado o campo em janeiro, junto com alguns dos piores campos de extermínio que já existiram, como o de Treblinka, Bełżec e Sobibór.

Com a ordem de largar as ferramentas e sem nada a fazer senão esperar, as internas ficaram confinadas nos alojamentos. Algumas receberam instruções de fazer qualquer coisa, como mover pedras de lugar, só para parecerem ocupadas. Como não estavam produzindo mais nada para o Reich, suas porções de comida foram reduzidas, passando a receber menos de duzentos gramas de pão por dia e metade da sopa rala e insípida que engoliam num segundo. "Eles diziam que quem não trabalhava não precisava comer muito", contou Lisa Miková. "Recebíamos pão todo dia, mas sopa, só a cada dois dias. Foi muito cruel. Tínhamos certeza de que seríamos mortas."

Além do peso que haviam perdido, as mulheres começaram a perder os músculos, perdendo também toda a força. A pele cinzenta marcava o contorno dos ossos, descamando em pústulas. As pernas e os pés incharam tanto que muitas mal conseguiam caminhar, ofegantes. A temperatura do corpo caíra, produzindo calafrios e expondo-as a infecções. No entanto, como havia acontecido durante todo aquele tempo em que estiveram detidas, as mulheres se mantiveram unidas, dando força umas para as outras. Priska tinha Edita e amigas, entre elas Magda Gregorová, casada com o famoso ator eslovaco Martin Gregor. Rachel tinha as irmãs, e Anka, Mitzka e as amigas de Praga, incluindo Klara Löffová e Lisa Miková. "Quando trabalhávamos, horas e horas em pé, conversávamos muito mais, lembrando poemas e outras coisas até um oficial da ss gritar: 'Calem a boca!'. Tentamos fazer o mesmo nos alojamentos. Contávamos histórias e conversávamos sobre filmes e livros", lembra Lisa Miková. "Às vezes ajudava e às vezes não. Algumas pessoas diziam: 'Por favor, não falem mais sobre isso, porque nos lembra de casa'. Era terrível lembrar de casa naquele momento."

E então elas esperaram, enquanto os alemães decidiam o que fazer, visivelmente perdidos. As mulheres ainda não tinham nenhum contato com o mundo externo e não imaginavam que a crucial batalha pela região de Ruhr estava prestes a ser vencida pelos Aliados, ignorando também que Colônia e Danzig já haviam sido conquistadas. As prisioneiras tampouco sabiam da propaganda divulgada no rádio pelos Aliados e dos folhetos distribuídos na Alemanha e na Áustria anunciando que Hitler estava a ponto de perder a guerra. Elas só sabiam que estavam desesperadas de fome e apavoradas. Na angústia e tensão daquela espera, muitas discussões e brigas passaram a acontecer nos barracões.

Durante um banho frio numa manhã de abril de 1945, uma prisioneira tcheca percebeu que Priska estava grávida, pela barriga escondida embaixo do vestido folgado, e ficou histérica. A mulher, que guardava diamantes da família desde o início da guerra, apavorou-se com a possibilidade de todas serem revistadas — ou coisa pior — se os guardas descobrissem. "Vamos acabar morrendo por sua culpa!", gritou a tcheca. "Nossa morte vai pesar na sua consciência!" A moça ficou tão alterada que as guardas vieram perguntar o que estava acontecendo. "Ela está grávida! Ela está grávida!", exclamou, apontando para Priska.

Priska ficou paralisada, com o coração disparado.

"É verdade?", perguntou, incrédula, uma das guardas da ss, encarando Priska, que pesava um pouco mais de trinta quilos. "Você está grávida?"

"Sim", admitiu Priska, finalmente, num sussurro, esperando morrer naquele instante.

As guardas se entreolharam e sacudiram a cabeça, sem acreditar. Houve uma longa pausa. Priska prendia a respiração.

"Quando vai nascer?", perguntou uma das guardas.

"Em breve. Muito breve."

As guardas saíram para uma reunião, e Priska voltou para a cama. Notícias de sua gravidez espalharam-se rapidamente entre as companheiras de turno, que tentavam assegurá-la de que nada de ruim aconteceria. Os dias passaram sem grandes sobressaltos, e todos voltaram à rotina. Até que um dia, uma guarda abordou Priska calmamente e lhe perguntou: "Do que você precisa?".

Àquela altura, os pés de Priska eram o que lhe causava maior sofrimento, inchados com sangue e pus. "Eu adoraria se pudesse colocar meus pés em água quente", balbuciou Priska, que mal conseguia falar. Para sua surpresa, trouxeram-lhe uma bacia de água quente. Diante do olhar perplexo e invejoso das outras prisioneiras, Priska sentou-se com suas roupas encardidas, cheias de piolhos e outros bichos, e aproveitou aquele escalda-pés "como uma rainha". A água estava "muito quente", conta Priska. "Foi um êxtase."

"As pessoas foram legais comigo porque sentiam pena de mim. Ninguém acreditava que meu filho pudesse sobreviver ou nascer normal." Ela sabia que a mudança repentina de postura dos guardas certamente era por interesse próprio, mas pouco importava. "Meu marido e eu tínhamos um relacionamento muito bom, e eu queria desesperadamente ter esse filho."

A gravidez de Anka também acabou sendo descoberta nessa época, não pela pediatra tcheca em quem ela confiava, mas pelas outras prisioneiras, que repararam na sua barriga de perfil. "Eu estava cada vez mais magra, e minha barriga não parava de crescer", contou. "Alguns guardas sabiam. Se eles tivessem descoberto antes de 18 de janeiro, eu teria sido mandada de volta para Auschwitz, mas como Auschwitz não existia mais, eles não podiam me mandar para lugar nenhum. De qualquer maneira, eu não sabia disso na época. Não tinha como saber. Fui obrigada a confessar que estava grávida quando eles me perguntaram. Não havia outra saída, mas eles não puderam fazer nada."

Embora estivesse terrivelmente magra, os seios de Anka tinham ficado ainda maiores e mais pesados com o leite materno, causando-lhe um grande incômodo por baixo das roupas esfarrapadas, sobretudo durante as marchas apressadas de ida e volta do trabalho. Sua amiga Mitzka conseguiu agulha e linha emprestadas e costurou-lhe um sutiã com um pedaço de pano. O sutiã não ficou perfeito, uma vez que Mitzka não era profissional, mas Anka sentiu-se tão grata que usou aquele sutiã até o fim da guerra.

Rachel, que escondera a gravidez das irmãs por nove meses, também foi descoberta, mais ou menos na mesma época, por algumas das prisioneiras. Uma delas perguntou a sua irmã: "Você sabia que Rachel está grávida?".

"Não! Você está doida?"

Bala não acreditou.

"Eu durmo com ela na mesma cama."

"Impossível", exclamaram Ester e Sala em uníssono. Embora trabalhassem em turnos e lugares diferentes, elas viam Rachel quando ela voltava para o alojamento, e não tinham reparado em nada. Quando as irmãs perceberam que era verdade, ficaram chocadas e temerosas, principalmente porque Rachel estava tão fraca que mal conseguia andar, ficando confinada grande parte do tempo na enfermaria. "Não conseguíamos acreditar", contou Sala. "Ficamos muito tristes por ela. Devia ser terrível estar grávida num lugar como aquele!"

Rachel lembra: "Não havia comida extra para mim, e elas não podiam fazer nada". A solução foi não pensar no que poderia acontecer com ela e o filho.

Alguns dias depois, um dos alemães que trabalhavam com Sala lhe deu uma laranja, sem ninguém saber. "Eles tinham medo de nos ajudar, mas mesmo assim ele me deu aquela bela e fragrante laranja. Fazia muito tempo que eu não via nada tão lindo e cheiroso. Cheguei a pensar em guardá-la para mim, mas acabei entregando-a para Rachel e o filho. Eles precisavam mais do que eu."

Àquela altura, as mulheres quase não trabalhavam, ficando a maior parte do tempo enfurnadas nos barracões, com o torpor de uma fome crônica que pouca gente sabia o que era. Ouviam sons de bombas e sabiam que os Aliados deviam estar perto, mas ninguém podia garantir que a SS, por conta disso, não fosse entrar em pânico, resolvendo matar todo mundo. Algumas já não se importavam.

Um dia, após a lavagem dos pés, na manhã de uma quinta-feira, 12 de abril de 1945 — exatamente no dia que previra —, Priska Löwenbeinová entrou em trabalho de parto. Curvada pela primeira contração, Priska foi levada à enfermaria numa pequena sala da fábrica e recebeu ajuda para se deitar numa tábua de madeira disposta sobre uma mesa. Sentindo as dores do primeiro filho que finalmente dava à luz, Priska foi assistida pela dra. Mautnerová, que fez o que estava a seu alcance, sem medicamentos ou qualquer equipamento esterilizado.

Toda vez que Priska se sentava para enfrentar o próximo espasmo com o rosto vermelho do esforço, deparava-se com os curiosos, mais ou menos umas trinta pessoas, que haviam se aglomerado na porta para assistir. Entre eles, estavam os guardas da ss, os capatazes da fábrica e o *Lagerälteste* (o mais velho do campo). Alguns dos observadores apostavam se seria menino ou menina. "Diziam que se fosse menina, a guerra acabaria logo, se fosse menino, continuaria."

Enquanto discutiam sobre o sexo do bebê, Priska sentia uma dor que jamais sentira na vida. Após muitas horas de esforço, com um empurrão final excruciante, exatamente às 15h50 (segundo o relógio de um dos guardas), Priska deu à luz uma menina. Como estava anêmica e subnutrida, a quantidade de sangue que perdeu no processo quase a matou.

"É uma menina! É uma menina!", comemoravam os alemães. "A guerra terminará em breve!" Mas quando o bebê saiu inteiro da barriga da mãe, um dos guardas gritou: "É o capeta!".

O bebê, que tinha tudo para não resistir nove meses dentro daquele útero bastante debilitado, saiu com as mãozinhas, cheias de sangue, fechadas ao lado da cabeça. Por um momento, até para Priska pareceram chifres. Alguns dos espectadores ficaram histéricos, deixando Priska abatida. Apesar do alívio de ter parido uma criança viva depois de tantos filhos mortos, ela temia, no íntimo, que a menina fosse anormal ou deformada. O bebê realmente parecia ter uma cabeça desproporcionalmente grande, mas isso porque, com apenas um quilo e meio, seu corpinho era muito pequeno. Quando constatou que a filha não tinha nenhum defeito, Priska sentiu que Tibor não pudesse estar ali para compartilhar de sua alegria, apavorada, de repente, com o que poderia acontecer com ela.

Até aquele momento, a filha estivera escondida, relativamente segura em seu ventre. Agora, de uma hora para outra, ela estava do lado de fora — com toda a sua vulnerabilidade —, num mundo dominado pelos nazistas. A bebezinha estava fraca demais para chorar, e mal conseguia mexer as perninhas. Depois que a médica cortou o cordão umbilical e enrolou a recém-nascida da melhor maneira possível num pano, Priska pôde segurar a filha nos braços pela primeira vez. A bebezinha mínima não tinha quase nenhuma gordura ou músculo no corpo, sobrando-lhe pele nas pernas. O rosto enrugado lhe dava um aspecto de feiura, mas a menina tinha os grandes olhos azuis do pai.

"*Moja*, minha Hanka", disse Priska, com os olhos marejados, recordando a conversa sussurrada com Tibor no vagão de carga durante o pesadelo da viagem para Auschwitz — "Hanka se for menina, Miško se for menino". Priska olhou a filha, com sua cabecinha redonda "bem formada" e o nariz pequenininho, e sorriu.

"Pense somente em coisas bonitas", Tibor lhe dissera um pouco antes da separação na entrada de Auschwitz II-Birkenau. Aquela mensagem ficou gravada em seu coração. Em Freiberg, Priska pensou que, se olhasse apenas para crianças bonitas no caminho para a fábrica, seu filho, além de sobreviver, seria bonito também. Enquanto as outras prisioneiras andavam agarradas umas às outras, cabisbaixas, seu olhar se fixava no rosto de cada criança ariana, loira, de olhos azuis. Rezando para ter um filho parecido, "de nariz arrebitado", Priska não queria que ele puxasse as feições judaicas da mãe, mas a palidez polonesa do pai.

Deu certo. Hanka nascera, e para Priska ela era quase perfeita. Concebida com muito amor num apartamento em Bratislava por um casal apaixonado que já havia perdido bastante na vida, a criaturinha ali em seus braços sobrevivera à ocupação nazista, às atrocidades de Auschwitz, a um inverno rigoroso e a seis meses de violência, fome e trabalho árduo, numa Europa assolada pela guerra. Com aquele nascimento, desafiava os dois lados do conflito, na esperança de um futuro melhor. "Ela era a criança mais linda que eu já tinha visto", conta Priska, referindo-se à filha miúda, um embrulhinho de pele e osso. "Enfrentamos tanta coisa, e ali estávamos, vivas!" Priska sabia que elas jamais teriam sobrevivido sem a generosidade de Edita, uma desconhecida que a ajudara durante todo o suplício. Por isso, decidiu batizar a filha de Hana Edith Löwenbein, chamada de "Hana" ou "Hanka".

Como a dor do parto e a perda de sangue consumiram-lhe as últimas forças que lhe restavam, Priska despencou na mesa, quase inconsciente. Sua filha estava tão abaixo do peso, sem as camadas de gordura que nos protegem, que corria o risco de hipotermia. A dra. Mautnerová, sem poder oferecer mais assistência do que estava oferecendo, não sabia se as duas sobreviveriam. Ambas passavam quase o tempo todo dormindo. Quando acordava, Priska embalava a filha, feliz por dentro, mas não se continha e levantava-lhe o nariz com a ponta do dedo para ver se Hana desenvolvia um perfil mais *retroussé*.

Como o fim da guerra parecia mais próximo do que nunca com a aparente atenuação das normas vigentes, algumas amigas de Priska tiveram permissão para visitá-la, inclusive Edita, que chorou de emoção ao saber que o nome da bebê tinha sido dado em sua homenagem. As mulheres juntaram a preciosa porção de geleia que cada uma tinha, misturando-a com um pouco de água para fazer um xarope para a recém-nascida, o qual ofereceram na caneca mais limpa que acharam. Além disso, encontraram pedaços do pano macio e branquinho com a estampa do KZ Freiberg e costuraram uma blusinha com gola Peter Pan bordada para Hana, assim como uma touquinha tricotada com flores vermelhas — um presente que Priska sempre valorizou muito.

Roupinha de bebê de Hana feita com pano do KZ Freiberg

As visitantes trouxeram a notícia de que Franklin D. Roosevelt havia morrido de hemorragia cerebral no dia em que Priska dera à luz. O presidente americano, que chegara ao poder no mesmo ano em que Hitler, tinha 63 anos. Uma prisioneira escutara a conversa entre um oficial da SS e seus colegas, dando-lhes "as boas-novas". As mulheres rezavam para que a morte de Roosevelt não prolongasse ainda mais a guerra.

No segundo dia de vida, Hana, subnutrida, não largou dos seios da mãe. "Ela mamou todo o leite, que na verdade era só água", contou Priska. "Era uma menina muito boazinha. Mamou e adormeceu, chorando." Tudo o que tinha a oferecer, Priska dava à filha, mas isso a enfraquecia mais ainda, e mesmo após a amamentação, Hana continuava pálida e fraca, sem parar de chorar.

Priska já estava um pouco mais consciente no dia 14 de abril, 36 horas depois do parto, quando o subcomandante do *Unterscharführer* a acordou um pouco depois de meia-noite para lhe dizer que o campo estava sendo evacuado. "In einer Stunde muss alles marschbereit sein!" (Em uma hora, todas devem estar prontas para partir!), anunciou. Isso incluía Priska e a filha, e ela esperava que o fato de não ter sido morta durante o sono ou abandonada na enfermaria significasse uma chance para as duas. "Os soviéticos estavam vindo para a cidade. Por isso, os alemães fugiam, e nos levavam junto", contou Priska.

Desde dezembro de 1944, os nazistas foram evacuando um campo após o outro, em toda a Europa ocupada, numa corrida contra o tempo. Constatando a grande probabilidade de serem derrotados, muitos, determinados a não perder a guerra contra os judeus, continuaram aniquilando-os. Milhares de judeus foram mandados para as câmaras de gás ou executados antes da evacuação dos campos, mas outros tiveram um destino diferente. O alto-comando nazista acreditava que, acontecesse o que acontecesse, eles ainda precisariam de mão de obra escrava para reconstruir o Reich. Hitler e Himmler planejaram uma *Alpenfestung* (fortaleza alpina), onde o alto-comando alemão e suas forças de elite poderiam encontrar refúgio. A área abarcava o sul da Bavária, passando pelo oeste da Áustria, até o norte da Itália.

Como seriam necessários prisioneiros para ajudar a defender a região, a decisão foi mandar todos os *Häftlinge* que sobreviveram ao cárcere no sul para o centro do território do Reich. Em prol da velocidade e eficiência, os escolhidos para viver mais um pouco até os nazistas acabarem com eles foram transportados de trem, mas onde não havia locomotivas ou trilhos e estações por conta dos bombardeios, os prisioneiros foram obrigados a evacuar o lugar a pé. Essas "marchas da morte", num dos invernos mais rigorosos da história, eram uma nova forma de tortura, ceifando a vida dos mais fracos. Só os mais fortes sobreviveram.

Nos últimos seis meses da guerra, morreram cerca de 300 mil prisioneiros de campos de concentração e campos de extermínio, dos 700 mil que haviam resistido até ali. Em Auschwitz, no mês de janeiro, 60 mil prisioneiros sobreviventes foram conduzidos por quarenta quilômetros até uma estação ferroviária, onde embarcaram em trens com destino ao interior da Alemanha. Aproximadamente 15 mil morreram de exaustão, exposição às intempéries ou fome no caminho. Os vagões do trem se tornaram abatedouros. Muitos mais morreram em outros lugares, e os guardas da ss tinham ordens de matar qualquer indivíduo fraco demais para continuar.

As mulheres do kz Freiberg não tinham escolha a não ser obedecer às ordens de evacuar o local — inclusive Priska, que não deveria ter sido removida tão cedo e não tinha nenhum suporte para um bebê que, em condições normais, deveria estar numa incubadora.

Rachel, em estado igualmente lastimável, ainda conseguiu se levantar da cama para avisar as irmãs, assim que soube, que o campo estava sendo evacuado. "Eu estava fraca demais. Não conseguia fazer nada, nem parir. Mas naquela noite fiquei sabendo que eles iam nos levar dali. Sabia que precisava fazer alguma coisa, e por isso fui falar com as minhas irmãs. 'Preparem-se', eu disse. 'Vamos embora hoje à noite.'" Rachel conta que os alemães foram "organizados e disciplinados até o fim", ordenando que as prisioneiras destruíssem qualquer prova de sua presença e limpassem tudo. Em seguida, conduziram as mulheres pela cidade numa última marcha, em grupos de cinco, a passo acelerado. "Eles não sabiam para onde nos levavam. Haviam recebido instruções de nos tirar dali, porque os russos se aproximavam. E só."

Lisa Miková ficou surpresa com a velocidade da evacuação. Os alojamentos foram sendo esvaziados, um por um. "Havia uma partida repentina à noite — sempre à noite", conta. "Eles vieram e disseram: 'Levem tudo, cumbuca, colher, cobertor...'. Fomos pegas desprevenidas e enviadas, no escuro, para a estação. Não sabíamos que Auschwitz não existia mais, e ficamos com medo de estarmos voltando para lá. Seria terrível." Mesmo no meio da noite, parecia que toda a cidade de Freiberg havia se mobilizado, por conta dos aviões aliados, que sobrevoavam a região de modo ameaçador. Além do crescente número de refugiados que fugiam para o sul, famílias inteiras fizeram as malas, levando só o essencial, e tomaram a estrada, partindo também para a estação. A iminente chegada dos soldados do Exército Vermelho assustava mais do que os aviões da Força Aérea Britânica.

Priska, com a filha e mais 35 mulheres doentes, foi uma das últimas pessoas a sair do KZ Freiberg. Inicialmente, elas receberam ordens de caminhar sob chuva, junto com todo mundo, mas logo ficou claro que não conseguiriam andar mais do que algumas centenas de metros. Os guardas se reuniram e disseram para as outras mulheres seguirem em frente, deixando num canto as que não aguentavam. "As outras mulheres achavam que eles iam nos executar", contou Priska. "Despediam-se e choravam conosco."

Mas o plano não era realizar uma execução no meio da cidade, à vista de todos. As mulheres foram colocadas dentro de um caminhão militar fechado, conduzido por um oficial da ss. A bebezinha Hana estava tão letárgica que mal chorava ou se mexia, mesmo com a pele começando a empolar. Para aquecê-la, Priska carregava a filha de encontro ao peito, embaixo do vestido folgado. As mulheres não tinham a mínima ideia de seu destino, temendo que estivessem sendo levadas para um lugar remoto, onde seriam executadas. Outras, devido aos rumores de Chełmno e outros centros de extermínio, tinham certeza de que seriam mortas com gases de combustão. Priska deu um beijo na cabecinha de Hana e rezou. "Como acredito em Deus, repetia para mim mesma que estava tudo nas mãos d'Ele. Ele sabia onde minha filha tinha nascido, e por isso Ele me ajudou."

Com a aproximação do Exército Vermelho de um lado e dos americanos de outro, não havia tempo a perder. Por algum motivo desconhecido, o caminhão parou — um momento que pareceu durar uma eternidade —, retomando a estrada em seguida. As prisioneiras finalmente chegaram a uma estação de trem, sendo recebidas com alegria por mulheres às quais jamais pensaram ver de novo.

Praticamente todos os trens da Europa ocupada haviam sido usados para transportar tropas ou munições para as frentes de batalha, e os vagões de passageiros que restaram estavam reservados para fugitivos do Reich. Os únicos vagões disponíveis na rede ferroviária nazista para o transporte das 990 mulheres judias e alguns prisioneiros homens dos alojamentos adjacentes eram quinze "semivagões" abertos em cima e alguns vagões de gado, fechados. Alguns vagões haviam sido utilizados para o transporte de carvão mineral, e estavam cheios de fuligem. Outros foram usados para transportar animais ou carregamento humano, enquanto o resto servira para levar produtos secos, como cal hidratada, que queimaria os pés já bastante machucados das prisioneiras.

O clima primaveril tinha se tornado úmido e frio, e quando as mulheres embarcaram nos vagões abertos, em grupos de sessenta a oitenta por vez, começou a nevar. Sem nada além do cobertor para se proteger, elas se comprimiram mais uma vez umas contra as outras, e as portas se fecharam. Se ficassem na ponta dos pés, poderiam acompanhar a partida. Para a consternação de todos, um *Aufseher* (supervisor) alemão foi colocado na maioria dos vagões para impedir que as prisioneiras olhassem para fora ou tentassem fugir. Em estado de pânico, elas começaram a especular a respeito do destino. Uma disse que tinha ouvido falar que elas seriam levadas para uma fábrica de munições subterrânea e queimadas vivas. Outras temiam serem transportadas para o principal campo de concentração da Bavária, Flossenbürg (destino de muitas marchas da morte), onde seriam exterminadas como vermes. Que utilidade a ss veria em tantas mulheres subnutridas, incapazes de trabalhar numa pedreira de granito?

Priska se concentrava para sobreviver as próximas horas. Apertada num dos vagões abertos, protegia a filha do esmagamento, cobrindo-lhe os olhos com a touquinha.

Alguns vagões à frente estava Rachel, prestes a dar à luz e tão frágil que havia sido colocada junto com os moribundos. O único consolo era que seu vagão não estava tão cheio como os outros, e ela conseguiu encontrar um espaço para se deitar ao lado das outras mulheres, "como sardinhas em lata". Ninguém — além das irmãs e algumas amigas, que viajavam em vagões separados — sabia que Rachel esperava um filho. Ninguém ali tampouco tomara conhecimento do nascimento de Hana. Naquela luta pela sobrevivência, havia questões mais prementes.

Anka, grávida de nove meses, um "esqueleto ambulante em farrapos", estava espremida num vagão de carvão com Mitzka, em condições não muito melhores do que suas futuras companheiras de maternidade. Assustada como todo mundo e rezando para que elas não estivessem voltando para Auschwitz, Anka segurou-se nos dois lados do vagão para não perder o equilíbrio quando o trem partiu com uma guinada, logo após o amanhecer.

Soltando fumaça negra, a pesada locomotiva se arrastava pelos trilhos, afastando aquelas pobres miseráveis de uma Alemanha sitiada sabe-se lá para onde.

6
O TREM

Prisioneiros transportados em vagões abertos, inverno de 1944

QUALQUER PESSOA QUE ESTIVESSE na plataforma da estação de Freiberg naquela manhã úmida de abril de 1945 provavelmente não teria reparado no trem de carga se afastando devagar num trilho à parte. Como acontecia em todas as partidas, um sinaleiro deve ter acenado com uma lanterna meio apagada, o chefe de estação deve ter soprado um apito ou agitado sua bandeira, indicando que o "trem especial" estava para partir, e o maquinista deve ter aberto o regulador de vapor enquanto sua tripulação alimentava o fogo com carvão.

O único sinal de que aquela não era apenas mais uma locomotiva da época de guerra, transportando provisões ou munição para a frente de batalha, teriam sido as cabeças sujas das prisioneiras mais altas. Mesmo assim, quase nenhum dos alemães assustados, andando de um lado para o outro na estação apinhada em busca de uma rota de fuga, teria suspeitado que, no meio daquelas criaturas decrépitas e desmazeladas, havia um bebê de dois dias, além de outros dois prestes a nascer. De qualquer maneira, isso pouco teria importado.

Sob a direção da *Deutsche Reichsbahn* (DR), assistida por diversos ministérios governamentais e empresas ferroviárias associadas, a rede ferroviária do Terceiro Reich possuía 100 mil quilômetros de extensão, cruzando toda a Europa, com 12 mil trens a sua disposição, tanto de carga quanto de passageiros. Além da função principal de mobilizar tropas e transportar o combustível e o equipamento necessário para manter uma guerra, os trens capturados da Europa ocupada se tornaram um instrumento fundamental para a "solução final" (*Endlösung*) de Hitler. Naqueles trens, eles transportaram uma boa porcentagem dos milhões de indivíduos condenados à morte por extermínio ou exaustão decorrente do trabalho forçado.

Normalmente utilizados além da capacidade máxima para manter as cotas das câmaras de gás, os vagões fechados de madeira, com pesadas portas de correr, tornaram-se o meio de transporte favorito do "carregamento extra" — um dos muitos termos que os nazistas usavam para os deportados, como parte do elaborado esquema de logro. A vantagem das "latas de sardinha" herméticas é que ninguém via os prisioneiros lá dentro e era impossível sair, a não ser morto. Os vagões-padrão, de dez metros de comprimento, também eram os mais eficientes em relação à maximização da receita de uma operação totalmente autofinanciada. Utilizados em conjunto, os trens eram capazes de transportar facilmente mil *Stücke* (peças), qualificando-se para receber o generoso desconto concedido para transportes de carga.

Os operadores da rede ferroviária alemã cobravam da ss apenas uma tarifa de terceira classe se fossem transportados mais de quatrocentos passageiros, o que dava um *Pfennig* por quilômetro para cada indivíduo levado aos campos de concentração. Num sistema friamente calculado, essas tarifas às vezes eram cobradas diretamente dos prisioneiros, que eram obrigados a pagar em dinheiro ou bens valiosos, com a opção de serem descontados do "salário". Crianças com menos de quatro anos eram deportadas rumo à morte gratuitamente, e quem tinha entre quatro e dez anos pagava metade. Cada "peça" recebia somente passagem de ida.

Transportados em condições criadas para infligir o máximo de sofrimento, milhões de *Häftlinge* eram enviados em jornadas que poderiam levar horas ou dias. A viagem mais longa de que se tem notícia foi a de um trem que partiu de Corfu, na Grécia, em junho de 1944, levando dezoito dias. Quando as portas dos vagões se abriram em Auschwitz, centenas de pessoas, dos 2 mil passageiros do trem, estavam mortas. O resto, quase todos moribundos, foram mandados imediatamente para as câmaras de gás.

Vagão continental com compartimento elevado muito usado no transporte de prisioneiros

A DR também cobrava dos guardas que escoltavam os prisioneiros, embora eles tivessem passagem de volta. Depois do embarque, esses homens e mulheres subiam aos compartimentos elevados construídos para os guarda-freios, comuns nos trens continentais, ou viajavam em vagões adjacentes, com assentos confortáveis. Às vezes, iam no vagão de passageiros acoplado na parte de trás do trem. Raramente ficavam com o "carregamento" nos vagões de gado para lá de fedorentos.

Mesmo assim, nem todos os guardas ou membros da equipe ferroviária gostavam de fazer essas viagens. Após uma jornada de doze horas de Terezín para Auschwitz, alguns soldados chegaram arrasados, declarando que prefeririam estar na frente de batalha.

Um sujeito chamado Adolf Filipik, chefe de operações ferroviárias tcheco encarregado da deportação de *Häftlinge*, teve um colapso nervoso após o transporte dos prisioneiros, ficando incapacitado de trabalhar. Em Kolín, a cinquenta quilômetros de Praga, os maquinistas e seus superiores tiveram crises similares, perdendo a capacidade de continuar com seu "serviço normal". Seus substitutos só conseguiram chegar à cidade de Český Brod, e também tiveram que ser hospitalizados. Nesses casos, oficiais da SS foram trazidos para assumir a função de maquinista.

Apesar dessas poucas interrupções indesejadas num serviço altamente eficiente, administrado com frieza e perfeição, os vagões de carga eram usados repetidas vezes, voltando sempre para pegar mais gente. Alguns dos vagões de gado possuíam cordas e argolas de metal para amarrar animais, instrumentos utilizados de modo funesto por prisioneiros que preferiram o suicídio à incerteza. Os bois teriam viajado melhor naqueles vagões, com palha cobrindo as tábuas, e, mesmo assim, medidas humanitárias básicas teriam sido tomadas para minimizar o sofrimento dos bichos. Os inimigos do Reich não tiveram essas regalias.

As potentes *Kriegslocomotiven* Class 52, as chamadas "locomotivas de guerra", tornaram-se um símbolo da dominação nazista, constituindo o principal meio de transporte para os campos de concentração. Na realidade, elas possibilitaram a "solução final" de Hitler. Os trabalhadores de cada nação ocupada que, sob supervisão nazista, conduziram, abasteceram, fumigaram ou atuaram como sinaleiros também tiveram sua importância. Esses empregados, ameaçados de morte se ajudassem qualquer deportado, não só contribuíram para a eficiência do plano de aniquilação (muitas vezes lucrando com isso), mas também se tornaram cúmplices involuntários do extermínio em massa.

Algumas autoridades, alertadas para o verdadeiro propósito dos trens, ficaram tão horrorizadas com o "carregamento especial" sendo transportado pelo seu território — sobretudo mais para o fim da guerra — que se recusaram a lhes permitir passagem. Infelizmente, nesses casos, os prisioneiros eram enviados de volta para o inferno de seus campos ou exterminados no ponto em que sua jornada era interrompida. A maior parte dos trens, contudo, conseguia passar.

Com o barulho do motor, os maquinistas não deviam conseguir ouvir os gritos de desespero e angústia dos passageiros que transportavam, pedindo água, mas era impossível não ouvi-los cada vez que o trem parava por conta de um ataque aéreo, toque de recolher ou blecaute, ou quando precisavam esperar em trilhos paralelos para dar preferência a outros trens. Durante essas inúmeras paradas, os guardas da SS e funcionários da via férrea, segundo testemunhas, iam chantagear os passageiros nos vagões, pedindo joias, roupas ou dinheiro em troca da água que eles tanto queriam — geralmente ficando com o item desejado sem cumprir sua parte da promessa.

Qualquer pessoa da equipe de manutenção que trabalhasse nos trens ou perto tinha que prender a respiração para não sentir o fedor insuportável de urina e excremento que saía dos vagões. Provavelmente, esses indivíduos presenciaram o descarte dos corpos daqueles que não resistiram. Alguns maquinistas eram pagos em vodca, para entorpecer os sentidos ou ajudá-los a ignorar aquilo do qual eles se tornaram parte. Outros aceitavam o trabalho pelo dinheiro ou porque tinham medo de recusá-lo. Os trens também passavam diante de centenas de pessoas em suas viagens diárias pela Europa — pessoas comuns que viam, ouviam ou sentiam o cheiro vindo dos trens, lotados na ida, vazios na volta. A maioria não fazia nada, mas alguns assumiam o risco de avisar quem estava com a cabeça visível lá no alto, para que eles esperassem arremesso de comida, garrafas de água, roupas ou cobertas para dentro dos vagões.

Outros ajudavam os pequenos grupos de resistência, determinados a deter o tráfico inimigo, inclusive seu comércio mais macabro. Apesar das constantes ameaças de tortura e execução, eles destruíam trilhos, placas, freios, motores, roubavam carvão e convenciam os maquinistas a desacelerar, preparando emboscadas, com perigo de descarrilamento. Os corajosos membros e partidários da resistência contribuíram muito para interromper o funcionamento da máquina de extermínio nazista.

As mulheres doentes e famintas do KZ Freiberg, contudo, não tiveram essa ajuda. Sob tempestades de neve e temperaturas abaixo de zero, elas se aglomeravam nos poucos centímetros que lhes eram concedidos. "Não dava nem para sentar no chão todas ao mesmo tempo, se quiséssemos", contou Klara Löffová. "Como faltavam vagões, eles nos enfiaram nos vagões que havia. Abril na Europa é uma época fria, com chuva e neve. Foi terrível." Sem comida nem água, expostas às intempéries e a maior parte do tempo no escuro absoluto, as prisioneiras encontravam-se à mercê dos nazistas novamente, indo para um lugar do qual não haveria retorno, escondido, distante, no meio da noite.

A rota para o sul passava pelo noroeste dos Sudetos ocupados e pelas cidades do Protetorado de Teplice-Šanov, antes de encaminhar-se para Most e Chomutov. A viagem tinha que ser o tempo todo redefinida pelos oficiais alemães da *Böhmisch-Mährische Bahn* (Ferrovia da Boêmia e Morávia, BMB). Ao longo do caminho, alguns pontos tinham que ser abertos às pressas e os sinaleiros, avisados, para permitir que o trem continuasse sua jornada nefasta pelos trilhos novinhos da estrada de ferro. As mulheres eram impotentes ante o controle daqueles seres que não se importavam com a vida humana, e o fim parecia inevitável. Equivalente a uma sentença de morte, as noites, povoadas de piolhos, tornavam-se dias e depois, noites de novo, indefinidamente.

"Nós não sabíamos para onde estávamos indo, mas tínhamos muito medo", conta Lisa Miková. "Os vagões eram abertos, e chovia. Às vezes nevava. Pelo menos podíamos beber a água da chuva ou juntar neve para comer. De vez em quando viajávamos à noite. Dependia dos ataques aéreos. À noite fazia muito frio. Era quando as pessoas morriam."

Mapa da rota de Freiberg

Para quem ainda conservava a sanidade mental, a tortura psicológica era excruciante. Depois de tudo o que haviam passado, a expectativa diária da morte derrubava muitas mulheres. Será que elas tinham sido mantidas vivas só para serem mortas em algum lugar pior, como Flossenbürg, um campo dirigido por criminosos? Cerca de 100 mil prisioneiros passaram pelo complexo de Flossenbürg e um terço deles morrera, incluindo 3.500 judeus. A brutalidade e a exploração sexual não tinham limites. As mulheres não sabiam que Flossenbürg havia sido evacuado dois dias antes de elas saírem de

Freiberg e que os 16 mil prisioneiros sobreviventes foram transferidos para o campo de concentração de Dachau, na Alemanha, primeiro a pé e depois em vagões de gado. Metade sucumbiu antes de chegar ao destino, onde a maioria foi levada para a câmara de gás ou morreu de desnutrição e exaustão.

Com os aviões aliados em contínuas missões e o bombardeio de cidades e trilhos atrás e à frente do lento trem que vinha de Freiberg, os guardas e funcionários ferroviários não sabiam o que fazer, provocando demoras. Ziguezagueando entre as duas frentes, com os cobertores encharcados enrolados no corpo, as mulheres esperavam e rezavam. "Não conseguíamos olhar para a frente. Só para cima", conta Gerty Taussig. "No céu, víamos os aviões combatendo e os bombardeiros aliados direcionando-se para o próximo alvo, mas estávamos tão fracas que não conseguíamos nem acenar. Os guardas afrouxavam de vez em quando, mas estavam sempre nos vigiando de perto. Tentamos arrancar a grama que crescia entre os trilhos. Era tudo o que havia para comer, a não ser quando jogavam um pedaço de pão no vagão. Todas avançavam, brigando para conseguir uma migalha."

Com a secura da garganta e da língua, as prisioneiras mal conseguiam engolir o pouco que recebiam, mesmo com toda a fome. Na verdade, elas ficavam segurando firme o pedaço de pão nas mãos, para não perdê-lo com os solavancos do trem, que as jogavam de um lado para o outro. "Só sabíamos que nossa rota tinha sido destruída e que tínhamos de ir para outro lugar", disse Lisa Miková. "O trem parava e recomeçava a andar, e sempre que parávamos, eles abriam as portas para jogarmos fora os mortos. Víamos outros trens similares quase todos os dias — cheios de prisioneiros em uniformes listrados. Alguns iam no mesmo sentido que nós e outros, em sentido oposto."

As mulheres que conseguiam se erguer por cima das outras garantiram que o trem havia atravessado a fronteira para a Boêmia e Morávia, porque viram o nome da estação tcheca quando passaram por ela. Como no resto da Europa ocupada, toda cidade havia recebido um novo nome alemão, mas o nome original ainda estava visível, parcialmente apagado. As tchecas a bordo ficaram especialmente felizes com a ideia de estar "em casa". A sobrevivente Hana Fischerová, de Plzeň, conta: "O sentimento que tive quando chegamos ao nosso país é difícil de explicar. Saber que estamos em casa, mas sendo obrigadas a ir para um lugar desconhecido, de onde dificilmente sairíamos".

Sobre o barulho das sirenes e do fogo antiaéreo, elas foram recebidas com gritos de *Nazdar!* (Olá!) ou *Zůstat Naživu!* (Aguentem mais um pouco!), pois os tchecos afirmavam que a guerra terminaria logo. Seus compatriotas corriam ao lado do trem para jogar-lhes comida, mesmo com a ameaça dos guardas, que diziam que atirariam. Mas a infeliz odisseia continuou, renovando o desespero e a agonia. À medida que o trem avançava lentamente em direção a seu destino, passando por diversas estações, Anka rezava para que ele virasse ao sul e se encaminhasse para Terezín. "Aquele lugar parecia o paraíso para nós àquela altura", conta, "um paraíso real. Mas sem água, comida ou cobertura, e estava chovendo. Uma coisa inimaginável, de tão terrível, e eu estava grávida de nove meses!"

Muitas prisioneiras desmoronaram naquelas condições pavorosas. Infestadas de piolhos, passavam o dia e a noite se coçando, até se ferir. Delirando de fome, algumas desmaiavam. Outras deitavam de lado, encolhidas, como em Auschwitz. Elas haviam recebido orientação de trazer prato e comida, mas agora isso parecia uma piada de mau gosto. Seus corpos se deterioravam ainda mais debaixo daquelas roupas imundas, e toda a esperança se desvanecia junto.

Os mortos eram empilhados num canto, formando um amontoado macabro de membros brancos. Passada a fome, seus olhos vítreos pareciam fixos nas mulheres que lhes tiravam os sapatos dos pés sem vida, antes que fossem rolados para fora, em lugares que não haviam testemunhas. Outras desgraçadas, com a morte nos olhos, não sobreviviam mais 24 horas. Oito mulheres morreram no vagão de Gerty Taussig na primeira semana. "Com catorze anos, eu só conseguia me sentir feliz, porque sobrava mais espaço para nós", conta. "Não havia cerimônia nem rezas. Os corpos eram abandonados na margem dos trilhos, para apodrecer ali mesmo." Num dos distritos do Protetorado, mais de cem corpos foram encontrados.

Rachel contou que toda vez que o trem parava num pátio de triagem ou pegava um desvio sem saída, os *Aufsehers* da ss iam até a fazenda ou loja mais próxima e pediam comida para as prisioneiras. Às vezes, simplesmente pegavam o que queriam, geralmente ovos, que cozinhavam em forninhos nos seus vagões especiais. As mulheres sentiam o cheiro dos ovos sendo preparados, mas os nazistas raramente compartilhavam os restos.

Assoladas mais pela sede, que lhes secava por dentro, do que pela fome, as prisioneiras suplicavam por água — "Wasser! Bitte! Trinken!" —, mas ninguém ligava. Para surpresa de Rachel, uma das guardas da ss resolveu lhe oferecer água e um pouco de comida. As outras mulheres ficaram desconfiadas dessa mudança repentina, mas Rachel estava fraca demais para pensar. "Ela estava me alimentando, e eu dizia: 'Deixe-me em paz. Não tenho força'."

E assim, aquela terrível prisão sobre rodas seguia, aos solavancos, levando sua miserável carga humana em direção a um destino inumano. Aquelas mulheres, outrora belas, jovens e cultas, representantes da nata da sociedade nas cidades mais abastadas da Europa, viam-se agora reduzidas a espectros. Aplastadas pelos germes e exalando um fedor irrespirável, seus dentes caíam e a carne do corpo abria-se em pústulas. Fazia meses, ou até anos, que elas não se viam no espelho, mas olhando para as outras *Häftlinge* com os lábios rachados, rosto macilento e cabelo eriçado, imaginavam a própria imagem, e a desesperança se aprofundava. "Sem comida, sem água para nos lavarmos, com o corpo cheio de fuligem, não nos sentíamos mais humanas. Uma coisa horrível", conta Anka.

Sempre que o trem parava num desvio, passavam trens de passageiros e trens militares. Agachadas sem equilíbrio para fazer suas necessidades ou agarradas nos vagões olhando em volta desesperadamente em busca de qualquer pedaço de grama para comer, as prisioneiras viam homens, mulheres e crianças bem vestidos e bem alimentados, que olhavam para elas como se não existissem. Mais cruel ainda era o cheiro de comida que saía das casas por onde o trem passava — um cheiro enlouquecedor de carne, pão, legumes ou peixe. Havia muito que elas tinham abandonado a "tortura" de inventar elaboradas receitas e falar sobre comida. Cada uma estava presa num inferno próprio.

Sem uma perspectiva de fim, disse Lisa Miková, a maioria das pessoas se fechou, em estado de mutismo. Outras falavam demais, para não desanimar. "Perguntávamos: 'O que você está vendo?', 'Você sabe de alguma coisa?',

'Você já ouviu falar deste lugar?'. Todo mundo tinha seu momento de desespero, mas tentávamos dar força umas para as outras, física e emocionalmente." Comprimidas sem dó, continuavam sua infindável jornada à escuridão. O trem fazia longas e amedrontadoras paradas, sem motivo aparente na maioria das vezes. Em cada parada, as mulheres imploravam por água, mas os oficiais da SS as ignoravam. Numa dessas paradas, algumas mulheres foram até uma poça de água suja, e os guardas, entediados, atiraram em sua direção para assustá-las, ordenando que voltassem para o trem. Sempre que havia um ataque aéreo, o trem parava, e os oficiais da SS fugiam ou se escondiam debaixo de seu vagão. As mulheres, em contrapartida, rezavam para que caísse uma bomba. "Que maravilha seria se fôssemos bombardeados agora! Eles estão bem embaixo de nós, e nós os esmagaríamos!"

A principal preocupação de Priska era que Hana comesse, mas seus seios estavam vazios de novo, e o pouco leite que lhe restara quase não continha nutrientes. Durante a gravidez, quando deveria ingerir no mínimo quinhentas calorias a mais por dia do que ingeria antes da guerra, ela e as outras mulheres grávidas foram obrigadas a sobreviver com base numa dieta de 150 a trezentas calorias diárias, sem ferro ou proteínas. Isso, com um corpo exausto pela labuta diária de doze a catorze horas, sete dias por semana, em temperaturas extremas.

Em algum outro lugar do mesmo trem, Rachel — pesando apenas 32 quilos — já não aguentava o peso da barriga e se deitou, como pôde, entre as carcaças espalhadas pelo chão duro do vagão aberto. Aproximava-se a hora do parto, assim como a morte. Apesar da atenção do oficial da SS, Rachel não conseguia imaginar-se parindo. Além do próprio tormento, precisava aturar a obsessão de uma mulher com sérios problemas mentais, que insistia em afirmar que tinha de manter os pés inchados para cima. "Como a perna dela estava muito inchada e o único lugar elevado era a minha barriga, ela colocava a perna em cima de mim!", lembra Rachel. "Não existem palavras para descrever o que vivemos. Às vezes penso: 'Como consegui sobreviver?'."

Anka também se esforçava para não esmorecer. "Chovia, nevava, depois o sol saía e ficávamos expostas à poeira de carvão... frio, calor, calor, frio, sem tomar banho, com fome... Quando chovia, a fuligem grudava na nossa pele. Imagine como ficávamos. Ainda bem que ninguém se via... O que me mantinha era o espírito humano."

No dia 18 de abril, mais ou menos, o trem parou num desvio perto de Triebschitz, não muito longe da cidade de Most, para permitir a passagem de trens prioritários, transportando munições e soldados feridos. Lá, as mulheres de Freiberg permaneceram por vários dias, até ser seguro continuar em frente. Num desvio paralelo, havia um trem do campo de concentração de Buchenwald, Alemanha, que havia sido libertado no início de abril. Alguns prisioneiros evacuados antes da libertação pediram informações, e o pessoal dos dois trens conseguiu até trocar peças de roupas, infestadas de piolhos, antes de o trem de Freiberg retomar a viagem rumo a Most.

Localizada entre o planalto central da Boêmia e as Montanhas de Minério, a cidade de Most — rebatizada pelos alemães de Brüx — era totalmente industrializada, com uma complexa rede ferroviária para servir suas fábricas petroquímicas e de combustível sintético. A cidade foi alvo constante de bombardeiros britânicos e americanos, envolvidos na chamada "Campanha do Petróleo da Segunda Guerra Mundial". Apesar dos bombardeios contínuos e com o sistema ferroviário tcheco completamente desestruturado, o trem de Freiberg avançava lentamente em direção à cidade do aço, Chomutov, mas foi obrigado a manobrar e voltar para o lugar de onde viera, longe do front americano, que ganhava espaço.

No caminho de volta, o trem parou para que outro, com aproximadamente novecentas prisioneiras de Flossenbürg e do campo-satélite de Venusberg, fosse acoplado à composição. Havia também prisioneiras de um campo que fabricava bazucas, lançadores de foguetes antitanques. Não que as mulheres de Freia soubessem o que estava acontecendo no vagão vizinho, muito menos no último vagão. Todas se limitavam a sobreviver.

Forçado a parar num ponto perigoso, alvo fácil para um ataque aéreo, o trem serpenteante acabou ficando preso entre Most e Chomutov, após um grande bombardeio no dia 19 de abril. No meio daquela noite, durante um ataque aéreo, a bolsa de Rachel estourou. Enquanto os pilotos aliados lançavam seu carregamento mortal e as bombas assolavam toda a terra em volta,

Rachel entrou em trabalho de parto. Esparramada no chão do vagão, coberto de fezes e cadáveres de mulheres recém-mortas, Rachel tremia debaixo do cobertor encharcado. Sentindo a fisgada das contrações pela primeira vez, ela soube que o bebê, concebido com Monik no quartinho do gueto de Łódź há tanto tempo que parecia outra encarnação, viria ao mundo, apesar de tudo.

Arquejante, Rachel agarrava o braço da irmã Bala, contorcendo-se com as contrações. As guardas foram buscar ajuda, e alguém encontrou a médica tcheca Edita Mautnerová, que ajudara no nascimento de Hana e administrava a enfermaria de Freiberg. Com o auxílio de uma lanterna, a médica conseguiria ver quando a cabeça do bebê aparecesse. A notícia do nascimento logo se espalhou pelo trem. Outras guardas saíram de debaixo dos vagões e vieram correndo assistir — sem deixar de apostar, evidentemente. Rachel ficou indignada. "Dá para imaginar, você deitada num vagão aberto, dando à luz uma criança, cercada de mulheres?"

Por horas a fio, iluminada pelo fogo antiaéreo sob a chuva fria de abril, Rachel curvou-se de dor no chão do vagão. Até que, em algum momento daquela noite (ou, talvez, na manhã seguinte), ela soltou um último grito, parindo uma criaturinha vermelha de sangue. O bebê, que mal parecia humano, era mínimo. Um menino, alguém anunciou. "Mais um judeu para o Führer!", exclamou uma das guardas, rindo.

Na escuridão de seu leito em Freiberg, no momento em que conseguiu parar para pensar no bebê que crescia em seu ventre, Rachel havia decidido batizá-lo de Max (mais tarde conhecido como Mark). Banhado em sangue, seu corpo estava todo enrugado, igual ao rosto. Devia pesar menos de um quilo e meio. Fraca demais para se alegrar, sua mãe se perguntava, entorpecida: "Tive um filho ou não tive um filho?". "Não sabíamos o que ia acontecer", lembra Rachel. Naquela imundície indescritível e sem nenhum objeto afiado à mão, ninguém sabia como cortar o cordão umbilical que conectara o bebê à mãe e o mantivera vivo até ali. Alguém sugeriu que Rachel o cortasse com o dente. Depois de um tempo, um guarda da ss entregou à médica uma lâmina de barbear enferrujada. "Eles também encontraram uma caixa de papelão, usada para pão, e acomodaram o bebê lá dentro", conta Rachel. "Como estava chovendo e nevando, eu segurava meu filho na caixa o tempo todo."

Por incrível que pareça, como Priska, Rachel tinha um pouco de leite materno e pôde amamentar o recém-nascido. Ela não sabia, mas o corpo subnutrido de mulheres grávidas reconhece o tamanho e a vulnerabilidade do bebê e produz leite rico em nutrientes, embora esse processo seja prejudicial e até perigoso para a mãe. "Fiquei feliz de ter leite", disse Rachel. Mas não havia nada para lavar o filho, e muito pouco para aquecê-lo ou protegê-lo do frio.

"Que dia é hoje?", perguntou Rachel, para não esquecer a data de nascimento do filho, mesmo que ele morresse. Ninguém sabia ao certo, mas a guarda da ss que cuidava dela respondeu: "Diga que o menino nasceu no dia do aniversário de Hitler, 20 de abril. Isso poderá salvá-lo". Rachel recebeu até uma pequena "porção extra" de pão, não por causa do filho, mas porque os guardas perceberam que era aniversário do Führer. Num momento de raro humanismo, outro guarda lhe deu uma camiseta velha para enrolar o bebê. Rachel ainda usava o vestido com pala removível que recebera em Auschwitz, mas, depois de sete meses de uso, ele estava todo rasgado, e ela tremia de frio. Depois que a placenta estourou, alguém arranjou um casaco e o enrolou em seus ombros.

Deveras acabrunhada, Rachel perguntou se podia ver as duas outras irmãs. Então o guarda foi de vagão em vagão chamando por Sala e Ester. Quando as duas jovens, muitos vagões à frente, ouviram seu nome, ficaram com medo de responder, mas acabaram se identificando. "A irmã de vocês teve um filho", informou-lhes o guarda.

"Podemos vê-la?", perguntaram as duas, surpresas. Surpresa maior foi a resposta afirmativa. Depois de vários dias, elas desceram do vagão, com ajuda, e foram, cambaleantes, até o vagão onde o sobrinho havia nascido. Encontraram Rachel e o filho num estado bastante lastimável. "Ela estava encolhida num canto, com um sobretudo em cima. Uma cena nada agradável", conta Sala. O vagão fedia, e havia mulheres mortas ou moribundas ali. "Ela estava tão doente, e tínhamos tanta certeza de que o bebê não sobreviveria, que nem conseguimos ficar felizes por ela. Aí, eles nos levaram de volta para o nosso vagão. Fomos chorando, porque achávamos que nunca mais os veríamos de novo."

Sem perspectiva para o fim daquele sofrimento, o trem deu a partida, com velocidade dessa vez, passando pela cidade destruída de Chomutov em direção a Zatec. Era o oitavo dia naquele trem, e eles pararam de novo, esperando e esperando. "De vez em quando, algumas pessoas jogavam pedaços de pão para a gente comer. Uma situação indescritível", conta Anka. Geralmente, o guarda que as escoltava confiscava os pães, mas às vezes elas conseguiam ficar com um pedaço, que comiam logo. Anka, com o peso da barriga, nunca conseguia. Meio deitada, meio sentada, descrevendo-se como "a epítome da fome", ela ouviu de uma prisioneira, capaz de enxergar por cima das cabeças das mulheres no vagão, que bandeiras nazistas eram agitadas. "É aniversário de Hitler", explicou o guarda.

"Então é o meu aniversário também", comentou Anka, sem força na voz. As amigas tentaram alegrá-la dizendo que as bandeiras vermelhas e pretas, na verdade, eram para ela. Anka se esforçou para lembrar em que ano estavam e chegou à conclusão de que estavam em 1945, o que significava que ela fazia 28 anos. Ao ouvir falar do seu aniversário, o guarda, inesperadamente, lançou-lhe um pedaço de pão. Esse maná caído do céu foi recebido como um pequeno milagre depois de tanto tempo sem receber quase nada. Com o pedaço de pão na mão como um prêmio, Anka, filha de Stanislav e Ida Kauder, jamais imaginou, desde seu nascimento em 20 de abril de 1917, em Třebechovice pod Orebem, que ficaria feliz de nascer na mesma data que Hitler.

Observando a posição do sol enquanto os aviões aliados mudavam de direção para evitar o constante ataque aéreo, as mulheres no trem concluíram que estavam indo para o sul, para Plzeň, uma das cidades que faziam fronteira com os Sudetos anexados. Plzeň era famosa pela cerveja Pilsner, mas o que elas não sabiam é que ali era o lugar que a Wehrmacht havia escolhido para fabricar seus temidos tanques Panzer no grande complexo de armamentos Škoda. Como os soviéticos chegaram a Plzeň antes dos americanos, as Forças Armadas dos Estados Unidos bombardearam a cidade e sua rede ferroviária diversas vezes, para impedir a fabricação e mobilização de Panzers, obus e veículos blindados na fábrica tomada pelos nazistas. Em seguida, os americanos traçaram um plano para destruir a fábrica "de uma vez por todas", temendo que uma das maiores fábricas de munições do Reich caísse em mãos soviéticas. Quase trezentos bombardeiros B-17 Flying Fortress e cerca de duzentos aviões de caça da Oitava Força Aérea preparavam-se para a missão, planejada para o dia 25 de abril de 1945. Seria sua operação de combate final na guerra.

Com o bebê Max Friedman e a mãe cadavérica num vagão e Priska tentando amamentar a filha pálida em outro, Anka segurava a barriga, rezando para que o filho não nascesse logo.

No sábado, dia 21 de abril, com a notícia de um ataque iminente a Plzeň anunciado com antecedência pelo general Eisenhower, o trem foi obrigado a pegar um desvio que nenhum outro trem de prisioneiros havia pegado. Embaixo de chuva forte, a composição chegou, naquela noite, à pequena cidade de Horní Bříza (rebatizada de Ober Birken pelos alemães), onde parou sob a jurisdição do chefe de estação da cidade, Antonin Pavlíček.

Grisalho, pai de dois filhos que moravam e trabalhavam na estação desde 1930, o sr. Pavlíček orgulhava-se da pontualidade de seu serviço, administrando a rede ferroviária para os quase 3 mil habitantes da cidade. Ele também ficou conhecido pelos registros meticulosos. Responsável pela supervisão de várias equipes, era admirado por toda a comunidade como um sujeito de grande caráter e estima.

Horní Bříza, cuja única indústria era uma fábrica de caulim do século XIX, havia conseguido se manter praticamente ilesa durante a guerra. Os cinco judeus da cidade foram cercados e enviados para campos de concentração logo após a ocupação alemã, tendo sido registrados alguns distúrbios menores entre a Juventude Hitlerista e adolescentes locais. Fora isso, os habitantes de Horní Bříza viviam alheios ao regime nazista. A Fábrica de Caulim e Argila da Boêmia Ocidental, estabelecida na cidade em 1899, continuava sob controle tcheco, mesmo durante a ocupação. Extraía 40 mil toneladas de caulim por ano e produzia 22 mil toneladas de objetos de cerâmica, argila e sílica, a maior parte para exportação. Alguns militantes que trabalhavam na fábrica causaram problemas, atraindo a indesejada atenção da Gestapo de Plzeň (que desapareceu com os agitadores), mas, fora esses casos isolados, a vida na cidade continuava igual a antes da guerra.

Antonin Pavlíček, chefe da estação de Horní Bříza

Com frequentes ataques aéreos a Plzeň e regiões vizinhas, o sr. Pavlíček se viu, de repente, encarregado de uma rede ferroviária muito mais movimentada. No dia 12 de abril, um trem cheio de soldados colaboracionistas soviéticos das Forças Armadas do Comitê para a Libertação dos Povos da Rússia (conhecido como "vlasovitas", sob comando do general do Exército Vermelho Andrey Vlasov) chegou a Horní Bříza, atraindo o fogo aliado. Os soldados abandonaram o trem e fugiram. Cinco dias depois, na madrugada de 17 de abril, caças soviéticos bombardearam edifícios, cortando a energia elétrica da cidade. Ao som das sirenes antiaéreas, nove aviões atacaram também o trem vlasovita abandonado, destruindo depósitos próximos. O sr. Pavlíček, que se recusou a deixar seu posto, anotava tudo e, quando a eletricidade voltou, ele entregou um relatório detalhado a seus superiores em Praga, com quase todos os ataques sofridos. Esse relatório permanece arquivado.

Quatro dias depois, na noite de 21 de abril, o trem de Freiberg chegou ao vale de vegetação fechada, parando em Horní Bříza. Anteriormente, qualquer transporte "especial" como esse contornaria a cidade para pegar a linha mais rápida para o sul. Com a eficiência de sempre, o sr. Pavlíček registrou o

Trem vlasovita em Horní Bříza

número do trem, 7.548, e o horário preciso da chegada, 20h58. "O trem tinha 45 vagões, consistindo em três transportes — um de homens e dois de mulheres", dizia o relatório. Alguns vagões transportavam mais de cem prisioneiros, e o sr. Pavlíček estimou um número total de 3 mil passageiros. "Dois transportes consistiam em vagões fechados, enquanto outro, de mulheres, consistia em quinze semivagões."

Como o trilho à frente estava sendo reparado — num processo que levaria pelo menos 24 horas —, o trem desviou para a área de manobras da fábrica de caulim, adjacente à estação. Com mais de quinhentos metros de comprimento, grande parte dos vagões nem era vista da cidade.

Mesmo sob ocupação nazista, o trem se encontrava, oficialmente, em área de responsabilidade do sr. Pavlíček. Ele, portanto, resolveu ignorar a resistência dos guardas da ss e caminhou por toda a extensão do trem, debaixo de chuva. Foi quando deparou com o horror do carregamento humano transportado. Muitos vagões estavam com as portas abertas, revelando centenas de criaturas cadavéricas debilitadas, morrendo de inanição, doença, umidade e frio. Repelido pelo fedor e pela aparência daquelas pessoas, o que mais impressionou o sr. Pavlíček foi o modo como elas eram tratadas pelos guardas — principalmente as guardas, brutais e "violentas".

Ao concluir que as prisioneiras dos vagões abertos deviam estar especialmente vulneráveis por conta da chuva quase constante e de "um tempo extremamente frio", o chefe da estação pediu para falar com o comandante do transporte, fazendo-lhe uma proposta ousada. O trem vlasovita, abandonado uma semana antes, tinha muitos vagões fechados. Então o sr. Pavlíček deu a ideia de aproveitar o máximo possível de vagões fechados, "por razões humanitárias". Quem o conhecia afirma que ele correu um grande risco ao apresentar essa proposta ao *Unterscharführer* Šára, que o afastou e poderia ter facilmente lhe dado um tiro pela impertinência. Mas o amável chefe de estação, determinado a fazer alguma coisa para ajudar as prisioneiras temporariamente sob seu controle, insistiu.

Jaroslav Lang, com dez anos em 1945, ficou intrigado de ver, da janela de casa (localizada a cinquenta metros da via férrea), aquele trem de carga parado nos trilhos laterais. "Não tivemos aula nesse dia, por causa da quantidade de aviões no céu. Era perigoso demais. Meu irmão mais velho, Milan, e eu vimos o trem e vimos o chefe de estação discutindo com o comandante da SS, mas não sabíamos o que estava acontecendo. Havia diversos oficiais e muitos alemães armados, todos muito agressivos, enquanto os guardas da SS berravam para as pessoas se afastarem. Não queriam que víssemos, claro. Mas era a primeira vez que Milan e eu víamos os oficiais da SS e os alemães com capacetes na nossa cidade. Naquela idade, queríamos ver tudo. Era instigante."

As negociações tensas do sr. Pavlíček continuaram por várias horas. Finalmente, após oferecer uma boa quantidade de comida e bebida para os guardas, ele conseguiu convencer Šára a transferir o máximo de mulheres possível para os vagões fechados. "A troca foi feita após um acordo com o comandante do transporte", contou o chefe de estação. "As pessoas nos vagões estavam famintas, e ninguém as vigiava à noite. Enquanto fazia a transferência para os vagões fechados, consegui entregar-lhes um pouco de comida, coisa que só dava para fazer naquela hora."

Priska foi uma das que teve a sorte de ser transferida, assim como Rachel e as mulheres mais debilitadas, mas Anka, a ponto de dar à luz, permaneceu no vagão aberto, sem ter a mínima ideia do que estava acontecendo mais à frente.

Ao perceber como as prisioneiras ficaram gratas com aquele pequeno gesto de bondade e constatar as terríveis condições em que elas se encontravam, o sr. Pavlíček teve uma ideia. Havia sido por mero acaso que o trem delas havia parado em Horní Bříza, mas — como católico devoto —, ele queria fazer o que era moralmente certo. Às seis e meia da manhã do dia seguinte, domingo, 22 de abril, em vez de ir à missa, o sr. Pavlíček foi falar com Josef Zoubek, diretor da fábrica de caulim, e Antonín Wirth, proprietário da Tovární Hostinec, a hospedaria local, situada perto da estação. Perguntou aos dois em quanto tempo conseguiriam preparar uma grande quantidade de comida para as prisioneiras — "se o comandante do transporte consentir".

Como já era de esperar, o *Unterscharführer* mostrou-se ainda mais resistente em relação a esta última proposta. Determinado a obedecer suas ordens até o final da guerra, ele não via sentido em alimentar pessoas condenadas à morte. Mas isso ele não podia dizer para o chefe de estação. Após muita negociação, ficou acordado que a cidade disponibilizaria uma refeição quente para as *Häftlinge* famintas enquanto elas estivessem sob a jurisdição do sr. Pavlíček.

O drama das prisioneiras logo se tornou notícia entre os habitantes de Horní Bříza, que juntavam tudo o que podiam e iam correndo para a associação de três andares da fábrica carregando cestas com pão, ovos, frutas, carne e queijo. "Não sabíamos que havia prisioneiras no trem", disse Jaroslav Lang. "Mas quando vimos todo mundo levando comida para a estação, fomos até lá e descobrimos o que estava acontecendo. Então, voltamos para casa correndo e pedimos pão para nossa mãe, porque queríamos ajudar. Ela ficou receosa, mas mesmo assim concordou. Todo mundo vivia com cupons de desconto na época, por causa da falta de comida, mas as pessoas estavam dispostas a abrir mão do próprio alimento para ajudar as prisioneiras do trem."

Devido à urgência da situação e à disposição dos habitantes em ajudar, o sr. Pavlíček chamou o professor local, Jan Rajšl, para coordenar a entrega de comida, que começava a chegar em grandes quantidades. Rajšl era perfeito para a função: "estrito, mas justo". Morava na casa dos professores, tocava violino e ia para a escola de bicicleta. O moleiro, Jan Kovář, e o açougueiro, o sr. Kočandrie, também ofereceram seus serviços de graça, fornecendo farinha, artigos de padaria e salsichas. Muitas outras pessoas de regiões vizinhas se dispuseram a ajudar, embora os guardas, formando um cordão de isolamento em toda a extensão do trem (de cinquenta em cinquenta metros havia um guarda armado), impedissem qualquer aproximação das prisioneiras.

Ao longo de todo o domingo, as cozinhas da hospedaria não pararam, com pessoas trabalhando no dia de folga, em mutirão. No total, os voluntários fizeram 5 mil pães, oferecidos junto com café. Brioches e ovos cozidos foram trazidos para as doentes.

Nesse meio-tempo, o sr. Pavlíček continuava patrulhando seu terreno, informando-se sobre as prisioneiras, na esperança de falar com algumas em particular. Descobriu que a maioria era tcheca, embora houvesse gente de muitas nacionalidades, inclusive gregas. Mais tarde, o sr. Pavlíček descreveu a condição delas como "péssima". Quando lhes contou que estava coordenando uma distribuição de comida para todas, as prisioneiras imploraram para que a comida fosse entregue diretamente para elas, e não para os guardas, que roubariam tudo. O sr. Pavlíček ficou estarrecido com a informação.

Mais estarrecido ainda ficou quando encontrou, num dos vagões, um antigo companheiro de profissão, o sr. Šiška, ex-chefe de estação de uma cidade vizinha, e Ilsa Fischerová, viúva do dr. Otto Fischer, dentista de Plzeň que foi espancado até a morte durante uma evacuação de prisioneiros do campo. A sra. Fischerová, de 39 anos, e a filha Hanka, de dezessete, estiveram em Auschwitz e Freiberg com o resto das mulheres, e suplicaram para o sr. Pavlíček mandar uma mensagem para seus entes queridos, avisando que elas ainda estavam vivas. A conversa furtiva foi bruscamente interrompida quando o *Unterscharführer* flagrou a mulher do dentista falando com o chefe da estação e lhe deu uma surra. Sem poder intervir, o sr. Pavlíček não teve outra opção a não ser se afastar, mas foi correndo à estação transmitir a mensagem, conforme solicitado.

A sobrevivente Liška Rudolf também conseguiu falar com o chefe da estação por uma pequena janela do vagão fechado. "Na manhã do dia 22, conheci o sr. Pavlíček", conta. "Ele viu, pelos meus olhos, que eu estava com fome e me disse: 'Vou lhe trazer comida'. Mais tarde, o líder do transporte me perguntou por que eu tinha falado com um civil em território inimigo. 'Melhor você não se aproximar dessa janela de novo, ou terei que acabar com você', ameaçou." Mais tarde ainda, duas fatias de pão com geleia foram enfiadas pela fresta da porta. Liška agarrou-as diante dos olhares homicidas das outras *Häftlinge*. "O vagão inteiro me invejou", lembra. "À tarde, recebi dois brioches e dois ovos, da mesma forma."

O chefe da estação continuou trazendo comida para as prisioneiras, prometendo-lhes mandar mensagens para seus parentes e amigos, mesmo correndo risco. Ao passar por um vagão, ouviu o choro de um bebê. Horrorizado, quis saber quantas crianças havia no trem. Šára não queria lhe contar, temendo que os outros soubessem. Quando finalmente admitiu que havia "dois ou três" bebês a bordo, o chefe de estação insistiu em vê-los. Qual não foi seu espanto ao deparar com recém-nascidos subnutridos, quase sem roupas para vestir.

As notícias sobre os "bebês do trem da morte" espalharam-se rapidamente em Horní Bříza. Alguns, como Hana e Mark, tinham vindo de Freiberg, enquanto outros pertenciam às mulheres de Venusberg (pelo que se sabe, nenhum desses bebês sobreviveu). Mesmo assim, em meio ao caos e à confusão de milhares de pessoas, as mães não sabiam umas das outras. O sr. Pavlíček não tardou em chamar o médico local para examinar os bebês e as mulheres. "Falei para o comandante que o médico local, o dr. Jan Roth, estava disposto a ajudar os doentes." O pedido foi bruscamente negado. "Eles me disseram que tinham uma médica própria, que era uma das prisioneiras."

Chateado por não poder ajudar, o dr. Roth voltou para casa e contou a história para a esposa, que estava grávida do primeiro filho do casal. A sra. Rothová já tinha um enxoval preparado, mas quando soube dos bebês no trem, resolveu entregar as roupinhas bordadas à mão para o sr. Pavlíček, pedindo-lhe que cada recém-nascido recebesse algo para vestir. Outras duas mães, a sra. Benesová e a sra. Krahuliková, também doaram roupas, e o sr. Pavlíček fez o que prometera. "Elas me agradeceram com lágrimas nos olhos. Para as mulheres com filhos, preparamos uma comida especial", contou.

Priska foi uma das privilegiadas que receberam comida e roupa para Hana, além de fralda, cueiros e um cobertor. "Era um enxoval completo. Havia até cosméticos como talco, sabonete e produtos para a higiene do bebê." As roupinhas bordadas eram tão bonitas que Priska ficou sem jeito de tocá-las com as mãos sujas. Difícil mesmo seria vestir Hana, por causa das ulcerações na pele. Priska encostou as roupas no rosto e sentiu cheiro de pano limpo e engomado — aromas que trouxeram lembranças de uma época em que ser limpo era o normal. Resolveu guardar tudo para quando ela e Hana chegassem a seu destino e pudessem, se Deus quisesse, tomar um banho demorado.

Ao partir um dos pães que recebera, Priska encontrou um bilhete escrito em tcheco: *Aguente firme! Seja forte! Falta pouco!* Priska permitiu-se ficar feliz, mesmo que a felicidade fosse algo efêmero. Outras prisioneiras também encontraram mensagens de esperança e ficaram igualmente comovidas.

Num outro vagão do trem, Rachel e o filho não receberam nada aquela noite. Como Priska, ela se sentia grata de ter sido transferida para vagões de carga mais quentes, mas, com tantas mulheres juntas e apenas uma pequena janela de ventilação, o ar ali dentro tornara-se irrespirável, e não havia mais a possibilidade de beber água da chuva.

Anka, no final do trem, nem sabia que estavam entregando roupas e preparando comida. Perdido o controle da realidade e da vida, sua única felicidade era que o trem tinha parado um momento e, com as portas do vagão abertas, ela não ficava tão esmagada. "A questão não era nem sobreviver mais um dia. Era sobreviver mais uma hora", contou. Supervisionada por guardas, ela ficou na porta, a pele coberta de fuligem e pústulas. Sustentada somente pela esperança, inalava o ar do campo, lembrando das vezes em que passeara na floresta com amigos ou familiares. Tal nostalgia era uma tortura mental. Anka evocou então sua heroína literária, Scarlett O'Hara, mais uma vez: "Amanhã eu penso nisso".

"Tive sorte de ter nascido assim, otimista. Isso sempre me ajudou", conta. "Acontecesse o que acontecesse, eu dizia: 'Amanhã eu penso nisso', e no dia seguinte as coisas já tinham mudado, de alguma forma. Minha grande sorte foi não ter morrido, o que podia acontecer a qualquer momento."

Ouvindo vozes, Anka ergueu a cabeça e viu um grupo de pessoas correndo, supostamente para entregar comida. "Eles não esperavam ver o que viram", conta Anka. "Um deles era um fazendeiro, que parou, sobressaltado. Jamais me esquecerei de seu olhar ao ver uma mulher grávida, pesando uns trinta quilos, quase tudo de barriga. Eu era um esqueleto humano, imundo e sem cabelo." Pálido, o fazendeiro deve ter achado que chegara o apocalipse. "Imaginávamos que as pessoas soubessem de algo, mas elas não tinham a mínima ideia do que estava acontecendo." Parado ali perto estava o comandante da SS, armado e com um chicote na mão. Encarou o fazendeiro, que fugiu, em estado de choque. Cinco minutos depois, porém, ele voltou com um copo de leite e, atrevendo-se a aproximar-se do vagão, entregou-o para Anka.

Ela fitou o sujeito, incrédula. "Detesto leite. Jamais tomei leite na vida, mas naquele momento eu aceitei." O *Unterscharführer* preparou-se para usar o chicote. "O fazendeiro ficou tão assustado quando percebeu o que ia acontecer que quase desfaleceu. Ele não disse nada, mas dava para ver em seu rosto. Não sei por quê, mas o comandante desistiu, e eu tomei o leite, que entrou como um elixir de vida, um néctar. Um prazer indescritível. Pode ter salvado a minha vida. Depois daquele copo de leite, me senti forte como um touro. Aquele copo de leite trouxe de volta a minha humanidade."

Enxugando a boca com as costas da mão, Anka devolveu o copo ao samaritano perplexo e agradeceu-lhe em tcheco, antes de voltar para o confinamento de sua prisão.

Priska foi a mais sortuda de todas as mães. Além do enxoval, ela recebeu pão e geleia feitos especialmente pelo sr. Pavlíček — "a coisa mais deliciosa que já comi na vida!". Priska conta que as pessoas "faziam fila" para ajudar, e quando alguns guardas de Freiberg vieram ver o que estava acontecendo, perguntaram sobre a mulher e o bebê nascido na fábrica.

"Ela está viva!", gritavam alguns, surpresos.

Nem todo mundo teve a mesma sorte. Dezenove homens e dezenove mulheres morreram no trem em Horní Bříza aquele dia, e seus corpos quase sem peso foram jogados nos trilhos, como se fossem lixo. O sr. Pavlíček, vendo a cena, insistiu para que eles fossem enterrados. "Solicitei ao comandante que me informasse os nomes ou números dos mortos, porque eles tinham morrido em território sob minha jurisdição", conta. "Ele não respondeu, alegando que aquelas pessoas 'não representavam nada para o mundo'."

Consternado com a atitude do comandante, o chefe da estação alertou a polícia local, que enviou o oficial uniformizado Josef Šefl para investigar. O sargento entregou ao comandante do transporte um documento oficial da prefeitura da cidade confirmando a remoção de 38 corpos do trem. Graças a esse documento, Šefl e o sr. Pavlíček conseguiram garantir um mínimo de dignidade para os prisioneiros mortos. Naquela mesma noite, os alemães enterraram os corpos na floresta.

Ao anoitecer, o comandante finalmente concordou que a grande quantidade de comida preparada com tanto carinho pelos habitantes da cidade fosse trazida da hospedaria. O plano era dar a cada prisioneiro um prato da tradicional sopa de tomate tcheca, pão, café, doces e frutas. Contam que o *Unterscharführer* ficou "furioso" quando o chefe da estação insistiu para que ele mesmo, junto com os voluntários, fosse entregar a comida para os prisioneiros, em vez dos guardas. Depois de muita discussão, o comandante acabou concordando, mas com a condição de que somente o sr. Pavlíček e o sr. Wirth servissem a comida. Apenas eles teriam permissão para ver ou falar com qualquer prisioneiro. O restante das pessoas deveria se manter bem afastado.

A filha do dentista de Plzeň, Hana Fischerová, e sua mãe estavam entre as prisioneiras beneficiadas. "O supervisor ferroviário e toda a sua equipe tentaram fazer tudo o que podiam por nós. As pessoas da cidade foram muito amáveis. Cozinharam a sopa numa cozinha improvisada, e acho que nunca comi nada tão delicioso." Outras prisioneiras concordaram.

Uma delas disse: "Nunca vou me esquecer daquele pão e daquela sopa de tomate, que comemos com lágrimas nos olhos. Acho que ninguém vai esquecer. É uma das coisas que ficaram comigo. Uma bela lembrança". Outra sobrevivente contou que nem se lembrava que ainda existia pão branco, e que não conseguia parar de chorar sobre aquele "presente de outro mundo". Isoladas havia tanto tempo, as prisioneiras pensavam que haviam sido abandonadas, até o chefe da estação e os habitantes da cidade arriscarem a própria vida para ajudá-las. Era a luz penetrando a escuridão, ainda que fosse por um breve instante.

Memorial em homenagem aos mortos do trem, no cemitério de Horní Bříza.

"À noite, quase todo o trem recebeu pão e sopa", lembra Liška Rudolf. "Todo mundo chorava de alegria, dizendo: 'Passamos pela Ucrânia, Polônia, Hungria, Áustria, Alemanha, França, e ninguém nos viu! Só na Tchecoslováquia as pessoas têm coração. Jamais nos esqueceremos de Horní Bříza'." Klara Löffová disse: "A aldeia inteira veio com sopa e pão. Um milagre. Parecia que estávamos em casa. Era como se fôssemos do mesmo povo".

Jaroslav Lang e o irmão Milan se esconderam na floresta para assistir aos prisioneiros sendo alimentados, vagão por vagão. "Estávamos bem afastados, e não dava para ver direito, mas conseguimos perceber que os prisioneiros estavam tristes e exaustos. Precisavam se apoiar uns nos outros até para andar. Muitos usavam uniforme e touca, e iam agradecendo a todo mundo." Os meninos não sabiam dizer se os prisioneiros eram homens ou mulheres. "Eles foram retirados dos vagões em fila, escoltados por guardas dos dois lados, para ninguém fugir. Como não tinham prato, precisavam esperar o prisioneiro da frente acabar. Alguns comiam com a mão. O processo todo levou muito tempo, e nem todo mundo conseguiu comer."

Apesar das intenções do sr. Pavlíček, muitos não receberam nada. Embora os prisioneiros fossem alimentados separadamente, os oficiais da ss roubaram grande parte da comida, dizendo que ajudariam na distribuição para apressar as coisas, enquanto alguns dos vagões mais afastados foram totalmente ignorados. "No lugar em que paramos, eles pediram para nos trazer parte da comida, para ajudar", conta Lisa Miková. "O comandante da ss disse que entregaria, mas eles roubaram quase tudo e só nos deram algumas batatas."

Jaroslav Lang, ainda observando o trem com o irmão na floresta, conta: "Vimos um dos prisioneiros pedindo comida, e ele só não levou uma chicotada do guarda alemão porque conseguiu desviar na hora. Naquele momento ficamos com muito medo. Começou a chover de novo e, no escuro, dava para ver o fogo dos mísseis, com o barulho dos aviões. Os alemães começaram a gritar e a atirar, e então fomos embora. No dia seguinte, ficamos sabendo que alguns prisioneiros tinham fugido da fila ou dos vagões". Jaroslav Lang acrescenta, calmamente: "Foi uma experiência marcante, dessas que a gente nunca esquece".

Hana Selzarová, uma tcheca de 23 anos que pesava 35 quilos, foi uma das mulheres que fugiu do trem naquela noite de chuva. Em farrapos, conseguiu se afastar de um guarda da ss, que fazia a escolta metido numa capa de chuva impermeável, e embrenhou-se na floresta. Ao som de tiros, foi atrás de uma luz que avistou à distância e acabou chegando à delegacia. Ao entrar, porém, disseram-lhe para ir embora, ou eles teriam que prendê-la. O pessoal da delegacia a conduziu para algumas casas da região, prometendo que ela conseguiria ajuda. "Lá, eles me deram outras roupas e um lenço, porque eu não tinha muito cabelo. Além disso, me deram comida e até dinheiro para a viagem, mostrando onde eu deveria pegar o trem." Hana passou a noite na cidade e, na manhã seguinte, partiu para Praga, onde uma amiga a recebeu.

Vaclav Stepanek, de Horní Bříza, tinha dezessete anos quando duas fugitivas bateram na porta da casa de seus pais na floresta, a trezentos metros da estação. As mulheres — umas das quais talvez fosse Hana Selzarová —

contaram que vinham de Plzeň e Praga e queriam saber a que distância estavam de Plzeň. "Elas estavam com roupas de presidiário, morrendo de fome", contou Vaclav. "Meus pais deram comida e roupa para elas. Na época, todo mundo já sabia das deportações e sentia muito pelos prisioneiros."

O pai de Vaclav era lenhador e deixou que as mulheres se escondessem no celeiro. "Elas não eram as primeiras pessoas que meus pais escondiam no celeiro", lembra Vaclav. "Minha mãe ficava com medo, mas, caso fossem encontradas, o plano era dizer que não sabíamos que elas estavam ali. Na manhã seguinte elas foram embora, e desde aquele dia nunca mais ouvir falar delas. Sempre quis saber o que aconteceu."

Depois de alimentar o máximo de prisioneiras possível, inclusive Priska e Rachel, o sr. Pavlíček não tinha muito mais o que fazer. O restante da comida foi dado ao comandante, que mentiu, dizendo que dividiria com as prisioneiras mais tarde. Quando o chefe de estação recebeu a notícia de Plzeň que os trilhos haviam sido finalmente liberados, não tinha mais desculpa para segurar o trem. Numa última conversa com o comandante, ele tentou persuadi-lo a deixar os prisioneiros ali e partir com sua tropa, mas o *Unterscharführer* estava "além da persuasão", determinado a cumprir seu dever até o fim. Chegou a perguntar ao sr. Pavlíček qual era o melhor caminho para a Baviária, recusando-se a ouvir a advertência de que dificilmente conseguiria chegar tão longe com vida.

"Ouvimos essa conversa com o chefe da estação, que estava tentando convencê-los a nos deixar aqui", contou a sobrevivente tcheca Helga Weiss, com catorze anos na época. "Eles cuidariam de nós, disse o sr. Pavlíček. Ficariam responsáveis pela comida e todo o resto. O comandante não lhe deu ouvidos. Queria ir embora o quanto antes."

Não havia mais nada que o sr. Pavlíček ou os habitantes da cidade pudessem fazer para evitar a morte dos prisioneiros. Às 6h21 do domingo, dia 21 de abril, com um novo número — 90.124 —, o trem de Freiberg deixou o santuário de Horní Bříza em direção ao sul. Desesperado, o chefe da estação ficou observando a partida do trem, até o último vagão desaparecer na curva dos trilhos. Restava-lhe rezar para que a guerra terminasse a tempo de salvar aquelas almas miseráveis.

Deixando toda a bondade para trás, os passageiros a bordo do trem 90.124 passaram por Plzeň, uma cidade familiar para muitos deles. "Foi um momento ao mesmo tempo inesquecível e tenebroso", contou uma das mulheres da cidade. "Ver nossa casa e passar direto." Dois dias depois, a fábrica Škoda Panzer pela qual eles haviam passado foi reduzida a escombros. Bombas incendiárias e de fragmentação destruíram 70% do local. As linhas de trem também foram dizimadas. Por pouco, os *Häftlinge* perderam os ataques aéreos que poderiam tê-los matado ou salvado. Muitas outras frustrações e atrasos ocorreram. Os planos nazistas eram desarticulados por bombas, além do crescente perigo representado por duas frentes de batalha que lhes fechavam o cerco. O Exército Vermelho se aproximava, e os alemães tinham mais medo deles que dos americanos.

Ainda sem saber para onde ir ou que campo de concentração receberia quase 3 mil prisioneiros, a DR mandou o trem cada vez mais para o sul. Cada estação que passava era avistada com crescente ansiedade pelas fendas das janelas ou por cima dos vagões, e os nomes eram repetidos em voz alta para todos ouvirem — "Plana! — Tachov! — Bor! — Domažlice! — Nýrsko!". As mulheres que ainda tinham forças exclamavam: "Esta é a minha cidade!" ou "Minha família mora aqui!". Quem conseguia ver do lado de fora entrou num silêncio nostálgico, observando os belos campos passarem diante de seus olhos, com animais bem alimentados no pasto e cidadãos livres fazendo o que bem entendiam.

A última ordem alemã ao maquinista e aos guardas da SS era prosseguir para Železná Ruda, mas as autoridades ficaram sabendo que o Terceiro Exército do General Patton já estava lá. A única opção então era retornar para Nýrsko. Por volta do dia 27 de abril, o trem chegou à cidade de Běšiny, onde cinquenta prisioneiros homens com força suficiente para andar foram chamados para ajudar a consertar o trilho destruído que levava a Klatovy, para que o trem pudesse continuar. As pessoas que ficaram nos vagões receberam permissão de sair um pouco para se aliviar, lavar a fuligem, urina e excrementos e desfazer-se de seus mortos. Alguns arrancaram juncos para comer ou aproveitaram um riacho que havia perto para matar a sede, enquanto os guardas devoravam os pães doces de Horní Bříza que tinham sobrado.

Quando o destacamento de conserto de trilhos voltou, conta Liška Rudolf, os homens lhes disseram que as pessoas de Klatovy choraram quando os viram e tentaram lhes entregar comida, mas foram afastadas pela ss. "À noite, as pessoas de Běšiny e outras áreas vieram com caixas cheias de pães, brioches, salame, sopa. Mas tudo tinha que ser levado para a cozinha dos guardas da ss. Observávamos a cena pela janela, cantando músicas tchecas. Correu tudo bem — recebemos só algumas chicotadas. A comida, porém, não vimos."

Depois de muita espera, os nazistas receberam a informação de que poderiam mandar o trem de Freiberg para o campo de concentração de Dachau, na Baváría, passando por Horaždovice e Strakonice em direção sudoeste. O alto-comando alemão, contudo, estava em total desordem, e o controle nazista sobre a Europa tinha os dias contados. Os soviéticos haviam chegado a Berlim, Mussolini, capturado, seria enforcado em breve, e as forças alemãs de Ruhr se renderam. No dia 28 de abril, após mais demoras, eles foram obrigados a parar num trilho paralelo perto de České Budějovice, uma cidade cheia de alemães fugitivos. No dia seguinte, o Sétimo Exército dos Estados Unidos libertou Dachau, salvando as mulheres de Freiberg de seu possível destino final. Inaugurado por Himmler e considerado o protótipo para todos os campos de concentração seguintes, Dachau tornara-se uma "escola de violência" para os oficiais da ss, que frequentavam aulas de treinamento em seu território. Estima-se que cerca de 200 mil pessoas foram para Dachau, com um número de mortos superior a 40 mil.

Durante uma parada noturna, com o barulho do fogo antiaéreo no céu, algumas mulheres ficaram surpresas ao ouvir um estrondo no vagão. O que mais as surpreendeu, no entanto, foi quando o rosto de um militante tcheco apareceu pelo vão que ele havia criado para permitir que as prisioneiras fugissem. Ironicamente, a maioria estava fraca, doente ou assustada demais para tentar, mas várias pessoas não perderam a oportunidade e fugiram — entre elas a pediatra Edita Mautnerová, que ajudara Anka, grávida, quando ela machucou a perna, e realizara o parto dos filhos de Priska e Rachel. Edita aproveitou a chance e sobreviveu à guerra. Quando a fuga foi descoberta, os guardas da ss, exigindo saber quem as ajudara e para onde as fugitivas tinham ido, espancaram as mulheres restantes, a maioria indiferente. Em estado de torpor, muitas simplesmente ficaram deitadas e morreram. Outras já não estavam muito bem da cabeça.

"As prisioneiras urravam de fome. Algumas enlouqueceram pela falta de comida, com os olhos brilhando como bestas na noite escura", conta Liška Rudolf. Para muitos, o momento em que o trem partiu de České Budějovice à noite em direção ao sul na famosa linha *Summerauer bahn*, que ligava a Tchecoslováquia à Áustria, foi o pior de todo o período de encarceramento. As longas noites no trem sempre foram terríveis, mas aquela noite específica — a última e mais tenebrosa noite daquelas prisioneiras, já deitadas como mortas no trem sacolejante — foi sem dúvida a mais longa.

"Quando mudamos de direção, pensamos: 'Meu Deus, eles vão nos levar para um lugar horrendo!'", contou Lisa Miková. "Aquilo realmente nos chocou. Ficamos com muito medo. Todo mundo calado, pensando. Ninguém conversava mais, não havia mais histórias. Como o resto das pessoas, não queria acreditar, mas sabia que minha família estava morta. Pensei que se eu tivesse que ir para a câmara de gás também, que assim fosse. Estávamos todos cansados demais para lutar." Essa rendição emocional após tantos anos de sobrevivência repercutiu pelos vagões, porque todo mundo se deu conta de que o único destino possível para o trem era a cidade de Linz, na Áustria, cruzando a fronteira, e o único campo perto de Linz era quase tão temido quanto o de Auschwitz.

"Quando saímos de lá, só havia uma direção a seguir. Não restara nenhum outro lugar", contou Anka. "Estávamos indo para Mauthausen."

Tudo parecia perdido.

Muitos sabiam o que esse nome significava para os "inimigos do Reich", empalidecendo só de pensar. Como campo de concentração nazista, Mauthausen já era conhecido até na época dos guetos. Enquanto Anka estava em Terezín, foi divulgada a notícia de que o famoso cantor e compositor tcheco Karel Hašler havia sido morto em Mauthausen. A informação teria vindo de dois prisioneiros que fugiram de Auschwitz e se esconderam em Terezín por um tempo. Hašler, gentio casado com uma alemã, foi preso pela Gestapo por conta de suas canções patrióticas e enviado para o campo nas colinas da

Áustria, em dezembro de 1941, onde foi torturado, convertido numa "estátua de gelo": levaram-no para fora, despiram-no e ficaram jogando água gelada em seu corpo, até ele morrer congelado.

Por mais chocante que fosse a informação, o campo era temido pela forma como a maioria dos prisioneiros trabalhava até a morte. "O negócio de Mauthausen era a morte — via pedreira", contou Anka. "Todos em Terezín sabiam disso. As pessoas eram forçadas a cortar pedras e depois subir uns 150 degraus. Era isso ou a morte. Seria o fim mais pavoroso para todas nós."

Depois de tudo o que haviam passado — os anos sob a tirania nazista, a sobrevivência nos guetos, o fato de terem escapado de Mengele, do Zyklon B, da morte por desnutrição, doença, exaustão ou em decorrência dos bombardeios aliados, quando finalmente haviam se agarrado à vida naquele trem —, de repente as mulheres se viam próximas de um fim assustador.

Mauthausen. A uma noite de distância.

Não muito longe de Linz, o enorme campo de granito ficava próximo do rio Danúbio. Ao que tudo indica, a salvação chegaria tarde demais. As mulheres e seus filhos — nascidos ou ainda na barriga — estavam prestes a ser entregues a um dos principais terminais de toda a rede de genocídio nazista.

Era o fim da linha.

7
Mauthausen

A pitoresca Mauthausen, às margens do rio Danúbio

APESAR DA TERRÍVEL REPUTAÇÃO, o KZ Mauthausen era o mais pitoresco dos campos nazistas, em termos de localização. Com uma linda vista para grande parte da Alta Áustria e Salzburg ao sul, o campo situava-se no alto de uma montanha, numa região admirada pelas belas paisagens.

Próxima das fronteiras com a Alemanha e o Protetorado Tcheco, a cidade de Mauthausen, às margens do Danúbio, tinha acesso direto ao segundo maior rio do continente, além de uma eficiente estrada e rede ferroviária. Viena ficava a menos de duzentos quilômetros de distância, ao leste, e Linz, a vinte quilômetros, para o lado oeste. Adolf Hitler havia sido criado em Linz, que era o lugar que ele considerava como casa. Hitler reservou alguns de seus maiores planos para a cidade que chamava de "a mais alemã de toda a Áustria", destacando-a como uma das cinco "cidades do Führer", ao lado de Berlim, Munique, Nuremberg e Hamburgo.

O edifício modelo seria o *Führermuseum*, uma grande galeria criada pelo ministro de armamentos de Hitler, Albert Speer, para fazer frente ao Uffizi ou ao Louvre. Com uma fachada de 150 metros de colunas romanas, o museu conteria um acervo invejável de obras de arte confiscadas de museus e coleções particulares, a maior parte de judeus. O granito dourado da mais alta qualidade necessário para construir esse monumento definitivo à glória de Hitler, assim como o teatro e a casa de óperas planejada, viria da pedreira Wiener Graben, em Mauthausen, extraído e transformado em blocos pelos mais desprezíveis inimigos do Reich.

A pedreira pertencia à cidade de Viena havia décadas, e suas pedras já pavimentavam os bulevares da capital austríaca. Após o *Anschluss* de 1938, a pedreira passou às mãos da empresa da ss, Deutsche Erd- und Steinwerke GmbH (Companhia Alemã de Terra e Pedreira), que não só divulgou suas mercadorias em vistosas brochuras até 1945, como também exportava seus produtos para toda a Europa, para uso em monumentos, construções, complexos industriais e *Autobahnen*. Criminosos detidos em Dachau construíram o campo de concentração, concebido para abrigar a mão de obra escrava que trabalhava na pedreira, numa montanha adjacente. Esse monumento à superioridade nazista, com direito a portão e torres de vigilância cercadas por um muro de granito impenetrável, foi inaugurado em 1939, e era visível num raio de quilômetros.

Muitos dos primeiros internos foram prisioneiros políticos/ideológicos e membros da elite intelectual, incluindo professores — todos condenados ao extermínio por meio de trabalho forçado. Entre eles havia *Häftlinge* de todos os credos e nações ocupadas — testemunhas de Jeová, padres, republicanos espanhóis etc. Mesmo após a evacuação de Auschwitz e outros campos no início de 1945, os judeus eram minoria em Mauthausen e havia poucas mulheres no campo (além daquelas obrigadas a trabalhar como prostitutas num bordel) até esse ano. Os prisioneiros de guerra soviéticos foram os mais maltratados, e, de 4 mil pessoas, somente duzentas sobreviveram. Além de serem explorados na pedreira, eles recebiam pouca comida (metade da porção) e dormiam nus em barracões sem janelas. No momento em que terminaram de construir um "campo russo" próprio, o número de soviéticos havia diminuído tanto que os barracões foram usados como enfermaria, mantendo o nome original.

Um dos dois únicos campos de punição "Classe III" e conhecido dentro do Reich pelo apelido *Knochenmühle* (moinho de ossos), o KZ Mauthausen logo ganhou reputação como um dos campos mais terríveis e com os maiores índices de óbito. Um oficial nazista sênior teria declarado em 1941: "Ninguém sai de Mauthausen vivo", e muitos prisioneiros foram registrados como RU, de *Rückkehr Unerwünscht* (retorno indesejado). Concebido para gerar grandes lucros para a SS, Mauthausen e seus mais de quarenta campos-satélite, inclusive Gusen (o outro campo Classe III), tinham acesso a um número ilimitado de prisioneiros. Em 1944, o complexo já era um dos campos mais lucrativos do império nazista, rendendo mais de 11 milhões de *Reichsmarks* por ano.

O trabalho na pedreira era extremamente árduo, envolvendo escavação, explosão e moldagem de enormes blocos de granito, tarefas realizadas à mão ou com picaretas. Em seguida, cada bloco — pesando em média quarenta quilos — tinha que ser carregado nas costas dos prisioneiros por um despenhadeiro íngreme de argila, que muitas vezes cedia aos pés ensanguentados, matando os mais desafortunados. Mais tarde, 186 degraus precários foram construídos, sendo conhecidos como a "Escadaria da Morte". Guardas armados costumavam atrapalhar a subida, golpeando os prisioneiros e passando por cima daqueles que desfaleciam à sua frente.

Os internos também enfrentavam a ameaça diária de terem que saltar da pedreira, num local que os nazistas chamavam de "Paredão dos Paraquedistas". Ao som das gargalhadas dos guardas, que gritavam: "Achtung!

A Escadaria da Morte na pedreira de Mauthausen

Fallschirmspringer!" (Atenção! Paraquedista!), os prisioneiros eram empurrados da pedreira, despencando sobre as rochas ou na enorme poça de água parada na base do penhasco. Quem não morria imediatamente era abandonado à sorte, um processo doloroso de morte que podia levar dias. Muitos pulavam voluntariamente, para escapar dos extenuantes turnos de doze horas, sem comida e em temperaturas extremas. Além do trabalho forçado, havia mais de sessenta métodos de assassínio catalogados em Mauthausen, incluindo espancamento, tiro, forca, experiências médicas, injeção de petróleo e diversas outras formas de tortura. O número total de mortos no complexo é desconhecido, já que muitos prisioneiros foram mortos em furgões ou enviados para a câmara de gás num castelo próximo. Isso até os reclusos receberem a ordem de construir sua própria câmara de gás, em 1941. Existem várias especulações quanto ao número final de mortos, mas estima-se que foram aproximadamente 100 mil, dos quais mais de 30 mil eram judeus.

No começo, os corpos eram transportados de caminhão para a cidade de Steyr ou Linz, onde eram descartados, mas o método foi considerado arriscado demais, pela exposição, e um crematório passou a ser utilizado. As cinzas então eram espalhadas na floresta atrás do campo ou nas águas do rio Danúbio. No outono de 1944, em meio aos planos de evacuação de Auschwitz II-Birkenau, dez grandes "incineradores de lixo" foram demolidos, com a intenção de reconstruí-los em Mauthausen — um plano que jamais se concretizou, mesmo após o contrato fechado com uma empresa local, em fevereiro de 1945.

O genocídio ocorreu a poucos quilômetros da bela cidade ribeirinha que dera o nome ao campo. Muitos de seus 1.800 habitantes, a maioria católicos, assistiram ao desaparecimento dos novos prisioneiros que chegavam da estação, numa caminhada só de ida; testemunharam o extermínio brutal daqueles que fraquejavam, mortos com um tiro (o sangue era lavado depois); ouviram prisioneiros sendo brutalizados ou assassinados na pedreira; e reuniram-se no embarcadouro para ver aqueles sujeitos estranhos, de uniforme listrado, sendo transportados rio abaixo rumo aos campos-satélite. Isso até a SS ameaçar de morte os curiosos, fazendo-os se dispersar.

Apesar do anúncio do Reich, em 1938, de que a criação de um campo de concentração em Mauthausen era uma "honra" para o distrito, poucos compraram a ideia. A presença dos quatrocentos guardas da SS, contudo, garantia que a cidade fosse bem abastecida, tornando-se um ponto vital para a economia local. Seus bares, lojas e restaurantes passaram a ter grande movimentação, assim como a hospedaria perto do campo, muito procurada pelos oficiais. Muitos outros estabelecimentos lucraram com a presença dos guardas, que gastavam seu dinheiro com tudo. Havia também um próspero mercado negro de sabão, joias, roupas e alimentos roubados do campo, e várias mulheres da região tiveram casos com os guardas. Algumas chegaram a se casar. Operários e pedreiros eram bem remunerados como supervisores na pedreira, enquanto a mão de obra escrava do campo era "emprestada" para atividades domésticas na cidade, incluindo decoração, jardinagem, agricultura e construção. Em 1943, o artista polonês Stanislav Krzykowski, prisioneiro de Gusen, foi incumbido de criar uma estátua de um cervo em repouso para o jardim do chefe da SS.

Os guardas nazistas tinham o hábito de participar de caçadas locais, e criaram um time de futebol, que jogava num campo construído para eles pelos prisioneiros, com visão para o campo russo. Fazendo fronteira com os muros principais, o campo de futebol tinha até arquibancada, num talude gramado. Quando o principal time de Mauthausen foi promovido ao campeonato regional, todos os jogos em casa eram disputados naquele campo, e o time era incentivado por torcedores locais, que devem ter visto, ouvido ou farejado o que estava acontecendo. Os jogos eram noticiados pela imprensa, que casualmente comentava sobre prisioneiros sentados no telhado da enfermaria para assistir às partidas.

Perto do campo de futebol, um profundo reservatório de concreto, construído pelos prisioneiros para o caso de pegar fogo no campo, foi utilizado mais tarde como piscina para os oficiais da SS. Alguns seletos habitantes locais eram convidados para nadar e visitar o cinema do campo, menos nos dias em que o crematório funcionava a pleno vapor. Havia também uma horta e um pomar, onde os prisioneiros eram obrigados a cultivar produtos que jamais comeriam.

O propósito dos homens uniformizados que vigiavam o campo do alto da colina não era segredo para ninguém. Havia cartazes espalhados pela cidade ameaçando de morte qualquer pessoa que fosse flagrada tentando ajudar os prisioneiros. Os operários que comentassem sobre as condições do campo seriam detidos. Um pedreiro dispensado por ter reclamado de desumanidade foi mandado para Buchenwald. Todo mundo, então, aprendeu a ficar calado e baixar a cabeça.

Os historiadores encontraram alguns casos de pessoas que reclamaram ou tentaram ajudar. Uma mulher chamada Anna Pointner, membro da resistência austríaca, escondeu documentos e fotos do campo tiradas secretamente por prisioneiros espanhóis. Outra jovem *Frau*, Anna Strasser, que trabalhava num escritório de contabilidade em frente à estação, acompanhava a chegada dos trens. Horrorizada com as condições dos prisioneiros a ponto de não conseguir dormir, ela aproveitava o horário de almoço para jogar disfarçadamente na plataforma (por um buraco feito no fundo do bolso) pedaços de pão, sachês de sal e açúcar, agulhas, linhas e botões, na esperança de que os prisioneiros do próximo trem os encontrassem. Essa jovem também achou carteiras de identidade e bilhetes desesperados enfiados entre as tábuas dos vagões, com mensagens implorando que alguém avisasse a família. Ela só parou os esforços humanitários quando seu chefe — um austríaco casado, com filhos — foi preso ao ser visto jogando pão para alguns prisioneiros. Mais tarde, ele foi mandado para Dachau, onde acabou morto no campo.

Frau Strasser foi transferida para uma fábrica de tanques, onde também foi pega ajudando prisioneiros. Detida pela Gestapo, foi enviada para o campo de concentração de Ravensbrück, onde quase morreu também. Por sorte, foi salva por um médico da resistência e conseguiu sobreviver à guerra.

Em fevereiro de 1945, houve uma fuga em massa de prisioneiros russos do KZ Mauthausen, e alguns fazendeiros locais correram enormes riscos escondendo parte deles. Muitas outras pessoas, contudo, participaram da chamada "caça ao coelho", perseguindo e matando fugitivos por terem sido informadas de que eles eram bandidos perigosos capazes de fazer atrocidades com seus familiares. Dos mais de quatrocentos russos que fugiram, muitos foram mortos com tiros ou morreram congelados durante a noite. Dois foram escondidos no sótão da casa do prefeito por seus funcionários. Dos 57 capturados vivos, somente onze sobreviveram.

Uma freira que trabalhava numa enfermaria da região, administrada pela Ordem da Cruz Sagrada, se lembra das frustrações das pessoas da cidade que queriam ajudar, mas se sentiam incapazes de intervir. "Queríamos muito ajudar, mas infelizmente as duras regras da SS não nos permitiam. Cada pequeno gesto de resistência colocava nossa vida em risco." Outros moradores da cidade se reuniam secretamente para discutir o que poderiam fazer para ajudar os prisioneiros, mas a maioria estava apavorada demais para agir. Não era todo mundo que compreendia o que estava realmente acontecendo na colina — não compreendia ou não queria compreender, temendo o mesmo destino. Alguns reclamavam do cheiro do campo, da fumaça e das cinzas que saíam do crematório e pairavam sobre a cidade. Para aplacar os nervos, os comandantes da SS ordenaram que a equipe do crematório só "ligasse os queimadores" à noite. Para conter a preocupação com a disseminação de possíveis doenças contagiosas, eles também criaram uma *Sonderrevier*, uma "área especial" que mais tarde ficaria conhecida como enfermaria do campo, com uma equipe de prisioneiros médicos, para tentar controlar as muitas epidemias infecciosas que se temia que fossem pôr em risco a saúde dos habitantes locais.

O único registro extra de uma reclamação formal ao partido político da região sobre os maus-tratos dos prisioneiros de Mauthausen data de 1941, redigido pela esposa de um fazendeiro chamada Eleonore Gusenbauer, cuja fazenda dava para a pedreira. Eleonore, tendo presenciado diversas execuções, escreveu:

> Aqueles que não são mortos diretamente com o tiro permanecem vivos por algum tempo, abandonados à própria sorte ao lado dos cadáveres, por horas a fio... Por mais que eu não queira, sou testemunha desses crimes... Encontro-me num estado de nervos tão grande que creio não ser capaz de aguentar essa situação por muito mais tempo. Peço, portanto, que seja emitido um decreto a fim de acabar de uma vez com esses atos desumanos, ou que pelo menos eles sejam realizados em algum outro lugar, onde ninguém veja.

Foi a essa cidade e a esse campo que, após a jornada de dezesseis dias entrecortando a Europa, aqueles cacos humanos que eram os prisioneiros do KZ Freiberg finalmente chegaram. Entre eles estavam Priska e a filha Hana, de dezessete dias, Rachel e o filho Mark, de nove dias, e Anka, barriguda. Nenhuma delas sabia ainda das outras, lutando para sobreviver a cada momento.

Poucos minutos depois que o trem 90.124 concluiu a longa viagem na estação de Mauthausen, mãos experientes abriram as trancas e as portas daquela prisão. Muitos dos ocupantes não resistiram e faleceram nos dias anteriores à chegada. Quem ainda permanecia vivo encontrava-se em estado de torpor, sendo ofuscado pela luz que entrava no vagão tantos dias fechado. Criaturas de olhar selvagem, com os olhos esbugalhados, em delírio. Antes mesmo de conseguirem tomar ar, os prisioneiros foram retirados à força dos vagões pelos guardas da SS e levados para uma rampa de carregamento a poucos metros de distância das águas cintilantes do Danúbio.

Na incongruente beleza daquele lugar às margens do rio, Anka só conseguia ver as grandes letras pintadas de preto no muro à sua frente, formando uma palavra que significava "alfândega" — MAUTHAUSEN. Aquela configuração infausta de caracteres, além de indicar a verdade por trás daquela fria noite de primavera, 29 de abril de 1945, também foi suficiente para lhe provocar a primeira contração. Nem o otimismo de Scarlett O'Hara poderia salvá-la agora. O dia seguinte havia chegado.

"Assim que vi escrito aquilo que eu não queria ver, comecei a sentir as dores das contrações", contou. "Mesmo que não conseguisse imaginar mais nada, era um fato... Fiquei tão assustada que entrei em trabalho de parto. Mauthausen estava na mesma categoria de Auschwitz, com câmaras de gás, chamadas. Em suma, um campo de extermínio."

Lisa Miková sentiu o mesmo. "Vimos a estação e sabíamos que o lugar era uma espécie de Auschwitz. 'Tudo bem', dissemos. 'É o fim.' Ficamos olhando umas para as outras, cadavéricas, sujas, cheias de piolhos, e chegamos à conclusão de que já estávamos mortas."

Anka enfrentou a contração que lhe rasgava o corpo. Paralisada de dor e horror, ainda procurava disfarçar que estava prestes a dar à luz, e segurou firme na porta do vagão por mais alguns segundos para retomar o fôlego. Quase nove meses antes, no lânguido verão de agosto de 1944, quando praticamente todos os seus entes queridos já haviam virado fumaça em Birkenau, ela e Bernd se consolavam no charmoso cubículo de Terezín, planejando, a despeito de tudo, ter outro filho para substituir Dan, cuja morte quase os destruiu quatro meses antes. Poucas semanas após a concepção do segundo filho, Bernd Nathan também foi enviado para o leste. Anka não sabia se ele ainda estava vivo e tentava manter a esperança, mas, pela experiência de Birkenau, temia o pior. Isso significaria que tudo o que lhe restava era aquele bebê, cuja existência ela havia ocultado e cuja tenacidade, em face dos riscos constantes, era de admirar.

Anka ficara apavorada com a ideia de dar à luz na fábrica de Freiberg. Lutara para não parir num vagão aberto. Qual não seria sua surpresa ao descobrir que duas outras mulheres passaram exatamente por isso. Agora era a sua vez, e ela só conseguia pensar que estava a ponto de dar à luz uma criança que, ao que tudo indicava, seria mandada direto para a câmara de gás, junto com a mãe.

Agarrando a barriga e fazendo força para respirar, Anka conseguiu, sabe-se lá como, descer do vagão imundo, enquanto os guardas invadiam o trem. As pernas fraquejaram, e ela caiu no chão enlameado. Arrastada para um lado com outras fracas demais para se mover, Anka deitou-se com as pernas dobradas, quase sem reparar no carro de boi que traziam. Os doentes e moribundos eram amontoados numa pilha de torsos e membros. Anka foi jogada por cima. "Quem conseguia andar ia caminhando para a *Festung*, ou fortaleza", conta. "Os doentes ou moribundos foram colocados num carro de boi, porque o campo ficava no alto de uma colina, acima de Mauthausen."

A carroça partiu com um rangido de madeira. Anka, deitada febril e desorientada entre os corpos suados, contemplava a vista sensacional que ficava para trás, na parte de baixo da colina. Mesmo espremida entre tantas mulheres fétidas que tinham sucumbido ao tifo, e apesar do fato de sua bolsa ter estourado em meio àquela imundície, Anka olhava para a paisagem em volta, maravilhada. "Eu estava morrendo de fome, pesava cerca de 35 quilos e não tinha a mínima ideia do que me esperava lá em cima. Como se não tivesse nenhuma outra preocupação, fiquei admirando o cenário!"

Eram quase oito horas da noite, e o sol estava se pondo no vale. Anka, apoiada sobre os cotovelos, deslumbrava-se com a vista espetacular após mais de duas semanas enfurnada num vagão escuro, privada de toda beleza. "O sol brilhava e fazia um frio terrível, mas era uma linda noite de primavera. Enquanto subíamos a montanha, eu ia reparando na paisagem, o rio Danúbio lá embaixo, os campos, que já começavam a esverdear... Pensei: 'Nunca vi nada tão lindo na vida. Talvez seja a última coisa bela que eu veja'."

Quando chegaram ao topo, dois quilômetros e meio acima, as contrações de Anka pioraram, e o cenário de cartão-postal da Alta Áustria, com suas igrejas, *Schlösser* (castelos) e os Alpes distantes cobertos de neve, já não era uma distração. A dura realidade de sua situação lhe tirava o fôlego. "A carroça fedia, e eu estava ali, com aquelas criaturas sem cabelo, em farrapos. Havia mulheres morrendo e milhões de piolhos por todo lado. As pobres coitadas, inconscientes, caíam sobre mim, sobre as minhas pernas. Levantei-

-me como pude, e meu filho começou a nascer", lembra. "Eu só tinha um medo: que o bebê não sobrevivesse."

Ao se aproximarem do KZ Mauthausen, Anka se virou para ver, à sua frente, a formidável fortaleza, construída, pedra sobre pedra, por seus desventurados prisioneiros. Com o bebê começando a lhe aparecer por entre as pernas, Anka olhava para o enorme portão de madeira, emoldurado por imponentes torres de vigilância feitas de granito, com visão para os Alpes. Uma vez do lado de dentro daqueles muros, seria impossível fugir, pensava Anka.

O portão principal de Mauthausen, onde o filho de Anka nasceu

Sabendo que precisava de ajuda, Anka avistou, perto da carroça, a prisioneira médica russa que trabalhara na enfermaria de Freiberg junto com a dra. Mautnerová. "Implorei para que me ajudasse, mas ela acenou, encolheu os ombros e saiu andando para o outro lado. Nem olhou para mim. Poderia ao menos ter dito: 'Sinto muito. Vai dar tudo certo'."

Segurando-se como podia e ainda tentando evitar o inevitável, Anka foi retirada com violência do carro de boi estacionado à sombra do portão e colocada, inexplicavelmente, num vagão de madeira aberto, "daqueles em que se transporta carvão". Espremida ali com as mesmas mulheres de antes, mais algumas que pareciam ter perdido todo o controle de suas faculdades mentais, Anka, estupefata, com os olhos apertados de dor, sentiu o vagão se movendo — distanciando-se do portão infernal —, encaminhando-se lentamente para a *Sanitätslager*, a enfermaria perto do campo de futebol.

O bebê continuava o movimento de saída, e Anka gritava, mas conteve-se pela proximidade da ss. Havia pelo menos um guarda escoltando o vagão e outro na condução, atuando também como freio humano. O que estava mais perto dela lhe disse: "Du kannst weiter schreien" (Você pode continuar gritando), mas ela nunca soube se ele estava sendo compassivo ou sarcástico. Contorcendo-se de dor e convencida de que aqueles eram seus últimos minutos de vida, ela se permitiu berrar, furiosa.

"Durante todo o trajeto eu pensava na minha mãe Ida", contou Anka. "Não que ela fosse ter pena de mim, mas dizer: 'Como você ousa ter um filho nessas circunstâncias? Num carro de boi, sem se lavar há três semanas'. Ela teria ficado tão zangada!" No ocaso e naquelas condições que Ida Kauderová teria censurado, Anka finalmente deu à luz. O bebê recém-nascido escorreu de seu corpo junto com uma mistura de sangue e muco, num parto surpreendentemente rápido em comparação com o de Dan, mas era pequeno demais. "De repente meu bebê estava ali, fora de mim." O bebezinho não respirava e não se mexia. "Creio que ele não se mexeu por uns dez minutos. Não chorou, nem nada. Eu estava ali, meio sentada, com todas aquelas mulheres sobre mim, e com um filho nas mãos. Uma cena indescritível!"

Momentos depois, o vagão parou na enfermaria, e alguém chamou um prisioneiro médico que, conforme Anka veio a saber mais tarde, havia sido obstetra chefe de um hospital em Belgrado. "Ele veio correndo, cortou o cordão umbilical, deu-lhe um tapinha no bumbum, para fazê-lo chorar e respirar e tudo ficou bem. Ele começou a chorar. O médico me disse: 'É um menino'. Alguém o enrolou num papel, e de uma hora para a outra fiquei extremamente feliz."

Anka, no fundo, queria uma menina, mas não deixou de embalar o bebê-milagre, decidindo batizá-lo de Martin. Perguntou a alguém a data e a hora exata do nascimento, determinada a lembrar que seu filho viera ao mundo precisamente às 20h30 do dia 29 de abril de 1945. Do lado de dentro da enfermaria, Anka ficou surpresa ao ser conduzida a uma cama, onde pôde deitar sozinha. Mesmo com um fedor terrível de excremento e a falta de higiene do lugar, ela sabia que o resto das prisioneiras não tivera tanta sorte.

O neném encolhido, com cabelo preto cobrindo-lhe toda a cabeça, estava deitado sobre seu peito, justamente como Dan no ano anterior. Um bebê tão miudinho deveria ter sido colocado numa incubadora, mas Anka, com seu calor materno, era "a melhor incubadora do mundo".

"Eu era só felicidade — considerando-se as circunstâncias. A pessoa mais feliz de todas", contou.

Rachel e o filho Mark não tiveram a mesma alegria. Os dois foram colocados num carro de boi parecido, junto com pessoas moribundas, e conduzidos da estação diretamente para o portão do campo, que esperava para devorá-los. Retirados da carroça assim que adentraram o campo, mãe e filho foram postos numa fila, recebendo ordens para esperar numa vasta *Appellplatz*, construída à mão com rochas retangulares e pequenas pedras de granito. Em volta, o campo se encontrava em estado de caos. O ar adensava-se pela fumaça sufocante de documentos jogados em incineradores, junto com os cadáveres das pessoas recém-retiradas das câmaras de gás. Soldados alemães corriam de um lado para o outro agitando pedaços de papel, como se estivessem se preparando para um grande acontecimento.

Nenhuma das mulheres de Freiberg sabia que, nos meses anteriores, a população do campo dobrara, devido ao constante fluxo de evacuados que chegavam em marchas da morte. A situação estava completamente fora de controle. A comida tinha praticamente acabado, as doenças se espalhavam, e até um campo provisório, composto de barracas, havia sido desfeito. Àquela altura da guerra, segundo estimativas, morriam oitocentos prisioneiros por dia em Mauthausen e subcampos, e, apesar do grande número de novos internos, o número de prisioneiros caíra para 20 mil no mês anterior. Os guardas alemães não queriam deixar vestígios dos crimes cometidos, especialmente após 23 de abril, quando Churchill, Stálin e Truman ordenaram a distribuição massiva de panfletos em todos os idiomas ameaçando "perseguir implacavelmente e punir" os responsáveis por maus-tratos a prisioneiros. Isso, somado ao fato de que o Exército Vermelho e as forças americanas estavam em seu encalço, significava que o mundo estava a ponto de descobrir o que realmente tinha acontecido naquela região cênica da Áustria nos últimos seis anos.

As mulheres do trem eram apenas mais um problema para os comandantes do campo. Mas quando eles finalmente decidiram o que fazer com os recém-chegados, Rachel e seu grupo desconsolado foram levados, cinquenta de cada vez, por uma escada, informados de que estavam descendo para tomar um banho. Com o bebê Mark escondido debaixo do vestido sujo, Rachel estava tão fraca que não entendia direito o que estava acontecendo, mas lembrava-se o suficiente de Auschwitz para saber o que poderia significar "tomar um banho". A câmara de gás de Mauthausen, disfarçada de casa de banho, com dezesseis metros quadrados, já havia sido utilizada para a "eutanásia" de milhares de pessoas do campo desde a sua construção, e segundo os registros 1.400 prisioneiros haviam sido mortos ali nas últimas semanas. Em 28 de abril, um dia antes da chegada do trem de Freiberg, 33 comunistas austríacos, considerados "inimigos do Estado", foram executados, junto com cinco prisioneiros poloneses, quatro croatas e um austríaco com nacionalidade britânica. As execuções aconteciam a despeito da presença de oficiais da Cruz Vermelha no campo, negociando a evacuação de centenas de prisioneiros franceses e de Benelux.

A câmara de gás funcionava de modo um pouco diferente da câmara de Auschwitz, mas também com Zyklon B. Os cristais letais eram despejados

A câmara de gás de Mauthausen

numa grande caixa de metal conectada a um cano externo, junto com um tijolo aquecido. Quando os cristais reagiam com o calor do tijolo, o gás emitido era lançado na câmara por meio de um ventilador.

Rachel não sabia nada disso. Não tinha a mínima ideia de onde estavam as irmãs, nem se elas haviam sobrevivido à viagem de trem. Estava quase resignada quanto ao fato de o marido Monik ter sido morto. Não esperava ver o valente irmão Moniek de novo, e nutria poucas esperanças pelos pais e irmãos mais novos nas mãos do dr. Mengele e seus comparsas. Rachel só sabia que, quando ela e seu menino foram jogados dentro de uma enorme câmara ladrilhada, com canos sinistros presos ao teto, a morte estava próxima. Teria sido um fim conveniente para a existência deplorável que os nazistas impuseram a ela e a sua família desde a invasão da Polônia seis anos antes.

"Eles nos levaram para algum lugar para nos matar com gás", contou Rachel depois, "mas os prisioneiros haviam desmantelado as câmaras, e eles não conseguiram."

Não há como saber se Rachel e as outras mulheres do trem foram realmente levadas para a câmara de gás aquele dia ou para uma ducha mesmo em Mauthausen, perto da *Appellplatz*. Os relatos variam, e na confusão dos últimos dias da guerra restaram poucos registros oficiais. Diversas declarações de prisioneiros, funcionários e oficiais da ss indicam que as últimas mortes na câmara de gás aconteceram no dia 28 de abril. Depois dessa data, eles teriam parado, porque seria difícil demais esconder mais mortes. Inúmeros prisioneiros do trem afirmaram que a intenção era enviá-los para a câmara de gás no dia em que chegaram, mas ninguém sabe se era uma forma de tortura mental dos nazistas ou se os oficiais da ss que haviam viajado com eles estavam realmente determinados a cumprir as ordens recebidas e exterminar aquelas pessoas que eles haviam trazido para tão longe.

Gerty Taussig, que talvez estivesse no mesmo grupo de Rachel, garantiu que os prisioneiros iam ser envenenados, não lavados: "Eles nos levaram para os 'chuveiros', em grupos de cinquenta, mas era uma câmara de gás. Como não saiu gás nenhum, eles nos trouxeram para fora de novo. O gás tinha acabado, creio eu. A câmara não havia sido desmantelada. Só não estava funcionando mais".

Rachel conta que, depois que elas saíram da câmara, secas, vestidas e ainda vivas, o caos havia aumentado. "Os alemães corriam de um lado para o outro, berrando. Um deles disse: 'Não se preocupe. Vamos mandá-las para o campo russo, e elas vão morrer devoradas pelos piolhos'." As mulheres foram levadas de volta ao campo de paradas, no poente. Começou a chover, e elas receberam um pouco de sopa e água, cortesia da Cruz Vermelha que havia sido entregue no campo. Em seguida, as prisioneiras foram obrigadas a esperar no frio pelo primeiro grupo de mulheres esqueléticas do trem, que haviam sido consideradas fortes o suficiente para subir a colina.

"Elas tiveram que subir, e levou horas", lembra Rachel. Só quando finalmente chegaram lá em cima é que as prisioneiras sentadas levantaram-se com muita dificuldade e desceram para o campo russo. Lá, a alguns metros de distância do lugar onde Anka e o filho jaziam na enfermaria, elas passaram por um portão numa cerca de arame farpado de 2 mil volts e foram trancadas em uma das barracas.

O caminho para a fortaleza de Mauthausen

"Não havia nada além de palha e percevejos", contou Gerty Taussig. "Eu estava doente, com tifo. Não sei como sobrevivi. Acho que foi sorte." Outras prisioneiras descreveram as condições. "Estávamos muito doentes... As mulheres morriam umas nos braços das outras... Não tínhamos sentimento... Éramos como ferro... Ficávamos deitadas sobre nossos dejetos, moribundas... esperando pela morte."

Outras, incluindo Priska — com a pequena Hana no colo e o enxoval presenteado pelas mães de Horní Bříza —, ainda subiam lentamente a colina. Priska respirava com dificuldade, na caminhada de mais de duas horas em direção à fortaleza. A filha, chorando de dor por causa da pele ulcerada, ia grudada aos seios vazios da mãe.

Apesar do cansaço e dos pés feridos, Priska e as sobreviventes de seu grupo eram empurradas violentamente pelos guardas da Alemanha que as escoltavam, que por sua vez eram instigados à brutalidade pelos guardas da SS do campo. Em grupos de cinco e vestidas com poucas roupas, as *Häftlinge* iam sendo arrastadas pela pitoresca cidade, com suas belas jardineiras nas janelas e construções em estilo enxaimel. A maioria dos habitantes as ignorou, mas alguns cuspiram-lhes no rosto, dizendo friamente que elas morreriam antes de chegar ao topo da colina.

De vez em quando, o grupo fazia uma parada para recuperar o fôlego. Aturdidas, as prisioneiras aproveitavam a última visão do "mundo livre", procurando gravar na memória a incrível paisagem. Para Priska, o cenário tinha a pungência adicional do Danúbio, um rio que também passava pela sua amada Bratislava. "Pense somente em coisas bonitas", dissera-lhe Tibor, e ela tentava, portanto, focar não na sede que a torturava ou no medo paralisante, mas na inefável beleza das sebes, nos prados vicejantes, cheios de flores silvestres, e no quase esquecido canto dos pássaros.

A experiência de chegada a Mauthausen diferia bastante de prisioneira para prisioneira, dependendo do que acontecia. Algumas eram colocadas em carroças, outras eram obrigadas a subir a colina, num dos dois caminhos possíveis. Aquelas que caminhavam à vista de todos pelo centro da cidade-mercado sentiam-se invisíveis aos moradores, que acenavam e saudavam os guardas, convidando-os para eventos sociais ou perguntando-lhes que filme estava passando no cinema. Algumas, desesperadas de sede, saíam correndo quando avistavam a antiga fonte de pedra no meio da praça. "Morrendo de fome, íamos nos arrastando pela cidade", conta Lisa Miková. "A sede era o pior. Havia uma linda fonte no centro, e saímos correndo para beber água, mas as pessoas nos perseguiram, jogando pedras na gente. Os guardas da ss nos repreenderam severamente, colocando-nos de volta na fila com violência."

A fonte de Mauthausen, onde as mulheres tentaram beber água

Aquelas que pegavam o caminho mais rural, onde eram menos notadas, debruçavam-se sobre a parca grama que crescia na beira da estrada, tentando comê-la com os lábios rachados. Algumas arrancavam flores de cerejeira das árvores, que devoravam inteiras. Outras caíam de joelhos para lamber a água que corria fina pela parte mais inclinada da subida.

Priska agarrava com força a pequena Hana contra o peito enquanto subia, e, nos delírios da fome, pensava se Tibor chegaria a saber um dia que era pai, e se a filha sobreviveria até completar um mês, dia 12 de maio. "Eu queria desesperadamente salvar minha filha", contou. "Era a coisa mais importante do mundo para mim." Ainda atordoada, acabou chegando à fortaleza, ao anoitecer, e foi colocada numa fila junto com as outras mulheres, formando uma massa humana de miséria. "Eu não reconhecia mais minhas amigas depois daquela fome terrível", lembra, mas uma surpresa maior as esperava. "No pátio, havia pacotes da Cruz Vermelha para nós. Eles nos deram café e bolo!"

Vorazes e com tanta sede que mal conseguiam engolir, as mulheres consumiram tudo o que podiam, convencidas de que iriam direto para a câmara de gás. Uma chaminé alta de tijolos eclipsava toda esperança. Obrigadas a esperar por duas horas após o pequeno repasto, sentiam a inevitabilidade do que estava prestes a acontecer. Exaustas demais para lutar ou fugir, elas não tinham força nem para erguer a cabeça e olhar o rosto daqueles que as aniquilariam.

"Ficamos ali, no pátio, esperando pelo fim", contou Lisa Miková. "Havia alguns prisioneiros homens trabalhando lá. Eles nos perguntaram de onde vínhamos e disseram que tivemos sorte, porque a câmara de gás não estava mais funcionando. Um deles disse: 'Não demora muito, e chega ajuda. Eles não vão lhes fazer mal. O interesse deles agora é fugir'. Não sabíamos se podíamos acreditar. Mesmo que a ajuda demorasse só um dia, nesse dia poderíamos ser mortas."

Desmoronada no chão, exposta aos ventos vindos dos Alpes, Priska foi despertada dos devaneios pela voz fria de um oficial da ss desconhecido. Numa linguagem que ela entendeu bem, ele explicava aos colegas que o gás havia acabado e que as recém-chegadas poderiam ir para as *Zigeunerbaracke* (barracas dos ciganos), onde as prisioneiras evacuadas de Ravensbrück tinham sido alojadas pouco tempo antes. "Essa remessa pode ir para lá, por enquanto." Com os familiares gritos de "Schnell!" e a repentina pressão de guardas e *Kapos* intimidando-as novamente, as mulheres se uniram, sem que eles precisassem insistir muito. Enquanto se preparavam para serem conduzidas a mais um destino desconhecido, a bebê Hana agitava-se, choramingando. Uma das *Kapos* descobriu a trouxinha por baixo do vestido de Priska e começou a gritar: "Ein Baby! Ein Baby!". Outra *Kapo* veio correndo, com os braços esticados para pegar Hana. "Keine Kinder hier!" (Nada de crianças aqui!), sentenciou.

Com uma força que ela não sabia de onde vinha, Priska começou a brigar com as *Kapos*, arranhando-lhes o rosto, enquanto as três puxavam as pernas fininhas de Hana, num cabo de guerra fatal. "Nein! Nein!", berrava Priska, lutando como um animal selvagem. O estimado enxoval que recebera caiu no chão e foi pisoteado, perdendo-se para sempre. A disputa pela vida de Hana, que durou vários minutos, não estava decidida. As três mulheres e a bebê gritavam, expressando sua indignação. Até que, de modo quase tão repentino quanto havia começado, o conflito terminou — quando uma pessoa inesperada interveio. Uma *Kapo* mais velha pôs uma mão no ombro de Priska e levantou a outra para suas companheiras, que imediatamente a soltaram. Esticando o braço para acariciar a cabecinha de Hana, ela disse, com calma: "Ich habe nicht ein Baby in sechs Jahren gesehen" (Não vejo um bebê há seis anos), acrescentando: "Gostaria de passar um tempo com ela".

Priska engoliu o que ia dizer e ficou olhando, perplexa, para a veterana do campo. Sem protestar, as outras *Kapos* se afastaram, e Priska, com o vestido rasgado, chegou à conclusão de que aquela poderia ser a única chance de salvar a filha. Quando a salvadora desconhecida esticou os braços para pegar Hana, Priska hesitou por um momento, mas resolveu entregá-la. "Venha comigo", disse a mulher, com um sotaque que Priska reconheceu como sendo polonês.

Numa sequência surreal de acontecimentos, Priska recebeu instruções de aguardar do lado de fora do alojamento dos guardas enquanto a estranha levou Hana para dentro. Priska correu para a janela com cortinas de guingão e viu, angustiada, quando a estranha despiu a bebê e a colocou numa mesa, debruçando-se sobre seu rosto sorridente. Parecia ignorar a gravidade de seu estado. A *Kapo* foi até um armário e pegou um pedaço de barbante e uma barra de chocolate — um luxo que Priska quase não se lembrava mais que existia. A guarda partiu um pedaço de chocolate, amarrou-o no barbante e deixou que ele pendesse até a boca da bebê. Hana agitou as perninhas cobertas de pústulas, em visível alegria com a primeira brincadeira de sua vida, a linguinha pedindo mais, enquanto, do lado de fora, no frio, a respiração de Priska embaçava o vidro.

Depois de quase uma hora, a guarda enrolou Hana em sua bata suja novamente e voltou para onde estava Priska. "Aqui", disse bruscamente, devolvendo a bebê para a mãe, que tremia. Em seguida, ordenou que outra *Kapo* acompanhasse mãe e filha às barracas dos ciganos, para se juntar aos outros. Virou-lhes as costas como se o que fosse acontecer não tivesse nada a ver com ela.

Para chegar ao novo alojamento, um edifício onde originalmente se fabricavam peças para os caças Messerschmitt (conhecido, portanto, como "campo Messerschmitt"), Priska tinha que descer a Escadaria da Morte até a pedreira, que felizmente estava silenciosa essa noite. A descida já era traiçoeira de dia, com seus degraus irregulares. De noite, então, com um bebê no colo e as pernas fraquejando de cansaço, Priska quase escorregou e caiu várias vezes. Quando finalmente chegou à parte de baixo e passou pelo despenhadeiro em que tantas pessoas haviam morrido, ela e Hana foram levadas para o mais distante dos trinta e poucos blocos de Mauthausen, que nada mais era do que uma edificação úmida à beira das rochas. Do lado de dentro, um grupo de mulheres que pareciam prostitutas discutia ruidosamente num canto. Nem ergueram a cabeça quando Priska chegou. Alguns punhados de palha e pedaços de estrados haviam sido jogados no chão de barro, encharcado de urina. Os corpos das mulheres exaustas jaziam onde haviam caído.

Não tinha como enxergar beleza ali. Aquele era um lugar em que as pessoas haviam sido abandonadas para apodrecer.

Outras mulheres do trem de Freiberg haviam feito exatamente o mesmo trajeto que Priska fizera mais cedo aquela noite, enquanto a *Kapo* brincava com Hana. Sem conseguir dar mais um passo, muitas tiveram que ser carregadas até a parte de baixo. No momento em que chegaram às barracas, despencaram em qualquer lugar, "cansadas demais para viver". Algumas mais sortudas, como Lisa Miková, conseguiram alojamento um pouco melhor no campo principal, no alto da colina. Lá, mesmo dividindo os catres com mais três mulheres, elas eram cuidadas por prisioneiros homens, que arriscavam a vida dando-lhes sua própria comida e água, na esperança de mantê-las vivas. Mas nenhuma daquelas mulheres tinha um filho recém-nascido para alimentar.

Com Anka e o filho na imunda *Sanitätslager*, Rachel desmoronada com Mark no alojamento próximo, infestado de piolhos, e Priska e Hana exauridas, jogadas no chão de uma barraca putrefata, a interminável "marcha da morte" das mulheres finalmente terminava. Mesmo assim, elas ainda estavam à mercê de um regime genocida, e sua guerra estava longe do fim. Havia inúmeras maneiras de morrer no kz Mauthausen. As mais frequentes eram de fome, exaustão e doença — condições que afetavam as três mulheres e seus filhos. Nessas circunstâncias, os bebês corriam grande risco de hipotermia, hipoglicemia e icterícia.

Nenhuma das três mulheres sabia o que o dia seguinte lhes reservava, e estavam esgotadas demais para pensar nisso. No amanhecer do dia 30 de abril de 1945, permaneceram alheias à chegada ou significado de um novo dia.

Porque mais tarde — enquanto as forças soviéticas se aproximavam do *Führerbunker* subterrâneo em Berlim —, Adolf Hitler e sua nova esposa, Eva Braun, sentados lado a lado no sofá de seu estúdio, despediam-se um do outro, para sempre. Os dois tomaram uma cápsula de cianeto, e Hitler matou-se com um tiro na têmpora direita. Os corpos de ambos foram trazidos para fora e queimados com gasolina. Em seu testamento, escrito no dia em que o filho de Anka nasceu, Hitler dizia que preferia "morrer a sofrer a desgraça de demissão ou capitulação". Ordenava que seus seguidores fizessem valer as leis raciais "à risca", "combatendo, impiedosamente, o veneno de todas as nações: o judaísmo internacional".

Notícias do suicídio de Hitler se espalharam rapidamente pelo enfraquecido comando nazista, mas não chegaram aos ouvidos dos moribundos sob seu controle nos últimos e desesperadores dias de guerra. Para não dizer que os prisioneiros não sabiam de nada, eles escutaram tiros e gritos o dia inteiro, o que só lembrava que eles ainda estavam presos num dos últimos campos em operação implementando os planos de Hitler de exterminar os inimigos do Reich.

"Os alemães estavam histéricos, berrando com todo mundo", contou Lisa Miková, que estava no ponto central do campo, no alto da colina. "Todo mundo estava com medo de sair e levar um tiro." Ela havia se jogado sobre um colchão fedorento no chão do alojamento, e, quando uma prisioneira tcheca lhe trouxe um pedaço de pão, ela pensou: "Agora preciso viver". O pão, feito de farinha de castanha e serragem, não era muito apetitoso, mas não era isso que a impedia de comer. "Eu estava tão cansada que não tinha força nem para comer. Sentia-me febril e distante. Até que veio uma mulher e abriu minha mão para pegar o pão. Fiquei assistindo passivamente. Estava fraca demais para fazer alguma coisa."

Só Anka e o filho recém-nascido tiveram algum tipo de cuidado. Com poucos equipamentos médicos, a enfermaria do campo era basicamente um lugar para onde os internos iam esperar a morte. Todavia, em comparação com a forma como havia sido tratada no trem, os alemães "foram excepcionais" — embora o filho continuasse sujo, enrolado em jornal, e ela continuasse fraca, cercada por pessoas que morriam de tifo avançado ou coisa pior. "No momento em que chegamos, os alemães já estavam assustadíssimos, fora de si, e começaram a nos alimentar", contou Anka, descrevendo essa mudança de atitude como algo "exagerado e bizarro". "Eu sabia que no dia anterior eles teriam nos matado, e agora tudo estava bem, e nós éramos o povo 'escolhido'."

Ela se lembrava, da época do nascimento de Dan, que lhe avisaram que um recém-nascido não deve ser alimentado nas primeiras doze horas de vida. Por isso, ela descansava, deixando Martin dormir antes de lhe dar de mamar. Para sua surpresa, nesse momento, ela estava com tanto leite que "poderia ter amamentado cinco bebês". "Eu não sabia de onde vinha tanto leite. Se eu tivesse fé, diria que foi um milagre." O filho, cujos braços eram do tamanho de seu dedo mínimo, bebeu com vontade.

Depois de algumas semanas comendo não mais do que um ou outro pedaço de pão duro, Anka ganhou uma tigela de macarrão nadando em gordura. "Eu estava com tanta fome que comi. Você não imagina como eu estava faminta! Mas aquela comida poderia ter me matado na hora. Meu intestino não aguentou." Anka teve diarreia e ficou extremamente doente. "Não tinha muito mais para dar, e talvez tivesse contaminado meu leite. Mas como resistir à comida quando estamos passando fome?"

Anka conseguiu sobreviver, mas isso não significava que ela não pudesse ser morta pelos nazistas no dia seguinte. As prisioneiras das camas adjacentes tentavam tranquilizá-la, dizendo-lhe para não se preocupar mais com as câmaras de gás, porque elas tinham sido "destruídas", mas Anka não confiava em mais ninguém. Será que era verdade o que diziam? Esperava que sim.

Nas barracas atrás da *Sanitätslager* havia pouca esperança para o resto das mulheres do trem de Freiberg. O novo alojamento estava repleto de bichos e doenças. Atormentadas pelos piolhos, elas estavam ainda mais sujas do que normalmente. Era difícil respirar, por causa do cheiro de excremento e carne humana em decomposição. Os corpos de algumas prisioneiras haviam sido arrastados para a floresta, amontoados em pilhas de ossos e pele. Gerty Taussig, saindo do barracão para se aliviar, caiu dura num pedaço de tronco, em estado de choque. Um prisioneiro sentou-se perto dela e disse, de modo conspiratório: "Vou te contar um segredo: as melhores partes de carne são da coxa".

Pela primeira vez naquele tempo todo, ninguém veio chamá-las na manhã seguinte. Tampouco trouxeram café aguado. No alto da colina, dava para ouvir sons de tiros e violência, do pânico dos alemães. O barulho de uma explosão ao longe era música para os ouvidos das prisioneiras. Havia também o som de gente trabalhando na pedreira, mas de repente fez-se um silêncio assustador, e as mulheres chegaram a pensar que haviam sido abandonadas ali para morrer.

Nos dias imediatamente após o suicídio de Hitler, os internos mais antigos de Mauthausen, que haviam formado seus próprios comitês e grupos de resistência, perceberam uma mudança na atmosfera do campo. Ainda havia *Appelle*, mas o trabalho da pedreira tinha cessado quase por completo (embora os mais fortes ainda recebessem ordens de quebrar e carregar pedras). Em seguida, eles notaram que havia cada vez menos alemães no campo. Os veteranos de repente estavam livres para ir e vir, levando comida e água para os mais fracos, incentivando-os a aguentar firme. Havia um ruído quase constante de motores, com a saída de veículos do campo e a chegada de ambulâncias da Cruz Vermelha, que finalmente receberam permissão para atravessar os portões a fim de resgatar os evacuados franceses e de Benelux. Os *Häftlinge* da parte de baixo da colina não sabiam que o resgate estava tão próximo. A maior parte dos alimentos trazidos pela Cruz Vermelha foi levada pelos nazistas em fuga.

Enquanto Anka dormia profundamente depois de tantos meses, Rachel e Priska também tentaram descansar para recuperar as forças quando seus filhos sugaram a última gota de leite que lhes saía. Nenhuma delas sabia que, nas primeiras horas do dia 3 de maio, Frank Ziereis, 39 anos, comandante da ss no campo nos últimos seis anos, ordenara que seus homens fossem embora. A caixa de Zyklon B que supria a câmara de gás havia sido desmantelada, e o campo, entregue a uma unidade da *Feuerschutzpolizei* (polícia de proteção contra incêndios), trazida de Viena, com a assistência de alguns soldados alemães mais velhos. O *Standartenführer* Ziereis fugiu para seu alojamento de caça com a esposa, mas acabou sendo capturado e morto. Seus oficiais da ss sumiram.

Nesse dia, um oficial francês solto na semana anterior pela Cruz Vermelha, conseguiu mandar uma mensagem para as autoridades aliadas avisando que as dezenas de milhares de prisioneiros de Mauthausen e campos-satélite provavelmente seriam mortas após uma carta de Himmler ordenando a destruição de tudo que pudesse ser usado como prova contra os nazistas. "O oficial declarou que os alemães estão planejando exterminá-los", dizia a mensagem secreta. "Gás, dinamite e barcas para afogamento em massa foram as ideias sugeridas e aceitas. O massacre já havia começado quando o oficial deixou o campo."

Dois dias depois, na manhã de 5 de maio de 1945, uma patrulha de reconhecimento dos "Thunderbolts", a 11ª Divisão Armada do Terceiro Exército dos Estados Unidos, fazia uma inspeção na área para verificar a segurança de pontes quando foi persuadida por um agitado emissário da Cruz Vermelha a acompanhá-lo a Gusen e depois a Mauthausen. As tropas foram lideradas pelo sargento Albert J. Kosiek, oficial não comissionado, de língua polonesa, cujo tenente havia sido morto pouco tempo antes, mas que recebera uma promoção para continuar com seus homens. Filho de imigrantes poloneses nos Estados Unidos, o sargento Kosiek era encarregado de 23 soldados, com apenas seis veículos, incluindo um tanque e seu carro de patrulha, quando avistou pela primeira vez a fortaleza na colina de Mauthausen, confundindo-a com uma grande fábrica.

No momento em que sentiu o cheiro terrível que emanava do campo, descobriu, para seu grande espanto, que era uma fábrica de horrores — um lugar onde se praticava genocídio numa escala jamais imaginada. Como mui-

O libertador de Mauthausen, o sargento americano Albert J. Kosiek

tos soldados aliados que se depararam com os centros de extermínio nazistas nos meses finais da Segunda Guerra Mundial, a experiência marcou para sempre Kosiek e seus homens. Atrás dos altos muros de pedra e duplas fileiras de cercas elétricas, eles encontraram milhares de prisioneiros de olhos arregalados, vários em estado catatônico, à beira de um colapso. Muitos estavam nus, como se fosse normal, após tantos anos de chamadas sem roupa. Nos estágios finais da guerra, os farrapos que vestiam se desfizeram, ou foram rasgados por companheiros mais fortes. Expostos às intempéries, sua pele estava coberta de feridas, carcomida por alguma doença.

"Uma cena que jamais esquecerei", conta o sargento Kosiek. "Alguns estavam enrolados em cobertores, e outros, completamente nus, homens e mulheres misturados, todos cadavéricos. Nunca tinha visto pessoas tão magras. Nem pareciam seres humanos. Alguns deviam pesar um pouco mais de vinte quilos. Fiquei me perguntando o que os mantinha vivos." Apesar das condições físicas e psicológicas aterradoras, alguns prisioneiros se amotinavam, e muitos outros exaltaram-se de alegria — berrando e chorando, numa profusão de idiomas — quando os americanos entraram pelos portões do campo.

Pedindo calma, o sargento Kosiek entrou em contato por rádio com seus superiores para relatar o que havia encontrado, mas segundo testemunhas "ele não conseguiu explicar o que via". O sargento Kosiek e seus soldados já haviam se deparado com centenas de prisioneiros jogados na beira da estrada, mortos com tiro ou de exaustão nas marchas da morte durante a fuga dos nazistas, mas não estavam mentalmente preparados para o que encontraram no campo de concentração. Aturdido, o sargento Kosiek aceitou formalmente a rendição dos guardas austríacos e alemães, que não ofereceram resistência e entregaram suas armas. Os libertadores descobriam mais tarde que os alemães, além do alívio de estarem diante de soldados americanos e não soviéticos, ao verem a insígnia da "Thunderbolt" (um raio vermelho parecido com o símbolo da "ss"), acreditaram que as unidades eram equivalentes.

Os outros guardas alemães ou tinham fugido, ou estavam disfarçados em uniformes listrados, sendo descobertos logo em seguida. Muitos foram mortos por prisioneiros furiosos. Os sobreviventes russos, principalmente, em busca de vingança, mataram seus ex-algozes alemães com as próprias mãos. Vários alemães foram espancados, enforcados ou eletrocutados nas cercas elétricas, onde seus corpos ficaram por dias. Outros foram esquartejados. Alguns foram pisoteados até a morte, pelos mesmos tamancos de madeira que haviam entregado aos prisioneiros.

No subcampo de Gusen, a quatro quilômetros de distância, o sargento Kosiek e seus homens já haviam testemunhado cenas similares, em que o ódio dos guardas terminou em linchamentos de *Kapos* e outros oficiais, e mais de quinhentos prisioneiros, de 24 mil, morreram. Em Mauthausen, as pessoas também cercaram os poucos membros do pelotão americano, que ficou sem ação, observando os prisioneiros atacando violentamente a *Kommandantur* (sede) da ss e roubando o que conseguiam carregar. Os americanos chegaram a ver duas mulheres lançando-se sobre a cerca elétrica, num suicídio duplo. Souberam, mais tarde, que elas haviam sido prostitutas dos nazistas e não queriam ser capturadas vivas. Houve um motim nas cozinhas, invadidas por centenas de pessoas, como uma "horda de selvagens". Homens famintos enchiam as mãos de farinha e enfiavam-na goela abaixo. Prisioneiros esqueléticos jogavam-se no chão, brigando por migalhas. Num gesto de desespero para manter a ordem, o sargento Kosiek deu três disparos no ar e falou com os prisioneiros em polonês, pedindo-lhes que se acalmassem.

No meio daquele caos, alguns prisioneiros ofereceram uma "excursão guiada" ao sargento Kosiek e seus homens. O grupo seria acompanhado por um professor, também prisioneiro, que falava inglês fluentemente. Os americanos visitaram diversas áreas do campo, incluindo o crematório, onde as fornalhas estavam ligadas no máximo. O incinerador queimava cinco corpos ao mesmo tempo, em vez de um, como era costume, e o chão estava cheio de prisioneiros recém-assassinados, muitos com a cabeça aberta ao meio, jorrando sangue. Os ratos faziam a festa nos cadáveres espalhados pelo campo. A maioria dos corpos estava praticamente irreconhecível como ser humano. Falou-se de canibalismo, e havia pilhas de seres humanos "amontoados como lenha". Na câmara de gás adjacente, mais cadáveres de prisioneiros, vestidos como haviam entrado.

Sabendo que não tinha como garantir segurança no campo durante a noite, o sargento Kosiek encarregou um grupo de prisioneiros de prevenir outras rebeliões ou retaliações aos *Kapos* e prostitutas restantes. O comitê seria responsável também pela distribuição da comida que sobrara. Se a ordem não fosse mantida, advertiu o sargento Kosiek, os americanos iriam embora, abandonando-os nas mãos dos nazistas.

Com o fedor de Mauthausen ainda impregnado nas narinas, o pelotão americano despediu-se, levando junto a maioria dos guardas (muitos implorando por proteção). Prometeram que o Exército dos Estados Unidos viria no dia seguinte. Muitos prisioneiros ficaram apavorados, pensando que tinham sido abandonados ou temendo que os nazistas voltassem. Os mais fortes, portanto, foram atrás de armas e se organizaram em patrulhas, para se defenderem até a morte.

Klara Löffová conta: "Os americanos de repente foram embora, e ficamos com medo de novo — de que não viesse mais ninguém para nos dar comida (imagine nosso pavor!) ou de que os alemães voltassem. Também não entendemos por quê. A explicação foi que, devido à proximidade da linha de demarcação [entre os soviéticos e os americanos], as autoridades não sabiam sob que jurisdição estava o campo".

No final do dia 5 de maio de 1945, contudo, os prisioneiros foram oficialmente libertados. O sargento Kosiek, 27 anos, filho de poloneses, libertou pessoalmente cerca de 40 mil prisioneiros do kz Mauthausen e do kz Gusen, além de ter aceitado a rendição de 1.800 prisioneiros de guerra alemães.

Em 1975, Kosiek voltou a Mauthausen com a esposa, Gloria, para liderar uma procissão de libertadores que passaria pelos portões principais do campo, marcando o trigésimo aniversário da libertação. Kosiek manteve contato com grande parte de seus homens, inclusive com alguns sobreviventes, como o adolescente húngaro Tibor Rubin, que emigrou para os Estados Unidos e ganhou a medalha de honra americana pela bravura como soldado de infantaria e prisioneiro de guerra na Coreia. Dois sobreviventes poloneses também visitaram o sargento Kosiek e a família anos depois, em sua casa, na cidade de Chicago, Illinois, para agradecer pessoalmente por tudo o que ele havia feito. O sargento Kosiek morreu em 1984, com 66 anos.

Seu filho Larry conta: "Meu pai sempre teve dificuldade de falar sobre suas experiências, mas me deu seus escritos pessoais quando eu tinha treze anos e estudava sobre guerra na escola. Ele sabia sobre os bebês do campo, o que sempre o impressionou, mas seu maior orgulho era das realizações de seu pelotão".

8
LIBERTAÇÃO

Sobreviventes se recuperando após a libertação em Mauthausen

PARA PRISKA, O PRIMEIRO sinal da chegada dos americanos a Mauthausen foi o som de algo que havia anos ela não ouvia: risos — "uma coisa linda". Ao longe, parecia ter ouvido também o som de música.

Erguendo-se na cama de esteira suja, olhou pela janela, apertando os olhos à luz do meio-dia, e viu três veículos militares desconhecidos, com estrelas brancas, transportando jovens soldados, nenhum deles de uniforme alemão. Então assim eram os americanos. Depois de sonhar tanto tempo com os libertadores aliados, a visão repentina deles parecia miragem. Tudo era diferente, desde o uniforme e o capacete até o cheiro e sua forma de andar e falar.

Enquanto muitas prisioneiras ficaram extasiadas com a chegada dos americanos, gritando "Paz!", "Estamos livres!", numa profusão de idiomas, outras permaneceram onde estavam, apáticas e indiferentes. Algumas, com lágrimas no rosto, rezavam para que os homens sorridentes não fossem uma alucinação cruel. Algumas mulheres mais jovens, que sonharam a vida inteira em conhecer soldados americanos, de repente caíram em si. Repelidas pelo próprio cheiro, beliscavam as bochechas ou tentavam, em vão, arrumar o cabelo sujo e desgrenhado, infestado de piolhos.

Um dos soldados americanos era um jovem médico, LeRoy Petersohn. Com apenas 22 anos, vindo de Aurora, Illinois, onde trabalhava, Petersohn estava viajando com o Comando de Combate B (CCB) do general Patton. Tinha uma enorme cruz vermelha pintada no capacete e outra num bracelete. Pete, como era conhecido, já havia "consertado" inúmeros homens no campo, ganhando a prestigiosa condecoração militar "Coração Púrpura" após ser ferido durante a Batalha de Bulge. Quando sua divisão chegou a Mauthausen, ele passou quase duas semanas ajudando os doentes e moribundos, sendo mandado inicialmente para os alojamentos embaixo da sede para ver quem precisava mais urgentemente de cuidados médicos.

"Eu já tinha visto muita coisa antes de chegar ao campo", contou Petersohn mais tarde, "mas o que mais me afetou foi ver as pessoas esqueléticas de fome." Num alojamento onde dormiam cinco homens numa mesma cama, encontrou um "esqueleto" com o pulso fraco que morreu bem na sua frente. "Uma situação pavorosa, muito desgastante emocionalmente." O jovem médico inerme recebera orientações de não se aproximar muito dos prisioneiros, nem deixar que eles o abraçassem, por causa das doenças contagiosas, mas eles o cercavam. No trabalho de supervisão, examinando os doentes e moribundos em cada alojamento, Petersohn não pôde fazer nada quando alguns guardas da ss, disfarçados de prisioneiros, foram descobertos e espancados até a morte por quem queria vingança.

LeRoy Petersohn, o médico que salvou Hana

Priska, apoiada como dava na janela do barracão, ouviu as vozes dos soldados e reconheceu aquela língua. A jovem professora de idiomas, que dera aulas de inglês no jardim de casa quando era menina, reuniu o máximo de palavras que a cabeça febril conseguia formular e gritou por ajuda. "Gritei para eles em inglês, pedindo-lhes que viessem até o alojamento", lembra. "Um dos soldados felizmente era médico. Reparando que eu escondia algo debaixo do vestido, ele acabou descobrindo Hana, uma bebezinha cheia de pústulas causadas pela desnutrição."

Pete ficou espantando ao ver mãe e filha recém-nascida em condições tão precárias de higiene. Ambas estavam severamente subnutridas e desidratadas, e a bebê sofria de uma "infecção generalizada", cheia de piolhos "maiores do que ela". Tendo visto o suficiente, Pete foi correndo falar com seu superior, o major Harold G. Stacy, e contou o que encontrara. O major era o cirurgião da divisão que estava com Pete quando eles foram atingidos no caminho para substituir dois médicos mortos na Batalha de Bulge.

"Perguntei: 'Doutor, pode vir comigo? Quero lhe mostrar uma coisa'. Fomos lá e encontramos aquela bebezinha, de apenas algumas semanas. Ela tinha nascido em um dos outros campos." Pete quis saber o nome dela e alguém respondeu: "Hana. Ela se chama Hana". "Quando elas chegaram a Mauthausen", continuou Pete, "estavam com o dia da morte marcado. Só que acabou o gás."

Desnutrida como Hana estava e enfraquecida pela infecção, os dois sabiam que suas chances de sobrevivência eram mínimas. Além disso, eles ficaram totalmente sobrecarregados com a quantidade de prisioneiros que precisavam de atendimento médico urgente, cientes de que enfrentavam uma epidemia de tifo e outras doenças. Mesmo assim, o major e seu jovem médico, com pena da criança, decidiram agir imediatamente.

Pedindo permissão de Priska para levar sua filha, Pete lhe garantiu que fariam tudo o que estivesse a seu alcance para salvá-la. Era a segunda vez em menos de uma semana que pediam a Priska para entregar a filha nas mãos de uma pessoa estranha, e ela, angustiada, mostrou-se bastante relutante em se afastar de Hana novamente. Sem conseguir se expressar direito em inglês nesse momento, ela implorou para ir junto, até que o major Stacy, que falava alemão, conseguiu acalmá-la. "A mãe queria ir junto de qualquer maneira", conta Pete. "Meu superior explicou que a traríamos de volta, que iríamos cuidar dela, e isso a tranquilizou." Priska estava fraca demais para continuar discutindo. Quando eles desapareceram, ela receou que nunca mais fosse ver sua linda Hanička, de olhos azuis e narizinho arrebitado.

Os dois médicos pegaram um jipe, o major Stacy com Hana no colo, enquanto Pete dirigia direto para o 131º Hospital Evac (de "evacuação"), em Gusen, que ficava ali perto. Era o único lugar que tinha o equipamento cirúrgico necessário para lidar com aquela infecção. O major Stacy solicitou a Pete que seguisse até o Danúbio, onde o 81º Batalhão Médico estava situado. Ele precisava de penicilina, a nova "droga milagrosa", recém-disponibilizada, que devia ser mantida em resfriadores especiais.

No momento em que Pete regressou, o major Stacy já estava operando Hana, abrindo e lancetando os inúmeros abscessos. Num procedimento complexo e demorado, ele tratava cada pústula individualmente, removendo áreas infectadas da pele quando necessário. Pete o auxiliava, limpando o pus e colocando penicilina em cada ferida. Hana chorava, fazendo caretas. Diversas chagas tiveram que ser suturadas, num processo que lhe deixaria cicatrizes para a vida toda.

Priska esperava notícias da filha, e parecia que as horas não passavam. Quando uma enfermeira do Exército finalmente a trouxe de volta toda enfaixada no dia seguinte, a mulher estava com o rosto todo molhado de lágrimas. Priska, que havia sido transferida para uma enfermaria improvisada, com apenas três pacientes por quarto, cada um em sua própria cama, olhou para a enfermeira e perguntou, com medo da resposta: "Ela está morta?".

"Não! Ela está viva! E com saúde!", respondeu a enfermeira. Priska pegou a filha nos braços e jurou que jamais permitiria que a levassem de novo.

Pete Petersohn continuou monitorando de perto o progresso de Hana, visitando mãe e filha com regularidade. O major explicara que todas aquelas semanas no vagão de carvão quase mataram o bebê. "Ele me disse que ela estava com uma infecção que tinha se espalhado por todo o corpo." Ambos os médicos tentaram convencer Priska a fugir para os Estados Unidos assim que estivessem em condições de sair dali. "Meu superior procurou convencê-la a levar a filha para os Estados Unidos", contou Pete. "Ele viabilizaria a ida delas. Porque sentia que ela precisava continuar com o tratamento, e nós não tínhamos como fazer isso lá. Priska não se deixou convencer. Ela queria voltar para a Tchecoslováquia, por causa do marido. Tinha esperanças de que ele fosse aparecer." Recusando a gentil oferta, Priska dobrou e guardou tudo o que sobrara da bebezinha — a pequena bata branca e a touquinha que as mulheres de Freiberg haviam confeccionado —, rezando para que ela se recuperasse logo e as duas pudessem voltar para casa.

A poucos barracões de distância, o bebê de Anka continuava enrolado no papel de três semanas antes. Não havia fraldas nem nada macio, só papel de jornal. Anka ainda não sabia de Priska e Hana, nem de Rachel e Mark, e por isso cada mãe achava que seu filho ou filha era o único "bebê-milagre". A reação de seus libertadores não as desiludiu. "Quando os americanos chegaram, começaram a nos olhar como se fôssemos uma das sete maravilhas do mundo", contou Anka. "Fui filmada para um cinejornal. Eles não conseguiam acreditar. Uma mulher de trinta quilos com um bebê de um quilo e meio, são e salvo. Eles nunca tinham visto nada parecido num lugar como aquele!"

Além de toda a atenção, Anka contou que o melhor de tudo foi o chocolate que os americanos lhe deram. "Foi um lindo gesto. Só que eles disseram que podíamos ficar com o chocolate, mas não podíamos comer tudo. Por que essa tortura?" No final, elas receberam permissão para comer um quadradinho de cada vez. Depois de alguns dias, Anka chamou uma das enfermeiras americanas a sua cama. "Perguntei se ela poderia dar um banho no meu filho, porque ele nunca tinha sido lavado. Ela me olhou como se eu estivesse doida e disse: 'Como assim? Você tem uma filha!'. Fiquei histérica — a primeira histeria depois de tudo o que acontecera. Como poderia ser uma menina se eles tinham dito que era menino? Fiquei totalmente confusa. Nunca tinha ouvido uma história dessas."

Anka fez tanto escândalo que vários médicos acorreram a seu leito. A pedido dela, cada um deles examinou o bebê que ela vinha chamando de Martin e confirmou que ela dera à luz uma menina, não um menino. Um dos médicos explicou que era um erro comum na hora de determinar o sexo de bebês prematuros ou muito pequenos, porque os órgãos genitais costumam estar inchados. "Fiquei felicíssima!", conta Anka. "Sempre quis uma menina! Ela era um anjinho. Fiquei esquentando o pezinho dela com as mãos."

Aproximando-se ainda mais da filha depois do primeiro banho, Anka escolheu o nome Eva, porque não havia como encurtá-lo nem mudá-lo em nenhum idioma. Isso era importante para ela, que vivera numa época em que o nome das pessoas e a língua que falavam adquiriram um significado sinistro. E, embora a filha tivesse nascido no dia 29 de abril dentro de uma carroça sob os portões do campo, Anka decidiu comemorar um segundo aniversário — dia 5 de maio, a data em que a filha foi libertada, "nascendo de novo" como Eva Nathanová, uma cidadã livre. As outras mães tomaram a mesma decisão, sem saber umas das outras.

Sala, irmã de Rachel, havia sido a primeira das irmãs Abramczyk a constatar que os americanos tinham oficialmente libertado Mauthausen, quando ouviu o som de artilharia no dia 6 de maio, um dia depois que o sargento Kosiek aceitou a rendição alemã. Em seguida, viu soldados americanos caminhando e conversando no campo. "Quando os jipes com soldados americanos chegaram, comecei a chorar de emoção. Todo mundo gritava, aplaudindo dos vagões a presença deles. Foi assim que essas pessoas morreram: aplaudindo e agradecendo a chegada dos americanos. Pelo menos souberam que eles vieram, mas, meu Deus, tanta gente morreu nesse momento! Estavam muito doentes e fracos, e não resistiram."

Sala, ansiosa para dar a notícia à irmã mais velha, saiu correndo para onde ela estava. "Falei: 'Rachel! Rachel! A guerra acabou!', e ela me deu um tapa na cara, porque achava que eu tinha enlouquecido. Mas esse foi o dia em que todos nós nascemos de novo, principalmente o bebê Mark. Os soldados americanos foram tão bondosos conosco. Deus abençoe a América!"

Rachel acabou aceitando que a irmã mais nova falava a verdade, mas estava fraca demais para sair da cama e ver os libertadores. De qualquer forma, o campo estava um caos. O alívio da libertação e a visão de uma bandeira branca hasteada sobre os portões trouxeram uma alegria indescritível para os prisioneiros, mas também muita indignação pelo que haviam sofrido. Marmanjos choravam e se comportavam de maneira descontrolada. A grande *Reichsadler* (águia imperial de madeira) situada sobre o bloco de garagem da ss foi arrancada e destroçada por prisioneiros com sede de vingança. Os guardas que ainda permaneciam no campo foram espancados ou mortos, enquanto bandas de internos em uniformes surrados tocavam instrumentos desafinados ou cantavam versões arrebatadas de suas músicas mais patrióticas.

Um dos soldados americanos no campo aquela semana era o capitão Alexander Gotz, doutor em medicina, presente com o destacamento médico do 41º Esquadrão de Reconhecimento e Cavalaria Armada. Alexander descreveu aquele dia como o testemunho de "uma ópera macabra e grotesca, cujos executantes nem pareciam humanos". Mesmo quando as coisas se acalmaram e os americanos recuperaram o controle da situação, os prisioneiros sobreviventes ainda corriam perigo, ante um novo e inusitado inimigo: a compaixão.

Os soldados americanos receberam instruções estritas de não alimentar nenhum sobrevivente até a equipe médica avaliar cuidadosamente suas condições. Após a libertação de outros campos de concentração, o comando aliado aprendera, da pior maneira possível, que alimentar os famintos poderia ser fatal. Mas os jovens americanos da 11ª Divisão Armada, sem essa experiência prévia, não conseguiram recusar ajuda à multidão esfomeada, com resultados trágicos. Entregaram, felizes, a provisão que tinham — incluindo doces e cigarros —, sem atentar para as consequências. Homens e mulheres, que sobreviviam à base de líquidos, cascas de árvore e tufos de grama, comeram os cigarros, em vez de fumá-los. Quem nunca tinha visto chiclete antes engoliu a goma de mascar. Outros usaram pedras afiadas para abrir latas de feijão e devoraram todo o conteúdo, junto com quantidades nada saudáveis de bacon, queijo e barras de chocolate, sem conseguir se conter.

Após anos de extrema privação e consumidos pela deterioração, o corpo dos prisioneiros chegara a um estado em que não conseguia mais digerir comida sólida. Cerca de 1.300 prisioneiros debilitados e desidratados morreram de diarreia devido à intolerância à comida que receberam nos dias seguintes à libertação. Mais 2 mil morreram de tifo ou disenteria.

As três mães e seus filhos corriam o mesmo risco. Resgatadas dos barracões imundos, as prisioneiras foram transferidas para alojamentos melhores, onde receberam algo para comer e beber. Nesse momento, as mulheres começaram a morrer em massa. "Os americanos não sabiam lidar com aquela situação", conta Rachel. "Eles nunca tinham visto pessoas famintas na vida e deram-lhes tudo o que tinham."

Um soldado americano ofereceu a Rachel sua ração militar de chocolate embrulhado em papel pardo. Como não via chocolate havia uma eternidade, Rachel ficou olhando para aquele pacote, sem saber o que dizer. Depois de um tempo, aproximou o embrulho do nariz, fechou os olhos e inalou. O soldado, julgando que ela não soubesse o que era, disse, com delicadeza: "Você mastiga e engole". Disse essas palavras acompanhando-as com gesto, para mostrar como se fazia. Rachel chorou. "'Por que você está chorando?', ele me perguntou. Não consegui responder, e ele se afastou." Quando voltou, perguntou de novo.

Rachel respondeu: "Porque você estava me contando o que é um chocolate".

Mortificado, o soldado pediu desculpa, mas acrescentou: "Qual foi a última vez que você se olhou no espelho?".

Rachel achava que tinha sido um ano antes. Maio de 1944, quando ainda estava no gueto de Łódź com o amado Monik e sua querida família.

"Quando chegamos aqui, achávamos que vocês eram selvagens", explicou o soldado, desculpando-se. "Não percebemos que vocês eram normais."

As sombras desoladas das pessoas que elas haviam sido já não sabiam o que era "normal". Algumas, fragmentos de gente, estavam esgotadas demais para apreciar a liberdade, mesmo quando os nazistas desapareceram. Uma sobrevivente disse que, no início, elas não conseguiam compreender o significado daquilo, embora tivessem esperado tanto por aquele momento de salvação. Elas estavam "fracas e vazias demais para sentir felicidade".

Muitas, desesperadas temendo que os nazistas voltassem, saíram cambaleantes, como bêbadas, pelos portões do campo, que de repente se abriram. Algumas não aguentaram o esforço e caíram mortas em frente ao muro. Outras conseguiram chegar à cidade ou às fazendas vizinhas, onde imploraram por comida e roupa — quase sempre obtendo o que pediam. Alguns prisioneiros mais desnorteados simplesmente despencaram no chão, incapazes de entender o conceito de liberdade ou o milagre da natureza.

Mas o martírio ainda não havia acabado, e nas semanas e meses seguintes só os mais fortes sobreviveram. Alguns sabiam até da rendição incondicional dos alemães no dia 7 de maio de 1945, numa pequena escola de tijolos vermelhos em Reims, França. Ou que o Dia da Vitória na Europa foi celebrado no mundo inteiro no dia seguinte, com milhões de pessoas nas ruas. Com a mente e o corpo destruídos e os entes queridos provavelmente mortos, nos alojamentos superlotados de Mauthausen parecia haver menos motivo para celebrar.

Passados alguns dias da rendição nazista, os Aliados começaram a dividir o antigo império alemão entre eles. Segundo as notícias que se espalharam no campo, apesar de o Exército dos Estados Unidos ter libertado Mauthausen, seriam os comunistas soviéticos que assumiriam o controle daquela parte da Áustria. O prazo para a tomada de poder era 28 de julho de 1945, quando os americanos se retirariam do sul do Danúbio e o Exército Vermelho se encarregaria do campo e dos internos restantes. Para muitos judeus, que tinham quase tanto medo dos russos quanto dos nazistas, aquele se tornou seu prazo pessoal para fugir do território ocupado pelos americanos.

Com o objetivo de represar a onda de sobreviventes infectados que saíam do campo, trôpegos, os americanos fecharam os portões, garantindo que eles poderiam ir embora quando a doença fosse controlada. "Nós só queríamos ir para casa", disse Sala, que estava em melhor condição do que muitos, "mas eles disseram que por ora não podíamos, porque ainda havia alguns oficiais da ss na área. Muita gente não entendeu ou não aceitou essa explicação, e então eles confessaram que estávamos em quarentena." Determinada a fazer o que pudesse para ajudar, Sala se ofereceu para trabalhar na enfermaria temporária criada pelos americanos para mais de seiscentos pacientes, assim como no hospital de campanha, que comportava mais de mil pessoas. Ela ajudou com as injeções e vitaminas, cuidando de doentes e moribundos por dez dias. "Eu tinha que fazer alguma coisa, mesmo que fosse apenas dar a última refeição para um paciente em estado terminal."

Então ela contraiu tifo. "Não me lembro direito, porque estava de quarentena, delirando. Lembro de um médico italiano dizendo que eu não sobreviveria. A partir daquele dia, minha irmã Ester me manteve viva. Ela abria a janela e entrava por ali para me dar comida. Não se importava com o risco de pegar tifo. Fiquei entre a vida e a morte por uma semana, e ela continuou do meu lado, porque eu não conseguia andar nem enxergar. Uma vez, pedi-lhe morangos, e não sei como ela arranjou, mas, fervendo de febre, acabei recusando. Coitada da Ester. Ela salvou minha vida."

Rachel também fez o que podia. Com o auxílio da Cruz Vermelha e outros trabalhadores de ajuda humanitária, os americanos haviam organizado um mutirão para cozinhar, verificar os componentes nutricionais da comida e monitorar cuidadosamente o tamanho das porções. A força-tarefa ficou sobrecarregada pela quantidade de pessoas que havia para alimentar, e os americanos tiveram que posicionar soldados armados para proteger as provisões. Depois de um tempo, chegaram à conclusão de que seria melhor fornecer fogões para cada alojamento e separar a comida para servir três ou quatro vezes por dia. Rachel se encarregou de seu alojamento e, mimando as amigas sobreviventes, começou a preparar sopa. "Eu tinha um filho para alimentar e minhas irmãs estavam doentes. Então peguei uma panelinha que encontrei e comecei a cozinhar", contou, assumindo o papel maternal que desempenhara desde a infância em Pabianice, quando cuidava dos irmãos.

Sala sucumbia ao tifo, e só escapou do perigo muitas semanas depois. "Eu estava muito doente", lembra. "Corria para o banheiro, mas estava tudo cheio. Um inferno. Havia corpos mortos por todo lado." Um dia, um médico veio até seu quarto e anunciou a chegada de junho. "'Vamos abrir a janela', ele disse. 'O verão chegou, e vamos todos ficar bem.' E eu realmente fiquei bem. Sobrevivi."

Nas semanas seguintes, enquanto as três mães e os filhos recuperavam a força e até alguns quilinhos, eles foram mantidos em seções separadas do campo, que no momento encontrava-se em estado oficial de quarentena. Com dezenas de milhares de sobreviventes para tratar, reinava o que os americanos batizaram de "caos organizado", atenuado somente pelo fato de que a maioria das pessoas estava fraca demais para sair da cama.

Além de Rachel, que ouvira rumores de que havia outros bebês no campo, mas jamais os vira com os próprios olhos, Priska e Anka não tinham a mínima ideia uma das outras. Embora pudessem ter se ajudado mutuamente e compartilhado experiências em Auschwitz, Freiberg e no trem se tivessem sabido a tempo, cada uma continuava achando que seu caso era único. Como outra mulher e filho poderiam ter sobrevivido depois de passar por tudo o que passaram? Além disso, elas tinham muitas outras coisas em que pensar. O foco agora era recuperar a força e preparar-se para o dia em que seriam libertadas e poderiam, finalmente, voltar para os braços de seus amados, Tibor, Monik e Bernd.

"Eles ainda não tinham nos dado permissão para sair do campo, porque temiam que contagiássemos os alemães", contou Rachel. "Ficamos lá mais quatro semanas. Mas, depois de alguns dias, algumas meninas foram até a cidade e conseguiram algumas roupas com as pessoas da região. Lavamos o rosto e começamos a parecer normais de novo." As costureiras presentes rasgaram cobertas para fazer saias e adaptaram roupas de baixo e camisetas de homens, muitas roubadas dos alojamentos dos guardas ou retiradas do corpo de quem havia morrido. Outras arrancaram as cortinas coloridas ou aproveitaram as colchas de guingão dos quartos de oficiais da ss e *Kapos* e fizeram saias e blusas. As mais sortudas invadiram a casa de veteranas da ss e pegaram suas roupas. A sobrevivente Esther Bauer conta: "Eu ganhei um blazer verde-escuro de lã com gola de pele. Fiquei muito feliz!".

Quando os comandantes aliados chegaram ao campo e viram os horrores com os próprios olhos, insistiram para que o KZ Mauthausen fosse aberto à visitação. Queriam que os habitantes da cidade vissem o que os nazistas haviam perpetrado em seu meio, no alto da montanha. Os moradores, chorosos, enxugavam o nariz com o lenço, jurando que não sabiam o que estava acontecendo, apesar do fedor permanente e da nuvem negra de fumaça que pairava sobre eles. As autoridades então propuseram que eles trabalhassem como "voluntários", ajudando a cuidar dos sobreviventes. Isso incluía lavá-los com água bombeada do Danúbio, esterilizar ou queimar suas vestimentas e roupas de cama e pulverizá-los com DDT para tentar acabar com os piolhos.

O estimado *Sportsplatz*, o campo de futebol de um acre onde os austríacos torciam para o time da SS, foi transformado em cemitério para quase mil vítimas. Nus, os corpos, na maioria, não eram identificáveis, e muitos se encontravam em estado de decomposição. Unidades da 56ª Companhia de Engenheiros Armados foram trazidas com buldôzeres e caçambas fixadas em tanques para cavar fossos de trinta metros de comprimento por três de largura e dois de profundidade. Entre as unidades estava o sargento Ray Buch, que chegou no dia 10 de maio. "Estávamos trabalhando na escavação de valas no campo de futebol onde a SS havia construído uma plataforma de pedra. O solo era duro demais para cavar com buldôzeres. Precisávamos que alguém tirasse as pedras maiores com a mão. Tentamos dinamitar algumas rochas, mas o granito é uma das pedras mais duras que existe. Eles tentavam enfiar as pessoas dobradas, com os pés na cabeça. Para caber mais corpos no buraco, sem ter que empilhá-los. Quinhentos corpos em cada um. Conseguiram colocar duzentos cadáveres numa das covas. Os corpos estavam tão imprensados que não dava para dizer quantos havia."

Os prisioneiros de guerra alemães, entre eles ex-guardas e oficiais da SS, foram obrigados a ajudar a dispor os mortos para que eles descansassem com alguma dignidade. Os cidadãos de Mauthausen que haviam se beneficiado com a presença da SS também foram convocados de volta ao campo, com seu melhor traje. Chorando, homens e mulheres foram obrigados a cavar mais túmulos, tirar os corpos dos alojamentos, carregar os vagões e dispô-los lado a lado, em fileiras de 150 pessoas. Os túmulos foram tapados com pedras e

Cemitério e enfermaria de Mauthausen

terra, e o lugar final de descanso de cada corpo foi marcado com uma cruz ou uma Estrela de Davi. Muitos exibiam o nome e a data da morte de quem estava enterrado, mas a maioria dizia "Desconhecido". Preces foram feitas, e os habitantes da cidade foram convidados, com os filhos, aos funerais em massa.

Após o alívio da libertação e o espanto de ainda estar vivo entre tantos mortos, os sobreviventes continuaram a descarregar sua raiva nos perpetradores de seu sofrimento. Enquanto cavavam os jazigos, os prisioneiros de guerra alemães foram obrigados a limpar latrinas, demolir e queimar os alojamentos mais infestados, trabalhar na pedreira ou realizar as tarefas desumanizantes que haviam imposto a milhares de prisioneiros.

Apesar de todas as tentativas de manter o campo isolado, casas, fazendas e lojas de Mauthausen e arredores eram constantemente invadidas, e os moradores da cidade — assustados, envergonhados ou culpados — costumavam dar comida, bebida e roupas aos pedintes, indivíduos de aparência bastante lastimável.

Com a chegada de maio e do sol de verão, a situação no campo melhorou muito. Centenas de prisioneiros, extremamente pálidos e marcados pela morte, levantaram-se do leito e foram deitar na grama ou em qualquer lugar onde encontrassem espaço, adormecendo ali. Os raios de sol pareciam amenizar a dureza da atmosfera, e o canto dos pássaros abrandava as lembranças mais dolorosas. Embora a maioria estivesse impaciente para deixar o lugar que para muitos havia sido um inferno, os prisioneiros temiam a vida por trás dos muros. Os Aliados haviam negociado a repatriação de todos os sobreviventes libertados, mas muitos sentiam-se incapazes de voltar para países como Alemanha, Polônia ou União Soviética, onde comunidades inteiras haviam sido massacradas e ainda havia um ódio generalizado contra os judeus. Os prisioneiros, atormentados por não saber o que tinha acontecido com seus entes queridos, não viam a hora de voltar para o lado de quem tivesse sobrevivido, mas não seria perigoso regressar e pedir a casa de volta? Será que eles ainda tinham casa?

Velhos e jovens estavam tão traumatizados com o que tinham vivido que não sabiam mais o que queriam. As cicatrizes psicológicas eram profundas e permanentes. Alguns se mataram para não se deparar com o abismo entre o que eles esperavam e a realidade. Outros, depois de tanto tempo de cárcere, ficaram aturdidos com o conceito de liberdade, planejando um novo começo. Milhares decidiram realizar um êxodo em massa para a "terra prometida", o Mandato Britânico da Palestina, que eles também chamavam de "Eretz Yisrael", ou para os Estados Unidos, Canadá e Austrália — nações onde esperavam reconstruir a vida com segurança. Mas, sem dúvida, não seria fácil recomeçar do zero, e os sobreviventes sabiam que os países, com políticas de imigração rígidas, dificultariam a entrada de refugiados desamparados.

A indecisão em relação ao destino e ao que fazer provocou uma crise generalizada entre os refugiados, que inicialmente teve que ser administrada pelos soldados aliados. Havia entre 8 milhões e 9 milhões de sobreviventes para assentar em "campos para deslocados de guerra" (DP, do inglês *Displaced Persons*), controlados pelo Exército ou por agências voluntárias como a Quaker Relief Team, a United Nations Relief and Rehabilitation Administration (UNRRA), a Cruz Vermelha e a International Refugee Organisation. Embora alguns dos menores campos DP fossem em escolas, hotéis e hospitais, o lugar mais óbvio para estabelecer campos com o objetivo de acomodar um número tão grande de pessoas eram os antigos quartéis militares, campos de trabalho ou os próprios barracões onde os sobreviventes estiveram. Por algumas semanas, até o fim de julho de 1945, o KZ Mauthausen tornou-se uma espécie de campo DP — um dos 2.500 espalhados pela Alemanha, Itália, França, Suíça, Inglaterra e Áustria. Do lado de dentro daquelas cercas outrora eletrificadas, os desabrigados recebiam roupa, comida e moradia, sendo registrados e preparados para a repatriação. Depois, precisavam esperar que um país concordasse em recebê-los ou que um parente de fora bancasse sua emigração. Para alguns, o processo levou anos, e o tratamento de longo prazo para aqueles despojados de sua casa, diante de um futuro incerto, era menos compassivo do que poderia ser.

A fim de acelerar o processo, a Cruz Vermelha fazia o que podia, enquanto a UNRRA criou a Agência Central de Busca, que ajudava os sobreviventes a encontrar os parentes publicando listas das pessoas vivas em jornais e fazendo anúncios diários no rádio. Voluntários entrevistaram cada prisioneiro, preenchendo uma série de formulários. Com o tempo, conseguiram repatriar entre 6 milhões e 7 milhões de pessoas e ajudar 1,5 milhão a emigrar — numa empreitada colossal e muitas vezes controversa.

Para os encarregados da repatriação de mais de 40 mil refugiados de 24 nacionalidades para o lugar em que eles queriam morar ou que consideravam sua casa, a missão foi um pesadelo logístico. Além do fato de que a maioria estava física ou psicologicamente abalada, os refugiados não tinham roupas, dinheiro e documentos. A Europa era uma mistura de raças. Como a maior parte dos trens locais, barcos e carros já estava destinada ao transporte de suprimentos, tropas e máquinas de volta para casa, não havia meios de transporte suficiente para dar conta do enorme número de pessoas desejando viajar para todos os cantos do planeta. O transporte para os repatriados seria gratuito, mas era preciso decidir quem financiaria a repatriação — os Aliados ou os governos que organizaram a deportação. No final, os custos foram divididos.

Outro grande problema era que ninguém podia provar que era quem alegava ser. Todo homem, mulher ou criança sobrevivente dos campos de concentração precisaria de um documento de identificação, e a maioria não tinha nada além de um número tatuado no braço ou memorizado das *Appelle* diárias. Grande parte dos registros nazistas tinha sido queimada ou extraviada, e não havia como saber de onde vinham aquelas pessoas.

Mesmo com novos documentos, havia a incerteza de como seriam recebidos aqueles cujas comunidades foram totalmente varridas da face da Terra. Corriam boatos de pessoas sendo exiladas ou assassinadas ao voltar para casa. Viúvas e órfãos eram considerados os mais vulneráveis, e muitos soldados fizeram o que puderam para convencê-los a recomeçar a vida nos Estados Unidos.

A sobrevivente Klara Löffová, que havia feito amizade com um soldado americano de dezenove anos chamado Max, do Brooklyn, Nova York, ficou tentada. Max acabou gostando tanto dela que lhe trazia comida extra e alguns cigarros americanos, moeda corrente do campo. Quando chegou o momento da despedida, Max apresentou-se "formalmente" e estendeu o braço. Ela ia apertar sua mão, mas encolheu-se, com vergonha, porque ainda estava cheia de piolhos e toda suja. Max pegou sua mão de qualquer maneira e a beijou. Klara jamais se esqueceu desse gesto. Com o tempo, ela acabou indo morar nos Estados Unidos, onde a história do amável soldado ficou tão ligada à história de sua família que seu neto foi batizado de Max em homenagem a ele.

Priska, contemplando nostalgicamente as águas do Danúbio lá embaixo, morria de saudade de Bratislava e queria voltar para lá com a filha Hana o quanto antes. Estava convencida de que Tibor a esperava no apartamento deles, cercado de anotações e cachimbos. Fazia meses que ela não o via — a última vez tinha sido pelas cercas de Auschwitz —, mas, "pensando somente em coisas bonitas", ela jamais se permitiu acreditar que talvez ele não tivesse sobrevivido.

No caso de Rachel e as irmãs — todas ainda com vinte e poucos anos —, só havia um lugar para o qual elas queriam ir. "Nosso pai sempre disse que, se nos separássemos, logo depois da guerra deveríamos todos voltar para Pabianice, para nos reencontrarmos lá", contou Sala. "Por isso, assim que recuperamos a força, decidimos seguir o conselho do nosso pai." Rachel esperava que Monik a encontrasse lá, se ainda estivesse vivo, podendo finalmente conhecer o filho que nem imaginava que tinha. Rachel não sabia se eles ainda possuíam as fábricas da família, mas de qualquer maneira teriam que recomeçar a vida.

Anka, com a pequena Eva, não tinha outra opção a não ser a Tchecoslováquia, mas estava confusa, porque não sabia o que ia encontrar. "Eu sabia que meus pais e minhas irmãs estavam mortos — por dedução —, mas não sabia nada a respeito de Bernd." Será que havia sobrado alguma coisa para eles em Třebechovice pod Orebem? Será que a fábrica de couro do pai e a vila de Ruzena, sua irmã, ainda pertenciam a eles, ou teriam sido apropriadas ou mesmo queimadas? Se não tivesse sobrado nada, seria bom continuar na Europa?

O cenário era de incerteza e confusão. Nenhum país da Europa saíra ileso da guerra, e o continente encontrava-se em estado de calamidade. À medida que os Aliados continuavam a perseguir e capturar nazistas, deparavam-se com um número cada vez maior de provas de atrocidades. Milhares de alemães fugiram para casa ou foram obrigados a partir. Centenas de oficiais da SS e membros do alto-comando foram detidos para julgamento e execução, mas muitos conseguiram escapar, incluindo o *Unterscharführer* de Freiberg, Richard "Šára" Beck, que nunca foi levado à justiça.

Heinrich Himmler, braço direito de Hitler, considerado um dos principais responsáveis pelo Holocausto, foi capturado no dia 23 de maio de 1945. O *Reichsführer* da SS, que controlava os campos de concentração e visitara pessoalmente Auschwitz e Mauthausen para verificar o progresso da solução, engoliu uma cápsula de cianeto escondida na boca, suicidando-se antes de ser condenado.

Em junho de 1945, o dr. Josef Mengele — o "Anjo da Morte" — foi capturado pelos americanos, mas foi solto, por engano, um mês depois. Fingindo-se de fazendeiro, ele mudou de nome e continuou fugindo a vida inteira, até morrer por afogamento no Brasil, em 1979. A esposa já havia se divorciado dele, e o filho o repudiou logo após a guerra. Mengele permaneceu impenitente até o dia da morte, declarando que apenas obedecia ordens. Jamais teria ouvido falar de Priska, Rachel, Anka e seus filhos, que escaparam de suas mãos, sempre bem cuidadas, em Auschwitz.

Sorte, coragem e determinação sustentaram as três mulheres durante a guerra, e elas precisariam desses três atributos para enfrentar a vida dali para frente. Tudo havia mudado. Restavam perguntas sem respostas. Onde estavam seus entes queridos? Como seria a vida a partir daquele momento? Como disse uma prisioneira: "Física e emocionalmente, eu não passava de um ponto de interrogação".

Antes de pensar em reservar um lugar num dos meios de transporte disponíveis para voltar para casa, elas precisavam passar por uma formalidade legal: registrar o nascimento do filho. Cada criança tinha que ser registrada na prefeitura da cidade de Mauthausen, o que foi feito entre 14 e 17 de maio

Certidão de nascimento de Hana

de 1945. Quando já se sentiam fortes o suficiente para tal, Rachel e Anka desceram a colina até a cidade e pagaram a taxa, antes de preencherem os formulários de praxe. Priska — que não conseguia encarar os moradores da cidade — pediu ao marido da amiga Magda Gregorová, o ator Martin Gregor (que havia voltado para o lado da esposa no campo), para ir em seu lugar.

Cada mãe recebeu uma *Geburtsurkunde* (certidão de nascimento) austríaca oficial. Hana foi registrada incorretamente como Edith Hanna Löwenbein,

Certidão de nascimento de Mark

Os bebês de Auschwitz 287

nascida em Freiberg no dia 12 de abril de 1945, com a observação "Gefangenen-Bahntransport" (trem de prisioneiros). O registro não mencionava nada a respeito do nascimento sem nenhum tipo de cuidado médico numa tábua de madeira de uma fábrica de trabalho escravo alemã um dia antes da evacuação forçada. Tibor figurava como o pai e "Piri" como a mãe, com a informação "Jetziger wohnort unbekannt" (endereço atual desconhecido) após o antigo endereço de Bratislava.

Certidão de nascimento de Eva

O local de nascimento de Mark e Eva foi registrado como "Mauthausen" ou "Mauthausen früheres Konzentrationslager" (ex-campo de concentração), e as datas indicadas foram 20 e 29 de abril, respectivamente. Não havia indicação de moradia fixa, como no caso de Hana. O escrivão que registrou o nascimento de Mark jamais poderia imaginar que ele nascera num vagão aberto, debaixo de chuva, num lugar perto de Most. No caso da bebê Eva, que nascera numa carroça suja, à sombra dos portões do campo, a certidão dizia que o horário de nascimento era 20h30, mas não mencionava as circunstâncias pavorosas.

De posse desses importantes documentos, além de uma carteira de identidade com o nome e a data de nascimento e um documento assinado pela Cruz Vermelha Internacional provando que elas estiveram no campo, as mulheres finalmente receberam permissão de viajar. A cada uma foi entregue uma nota, assinada por um representante do novo comando oficial de Mauthausen, afirmando que elas não tinham nenhuma doença contagiosa. A Cruz Vermelha distribuiu roupas e chapéus para o máximo de prisioneiros possível — alguns ainda vestiam os trapos que haviam recebido anos antes. Os suéteres que vinham com a etiqueta "Made in USA" foram os mais disputados. Em seguida, junto com o resto dos refugiados, os sobreviventes só precisavam esperar que disponibilizassem um transporte para seu país escolhido.

As mulheres ficaram sob custódia nazista entre oito meses e aproximadamente quatro anos. Para elas, pareceu uma eternidade. Com idades variando entre 26 e 29 anos e considerando-se menos judias do que a maioria, elas estavam irreconhecíveis, tanto física quanto psicologicamente. Mal se lembravam da vida que tinham antes, com toda a liberdade, despreocupação e alegria da juventude e do amor. "Eu era uma velha de 26 anos quando saí do campo", disse Rachel.

Os prisioneiros de guerra russos que haviam conseguido, de alguma forma, sobreviver à extrema crueldade de Mauthausen foram os primeiros a deixar o campo — no dia 16 de maio de 1945 —, numa despedida comovente. Reunidos na *Appellplatz* para dizer adeus, os soviéticos fizeram o chamado "Juramento de Mauthausen", jurando seguir um caminho comum de liberdade, continuar combatendo o ódio entre os povos e lutar pela justiça social e nacional. "Os portões de um dos campos de concentração mais cruéis e sanguinários estão sendo abertos", anunciaram. "Estamos prestes a voltar para nosso país. Os prisioneiros libertados agradecem, do fundo do coração, à libertação, que só foi possível graças à vitória das nações aliadas. Viva a liberdade!"

Os americanos e a Cruz Vermelha distribuíram pacotes contendo cigarros, artigos de higiene pessoal e comida para a viagem. Assistindo à partida dos russos, os sobreviventes que restaram conseguiam contemplar um iminente retorno para seu país de origem. Em algum lugar, bem distante daqueles muros de granito, a vida continuava. Aqueles que conseguiram evitar a máquina nazista cuidavam dos assuntos do dia a dia, reconstruindo casas, refazendo a infraestrutura da cidade, criando filhos e procriando outros. As pessoas comuns retornavam ao trabalho, tentando esquecer a guerra. Os sobreviventes teriam que fazer o mesmo.

Muitos familiares e amigos jamais retornaram, mas eles ainda esperavam poder contar com alguém. Priska, com 29 anos, pensava na amiga de infância, Gizka. Moraria ainda em Zlaté Moravce? Teria conseguido preservar os bens da família? Como o sistema elétrico e de comunicações da Europa tinha sido destruído, não havia como telefonar para ela — e Priska nem tinha o número. No momento da despedida, prometeu manter contato com Edita, sua protetora por tanto tempo, para trocar notícias e contar dos obstáculos que provavelmente enfrentariam quando voltassem para casa.

Mesmo tendo perdido muitos parentes nos horrores de Auschwitz, Rachel ainda se sentia abençoada de ter três irmãs a seu lado. Muitas pessoas a sua volta haviam perdido a família inteira, e ela, Sala, Ester e Bala ainda tinham umas às outras.

Anka, com 28 anos, tinha a fiel Mitzka a seu lado. Elas viveram (e quase morreram) juntas por quatro anos, formando um laço para a vida toda. Havia outras grandes amigas — mulheres que sofreram com ela a perda de Dan e estiveram presentes no nascimento de Eva.

O que nenhuma das três mulheres sabia era o paradeiro do marido — Tibor, Monik e Bernd. O jornalista brilhante, o leal dono de fábrica e o belo arquiteto: três jovens, com esperanças e sonhos, que as conquistaram e as desposaram um pouco antes dos abalos sísmicos que mudariam para sempre sua vida. Será que eles também tinham sobrevivido? Haveria a chance de um final feliz, mãe, pai e filho reunidos, num conto de fadas superior a qualquer plano nazista? Ou seus sonhos se desvaneceriam, desmentidos pela realidade? Só havia uma forma de descobrir (e de ver o que restara do país onde elas foram criadas, cada um tendo seguido um destino diferente).

A Eslováquia tinha sido libertada pelas tropas soviéticas em abril de 1945. Dos 90 mil judeus do país, só 20 mil sobreviveram. A chegada da Cruz Vermelha precedeu a tomada de poder do Partido Comunista três anos mais tarde, colocando o país no Bloco do Leste, status que manteria por mais de quarenta anos. Primeiro, porém, os eslovacos expulsaram todos os que tinham etnia alemã e receberam de volta seus cidadãos. Enviaram embarcações ao porto austríaco de Enns para trazer os prisioneiros eslovacos de Mauthausen de volta para casa, pelas águas, relativamente calmas hoje em dia, do rio Danúbio. Numa viagem que durou menos de uma semana, Priska navegou com Hana cerca de 270 quilômetros em direção ao leste até chegar ao centro de Bratislava, a cidade que tanto amava. Priska desembarcou com a filha no cais que ficava a poucos metros de distância do apartamento onde ela e Tibor haviam sido detidos logo após o Yom Kipur de setembro de 1944. A solteirona Edita voltou para seu país, a Hungria, um lugar devastado, vendo quem sobrara das pessoas que conhecia e amava. Mas as duas jamais perderam contato.

A Polônia estava irreconhecível. Com a maior população judaica do continente europeu, o país esteve no epicentro do Holocausto. Além de toda a destruição decorrente dos bombardeios aéreos, a Polônia perdeu milhões de vidas. Sob controle soviético depois que o Exército Vermelho reivindicou seus direitos, seus grupos minoritários foram praticamente varridos do mapa, e os cidadãos alemães, obrigados a fugir. Muitos poloneses se recusaram a voltar para casa, preferindo radicar-se na Alemanha sob domínio americano. Rachel e as irmãs cogitaram a possibilidade, mas não podiam quebrar a promessa que haviam feito ao pai.

As autoridades polonesas e aliadas disponibilizaram trens de gado para os sobreviventes de Mauthausen que queriam voltar para casa. Os vagões eram limpos e ficavam com as portas destrancadas, para não avivar o trauma dos sobreviventes. Rachel, o filho Mark e as três irmãs sentaram-se confortavelmente em bancos de passageiros, recebendo comida e água. E então fizeram a viagem de oitocentos quilômetros de volta ao país que perdera quase todos os seus habitantes judeus, sendo involuntariamente a sede do mais brutal campo de concentração da história.

Anka é a que estava mais perto de casa, mas a questão não era tão simples. Seu destino era Praga, a duzentos quilômetros de distância, mas a cidade havia enfrentado uma revolução sangrenta de três dias, iniciada em 5 de maio, o mesmo dia em que o KZ Mauthausen foi libertado. Os soldados tchecos e soviéticos da Guarda Revolucionária derrubaram os nazistas dois dias antes da capitulação oficial da Alemanha, pregando, via rádio, a "morte de todos os alemães". Os cidadãos tchecos, com sede de vingança, saíram às ruas, e centenas de soldados e civis alemães foram mortos, muitos de maneira brutal. A milícia transformou diversos membros da SS e da Wehrmacht em "tochas humanas", e a multidão perseguiu homens, mulheres e crianças, independente de sua posição durante a guerra. Eminentes professores e médicos estavam entre as pessoas mutiladas, linchadas ou mortas à bala.

A rebelião terminou um dia antes da chegada do Exército Vermelho à Praga, em 9 de maio. Eles reivindicavam seu território, expulsando da Tchecoslováquia cerca de 3 milhões de alemães — e matando alguns milhares. Anka tinha se casado com um alemão, o que a deixava num limbo. Como era judeu, Bernd perdera a cidadania alemã com as Leis de Nuremberg, e, portanto, sua esposa tampouco tinha direito a essa cidadania. Mas como ela tinha se casado com um alemão, oficialmente tornava-se alemã. Embora jamais tivesse recusado a terra natal, isso significava que ela perdia a cidadania tcheca. Ou seja, após a guerra, Anka ficou sem casa e sem país, possivelmente viúva, com uma criança de colo debilitada, numa situação nada confortável. Maio passou, e tudo o que ela sabia, depois de quatro anos vivendo em guetos e campos, era que queria desesperadamente voltar para casa.

Devido à falta de combustível, as autoridades tchecas não tinham trens disponíveis para enviar à Áustria, deixando centenas de compatriotas desamparados no campo. Para acelerar as coisas, os prisioneiros despacharam para Praga seu tcheco mais importante, um professor de direito da Charles

University, o dr. Vratislav Busek, que havia sido preso por motivos políticos cinco anos antes. Em menos de uma semana, o professor voltou à Áustria com notícias do trem. Ele os esperava na estação de České Budějovice, onde os tchecos o enfeitaram com flores e um enorme cartaz que dizia Z pekla Mauthausen — domú, "Do inferno de Mauthausen — de volta para casa". Anka e a filha, junto com amigos de Terezín, pegaram um ônibus ou caminhão e depois o trem para Praga, onde procurariam saber o que havia sido feito de seus familiares e marido.

Com roupas surradas e inadequadas, as três mulheres, com seus filhos bebês, foram engolidas na multidão de pessoas que se preparavam para sair de Mauthausen no verão de 1945. Antigas fotografias em preto e branco tiradas por soldados americanos revelam filas gigantescas de seres desamparados, num rio humano que saía do campo e descia a colina em direção à cidade. Esperando pacientemente pelos caminhões da Cruz Vermelha para ir à estação ou ao cais, aqueles que tinham futuros tão promissores antes de serem despojados de tudo o que conheciam agora não passavam de refugiados sem um centavo no bolso.

Sobreviventes deixando o KZ Mauthausen

OS BEBÊS DE AUSCHWITZ 293

Era a última oportunidade de contemplar o glorioso cenário daquele lugar em que a maldade imperava. Mas quem se atreveria a olhar para os austeros muros de sua última prisão e se perguntar o que teria acontecido se eles não tivessem cometido o mortal pecado — aos olhos nazistas — de ter nascido no ventre de uma mãe judia? Não era momento de olhar para trás, mas de olhar para frente. "Agora começamos a viver", disse um dos sobreviventes.

Desde que seu coraçãozinho começou a bater em síncope com o coração da mãe, os bebezinhos nascidos durante a Segunda Guerra Mundial poderiam ter sido facilmente destruídos.

Milhares não resistiram.

Outros milhões nem tiveram a chance de tentar.

Em seis anos, os nazistas mataram aproximadamente dois terços dos 9,5 milhões de judeus que viviam na Europa, além de milhões de não judeus. Das quase mil mulheres que embarcaram no trem de Freiberg, assim como aquelas que as acompanharam, só metade sobreviveu até o fim da guerra.

Devido a uma série de milagres, essas três jovens, contadas e recontadas pelos nazistas ao longo dos anos em inúmeras *Appelle*, constavam entre as sobreviventes da última chamada.

Graças à coragem, à esperança e à sorte, seus filhos foram os primeiros prisioneiros de campo de concentração a receberem nomes em vez de números, e, desafiando um dos períodos mais sombrios da história, serão também, inevitavelmente, os últimos sobreviventes do Holocausto. Este é seu legado.

Para todos eles, o ano de 1945 marcou o fim de algo que levaria anos para sanar. Mas marcou também o nascimento de algo que inúmeras gerações jamais saberiam o que é: um recomeço, e a chance de viver e amar de novo.

9
Casa

Priska

O PRIMEIRO BARCO DE passageiros que recebeu permissão para navegar no rio Danúbio depois da guerra desatracou do porto de Enns em direção ao leste no dia 19 de maio de 1945, três semanas após a libertação do KZ Mauthausen. A embarcação avançava lentamente por conta do número de refugiados espremidos abaixo do convés, ansiosos para fugir de vez. Um desses refugiados era Priska Löwenbeinová.

    A viagem foi longa, difícil e perigosa. O barco seguia seu caminho em direção a Viena atrás de um caça-minas, que ia detectando as bombas não detonadas. Os nazistas assumiram o controle do Danúbio quando Hitler o declarou sob domínio alemão. Flotilhas de navios de guerra da frota do Mar Negro patrulhavam a principal hidrovia da Europa, protegendo portos vitais e disparando contra os aviões aliados. Já no final da guerra, centenas dessas naus, carregadas com material altamente explosivo, foram deliberadamente afundadas ao longo do Danúbio, para impedir o avanço de forças soviéticas. Esses restos de embarcação, por sua inerente instabilidade, representaram um grande perigo para os navios que passaram por ali nas décadas seguintes.

A 150 quilômetros de Mauthausen, o barco de Priska foi obrigado a parar na histórica cidade de Tulln, alvo de intenso bombardeio por conta de sua base aérea, refinaria e ponte. Os destroços da ponte destruída impossibilitavam a navegação. Por dois dias, a embarcação, com os passageiros desarrumados dormindo em esteiras de palha, ficou atracada na margem ocidental de Tulln. O inesperado atraso desgastou ainda mais os nervos dos sobreviventes, forçando-os a permanecer no país natal de Hitler. Alguns não aguentaram esperar e pediram para desembarcar. Decidiram ir caminhando, já que não tinham bagagem, e pegaram um trem para Viena na cidade, pagando a passagem com cigarros americanos, que valiam como ouro.

Com uma bebê de colo, Priska não tinha essa flexibilidade e teve que esperar o leito do rio ser liberado para poder voltar para casa. Quando finalmente desembarcou em Zimný Prístav (o Porto do Inverno) em Bratislava no dia 22 de maio, viu que, embora a cidade tivesse sido bombardeada, seu centro histórico estava praticamente intacto. Priska desejava sair correndo para o apartamento, para ver se Tibor estava lá, esperando, mas sua prioridade era Hana, que novamente carecia de cuidados médicos urgentes. Suas feridas reabriram-se durante a viagem, encharcando as bandagens de sangue.

Receosa de não ter ouvido o conselho do major Stacy, Priska levou a filha direto para o Hospital Pediátrico da rua Duklianska, onde o pediatra, o professor Chura, ao ver a bebê subnutrida e com aquelas chagas abertas, anunciou que precisaria operá-la imediatamente. Pela segunda vez em poucas semanas, Hana teve que se submeter a uma cirurgia de emergência para lancetar e limpar os vários abscessos causados por uma grave deficiência vitamínica. O médico suturou-a novamente e levou-a para uma ala especial.

Priska esperava ansiosamente por notícias de melhora, rezando para que a filha sobrevivesse. "Eu tinha um bom pressentimento, porque ela queria viver... ela realmente queria viver", contou mais tarde. O professor Chura lhe disse as mesmas palavras quando saiu da sala de cirurgia.

A cirurgia tinha sido um sucesso e Hana estava fora de perigo. Priska então foi conduzida à cozinha por duas freiras que administravam o hospital. Faminta, reparou numa panela de feijão cozido sobre o fogão e, antes que alguém dissesse alguma coisa, pegou a panela e bebeu todo o seu conteúdo de uma vez, enquanto as pessoas observavam num "silêncio ensurdecedor".

"Ninguém me impediu nem falou nada", conta. "Eu estava morrendo de fome."

As freiras, constatando que Priska também precisava de cuidados, ofereceram-lhe um lugar para ficar até Hana receber alta e ela recuperar as forças. Priska agradeceu e ficou com elas por duas semanas. Depois de descansar e deixando Hana dormindo, ela finalmente voltou ao lugar em que acreditava encontrar Tibor: o antigo apartamento de Fisherman's Gate. Qual não foi sua tristeza ao descobrir que o edifício fora um dos poucos a serem atingidos diretamente. No lugar, só havia escombros. Arrasada, Priska caminhava entre os destroços e mal conseguiu acreditar quando encontrou um dos preciosos cadernos de anotações de Tibor entre as ruínas. Era a sua letra, embora coberta de pó. Priska guardou esse caderno como um talismã até o dia de sua morte.

Enormes quadros de avisos foram colocados no centro de Bratislava pela comunidade judaica e outros moradores para as pessoas deixarem recados para seus entes queridos. Priska escreveu que ela e a filha haviam sobrevivido, dando o endereço do hospital. Em seguida, voltou para lá, para esperar por Tibor ou qualquer outra pessoa que tivesse sobrevivido também. Com o passar dos dias e semanas, amigos e familiares começaram a voltar para a cidade, inclusive sua irmã mais nova Anička (pequena Anna) e o tio, o dr. Gejza Friedman, com quem Anna havia se refugiado nas Montanhas Tatras. O avô sobrevivera ao extermínio nazista, mas infelizmente morrera depois, caindo acidentalmente de uma janela. O tio Gejza sugeriu que eles encontrassem um lugar para morar todo mundo junto. No devido tempo, Hana ia adorar o tio "Apu", a única figura paterna de sua vida, que Priska também considerava como um pai, sobretudo na ausência de seus pais.

Seu irmão Bandi enviou notícias da Palestina britânica, dizendo que estava bem, casado e com uma filha adotiva. Surpreendentemente, o outro irmão de Priska, Janko, logo reapareceu, após ter batalhado bravamente ao lado de outros militantes. Com o cabelo nos ombros, o menino que os deixara voltava adulto. Graças a seus esforços de guerra, tinha direito a todo tipo de privilégio, inclusive escolher a cidade onde iria morar, e a primeira coisa que ele fez foi entregar a Priska as chaves de quatro apartamentos enormes para eles escolherem um. Os apartamentos certamente pertenceram a famílias de judeus que jamais regressariam. Priska se recusava a morar num apartamento de pessoas mortas, e não se mudaria, determinada a esperar Tibor num lugar em que ele pudesse encontrá-la.

As semanas se passaram e não havia nenhum sinal de seus pais, Emanuel e Paula Rona, os orgulhosos donos do café de Zlaté Moravce, deportados para Auschwitz em julho de 1942. Muito tempo depois, Priska ficou sabendo, por amigos da família, que a mãe e o pai haviam sido mortos na câmara de gás um mês após sua chegada em Birkenau. Sua irmã Boežka também não havia voltado, a solteirona de 34 anos que Priska tentara resgatar de um trem em março. Anos mais tarde, ela soube que Boežka havia se salvado da câmara de gás graças a seus dotes de costureira, indo trabalhar no departamento têxtil de Auschwitz. Por três anos, ela confeccionou e remendou uniformes e outras peças de roupa para a ss. Arriscando a própria vida, Boežka era bondosa com as meninas que trabalhavam sob sua supervisão e fazia vista grossa quando elas remendavam as próprias roupas. Por um relatório pouco confiável, Priska ficou desolada ao receber a notícia de que em dezembro de 1944, um mês antes da libertação do campo, Boežka teria se suicidado numa cerca elétrica. Mais tarde, porém, uma mulher que a conhecia bem no campo afirmou que não era verdade, que Boežka tinha morrido de tifo. Priska resolveu acreditar na segunda versão.

As semanas viraram meses, mas ainda não havia nenhuma notícia de Tibor — e ninguém o tinha visto na rua, como Priska imaginava que aconteceria. A impressão era de que ela estava no mundo dos mortos, incapaz de se afastar ou voltar para ver o que sobrara de Zlaté Moravce, temendo um desencontro. Com uma bebê frágil para cuidar, não podia trabalhar e não tinha dinheiro. Tampouco sabia o que aconteceria no país. Embora a Tchecoslováquia tivesse sido reconstituída e o ex-presidente eslovaco, o monsenhor Jozef Tiso, tivesse sido enforcado por sua colaboração com os nazistas, 80% dos judeus haviam sido exterminados, e o futuro da nação nas mãos dos comunistas ainda era bastante incerto.

Depois de algumas semanas vivendo no hospital, com o pouco dinheiro que recebera da Cruz Vermelha, além de uma ajuda do tio, Priska alugou um imóvel perto do antigo apartamento para que pudesse ir lá pelo menos uma vez por dia para ver se o marido estava esperando. A nova acomodação ficava na área dos empregados, no segundo andar de um edifício de três andares na praça Hviezdoslav. Úmido e cheio de ratos, o apartamento consistia num pequeno quarto, uma sala e uma cozinha, onde Priska colocou uma banheira.

Hana e a mãe, Priska, em 1946

Um dia, empurrando Hana no carrinho de bebê pela rua em direção ao quadro de avisos para ver se havia alguma mensagem nova, Priska esbarra com um sujeito chamado Szüsz, que ela conhecia de antes da guerra. O sr. Szüsz a cumprimenta e lhe conta que esteve com Tibor nos campos. De Auschwitz, disse, eles foram transferidos junto com 1.300 homens para o campo de Gliwice (em alemão, Gleiwitz), a uns vinte quilômetros de distância, onde os prisioneiros foram obrigados a trabalhar na fabricação de tijolos, na construção ou consertando vagões de carga para a oficina nazista conhecida como *Reichsbahnausbesserungswerk*. Nesse momento, o sr. Szüsz anuncia que o marido dela não voltaria. "Ele não acreditava que você e o bebê sobreviveriam", conta, sem saber como continuar. "Ele parou de comer e ficou fraco demais para se cuidar sozinho. Chegou a dizer: 'Não quero mais viver. De que vale a vida sem minha mulher e meu filho?'."

Priska, procurando filtrar as palavras para encontrar um sentido nelas, saiu em disparada, para poder sofrer sozinha, longe do sr. Szüsz. Jamais compreendeu totalmente os detalhes da morte de Tibor. Com o tempo, por meio de depoimentos de outros sobreviventes e pessoas que o conheciam, acabou descobrindo somente o que precisava saber. No frio rigoroso de janeiro de 1945, com as temperaturas chegando a vinte graus negativos, os 1.300 prisioneiros famintos de Gliwice, de pijama e tamancos de madeira, foram conduzidos às grandes fábricas de combustíveis sintéticos de Blechhammer, a quarenta quilômetros de distância. Em formação cerrada, eles receberam ordens de marchar, com ameaça de morte para os retardatários. E eles marcharam, enfrentando neve e gelo. Num determinado ponto, juntaram-se a uma procissão de 4 mil pessoas, arrastando-se em direção a Gross-Rosen, um dos últimos campos de concentração que restavam, a quase duzentos quilômetros dali, na mais notória marcha da morte de que se tem notícia. Centenas de prisioneiros em uniformes rasgados, sem conseguirem mais caminhar porque seus ossos já não os sustentavam, foram assassinados ali mesmo. E os corpos, lançados em valas à beira da estrada, para não ficarem à vista.

"Tibor simplesmente desistiu", contou um dos sobreviventes que também estivera na marcha. "Ele morreu de desnutrição no final de janeiro de 1945. Caiu na beira da estrada e ali ficou. Provavelmente, deram-lhe um tiro."

Tibor Löwenbein, o sorridente jornalista e bancário que gostava de fumar cachimbo, seu marido e pai de sua filha, havia morrido num local desconhecido, à beira de uma estrada de gelo na Silésia polonesa, poucos meses antes do fim da guerra, aos 29 anos. Não havia corpo sobre o qual chorar ou dizer *Kadish*. Não haveria funeral nem *matzeiva* (lápide) para colocar pedras e acender velas no *yahrzeit* (aniversário de falecimento). Aliás, não haveria nenhum ritual de despedida, nem judaico, nem de nenhum tipo.

A viúva de Tibor jamais se recuperou de sua morte. Pelo resto dos dias, ela se recusou a casar novamente. "Tive um casamento maravilhoso com meu marido", disse. "Fiquei sozinha porque não conseguiria viver com mais ninguém, nem encontrar alguém como ele."

Priska teve o consolo de receber de volta seus pertences mais preciosos, guardados pela amiga de infância, Gizka, e outras. Entre eles, havia lindas fotografias de seu casamento, algumas cartas de Tibor e imagens dos familiares perdidos. Ali estavam os brincos favoritos de sua mãe e um medalhão que Paula Ronová costumava usar com uma bela corrente de ouro, assim como o relógio de bolso do pai.

Decidida a dedicar-se aos estudos, Priska contratou uma moça local para tomar conta de Hana e voltou para a faculdade de Letras, com especialização em francês e inglês. Como sempre planejara, tornou-se professora em Bratislava, dando aulas numa escola primária na rua Karpatská. Em 1947, mudou de sobrenome quando o inspetor da escola reclamou que "quebraria a língua" para pronunciar Löwenbeinová. "Uma amiga minha resolveu dizer para o inspetor que eu mudaria meu nome para algo mais 'eslovaco', e então eu mudei." Ela gostava da palavra em francês *l'homme* e achou que Lom, junto com o sufixo -ová, formaria um nome simples. Bateu o martelo quando uma colega lhe contou a respeito de um famoso ator tcheco, chamado Herbert Lom.

Priska criou a filha como Hana Lomová, batizando-a na igreja evangélica. Conforme contou mais tarde, estava determinada a dar a Hanka uma boa educação. "Eu era sua mãe, conselheira e amiga", disse. "Vivíamos uma pela outra. Ela nunca me desapontou."

Priska permaneceu em Bratislava por cinco anos, período que ela precisou para aceitar que Tibor realmente não voltaria para casa. Sua irmã Anička casou-se novamente e morou na cidade até o fim da vida. Janko foi para Israel em 1948, para viver perto do irmão Bandi. Em 1950, o tio Gejza conseguiu convencer Priska a se mudar com ele para Prešov, na região leste da Tchecoslováquia, onde ele era chefe do departamento de pneumologia do hospital local. Como

Hana e Priska em 1949

Hana era uma "criança de saúde frágil", com sérias hemorragias nasais, adenoides e problemas no intestino, Gejza achava melhor que ela morasse num lugar de ar puro, que tivesse atendimento médico disponível.

Priska tornou-se professora de idiomas em Prešov, onde, após vários anos ensinando inglês, alemão e francês em escolas de ensino médio da região, estabeleceu o departamento de Literatura Inglesa e Línguas na universidade, integrando o corpo docente de filosofia como ajudante administrativa. Em 1965, enquanto Hana estava na faculdade em Bratislava, Gezja, seu adorado tio Apu, cometeu suicídio, convencido de que estava com câncer no pulmão. Ele tinha 65 anos. Priska encontrou-o morto no apartamento onde moravam, e ficou bastante abalada com sua morte. Sozinha de repente, resolveu voltar para Bratislava, a quatrocentos quilômetros de distância, para ficar perto de sua única filha.

Hana descobriu a verdade sobre suas origens religiosas aos seis anos de idade, quando alguém a chamou de "judia suja". Ela voltou para casa correndo e contou à mãe, que disse: "Vou te mostrar fotos do meu pai e da minha mãe, que eram judeus". Hana olhou as fotografias e disse: "O.k. Quero ser judia também. Posso ir brincar agora?". Desde aquele dia, ela nunca mais foi incomodada por essa questão. Mas também não contava para as pessoas que tinha nascido num campo de concentração. "Não tive oportunidade."

À medida que Hana crescia, Priska ia lhe contando sua incrível história, mostrando cartas e fotografias de Tibor. Priska também guardava o caderno do marido e sua coleção de selos, que ele havia deixado no cofre de um amigo. "Queria que ela soubesse do pai e de tudo o que passamos, mas queria que tivesse só boas lembranças", contou Priska. "Queria que ela fosse próxima do pai e soubesse como era a vida dele. Lembro de tudo, e contei tudo para ela."

Hana descreveu a mãe como uma pessoa "explosiva", tão indomável que decidiu ter sua filha, mesmo naquelas condições. Por anos, Hana acreditou secretamente que seu pai teria sobrevivido aos campos, olhando com esperança para todo homem alto, loiro, de olhos azuis e bigode que encontrava. Só aos vinte e poucos anos é que finalmente aceitou o fato de que o pai tinha morrido.

Ela e a mãe mantinham contato com Edita, protetora de Priska no campo, que veio de Viena visitá-las quando Hana tinha dezenove anos. "Eu não conseguia parar de abraçá-la!", contou Hana. Em 1944, como *mitzvá* (dever moral), Edita prometera a Tibor no trem que cuidaria de sua esposa grávida, esperando sobreviver e também encontrar um marido algum dia. Suas preces foram ouvidas e, depois da guerra, ela se casou com um rabino. Hana se lembra da visita. "O marido dela era um sujeito muito reservado, e eles tinham dois filhos jovens. Edita não parava de falar da coragem da minha mãe."

Priska também tentou encontrar a outra Edita de sua vida, a dra. Edita Mautnerová, que a ajudara no parto na fábrica de Freiberg e foi uma das prisioneiras que conseguiu fugir do trem. "Ficamos tristes em saber que ela morreu logo após a guerra", disse Hana. "Nunca pude agradecê-la." Priska organizou uma reunião com algumas das mulheres que tinham compartilhado de suas experiências, incluindo Chava Livni e Magda, para que Hana as conhecesse. Hana também conheceu o marido de Magda, Martin Gregor, o ator que registrara seu nascimento em Mauthausen, no lugar da mãe. "Você está bem melhor agora", brincou ele. E, mais tarde, Hana conheceu um homem que havia trabalhado com seu pai num jornal, antes da guerra. "Você é filha de Tibor?", perguntou, e começou a chorar, porque se lembrava de Tibor com muito carinho.

Priska mostra para Hana onde o trem parou em Horní Bříza, 1960

Em 1960, quinze anos após o nascimento de Hana, Priska levou-a de volta a Horní Bříza para agradecer pessoalmente a seus moradores pelo que eles haviam feito pelos prisioneiros do trem. O sr. Pavlíček havia falecido, mas elas conversaram com muitas pessoas que se lembravam dele com carinho. Mãe e filha colocaram pedras no local próximo aos trilhos onde 38 corpos foram enterrados pela primeira vez e visitaram o cemitério onde eles foram reenterrados. As duas ficaram sabendo que, em novembro de 1945, os soviéticos levaram vários oficiais da SS para a cidade e obrigaram-nos a exumar os corpos em decomposição com as próprias mãos. Os adolescentes Jaroslav Lang e Vaclav Stepanek assistiram a tudo, junto com diversos moradores. "Ficamos felizes de ver aquilo", contou o sr. Lang, tranquilamente. "Era o troco pelo que havia acontecido. Os alemães tinham que pagar."

Os corpos foram então respeitosamente enterrados, numa cerimônia bastante concorrida no local de um impressionante monumento. O memorial consistia numa enorme escultura de bronze de um homem morrendo pendurado no arame farpado. A obra foi realizada pelo proeminente artista tcheco J. Matějů e paga pela prefeitura da cidade. Numa carta de 1949 para as autoridades locais pedindo doações, alguns moradores escreveram: "Não sabemos o nome deles, nem sua nacionalidade. Só sabemos que eles morreram sob o jugo nazista para que pudéssemos viver".

A visita de Priska e Hana à cidade foi muito bem recebida e registrada. As fotografias desse momento estão até hoje no museu local e num quadro de avisos especial do lado de fora da estação onde o sr. Pavlíček vivera. Mais tarde, Priska escreveu para os habitantes da cidade, com o intuito de agradecer-lhes novamente:

> *Na época, e até mesmo agora, tenho certeza de que, sem a ajuda do bravo povo da Boêmia Ocidental, não teríamos sobrevivido, e minha filha não existiria. Somos todos muito gratos a Horní Bříza pelos momentos inesquecíveis que passamos aí. Jamais deixamos de mencionar em entrevistas o que os moradores da região fizeram por nós durante nosso triste encarceramento.*

Priska também levou a filha adolescente para conhecer Mauthausen, numa viagem organizada por um grupo antifascista. Mas Hana ficou traumatizada com a experiência, sobretudo quando viu as fotografias das pessoas que foram mortas nas câmaras de gás um dia antes da chegada de sua mãe. "Foi um momento muito difícil para mim, mas minha mãe parecia levar numa boa", contou Hana. "Ela conversava com as pessoas, trocando experiências." Só mais de quarenta anos depois é que Hana se sentiu forte o suficiente para voltar ao campo. Não foi o caso de Priska.

Em 1965, Priska também escreveu para as pessoas de Freiberg, Alemanha, que a convocaram, como convidada de honra, para um evento pela memória das mulheres que trabalharam na fábrica. Agradecendo ao "gentil convite" para comparecer à cerimônia memorial, Priska disse-lhes: "Hana era o bebê mais lindo que eu já tinha visto, com a cabeça redondinha, cabelo loiro e olhos azuis, que eu copiei das encantadoras crianças de Freiberg, que me fascinavam com seus olhões claros no caminho de ida e volta da fábrica". Segundo Priska, havia pouca diferença entre uma menina de vinte anos de Freiberg e sua filha. "Ela é minha vida, uma grande filha e companheira." As duas visitaram a fábrica, mas não conheceram o sombrio memorial de pedra no cemitério da cidade, que exibia as palavras KZ *Freiberg* acima de um pequeno tributo aos "Sacrifícios do Fascismo".

Priska e Hana de férias na Eslováquia, 1965

Além das trinta e poucas cicatrizes resultantes dos abscessos que quase a mataram na infância, Hana não teve nenhum outro problema grave de saúde ao longo da vida. Por conta dos piolhos, ela desenvolveu uma reação alérgica a picadas de insetos, mas a principal consequência da gestação naquelas condições foi uma "aversão patológica" a gritos, que Hana atribui ao que ouviu no útero da mãe e nas primeiras semanas de vida. "Se alguém falar comigo de um modo um pouco mais agressivo, me dá vontade de fugir e me esconder", conta. "Não é por acaso que nasci com as mãos no ouvido."

Aos 23 anos, recém-casada, Hana engravidou de seu único filho. Isso foi em 1968. Durante a gravidez, acompanhou, apreensiva, os protestos estudantis da "Primavera de Praga", desafiando o governo comunista. Em agosto de 1968, quando 500 mil soldados do Pacto de Varsóvia invadiram a Tchecoslováquia para reinstaurar a ordem, Hana decidiu deixar seu país para sempre. "Talvez por causa da minha história, quando eu vi tanques e disparos, resolvi que não queria criar meu filho num mundo desses", contou. Hana se mudou para Israel, onde deu à luz o filho Thomas, "Tommy", em dezembro. Em 1972, foi fazer doutorado em química orgânica e, onze anos depois, emigrou para Chicago, Estados Unidos, o país de seus salvadores. Foi casada duas vezes com judeus e tem dois netos, Jack e Sasha. Mark, seu terceiro marido, há 24 anos, gentio, é físico e nefrologista. Os dois trabalham na indústria farmacêutica e moram perto de San Francisco, Califórnia.

Hana com o filho Tommy, a nora Julie e os netos Sasha e Jack

Os principais traumas de Priska em relação aos campos giravam em torno de comida e clima. "Ela sempre verificava a geladeira e os armários, perguntando: 'Será que temos comida suficiente? Não vai acabar não?'", conta Hana. "Felizmente, nossa casa era pequena, e só dava para guardar o que cabia nos armários." Priska também amava dormir, que considerava um luxo. A cama e o momento de deitar tornaram-se um foco de sua vida, principalmente nos anos derradeiros.

Já nesse último período, Priska declarou: "Tive uma ótima vida com a minha filha depois que ela nasceu, num campo de concentração. Agradeço a Deus pela bondade de ter me dado essa filha, e desejo que todas as mães possam ter o mesmo sentimento de amor que tenho por Hana. Ela é uma excelente mãe e uma filha maravilhosa. Adora o filho e é uma pessoa de coração muito bom". Sempre otimista e ainda pensando somente em coisas

Priska aos oitenta anos em Bratislava

bonitas, Priska acrescentou: "Sobrevivi. Estamos aqui. Tive uma filha. Isso é o que importa".

"Minha mãe sempre foi muito determinada e muito forte", conta Hana. "Sua palavra favorita em eslovaco era *presadit'*, que significa 'seguir em frente' ou 'fazer as coisas acontecerem'. Acredito que durante todo o tempo que passou nos campos, seu objetivo era esse. Sobreviver e me manter viva."

Priska foi afetada pela demência na velhice, mas viveu o suficiente para conhecer e amar seu único neto, Tommy. Com o agravamento do quadro, vivia repetindo para a filha perdoá-la. Hana não sabia o que ela estava querendo dizer com aquilo, se não havia o que perdoar. O passado voltava a atormentar a mente de sua mãe.

Depois de completar noventa anos em agosto de 2006, Priska Löwenbeinová teve que ser levada a uma clínica de repouso. Lá, ela era supervisionada por um cuidador, que fornecia boletins diários a Hana sobre a saúde da mãe. Três semanas depois, Priska foi hospitalizada por desidratação e outras complicações. Hana pegou um avião da Califórnia e ficou com a mãe por várias semanas, até ser obrigada a voltar para o trabalho. Depois de retornar à clínica de repouso, onde passou duas semanas praticamente só dormindo, Priska veio a falecer, tranquilamente, durante o sono, em 12 de outubro de 2006.

A mulher que havia perdido três filhos e o marido, Tibor, além de tantos outros familiares diretos, na guerra dedicou o resto da vida à filha "perfeita", nascida sobre uma tábua de madeira de uma fábrica da ss, no meio de um ataque aéreo. Em 1996, dez anos antes da morte de Priska, Hana doou a blusinha e a touquinha costuradas para ela pelas sobreviventes de Freiberg ao Museu Memorial do Holocausto dos Estados Unidos, em Washington. Sua mãe guardara aquele presente por mais de cinquenta anos.

As cinzas de Priska foram enterradas num cemitério em Bratislava, chamado Sláviče Údolie (Vale da Cotovia), que fica numa colina a menos de um quilômetro do rio Danúbio. Priska está cercada de beleza por toda a eternidade.

Túmulo da família, em Bratislava, onde as cinzas de Priska estão enterradas

Rachel

Apesar da promessa que as irmãs Abramczyk fizeram ao pai Shaiah de ir direto para a Polônia depois da guerra, elas tinham que esperar Sala ficar bem para viajar, o que demorou até meados de junho. "Quando vimos que eu sobreviveria, decidimos ir para casa assim que eu melhorasse um pouco", contou Sala.

Embora se sentissem conduzidas pelas mãos do destino, o futuro das quatro jovens ainda era bastante incerto. Apenas 300 mil dos 3,3 milhões de judeus da Polônia haviam sobrevivido à guerra, e cerca de 1.500 foram mortos nos anos seguintes à volta delas para casa, muitos por razões antissemitas. Os primeiros indícios dessas atrocidades aterrorizaram Rachel e as irmãs, deixando-as numa posição delicada. Mas elas não tinham muita escolha. Com tantos refugiados procurando abrigo mundo afora, as portas de muitas alternativas se fecharam. A Grã-Bretanha, a França e o Canadá receberam milhares de pessoas, mas o Reino Unido limitou o número de refugiados na Palestina, para onde muitos esperavam ir. Os Estados Unidos acabaram recebendo 400 mil sobreviventes, mas negaram acesso a muito mais gente. Rejeitados em toda parte, muitos judeus poloneses não tiveram outra opção a não ser voltar para o Estado fantoche soviético.

Como irmã mais velha, com 26 anos, e assumindo novamente o papel de mãe, cabia a Rachel decidir o que era melhor não só para ela e o filho, mas também para as três irmãs. Sala estava com 23 anos, Ester, vinte, e Bala, dezenove quando a guerra acabou. O que teriam sido os melhores seis anos de sua juventude foi desperdiçado em guetos e campos, e tudo o que lhes restava era o que poderia ter sobrado para elas em Pabianice ou Łódź. A única notícia boa que receberam veio de duas amigas polonesas de Mauthausen, que garantiram que seu pai e o irmão Berek estavam vivos na última vez em que elas os viram, duas semanas antes. Eles estiveram todos juntos em Bergen-Belsen, mas depois foram separados. Se isso fosse verdade, eles iriam para Pabianice assim que pudessem, e talvez até já estivessem lá, esperando-as.

Sem poder dizer que estavam "em perfeitas condições", as quatro jovens pegaram um ônibus e depois um trem de carga de novo, embarcando em outra viagem interminável, parando inúmeras vezes ao longo do caminho por falta de combustível, trilhos danificados e destroços na via decorrentes de bombardeios. Varsóvia estava irreconhecível após a brutal supressão da rebelião, mas elas não ficaram ali muito tempo, pegando outro trem superlotado para Pabianice.

De volta à cidade natal, as irmãs descobriram que tudo havia mudado. Quase todos os judeus que elas conheciam haviam sido apagados da história. O belo apartamento dos pais e todos os seus valiosos pertences foram roubados. Um ex-empregado estava vivendo ali e recusava-se a sair, alegando que o lugar não pertencia mais a elas. O intruso afirmou que havia sido "escolhido" pelo Partido Comunista para tomar conta da propriedade em nome das autoridades.

Amigos e vizinhos, com quem elas haviam sido criadas, apoderaram-se do que bem entenderam. Portanto, a elegante casa cheia de flores de sua infância, a casa que a mãe chamava de "castelo", não passava de uma lembrança remota. Não havia nenhum sinal da porcelana e das obras de arte de Fajga, e o som da música e das risadas que ocupara os primeiros anos de sua vida ecoava agora somente em sua memória. A única coisa que as irmãs conseguiram recuperar foram alguns pertences pessoais que os pais haviam pedido para seus empregados mais fiéis guardarem. Traumatizadas e sem casa, as irmãs apelaram para as autoridades locais encarregadas da coordenação de novas moradias para os refugiados que voltavam. Elas foram mandadas para um pequeno apartamento, onde esperavam, "algum dia", reencontrar-se com o pai e o irmão. Mas, com o passar das semanas, elas tiveram que vender alguns pertences para sobreviver, e a esperança se desvaneceu. Sala arrumou uns serviços de costura para ajudar no sustento, mas a pequena unidade familiar começou a se dar conta, com grande perplexidade, de que havia perdido quase tudo do passado.

Dos 12 mil judeus deportados de Pabianice durante a guerra, sobravam apenas quinhentos. Mark era o único bebê recém-nascido. Toda vez que iam ao centro da cidade, palco de tantas lembranças boas, as irmãs eram recebidas com olhares de reprovação. Não se sentiam bem-vindas. Rachel chegou a ouvir uma mulher dizendo: "Eles queimaram, queimaram, e ainda existe muito judeu vivo".

"Nossa casa não era mais nossa", contou Sala. "A cidade inteira estava estranha. Parecia um cemitério, sem ninguém conhecido." A bela loira, que havia sido tão popular na escola, não encontrava rosto familiar. Atordoada, foi ver a ex-professora de arte para lhe dizer que ainda estava viva. "Minha professora me amava tanto que chegou a pintar um retrato meu. 'Ela vai ficar muito feliz de me ver!', falei para minha família. 'Vou contar para ela o que aconteceu conosco.' Mas, ao abrir a porta, ela disse: 'Quer dizer que você ainda está viva? Não tenho nada para você'. Nem perguntou o que tinha acontecido. Só fechou a porta. Aquilo foi como um tapa na cara."

Cerca de um mês depois de voltar para casa, as irmãs receberam uma carta de um tio em Nova York, que entrara em contato com as autoridades polonesas. Ele havia sido informado de que Berek estava num hospital na Suécia, a mando da Cruz Vermelha, para se recuperar da perda de um olho e outros ferimentos causados nos campos. Emocionadas, as irmãs contataram Berek, que lhe enviou uma fotografia da cabeça toda enfaixada. "Ele não falou nada do papai, e entendemos que papai não tinha sobrevivido", lembra Sala.

Tampouco se falou do irmão adolescente Moniek, que havia se oferecido bravamente como voluntário, desaparecendo junto com as crianças quando o gueto de Pabianice foi liquidado. As irmãs foram informadas de Chełmno. Faltavam notícias também da mãe, Fajga, e de outras vítimas inocentes — os irmãos gêmeos, Dora e Heniek, de catorze anos, e a "bebê" adorada da família, Maniusia, que teria doze. Sabendo o que sabiam sobre Auschwitz, as irmãs não tiveram como não concordar que as vozes e risadas de sua mãe, irmão e irmãs haviam sido silenciadas para sempre. Que a família pelo menos tivesse ficado unida no fim, sem sofrer tanto, era o que esperavam. "Eles eram jovens e lindos, e a vida deles deveria ter sido linda também", disse Sala.

Ante a perda dos pais e de três irmãos, Bala, a irmã mais achegada a Berek, de repente anunciou que viajaria para a Suécia para cuidar dele. "Ele precisa de mim", explicou. E de alguma forma ela conseguiu o que pretendia, cuidando dele por muitos anos. Foi por Bala que as irmãs ficaram sabendo que Berek perdera o olho ao ser espancado por um guarda quando tentava salvar a vida do pai em Bergen-Belsen. "Berek havia conseguido proteger papai por todo aquele tempo, mesmo ele sendo velho e fraco, mas um dia um guarda lhe ordenou que não o ajudasse, e Berek não obedeceu. Acabou levando um chute na cara e perdeu o olho." O pai, Shaiah, foi morto com um tiro três dias antes de o campo ser libertado.

Ainda não havia notícia de Monik. Rachel cogitou a possibilidade de que o marido estivesse esperando por ela em Łódź, enquanto reestruturava a fábrica. Mesmo com toda a dificuldade, num país praticamente sem sistema de transporte ou infraestrutura, ela viajou até Łódź, com alguns amigos de guarda-costas, e descobriu que a fábrica também havia sido tomada. A população judaica de Łódź, que contava 200 mil pessoas antes da guerra, havia sido reduzida a menos de 40 mil, a maioria decidida a emigrar. A família havia perdido tudo e todo mundo.

"Sabíamos que não queríamos ficar na Polônia", contou Sala. "Não havia nada para nós lá." No tumulto da Europa pós-guerra, as irmãs foram para a zona americana de Munique, porque lhes disseram que de lá elas poderiam ir para onde quisessem. Elas chegaram à cidade assolada pelos bombardeios só com a roupa do corpo e uma ou duas malas com os pertences de todas. Com a notícia de que os sobreviventes de seu distrito na Polônia estavam fixando residência em Munique, amigos e vizinhos começaram a emigrar para lá, formando uma nova comunidade para ajudar uns aos outros. Rachel continuava perguntando a todos que voltavam se eles sabiam alguma coisa sobre seu marido, temendo notícias ruins, mas ninguém tinha informação, e ele nunca apareceu.

Depois de vários meses, Rachel resignou-se, aceitando a ideia de que Monik havia morrido, embora jamais tenha descoberto nada a respeito de sua morte ou do paradeiro de seu corpo. Por muito tempo, acreditou que ele havia sido mandado para Auschwitz e morrido na câmara de gás, mas um indivíduo de Łódź que conhecia seu irmão Berek afirmou que Monik havia conseguido escapar da última deportação do gueto e acabou sendo morto por um "alemão com um revólver" nas ruas de Łódź. Independente de como tenha morrido, ele nunca ficou sabendo que a jovem e fiel esposa sobreviveu e deu à luz um filho. Jazeria eternamente num túmulo imaginário, sobre o qual Rachel jamais poderia colocar pedras, ao qual jamais poderia levar o seu filho.

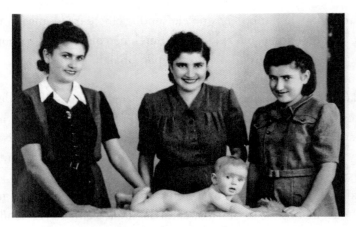

O bebê Mark com Sala, Rachel e Ester, 1946

Acostumada com o sofrimento e determinada a continuar a vida e criar um futuro melhor para o filho, Rachel permaneceu em Munique por mais quatro anos. Mark começou a frequentar a escola, e sua primeira língua se tornou o alemão. A mãe e as tias falavam polonês somente quando queriam que ele não entendesse. Em 19 de março de 1946, Rachel casou-se de novo. Sol Orviesky (apelidado, mais tarde, de Olsky) era um talentoso ourives judeu que Rachel conhecia desde antes da guerra. Ela sabia que ele seria um bom pai para o filho, embora tenha se sentido culpada durante anos por ter se casado tão cedo, chegando a se perguntar, às vezes, o que aconteceria se Monik voltasse de repente. "Casei-me de novo porque aquela situação era muito difícil para uma mulher e um filho que precisa de um pai", explicou.

Sol, com quarenta anos, proveniente de uma família ortodoxa de Pabianice, havia se casado e tido um filho antes da guerra. Um soldado alemão arrancara-lhe o bebê dos braços durante uma operação militar, e pelo resto da vida ele se culparia por não ter resistido mais. Com exceção do sobrinho Henrike e de dois irmãos que fugiram para os Estados Unidos, Sol perdeu todos os membros da família, inclusive esposa e filho, e passou toda a guerra num campo de trabalho forçado processando os pertences dos mortos. Pesava menos de trinta quilos quando foi libertado, perdeu todos os dentes aos quarenta anos e tinha sérios problemas de saúde em consequência disso tudo.

Rachel e Mark, 1949

Foi Sol que ajudou a sustentar as irmãs Abramczyk depois da guerra. Trabalhando com um químico alemão que desenvolvera um processo para converter barras de ouro europeias ao padrão americano, mais baixo, de quilate, ele assinou um contrato para processar ouro, que era mandado dos bancos alemães para o exterior. Rachel e as irmãs ajudavam a administrar o negócio, e os americanos pareciam mais felizes de negociar com sobreviventes do Holocausto do que com os alemães. Pagavam sempre em dólar, pois o *Deutschmark* não valia quase nada, e a família conseguia se manter razoavelmente, enquanto a cidade à sua volta ia sendo cuidadosamente reconstruída. Eles chegaram até a receber e ajudar sobreviventes de Pabianice.

Três anos após o casamento de Rachel e Sol, assim que passaram a ter permissão legal para se mudar para o recém-criado Estado de Israel, Rachel — sionista desde a adolescência — conseguiu convencer o marido de que eles deviam morar lá. A família pegou o primeiro navio de Marselha, na França, e foi morar em Petach Tikva, perto de Tel Aviv, onde ficou por dez anos. Sem conseguir ganhar a vida como ourives e comerciante de ouro, Sol largou o negócio e começou a trabalhar numa fábrica de aço.

Rachel perdera durante a guerra todas as fotografias do primeiro casamento e do finado marido, Monik, mas encontrou em Israel uma ex-namorada dele, que tinha uma pequena foto sua da época da escola, e conseguiu

Os bebês de Auschwitz 315

convencê-la a ficar com o retrato, que guardou durante toda a vida, passando-o posteriormente para o filho.

Cumprindo a promessa de proteger Mark até o dia de sua morte, Rachel recusava-se a ter um segundo filho com Sol, para não correr o risco de dar preferência a ele em detrimento de seu bebê-milagre. Em 1958, embora ninguém falasse inglês, ela convenceu a família a se mudar para os Estados Unidos, a fim de evitar que Mark fosse convocado para o Exército israelense. Sol voltou para o ramo das joias e relógios, mas teve uma série de ataques cardíacos e faleceu em 1967, com 61 anos. Rachel trabalhava feito doida para tocar a empresa e deixar alguma coisa para o filho.

Em Munique, a irmã mais nova, Ester, havia se casado com Abe Freeman, um rapaz de Pabianice, amigo de Berek. Abe passara quase quatro anos em Auschwitz e tinha uma tatuagem. O casal se mudou para Nashville, Tennessee, depois que uma organização de ajuda aos judeus lhes garantiu que a cidade "não ficava longe" de Nova York. Quando chegaram lá, descobriram que Nashville era um lugar remoto, mas foram felizes e bem-sucedidos ali, permanecendo no país de seus salvadores pelo resto da vida. Tiveram duas filhas, Shirley e Faye, e cinco netos. Ester faleceu em 2003.

Sala conheceu o futuro marido Henrike (Henry) quando eles estavam morando no gueto de Pabianice. Henry era o sobrinho de Sol Olsky, o segundo marido de Rachel. Sala e Henry também estiveram juntos em Łódź, mas de Auschwitz ele foi mandado para Mauthausen e para os túneis do campo-satélite Ebensee, um dos campos de concentração com maior índice de óbitos. Após a guerra, ela o procurou por toda parte. "Eu sempre soube que ficaríamos juntos. Ele voltou e, depois de oito semanas, me perguntou: 'Quer se casar comigo?'. Respondi sim, e tivemos 64 anos maravilhosos." Henry, que também quase havia morrido de tifo, tinha um tio nos Estados Unidos que prometera ser o fiador deles. O casal então começou a fazer aulas de inglês em Munique antes de se mudar para Nova York e, em seguida, para Chicago. Mais tarde, eles decidiram ir para Nashville, para ficar perto de Ester e Abe. Sala mudou de nome para Sally, mais americano. Ela e Henry tiveram duas filhas, Ruth e Deborah, que tiveram três filhos.

Bala continuou na Suécia, casou-se com um judeu polonês chamado Jakob Feder e teve dois filhos, David e Mikael, que tiveram quatro filhos no total. Ela morreu de câncer de mama em 1986 e nunca falou a respeito das experiências de guerra para os filhos, que emigraram para Israel após sua morte.

Berek deixou a Suécia em 1956 e se mudou para os Estados Unidos, onde trabalhou num catering de São Francisco, permanecendo na cidade até o fim da vida. Berek casou-se com uma sobrevivente do Holocausto, Pola Nirenberg, e teve dois filhos, Leif e Steven. Steven é neurocirurgião em Nashville e tem quatro filhos. Berek só foi conhecer o "bebê-milagre" de Rachel quando Mark já estava com dezesseis anos, e os dois se tornaram melhores amigos. Entre todos, os filhos da família Abramczyk que sobreviveram à guerra tiveram nove filhos e vinte netos. Era, como eles diziam, seu "final feliz".

Como tantos outros sobreviventes, as irmãs tentavam apagar todas as lembranças de sua história cruel e raramente falavam a respeito, porque era "difícil demais". Numa época em que a psicoterapia ainda era uma prática relativamente nova, alguns sobreviventes do Holocausto conviveram com um grande sentimento de culpa, por terem sobrevivido quando tanta gente morrera. Outros procuraram esquecer do passado, recorrendo ao trabalho, ao álcool, à família ou ao suicídio. Como disse Esther Bauer: "Nos primeiros vinte anos, não conseguíamos falar a respeito. Nos vinte anos seguintes, ninguém queria saber. Somente quarenta anos depois é que as pessoas começaram a fazer perguntas".

Cada sobrevivente, porém, lidava secretamente com as experiências gravadas na memória. Enfrentavam, como podiam, os flashbacks indesejados, que voltavam desencadeados pelas coisas mais simples: uma britadeira, uma explosão no escapamento do carro, um muro alto de pedra, um trem de carga, alguém falando alemão, o cheiro de cabelo queimado, uma pilha de roupas ou o latido de cães. Um sobrevivente desabou quando o barbeiro trouxe uma máquina elétrica para cortar seu cabelo. Outros desenvolveram paranoia com insetos e moscas-varejeiras. Alguns tinham ataques de pânico em metrôs lotados. Toda a noção de proporção havia mudado, e a adaptação a uma vida sem medo não foi fácil para os sobreviventes.

E, no entanto, eles continuavam lutando, assim como haviam feito nos campos. "Já bastava que cada um de nós soubéssemos", disse Sala. "Era algo que havíamos deixado para trás." Não foi fácil convencê-la, mas em agosto de 2010 ela acompanhou o sobrinho Mark e outros familiares a Louisville, Kentucky, para a última reunião dos membros remanescentes da 11ª Divisão Armada dos Estados Unidos, os "Thunderbolts", que haviam libertado Mauthausen e agora se despediam. Dos mais de quatrocentos presentes, havia 81 veteranos e alguns sobreviventes. Após uma comovente cerimônia no Patton Museum, com uma homenagem dos jovens soldados de Fort Knox, foi organizado um jantar, com música de big bands, típica dos anos 1940. Mark contou que foi tudo muito lindo e que sua tia, que jamais estivera em nenhum evento memorial, ficou "profundamente tocada". Depois de conversar com alguns veteranos, Sally disse: "A oportunidade de sobreviver àquele inferno foi pura sorte. Éramos os sortudos. Estávamos de volta. Isso resume tudo".

Sua irmã Rachel concordou: "Era como uma loteria", contou uma vez ao filho. "Estávamos à mercê de pessoas que num momento eram muito amáveis e logo depois se tornavam extremamente cruéis. Algumas pessoas se orgulham de sua inteligência ou força, afirmando que conseguiram sobreviver graças a isso, mas muita gente mais forte e mais inteligente morreu. O que valia mesmo era a sorte."

Rachel (à esq.), com Sala, Berek, Bala e Ester em Israel, década de 1980

Apesar de jurar que deixara tudo para trás, o cabelo de Rachel ficou branco quando ela tinha trinta anos, e ela perdeu quase todos os dentes. O dentista lhe explicou que isso aconteceu porque o feto havia consumido todo o cálcio de seu corpo, sorvendo o que restava ao mamar. A passagem dos anos jamais apagou as lembranças, e Rachel teve insônia durante quase toda a vida, assim como Sol. Mark chegou a ouvi-los chorando ou caminhando pela casa, momentos que, para eles, eram noites escuras da alma.

Ele sabia onde nascera "desde que começou a falar", mas — cercado em Israel pelos filhos de outros sobreviventes do Holocausto — sua incursão no mundo foi relativamente normal. Seus pais se recusavam a ter qualquer coisa alemã, inclusive carro. Talvez não seja de espantar que, quando lhe perguntavam o que ele queria fazer quando crescesse, Mark respondesse: "Matar o máximo de alemães possível!". Rachel ralhava. "Já perdemos tudo e todo mundo. Se perdermos nossa humanidade, perderemos a única coisa que não precisávamos perder." Só nos anos finais de vida é que Rachel admitiu que a geração responsável pelo que havia acontecido na Europa não existia mais.

Sempre que Mark lhe perguntava sobre suas experiências, ela respondia: "Não há nada de interessante para contar. Foi horrível. A principal lição é: proteja-se. Se achar que chegou o momento de ir embora, vá embora". Depois, zangada, dizia: "Você não pode imaginar como foi terrível". Algumas semanas mais tarde, vinha com o questionamento: "Por que você nunca me pergunta o que aconteceu na guerra?". Rachel jamais voltou aos guetos e campos, inclusive o KZ Freiberg. Tampouco assistiu a filmes ou leu livros sobre o Holocausto — com exceção de *A lista de Schindler*, que, segundo ela, "não é ruim".

Mark, que sofre de inúmeras alergias, incluindo asma e febre do feno, não sabia que Sol não era seu pai verdadeiro até encontrar, por acaso, sua certidão de nascimento, aos catorze anos. Mas jamais conversou sobre o assunto com a mãe. "Alguma coisa aconteceu com a minha mãe quando nasci. Ela estava determinada a me proteger, acontecesse o que acontecesse. Cheguei à conclusão de que meu pai tinha morrido na guerra." Apesar da determinação da mãe, uma mulher incansável, "viciada em trabalho", que lhe deu educação e o fez ser alguma coisa na vida, Mark conta que Sol era um "pai maravilhoso", e os dois ficaram muito orgulhosos quando ele se tornou um respeitado médico de emergência. Mark e a esposa Mary, gentia, casaram-se em 1969. Eles têm quatro filhos e quatro netos, dividindo o tempo entre Wisconsin e Arizona.

Como Anka e várias mulheres de sua geração, Rachel adorava ...*E o vento levou* (um livro que ela tinha amado na Polônia), e, após a guerra, ela costumava citar uma fala de Scarlett O'Hara: "Com Deus por testemunha, eles não vão me derrotar. Vou sobreviver a isso. E, quando tudo tiver terminado, nunca mais sentirei fome novamente". Ela estava decidida a jamais cair numa posição em que não tivesse controle ou não pudesse alimentar a família. Cuidou especialmente para que os dois homens de sua vida jamais passassem fome, insistindo em cozinhar depois de catorze horas de trabalho, porque essa era sua "prerrogativa".

Quando assistiu ao filme ...*E o vento levou* com o neto Charlie, principalmente nas cenas que mostravam como os personagens sofreram durante a Guerra Civil Americana, Rachel disse: "Eles acham isso ruim?". Mais tarde,

Rachel (sentada, à dir.), em 2002, com o neto David, a nora Mary, o filho Mark, o neto Charlie e a neta Margaret (da esq. para a dir.)

levou Charlie e outros netos ao museu Yad Vashem, em Jerusalém, onde respondeu a perguntas que nunca tinha respondido ao filho.

Já no fim da vida, Rachel tinha uma saúde bem debilitada, com diabetes, pressão alta, problemas cardíacos e lesões neurais nas pernas. Além disso, ficou surda e sofria de osteoporose, que lhe causou diversas fraturas espinhais. Sobre a falta de mobilidade, ela comentou: "Eu digo às minhas pernas para onde ir, e elas não escutam!". Mark contou que, aos oitenta, sua mãe ficou "fraca e cansada, após muitos anos sendo forte e saudável. Sem conseguir aproveitar a vida, passou a esperar pela morte". Ainda assim, Rachel festejou seu octogésimo quarto aniversário com a família no Ano-Novo de 2002, tendo desistido apenas do trabalho voluntário num hospital local. Dois meses depois, fez uma cirurgia de rotina na bexiga, marcando a operação para um período em que Ester e Sala estavam no Havaí, para que elas "não se preocupassem".

Túmulo de Rachel em Nashville, Tennessee, Estados Unidos

Mark foi de Wisconsin para Nashville para ficar com a mãe, e estava ao seu lado quando ela teve insuficiência cardíaca logo após a operação. "Ela abriu os olhos por um momento e olhou na minha direção", disse o filho nascido num vagão de carvão. Rachel Olsky morreu no dia 19 de fevereiro de 2003.

Com 57 anos de idade, depois de uma vida inteira tentando fazer jus à oportunidade que recebera, Mark tornava-se órfão. A mãe indômita, que quase morrera sessenta anos antes e enfrentou tantas atribulações na vida — inclusive a perda de dois maridos —, sempre procurava atenuar o que ela e o filho viveram. "Você está fazendo um drama de uma coisa tão simples!", teria dito a Mark.

Rachel está enterrada num canto muito tranquilo de um cemitério judaico de Nashville, Tennessee, cercada de lindos cornisos.

Anka

Após três semanas de descanso e recuperação na enfermaria de Mauthausen, Anka e Eva finalmente estavam prontas para ir para casa. Enquanto se preparavam para serem repatriadas e mandadas de volta para Praga, ela e a filha receberam um monte de roupas de bebê e presentes de soldados e simpatizantes. Enxoval não faltava.

Com a certidão de nascimento de Eva e os novos documentos de identidade de Anka, sem o J carimbado, mãe e filha embarcaram num ônibus que ia para České Budějovice e, depois, num trem todo enfeitado de flores, cujo destino era a Tchecoslováquia. No dia 20 de maio de 1945, Anka se despedia daqueles que a salvaram.

Como no caso de Priska e Rachel, a viagem de Anka foi bastante tortuosa, pontuada de longas demoras. A maioria das estações carecia de funcionários, mas estava repleta de pessoas desesperadas para voltar para casa, tentando embarcar de qualquer jeito, mesmo que fosse no teto. Os prisioneiros tchecos de Mauthausen, de olhar desolado, por fim chegaram a seu destino. Tarde da noite, desembarcaram na estação Wilson, de Praga, um lugar que Anka conhecia bem, dos dias em que viajava de Třebechovice para visitar a tia e aonde chegou depois de se mudar para a cidade a fim de estudar direito. Tudo isso parecia fazer tanto tempo!

Chegar a uma cidade depois de uma guerra e uma revolução foi, contudo, um dos momentos mais deprimentes da batalha de Anka. "Todos aqueles anos, tínhamos que continuar lutando, seguindo em frente, tentando não nos preocupar, não pensar em nada", contou. "Nunca me ocorreu que não haveria ninguém me esperando em Praga. Meus pais, minhas irmãs. Ninguém. Não havia motivo para voltar para casa." Foi uma "constatação apavorante", disse Anka, "um dos piores momentos de toda a guerra para mim".

Além do estrago causado durante a revolução, partes da cidade haviam sido acidentalmente bombardeadas por pilotos americanos, que a confundiram com Dresden nos ataques de fevereiro, deixando o sistema elétrico e de transporte num estado caótico. Grandes áreas da cidade ainda estavam no escuro. Emocionalmente abalada e fisicamente frágil, Anka não tinha dinheiro, e seu plano era esperar amanhecer para encaminhar-se ao apartamento da prima, Olga. Por mais ilógico que fosse, Anka tinha certeza de que Olga sobrevivera, porque ela era casada com um gentio. Enquanto não amanhecia, Anka e as companheiras teriam que esperar na escuridão total, até que chegaram uns oficiais da Cruz Vermelha e conseguiram hospedá-las no Hotel Graaf, perto da estação.

Na manhã seguinte, Anka partiu com Eva em direção à estação de bonde. Como era uma das primeiras sobreviventes a voltar para Praga depois da guerra, sua presença causou certa estranheza. Mesmo com a divulgação de imagens dos campos libertados e dos sobreviventes em cinejornais e diários do mundo inteiro, as pessoas ainda se chocaram com a visão da mulher esquelética, de cabelo desigual, vestindo as roupas esfarrapadas que recebera em Mauthausen. Muitos, por pena, lhe ofereceram algumas coroas tchecas.

"Eu só preciso do dinheiro para a passagem", insistiu Anka, pegando só o que precisava. À luz do dia, a cidade, por incrível que pareça, estava praticamente inalterada, mas Anka, atordoada, não a reconhecia. Chegando ao apartamento no segundo andar da rua Schnirchova, perto da Área de Exposições Art Nouveau, ela subiu as escadas e ficou surpresa ao encontrar pão e sal — elementos básicos da vida — no corredor, numa típica recepção de boas-vindas tcheca. Bateu na porta um pouco depois das dez da manhã, e ficou frente a frente com a prima Olga Šroňková, o marido Ivan e dois filhos, que, tendo recebido a informação de que ela estava viva, esperavam a sua volta. "Não estamos com piolho!", exclamou Anka, caindo em braços familiares e chorando pela primeira vez em anos. Na verdade, ela e Eva estavam cheias de piolho, mas ninguém se importava, pela alegria e pelo alívio de revê-las.

"Podemos ficar aqui alguns dias até nos recuperarmos?", perguntou Anka. Ficaram três anos e meio, acolhidas por Olga e a família, o que lhes permitiu um novo começo de vida. "Eles foram uns anjos. Naquele pequeno apartamento, com filhos adolescentes, e eles ainda nos receberam — por todo aquele tempo."

Nos primeiros dias após a chegada, Anka só comia e dormia. Ainda desacostumada com a ideia de que não faltaria o que comer, levantava no meio da noite, sem fazer barulho, e ia à cozinha "assaltar" a dispensa ou tomar litros de água. Não conseguia parar de comer pão, e estaria disposta a assar mais com Olga de madrugada se a luz estivesse ligada.

Quando se tornou evidente que ela e Eva haviam trazido piolho para casa, e que as duas estavam com sarna — causada por picadas de parasitas —, elas foram levadas para o hospital e tratadas, por vários dias, com loções inseticidas e antibióticos. Olga, que tinha vinte anos a mais que Anka, visitava-a com frequência e era extremamente paciente com ela. Com todo o cuidado, começou a responder a suas perguntas e contar o que acontecera em Praga em sua ausência. Olga e a irmã Hana — que também havia se casado com um gentio — conseguiram escapar até os últimos seis meses de guerra, quando foram detidas em Terezín. Os maridos foram enviados para um outro campo da Tchecoslováquia, para não judeus. Todos sobreviveram.

Olga também conseguiu dizer a Anka que nenhum outro familiar tinha feito contato ainda. Não havia notícias dos orgulhosos pais de Anka, Stanislav e Ida, da pesarosa Ruzena e de seu belo filho Peter, da divertida Zdena e o marido Herbert. Olga mostrou a Anka o cartão-postal que Zdena havia sido obrigada a mandar de Birkenau, contendo a palavra em código *lechem* (pão) — sua última tentativa bem-sucedida de avisar que estava passando fome. Zdena, a moça linda e cheia de vida, que amara tanto o marido e a vida, havia sido apagada como a chama de uma vela.

Olga não sabia nada a respeito de seus pais, que Anka vira pela última vez saindo de Terezín. Bernd tampouco dera notícia. A família havia deixado todos os nomes dos parentes desaparecidos com as autoridades competentes. À medida que as semanas se passavam, parecia cada vez mais provável que eles fossem os únicos sobreviventes da família.

Como se não bastasse, o leite de Anka secou praticamente no momento em que elas chegaram a Praga. "Era como se seu corpo dissesse 'Chega!', uma vez decidido que ela poderia conseguir fórmula infantil ou algum outro alimento para mim", contou Eva. "O irônico é que o pai de Peter mandou uma caixa inteira de leite em pó da Inglaterra, mas o pediatra ao qual minha mãe me levou disse que aquilo era uma porcaria, que ela podia jogar fora, e ela jogou mesmo."

Dali em diante, toda vez que Anka tentava alimentar a filha, terminava frustrada, chorando. Ela não tinha mais leite para oferecer, e seus seios estavam extremamente sensíveis. Quando um especialista lhe disse que Eva precisava "comer, comer e comer", Anka não teve outra opção a não ser alimentá-la à força. Eva, coitada, sem escolha, foi virada de cabeça para baixo no sofá e obrigada a tomar a sopa que lhe serviam de colher, às vezes engolindo, às vezes engasgando. Uma experiência traumática para todos.

Anka e Eva, Praga, 1945

Anka tinha outras preocupações também. Despojada da cidadania tcheca por conta do casamento com um alemão e a expulsão de todos os alemães de seu país, temia que corresse perigo, mesmo sendo judia. Todo dia, levava Eva num carrinho de bebê a diversos órgãos governamentais para preencher formulários e falar com oficiais, na tentativa de recuperar a cidadania.

Ainda não havia notícias de Bernd ou dos parentes, apesar de Anka perguntar a todo mundo que poderia ter estado com eles. Sem abrir mão da esperança, ela repetia a si mesma que Bernd estava voltando para casa. Com o tempo, foi sabendo, por pessoas que conheciam a família, do destino de seus parentes mais próximos. Os pais e as irmãs, assim como Peter e o cunhado, foram todos instalados no campo familiar tcheco em Birkenau, criado para agradar a Cruz Vermelha. Stanislav, o outrora orgulhoso pai de Anka — cujos óculos e o coração quebraram em Terezín —, morreu de pneumonia em poucas semanas. A sorridente Zdena e o belo marido Herbert foram mandados para a câmara de gás junto com Ruzena, depois que o campo foi esvaziado. O sobrinho de Anka, Peter, com apenas oito anos, sofreu abuso sexual dos guardas antes de ir para a câmara de gás também. A mãe, Ida, a jovial e viçosa matriarca, que cuidara da caixa registradora da fábrica de couro e entretinha as clientes, enlouqueceu quando a família toda foi embora, e provavelmente morreu na câmara de gás. "O homem que me contou sobre minha mãe e o fato de ela ter perdido o juízo talvez tenha sentido pena de mim, e não sei se o que contava era verdade, mas seria uma bênção se fosse."

Procurando assimilar todas aquelas informações, Anka se deparou com uma pessoa na rua. "Encontrei-o por acaso, numa rua muito elegante chamada Na Příkopě... Nem me lembro o que eu estava fazendo lá. E encontrei esse sujeito. Eu o conhecia de antes da guerra, e não tinha me dado conta de que ele estivera no mesmo campo que Bernd... Ele ficou muito feliz de me ver e perguntou: 'Você sabia? Não espere pelo seu marido. Ele foi morto um pouco antes da libertação. Eu estava lá quando lhe deram um tiro'. Serei eternamente grata por ele ter ido direto ao ponto, sem rodeios. Não me fez esperar."

Anka acabou descobrindo que logo após chegar a Auschwitz II-Birkenau em setembro de 1944, Bernd foi selecionado para trabalhar na fábrica de munições de um campo-satélite chamado Bismarckhütte, em Chorzów Batory,

Silésia. Localizado perto da usina siderúrgica Bismarck, controlada pela empresa Berghütte, o campo comportava cerca de duzentos prisioneiros judeus, que eram forçados a fazer trabalho manual ou fabricar peças para armamentos. Bernd sobreviveu ao rigoroso inverno, mas, no dia 18 de janeiro de 1945, todos os prisioneiros foram evacuados, numa "marcha da morte" de trinta quilômetros até Gliwice, debaixo de neve. Bernd pode até ter feito parte do grupo de almas perdidas entre as quais estava Tibor, marido de Priska, mas não há como saber se eles se conheceram.

Qualquer pessoa na marcha que ficasse para trás ou caísse no chão era morta com um tiro na nuca e abandonada à beira da estrada, onde congelava. Esse havia sido o destino de Tibor. Os que permaneceram — nem poderiam ser chamados de "vivos" — foram colocados em vagões de gado e transportados para os campos de Nordhausen-Dora ou Buchenwald. Foi nesse último trecho da viagem que Bernd foi morto na frente do trem por um guarda da SS. Meses depois, ninguém tinha coragem de contar à sua mulher o que acontecera com seu corpo, que provavelmente foi largado em algum ponto do caminho. Anka não sabia se ele tinha sido enterrado mais tarde, e não havia aonde ir para lhe prestar homenagens.

Anka também não descobriu por que Bernd foi morto tão perto do fim da guerra, embora soubesse — após cinco anos nos campos — que não era necessário um motivo para isso. Alguns dias depois do assassinato, a Cruz Vermelha chegou à região de Gliwice, um acontecimento que teria salvado Bernd, permitindo que ele fosse para o lado da esposa grávida.

A notícia de que ele nunca mais voltaria quase destruiu Anka, embora ela fosse muito forte depois de tudo o que passara. Seu coração endureceu como pedra, mas ela se recusava a ceder ao desespero. Tinha muitas outras tristezas e muito a considerar, sobretudo Eva. De alguma forma, ela conseguiu se recompor, devagarzinho, e continuar com sua vida. "Eu não tinha tempo para sofrer. Alguém me perguntou: 'Como você está lidando com tudo isso?', e eu respondi: 'Não tenho tempo de pensar. Tenho que cuidar do dia a dia', o que já era bastante, porque eu não sabia onde conseguiria o próximo centavo."

Anka recebeu mais notícias desagradáveis. A criada a quem confiara seus pertences mais preciosos veio, constrangida, devolver o relógio e outros itens de Bernd, confessando que havia vendido as cortinas verdes de seda e queimado as sagradas fotografias de Anka, por medo de que a incriminassem se encontrassem aquilo tudo em sua posse. "Tive vontade de matá-la. O que mais queria, de tudo o que eu tinha, eram as fotografias." Depois de tanta perda, os bens materiais pouco significavam para aqueles que voltavam dos campos. Mas as lembranças significavam muito. Pertences pessoais de seus entes queridos significavam o mundo para eles, inclusive para Anka, e a criada lhe dizia que não havia mais nada. Mesmo assim, Anka resolveu ir ao estúdio do fotógrafo — judeu — que havia tirado as fotos do casamento. Embora ele tivesse morrido, os negativos ainda se encontravam em seus arquivos, e Anka conseguiu revelar novas fotos.

Sua prioridade, como sempre, era Eva. "Eu tinha Eva para cuidar, e era isso o que me fazia continuar. Ela é a única coisa verdadeiramente minha. Sempre foi. Toda mãe ama sua filha, mas sinto que nosso cordão umbilical não foi cortado. Eu tinha que estar presente para ela, se quisesse que ela sobrevivesse. Precisava ser seu estio, tanto material quanto emocional."

Quando Olga saiu de férias com a família no primeiro verão depois da guerra, Anka decidiu ir a Třebechovice pod Orebem para ver o que restara dos negócios e da casa de seus pais. A única coisa que ela sabia era que os imóveis haviam sido confiscados. Acompanhada somente da filha bebê, ela foi até a estação Wilson e pegou o trem de volta para o cenário de suas lembranças mais felizes da infância. "Eu não tinha dinheiro e não podia trabalhar, porque Eva precisava muito de mim. Como eu era a única herdeira da família e a fábrica ainda estava funcionando — embora fosse propriedade dos comunistas agora —, resolvi dizer a eles que eu tinha uma filha pequena e precisava de ajuda."

Ao chegar à fábrica, Anka foi tomada por pungentes lembranças de verões da infância, os almoços no pátio com a família, os momentos de descontração no jardim, deitada com um travesseiro na cabeça, lendo um livro. A alta chaminé de tijolos, que ela sempre temera que caísse e matasse todo mundo, agora lembrava outras chaminés mais sinistras. Ela nem conseguiu andar por sua sombra.

Anka falou com os diretores comunistas da empresa e, para sua surpresa, eles concordaram em lhe pagar um pequeno estipêndio mensal. "Era muito pouco, mas era melhor do que nada." A casa estilo Bauhaus da irmã também havia sido confiscada e estava sendo utilizada como alojamento de um dos trabalhadores — um comunista convicto. Ela e Eva então foram alocadas no canto de um pequeno quarto, quase sem móveis e sem acesso à cozinha ou ao banheiro. "Eles me trataram como uma vagabunda."

Embora no início apreciasse o luxo, há muito esquecido, de não estar cercada por centenas de pessoas e a alegria de poder respirar ar puro, Anka logo foi acometida pela solidão. As vozes da família silenciada ecoavam à sua volta. Seu sonho de voltar para casa, para um lugar de alegria, amor e beleza, e ser recebida por mãos carinhosas havia se transformado num pesadelo, do qual não se podia acordar. O passado passou, e ela estava num novo tipo de campo, quase tão cruel quanto tudo o que vivera.

Presa na pequena cela, Anka não tinha permissão nem para colher um tomate do enorme jardim em que ela brincara tão alegremente na infância. Pior do que isso, um dia, passeando com Eva num carrinho de bebê que alguém lhe doara, uma senhora tcheca que ela conhecia parou e disse, com crueldade: "Deve ser um bebê nazista!". O comentário lhe feriu a alma, e ela saiu correndo, aos prantos. "Os tchecos me tratavam muito mal, e aquilo doía muito. Eram pessoas com as quais eu havia sido criada. Não esperava nada diferente dos alemães, mas a baixeza dos tchecos e comunistas me fez sentir que eu deveria ter morrido também. Foi horrível."

Ainda assim, havia atos de bondade inesperados também. Quando alguns amigos de seus pais ficaram sabendo que Anka sobrevivera, eles vieram um dia e lhe prestaram homenagens. Anka não sabia que Stanislav e Ida haviam confiado seus melhores tapetes, joias, prataria e objetos de porcelana àquelas pessoas, que tiveram o cuidado de guardá-los bravamente durante a guerra. Anka ficou muito emocionada de receber tudo aquilo de volta, agradecendo aos amigos pela honestidade. "Recebi praticamente tudo de volta." Mesmo com aqueles pequenos gestos, estar em "casa" já não era a mesma coisa. Quando a prima Olga descobriu como e onde ela estava vivendo, insistiu para que voltasse com Eva para Praga. Pouco tempo depois, elas receberam a visita de um amigo do cunhado de Anka, Tom Mautner, que chegou com comida e roupa da Inglaterra. Ele se chamava Karel Bergman, fabricante judeu de perucas e rede de cabelo, cujo pai possuíra uma fábrica. Anka conhecia Karel desde antes da guerra, mas ele, como Tom, fugira para a Inglaterra, onde trabalhava como intérprete do Fighter Command.

Sem casa e com pouco dinheiro para viver, a situação de Anka era insustentável. Ela não podia ficar com Olga para sempre e sabia que precisava seguir seu caminho. Quando Karel começou a demonstrar interesse, ela ficou feliz, mas ainda demorou três anos para persuadi-lo a se casar com ela. "Eu sabia que ele era o homem, não só para mim — isso não importava —, mas como pai para Eva. Se alguma vez tive certeza de algo foi disso." Os dois ficaram noivos depois de um tempo, mas não podiam se casar imediatamente, porque Anka ainda estava esperando a nacionalidade tcheca.

Quase todos os dias, Anka ia com Eva às repartições públicas saber a quantas andava o processo. Estacionava o carrinho de bebê do lado de fora e entrava para falar com os funcionários. Quando voltava, o carrinho estava cercado de adultos, falando ternamente com a bebezinha. Anka descobriu que as autoridades resolveram negar seu pedido, porque, se ela não era oficialmente tcheca, eles não tinham que lhe devolver a fábrica nem compensá-la por perda nenhuma. Um oficial, com quem ela tratava do assunto quase todos os dias durante três anos, perguntou depois desse tempo todo: "Você fala tcheco?", embora eles sempre tivessem conversado no idioma materno de Anka.

Assim que ela finalmente conseguiu convencer as autoridades de que era legitimamente tcheca de novo, no dia 20 de fevereiro de 1948, aos trinta anos, Anka se tornou a sra. Karel Bergmanová. Seu marido tinha 45 anos, era quinze anos mais velho do que ela. Em 1939, ele havia fugido para o Protetorado, passando a integrar a Força Aérea Real britânica, mas, como era velho demais para ser piloto, foi trabalhar como intérprete. O casamento deles aconteceu no mesmo dia do *putsch* (golpe) comunista, que estabelecia uma nova ordem política na Tchecoslováquia.

No momento em que os recém-casados já podiam legalmente sair do país, eles fizeram as malas e pegaram um trem para a Holanda, planejando morar com outros refugiados tchecos em Montreal, Canadá. Mas quando chegaram à Holanda (onde estiveram brevemente com o pai cego de Bernd, Louis, que sobrevivera à guerra), decidiram seguir para o País de Gales, por

Casamento de Anka com Karel Bergman, 1948

conta de um emprego temporário oferecido a Karel, como supervisor de uma fábrica de luvas. Em cinco anos, Karel acabou comprando a fábrica, e o casal nunca mais saiu de lá. Desde os primeiros dias morando num pequeno apartamento mobiliado no primeiro andar de um edifício na Cathedral Road, Cardiff, Anka adorou sua casa e a nova vida num país em que se sentia livre e segura. "Era uma quitinete de segunda categoria, um lugar decadente, mas nunca fui tão feliz. Não tinha um centavo no bolso. Como consegui, não sei. Pensava o tempo todo na minha mãe, na alegria que ela sentiria, de que tudo tinha dado certo."

Uma das melhores coisas da época foi o resgate do amor pelo cinema. Sempre que Eva estava na creche ou na escola, Anka ia ao cinema sozinha — quase todos os dias. "Nem importava que filme estava passando", conta. "Só de poder ir ao cinema..."

Franzina, subnutrida e frágil, Eva parecia se desenvolver muito lentamente. Com 22 meses de vida, ainda não andava. Anka a levou a diversos pediatras, temendo alguma sequela incontornável. Preocupava-se ainda mais ao comparar a filha com a filha de uma amiga, que estava uns seis meses à frente. Sua delicada filha, porém, foi se fortalecendo aos poucos, "e se recuperou admiravelmente". Frequentava uma escola onde não entendia uma palavra, por causa do idioma, mas aos cinco já falava com fluência e começou a ganhar prêmios. Gozando de ótima saúde, parecia ter saído ilesa e desenvolvera um apetite normal, deliciando-se sobretudo com os pratos tchecos que sua mãe preparava tão bem — grande parte das receitas aprendida com ingredientes imaginários no campo de concentração.

A principal consequência do período em que Eva passou nos campos era que ela ficava histérica quando ouvia o som de britadeira. Anka precisava pedir para os operários pararem ou tapar os ouvidos da filha para ela se acalmar. Depois de um tempo, chegou à conclusão de que Eva devia ter ouvido o som das rebitadoras no KZ Freiberg, mesmo no útero.

Eva ficou sabendo da história da família logo cedo, mas só foi descobrir que Karel não era seu pai biológico aos quatro anos de idade. Pendurada atrás da porta da cozinha encontrou uma bolsa que alguém havia feito para sua mãe em Praga, com as iniciais A.N.: Anka Nathanová.

"Estávamos na cozinha, e ela perguntou: 'Mãe, o que significa A.N.? Não era para ser A.B.?'", lembra Anka. "Decidi que lhe contaria naquele momento. 'Você já ouviu falar da guerra?', perguntei e, como ela respondeu que sim, eu disse: 'Bom. Seu pai morreu nessa guerra, e o sobrenome dele era Nathan. Depois me casei com o papai, e a partir daí sou chamada de Bergman. Ou seja, você tem dois pais!'. Eva desceu para brincar com as outras crianças e, um minuto depois, ouvi-a dizendo: 'Eu tenho dois pais e você só tem um!'. A partir daquele momento eu soube que ninguém poderia lhe fazer mal."

Mais tarde, quando descobriu mais, Eva passou a contar às pessoas que havia nascido num campo de concentração, sem saber, contudo, o verdadeiro significado daquilo. Só depois de ler *O diário de Anne Frank* é que a adolescente começou a entender todo o horror do que dizia. Ocasionalmente, chegava a fantasiar que seu primeiro pai havia sobrevivido à guerra e voltaria à vida delas, mas Eva amava tanto o segundo pai que essas fantasias eram raras.

Anka tinha proposto ter um filho com o novo marido, mas ele recusou, propondo adotar Eva, que ele sempre considerara como sua filha. "Minha mãe só queria criar um lar com afeto para mim", contou Eva. "Karel me adotou e foi o único pai que conheci."

Anka e Eva em Cardiff, 1952

Karel, que havia perdido a mãe, a irmã gêmea e o sobrinho junto com o resto da família durante a guerra, raramente falava de suas perdas. Anka, por outro lado, ficou obcecada e assistia a quase todo filme e documentário sobre o Holocausto. Assistiu ao filme *A lista de Schindler* quando foi lançado, descrevendo as cenas dos campos como "quase perfeitas". Um episódio específico a tocou: o momento em que os judeus foram trancados nos vagões de gado. Os nazistas riam dos prisioneiros, que imploravam por água com as mãos enfiadas nas rachaduras da madeira, quando Schindler, simulando mais um ato de crueldade, pegou uma mangueira e esguichou água sobre os vagões, para que eles tivessem o que beber.

Anka tinha muitas prateleiras de livros sobre o Holocausto, várias com fotografias de Josef Mengele, que — como Rachel e Priska — logo reconheceu como o sorridente e educado médico, com suas luvas de pelica e os dentes separados, que realizara as seleções de Auschwitz durante aquelas poucas semanas da segunda metade de 1944. Havia inúmeras biografias de outros nazistas célebres em sua estante, algo que surpreendia as pessoas. Quando lhe perguntavam por que ela guardava aqueles livros, Anka respondia: "Porque ainda estou tentando compreender o motivo". Ela também estudou as listas de prisioneiros mortos em Terezín e Auschwitz, correndo o dedo pelas páginas para ver como e quando seus conhecidos morreram.

Findo o poderio comunista em 1989, Anka finalmente recebeu de volta a propriedade da fábrica da família em Třebechovice. "Vendi-a imediatamente — e muito mal —, porque não sabia nada a respeito da administração de uma fábrica, e não queria ter nenhuma relação com aquilo." Sentindo-se culpada, pensava no que o pai lhe diria se estivesse vivo: "Primeiro os alemães a roubaram, depois os comunistas, e agora você a vende por vontade própria? Como você foi capaz de fazer uma coisa dessas?". Uma decisão que ela amargaria pelo resto da vida.

Anka jamais voltou a Auschwitz e não queria nada com os alemães. Como Rachel, não tinha nada alemão em casa. Era veementemente contra a construção do Eurotúnel, porque, segundo ela, "os alemães poderiam vir pelo túnel!". Muitos anos após a guerra, um engenheiro alemão foi enviado para ensinar aos funcionários da fábrica do marido como utilizar as novas máquinas instaladas. Karel convidou-o para jantar. Anka serviu a comida, mas quando o marido perguntou ao convidado de onde ele vinha e ele respondeu "Freiberg, Saxônia", ela saiu da sala e nunca mais tocou no assunto.

Quando Anka levava a filha de trem de Cardiff para Londres, elas tinham que passar por enormes aciarias em Newport, com imponentes chaminés industriais soltando fumaça e fogo. Anka não aguentava e virava a cabeça. Mais tarde, ela passou a sofrer de uma desordem no ouvido interno conhecida como Síndrome de Ménière. Um especialista lhe disse que esse transtorno era mais comum entre os metalúrgicos, pessoas que trabalhavam em minas de carvão e cantores — profissionais expostos a níveis muito altos de barulho. Não sabia precisar onde ela tinha desenvolvido a síndrome, até ela lhe contar sua história.

Em 1968, com 23 anos, Eva se casou com Malcolm Clarke, um gentio que se tornou professor de direito na Universidade de Cambridge. O casal teve dois filhos, Tim e Nick, e três netos — Matilda, Imogen e Theo. Anka conheceu e amou todos eles. "Foi maravilhoso para a minha mãe", contou Eva. "Ela não acreditava que tinha sobrevivido e que eu tinha sobrevivido e que tinha tido dois filhos, que lhe deram três bisnetos. Era um milagre!"

Quando conheceu o sogro de Eva, Kenneth Clarke, descobriu que ele havia sido navegador do Comando de Bombardeiros da Força Aérea britânica durante a guerra. Kenneth lhe mostrou seu diário de voo, que registrava que no dia 13 de fevereiro de 1945, às 17h40 — enquanto ela e o resto das prisioneiras estavam trancadas na fábrica de Freiberg —, ele havia sobrevoado Dresden e ajudado a bombardear a cidade num Lancaster, antes de voltar para a base britânica às 10h10. Kenneth, aos prantos, constatou: "Eu poderia ter matado vocês duas!". Anka o tranquilizou com um sorriso e disse: "Mas não matou, Kenneth!".

Anka com Eva, os netos Tim e Nick e os bisnetos Matilda, Imogen e Theo, Inglaterra

Quando Eva estava morando em Cingapura com o marido no final da década de 1960, escreveu à mãe pedindo-lhe que escrevesse toda a sua história. Queria ter um relato completo para passar para os filhos. Anka concordou. Um dia, Karel leu por acaso um trecho do relato, e foi assim que ele, profundamente tocado, ficou sabendo de tudo o que acontecera com a esposa durante a guerra.

Nos últimos anos, Anka fez uma viagem carregada de emoção a Terezín com Eva, mostrando à filha onde vivera e quase morrera. Ao voltar sozinha ao gueto anos depois, Eva ficou muito emocionada ao ver que o nome do irmão Dan havia sido inscrito num memorial — o único registro do bebê cuja morte garantira a sua vida.

Hana, prima de Anka, que provavelmente só sobrevivera à guerra porque se casara com um gentio, editou mais tarde um livro com poemas e desenhos de crianças de Terezín intitulado *Não vi mais borboletas*, em homenagem ao poema do jovem Pavel Friedman, um dos que morreram. Além disso, Hana se tornou curadora do Museu Judaico de Praga, contribuindo para a inscrição dos nomes das pessoas perdidas na parede da sinagoga — entre eles os nomes de Bernd e dos quinze membros da família de Anka.

Após uma vida inteira dedicada à educação, Eva se aposentou e resolveu contar a história da mãe, primeiro em escolas, viajando o país inteiro com o Holocaust Educational Trust. Seu trabalho inspirou um balé chamado *A história de Anka*, de um grupo de dança de Cambridge, que se apresentou no Edinburgh Fringe. Eva foi diversas vezes a Auschwitz com alunos e professores, e toda vez que se aproximava da *Sauna* em Birkenau procurava no chão o anel de ametista e a aliança da mãe, que nunca haviam sido encontrados.

Eva levou os dois filhos e Malcolm a Mauthausen em seu aniversário de quarenta anos, no ano de 1985. Hoje em dia, o antigo campo é um belo museu memorial, que os visitantes do mundo inteiro podem visitar gratuitamente. Em 1985, só os sobreviventes podiam entrar de graça. Quando Eva tentou explicar ao homem do portão que ela era uma das sobreviventes, ele riu na sua cara e a fez chorar, recusando-se a acreditar por conta de sua idade.

Cética convicta, Anka jamais modificou sua visão religiosa. "Ninguém é capaz de responder à pergunta: 'Onde Ele estava?'. Ninguém sabe, assim como ninguém consegue explicar por que nós fomos tratados daquela maneira." Sempre otimista, ela acrescenta: "Mesmo tendo acontecido tudo o que aconteceu, do ponto de vista físico e mental foi no momento certo, porque eu era jovem e forte. Como contei para a minha filha desde muito cedo, pude esquecer essa história, de certa forma. Acho que consegui superar o trauma, e minha filha é saudável, tanto física quanto emocionalmente. Para mim, portanto (mas só para mim, não para minha família), as coisas aconteceram da melhor maneira que podiam ter acontecido. Eva foi minha confirmação de vida. Ela me ajudou a seguir em frente e manter a sanidade".

Karel, marido de Anka, morreu de ataque cardíaco em 1983, com 81 anos. Na cerimônia de cremação, ao ver a fumaça negra que saía da chaminé, Anka estremeceu, perguntando-se: "Por que tive que olhar?". Suas cinzas foram espalhadas no cemitério judaico perto de sua cidade natal, na região rural da República Tcheca, não muito longe de um imponente memorial de pedra, erguido para ele e outros moradores que deixaram o país para lutar contra os nazistas ou que morreram nos campos. Depois de espalhar as cinzas do marido, Anka pediu a Eva que a cremasse também, quando chegasse o momento, mesmo que isso não fizesse parte da tradição judaica. "Afinal, foi como todo mundo da família acabou!", brincou Anka.

Anka morou com Eva e o genro em Cambridge nos últimos três anos de vida. Com 96 anos, esteve lúcida até o fim, sempre cuidando da aparência. Mesmo nos últimos dias, a mulher que retocara os cílios para ver o marido num gueto se maquiava para receber o neto mais velho. Bastante orgulhosa do trabalho da filha de falar sobre o Holocausto para os jovens, ela teria ficado felicíssima de ser lembrada num livro. "Quanto mais pessoas souberem do que aconteceu, menor a probabilidade de que aconteça de novo, assim espero", disse Anka. "Esta história serve para mostrar às pessoas que uma coisa dessas *não pode* se repetir."

Anka, no aniversário de 95 anos, com a bisneta Matilda, 2013

Eva concorda. "É muito importante lembrar dos milhões de pessoas que morreram, sobretudo daquelas cujas famílias e comunidades foram totalmente destruídas. É nosso dever contar essa história, para impedir que esse tipo de atrocidade venha a acontecer novamente."

Anka Nathan-Bergman morreu em casa, com Eva a seu lado, no dia 17 de julho de 2013. De acordo com seu desejo, suas cinzas foram espalhadas no mesmo local que as cinzas do segundo marido, Karel, no sereno cemitério judaico situado no meio de um bosque perto de Drevikov, na República Tcheca.

Após 65 anos na Inglaterra, uma nação que adorava, mas onde sempre se sentiu estrangeira, Anka finalmente voltava para o país que amava.

Túmulo de Anka, República Tcheca

10

Reencontro

Os bebês reunidos com seus libertadores, os Thunderbolts

"Os Thunderbolts nos libertaram e os Thunderbolts nos reuniram", disse Hana Berger Moran em casa, no país de seus salvadores. Ela devia saber. Foi a filha de Priska que, no verão de 2003, decidiu procurar os médicos que salvaram sua vida em Mauthausen, 58 anos antes.

"Minha mãe ainda estava viva, morando em Bratislava, e eu queria descobrir se Pete também ainda estava vivo, para que pudéssemos encontrá-lo e agradecer." Procurando na internet, ela se deparou com o site dos veteranos da 11ª Divisão Armada do Terceiro Exército dos Estados Unidos e ficou sabendo que eles iam realizar uma convenção em Illinois. Mandou uma carta, que apareceu no site e na revista trimestral *Thunderbolt*.

Depois de explicar as circunstâncias de seu nascimento, escreveu:

No ano de libertação de Mauthausen eu tinha somente três semanas. Como minha estimada mãe gostava de dizer, os tanques possuíam bandeiras brancas e os soldados eram incrivelmente jovens. Ela se lembra de ter ouvido a música "Roll Out the Barrel" tocando. Os cirurgiões que me operaram afirmavam que eu não sobreviveria se não recebesse o tratamento apropriado, implorando à minha mãe para que ela voltasse com eles para os Estados Unidos. Ela não lhes deu ouvidos, pois queria voltar para casa, em Bratislava, para esperar o marido, meu pai. Gostaria muito de saber o nome do cirurgião ou cirurgiões que me operaram e ter contato com qualquer pessoa que tenha ajudado os prisioneiros após a libertação. Termino aqui expressando toda a minha gratidão aos libertadores do campo de concentração de Mauthausen.

Hana, que se descrevia como "um bichinho subnutrido" quando nascera, afirmou que jamais foi a heroína da história. "Minha mãe é que fez tudo." Levou um tempo, mas no início de 2005 ela recebeu uma mensagem de um senhor que tinha dezenove anos quando foi libertado de Ebensee, subcampo de Mauthausen, e que desde então se tornara representante americano do Comitê Internacional de Mauthausen. Max Rodrigues Garcia, que morava em São Francisco, não muito distante de Hana, havia lido sua carta e a convidava para o sexagésimo aniversário de libertação de Mauthausen. O evento aconteceria em Mauthausen, e o médico Pete Petersohn, de 82 anos, deveria comparecer.

Em maio de 2005, Hana e o marido Mark pegaram um avião de São Francisco para a Áustria, e Pete foi com o filho, Brian, de Chicago. No hotel

Wolfinger, na praça central de Linz, os libertadores com a família e alguns sobreviventes estavam reunidos para compartilhar histórias com homens que não viam havia anos. Hana se encontrava no restaurante lotado quando entrou um grupo de pessoas com boné dos Thunderbolts, amarelo e branco. Um dos integrantes era mais velho e estava visivelmente cansado. Devia ser Pete, pensou Hana, sentando-se a seu lado numa mesa do canto, em meio à conversa animada. Hana esperava. De repente, um silêncio tomou conta da sala, e Max Garcia, sentado ali perto, precisou colocar a mão na boca para não soltar uma exclamação de ansiedade e emoção.

Alguns minutos depois, Pete sentiu a presença de Hana. Com lágrimas nos olhos, ele se vira para a estranha e lhe diz, calmamente: "Hana".

Os dois se abraçaram por um bom tempo, mudos.

"Achei que ela fosse me sufocar, de tão apertado o abraço que me deu!", contou Pete.

Fazia sessenta anos que eles não se viam, e Hana não tinha como se lembrar dele, mas apertar a mão do médico que conseguira convencer seu superior a tentar salvá-la, naquele lugar em que tanta gente precisava de socorro, foi um dos momentos mais emocionantes de sua vida. Com o rosto cheio de lágrimas, Hana disse que o amava e o agradeceu por tudo, mostrando-lhe algumas das cicatrizes da operação no braço e no peito.

Pete também ficou profundamente emocionado com o reencontro. Depois de algumas semanas após a libertação de Mauthausen, ele começara a escrever suas experiências numa máquina de escrever, incrementando-as com fotos que ele mesmo havia tirado. Mesmo sendo tão jovem, ele sabia da importância do testemunho ocular.

O processo teve seu preço. Numa entrevista concedida ao historiador Michael Hirsh em 2008, Pete disse: "Tive uma crise [em Mauthausen]... Trabalhava muitas horas e precisava descansar... Sangrava do nariz, dos ouvidos internos, e não conseguia dormir... Meu chefe me ordenou que descansasse por dois dias. Até hoje estou lutando... Porque ainda tenho esse trauma, que me tira o sono... Deito-me, esperando ter uma boa noite de sono, e os corpos começam a aparecer... Pilhas de corpos mortos, sendo roídos pelos ratos... Tenho ido ao psiquiatra, mas não sei muito o que ele pode fazer por

Hana e o médico americano que a salvou em Mauthausen, 2009

mim... Com os anos, foi piorando... Acho que é uma coisa que vai me acompanhar pelo resto da vida".

Hana perguntou sobre o major Stacy, mas infelizmente ele já havia falecido. Conversas posteriores com familiares do major Stacy revelaram que ele, como muitos outros soldados, jamais falou a respeito de suas experiências de guerra. Tampouco mencionou o bebê que ajudara a salvar.

No desenrolar da conversa, Pete finalmente pôde explicar por que Priska vivia pedindo perdão à filha. Aquele sentimento de culpa devia estar relacionado às duas vezes que Priska "desistira" da filha, primeiro diante de um *Kapo*, quando chegou ao campo, e depois perante os médicos — nas duas ocasiões, sem saber qual seria o resultado. "Pete me contou que minha mãe sabia que eles estavam tentando ajudar e foi muito 'educada'. Disse: 'Fiquei impressionado com o gesto dela. Ela simplesmente entregou a filha para mim, sem saber se a veria de novo. Ela confiou que eu a salvaria e a traria de volta'. Acho que é por isso que ela se sentia culpada."

Hana apelidou Pete carinhosamente de "papai Pete", e os dois mantiveram contato por e-mail e telefone nos anos seguintes. Num e-mail que enviou para ela pouco tempo após o encontro de 2005, Pete escreveu sobre sua viagem à Europa:

No geral, foi ótimo. O melhor de tudo foi nosso reencontro após sessenta anos, que me trouxe felizes lembranças e a resposta para uma pergunta insistente: será que deu tudo certo? Eu rezava para que tudo tivesse corrido bem. Meu serviço havia terminado, e eu rezava para que todos aqueles que havia atendido sobrevivessem, e para que eu tivesse acertado no tratamento. Até vir o caso do bebê de Mauthausen. Havia muito motivo para especulação e dúvida, e eu tentava esquecer essa história, mas devo confessar que não consegui.

Infelizmente, Priska não estava em condições de encontrar Pete para agradecer pessoalmente. Morreu um ano depois. Hana manteve contato com ele e o visitou em sua casa um pouco antes de sua morte, em 2010, aos 88 anos. Hana se tornou membro honorário vitalício da 11ª Divisão Armada nesse mesmo ano. Pete deixou quatro filhos, treze netos e dez bisnetos. Mesmo tendo vivido momentos difíceis depois da guerra, LeRoy Petersohn sempre dizia que ter salvado um bebê foi a experiência mais gratificante de sua vida.

Uma porta se fechava para Hana enquanto outra se abria. Em 2008, Eva Clarke, a filha de 63 anos de Anka (que ainda estava viva, com noventa anos), acabou entrando no site da 11ª Divisão Armada e resolveu escrever. Num e-mail datado de 20 de maio, ela agradecia aos soldados americanos por terem salvado sua vida e a vida de sua mãe, acrescentando:

Nasci em Mauthausen no dia 29 de abril de 1945. Minha mãe, Anka Bergman, me disse que os soldados americanos tiraram centenas de fotografias nossas, mas nunca as encontramos. Ficaríamos muito gratas de saber da existência dessas fotografias. Nossa história foi publicada na revista Thunderbolt.

No outro lado do Atlântico, Hana viu o artigo e mal pôde acreditar no que estava lendo. Outro bebê? Nascido em Mauthausen? Antes de eles serem libertados? Desde a publicação de um livro alemão com os registros remanescentes do KZ Freiberg, Hana sabia que houvera outras mulheres grávidas no campo e no trem, incluindo uma *Kapo* da Polônia, mas pelo que ela havia entendido nenhum dos bebês sobrevivera, e só algumas das mães continuavam vivas. (Anos mais tarde, ela soube de um bebê nascido em Mauthausen após a libertação. O bebê chamava-se Robert, em homenagem ao obstetra iugoslavo que o trouxera ao mundo, mas viveu somente algumas semanas, e sua mãe, Gerty Kompert, prima da sobrevivente Lisa Miková, também havia falecido.)

Pelo site da *Thunderbolt*, Hana respondeu ao post de Eva, e as duas "bebês" — que moravam a mais de 6 mil quilômetros de distância — finalmente entravam em contato. Eva também ficou chocada ao saber que havia outra pessoa no mundo cuja mãe enfrentara o mesmo martírio. Encontrara a carta original de Hana numa antiga edição da *Thunderbolt* e jamais se esquecera das semelhanças das histórias. Priska e Anka haviam sido apenas duas prisioneiras entre milhares e nunca se conheceram, mas as duas deram à luz milagrosamente bebês que, mais milagrosamente ainda, sobreviveram.

Após uma prolífica troca de e-mails e a iniciativa das autoridades austríacas, que transformaram o KZ Mauthausen num impressionante local de visitação na década de 1960 (em parte por insistência dos Thunderbolts), Hana e Eva combinaram de se encontrar no 65º aniversário de libertação do campo, que ocorreria no dia 8 de maio de 2010. Foi a última vez que os veteranos americanos se reuniram, por conta do número reduzido de sobreviventes e pelas condições de saúde dos que restaram. Como o número de pessoas libertadas nos campos também estava diminuindo, os oficiais do Ministério do Interior austríaco em Viena resolveram realizar um grande evento, ao qual compareceriam diversos chefes de Estado. Quando o site dos veteranos anunciou os detalhes, confirmando a presença de Eva e Hana, outra porta se abriu.

Do outro lado do país, um jovem em Nova York que navegava no site para saber mais a respeito dos homens que haviam salvado seu pai deu de cara com o anúncio. Charlie Olsky, de 32 anos, era o filho mais novo de Mark e Mary. Diretor de publicidade de uma distribuidora de filmes em Manhattan, Charlie era o historiador informal da família, tendo conseguido mais informações sobre a avó Rachel do que qualquer outra pessoa. Foi Charlie quem na infância visitara o Yad Vashem com a avó, e foi ele quem decidiu preparar uma surpresa para o aniversário do pai.

"Charlie anunciou: 'Estou indo para Mauthausen para o seu aniversário de 65 anos, e você vai comigo'", contou Mark. "Eu não tinha mais voltado lá desde 1945, mesmo tendo estado a cinquenta quilômetros de distância quando fui a Dachau. Cheguei a perguntar para a minha mãe se ela desejava voltar, mas ela sempre me dizia que era a última coisa do mundo que queria fazer. 'Mauthausen foi um campo horrível, tenebroso', ela me disse. 'Mas o mais terrível é que, bem do lado de fora, havia lugares belíssimos.'"

Sem Mark saber, Charlie planejou a viagem inteira, inclusive o "reencontro" com Hana e Eva. Alguns dias depois da partida (e por sugestão da mãe, Mary, preocupada com a reação de Mark diante da surpresa), Charlie contou o segredo ao pai.

"Ele me disse: 'Preciso te contar uma coisa', e aí me falou sobre as duas outras 'bebês' que haviam nascido nos campos. Disse que havia entrado em contato com elas e que nos encontraríamos em Mauthausen. Fiquei perplexo. Embora minha mãe tivesse ouvido falar que havia bebês no campo, ela nunca chegou a vê-los, e, por isso, duvidava de sua existência. Como médico, jamais pensei na possibilidade de que outros bebês tivessem sobrevivido como eu. Não consegui assimilar a informação até entrarmos no avião."

Foi no voo com Charlie de Nova York para a Europa que Mark teve tempo para pensar no iminente encontro e ficar imaginando como seriam as duas outras "bebês". "A primeira coisa que pensei é que elas seriam pessoas aleatórias, sem nada a ver comigo além da idade e da história inicial. Decidi não criar muita expectativa. Procurei me acalmar, dizendo para mim mesmo que seria legal, mas que provavelmente elas não seriam pessoas com as quais eu conviveria."

Os oficiais e organizadores de Mauthausen fizeram uma recepção calorosa para os "bebês" e os encaminharam para hotéis em Linz, onde descansariam até o início das atividades no dia seguinte. Depois do check-in, os três combinaram um encontro num café localizado na histórica praça central, alvo de interesse de Hitler em tempos passados. Por incrível que pareça, eles estavam nervosos.

Eva e o marido Malcom chegaram cedo, sentaram-se e esperaram. Hana chegou depois, com o marido, e por último, apareceram Mark e Charlie.

"Cumprimentamo-nos e, de repente, já estávamos rindo e chorando juntos, tudo ao mesmo tempo", contou Eva. "Foi incrível. Um reencontro maravilhoso. Tudo muito natural. Conhecemo-nos ali e estabelecemos um forte laço emocional."

Os três sobreviventes ficaram conversando no café a tarde inteira, enquanto Charlie filmava tudo. Diplomaticamente, os maridos de Hana e Eva se retiraram, para que os filhos de Priska, Rachel e Anka pudessem conversar à vontade sobre suas mães e o que sabiam sobre seu nascimento. No final, despediram-se um pouco relutantes, mas marcaram de jantar num restaurante local, onde continuaram conversando como velhos amigos.

Eva, Mark e Hana no reencontro em Mauthausen, 2010

Mark disse: "Encontramo-nos, e vi que elas eram muito simpáticas, bonitas e carinhosas. Aí começamos a conversar, e eu percebi que elas eram pessoas maravilhosas! Cheguei a pensar: 'Isso não pode ser mera coincidência. A vida delas é interessantíssima, e, admito, elas parecem família'. As duas eram do tipo de pessoa que eu adoraria ter como amigas. Não dá para explicar, mas senti que já nos conhecíamos. Ficamos logo amigos. Era como se estivesse encontrando um familiar. Pena que, por causa da dispersão depois da guerra, não nos conhecemos antes".

Os três, tendo sido criados como filhos únicos, tiveram o mesmo sentimento inesperado de companheirismo e souberam, na hora, que sempre permaneceriam próximos. "É incrível conhecer pessoas com a mesma história", disse Mark. "Tanta gente não sobreviveu, sendo morta ou torturada. E nós sobrevivemos. Senti-me como uma daquelas pessoas abduzida da família original que voltava agora para o seio familiar."

Hana disse: "Reunimo-nos por acaso, mas agora temos um laço permanente e nos sentimos muito próximos. Fico muito feliz de poder chamá-los de irmãos". Hana gosta de brincar com os novos "irmãos" dizendo que, como ela é a mais velha (nascida no dia 12 de abril de 1945), eles precisam respeitá-la. Mark (nascido no dia 20 de abril) argumenta que ele é que merece respeito, por ser o único homem. Eva (nascida no dia 29 de abril) é a caçula, e se orgulha disso. "Nossas mães foram mulheres muito fortes, e agradecemos muito por isso", acrescenta.

No dia seguinte, eles viajaram juntos para o Memorial de Mauthausen, onde cada um sentiu o peso da história sobre si. Apesar de ser a única que já visitara o campo antes, Eva ainda se sentiu bastante mexida ao ver a entrada ameaçadora sob cuja sombra ela havia nascido. Os alojamentos na colina em que Hana e Mark haviam sido abandonados com as mães já não existiam, mas a visão dos Alpes austríacos era exatamente como elas haviam descrito.

Os corpos das pessoas enterradas no terreno perto do campo de futebol foram reenterrados num local mais tranquilo, um cemitério cercado, no centro de Mauthausen. E onde havia fileiras e mais fileiras de barracões de prisioneiros, agora havia um belo jardim, repleto de imponentes monumentos de metal e pedra, em homenagem aos *Häftlinge* mortos.

O memorial tchecoslovaco e os portões onde Eva nasceu

Os "bebês" desceram juntos os poucos degraus que levavam à porta da câmara de gás, com suas paredes de azulejos brancos e sinistros canos pretos, e ficaram sem voz. Segundo a ideologia nazista, os três deveriam ter morrido asfixiados ali, no colo das mães moribundas. Mas não foi assim que o destino quis. Os três sobreviveram, voltaram para casa sem conhecer o pai e cresceram acreditando, pelas circunstâncias extremas de seu nascimento e pelo milagre de sua sobrevivência, que eram os únicos sobreviventes nascidos naquele inferno. Estavam equivocados.

Um ano após a visita a Mauthausen, os três "irmãos de coração" se reencontraram, dessa vez na Inglaterra. Viajaram para Cambridge, cidade natal de Eva, em janeiro de 2011, para participar de uma comemoração especial no Dia do Memorial do Holocausto, no Guildhall. Lá, Hana e Mark conheceram Anka. Com 93 anos, fisicamente frágil, mas totalmente lúcida, a mãe de Eva ficou visivelmente emocionada ao conhecer os outros bebês que também sobreviveram, dando-lhes um abraço apertado. Hana conta: "Conhecer Anka foi muita emoção. Quem dera ela tivesse conhecido minha mãe. Ela me disse: 'Você é minha filha também', e eu realmente sentia que era".

Mark concorda. "Foi tudo muito especial. Ela é uma pessoa maravilhosa, tão feliz, cheia de vida, articulada, com um grande senso de humor e completamente lúcida."

Pouco tempo depois, os "bebês" se encontraram de novo, mais uma vez em Mauthausen, no dia 8 de maio de 2013, na abertura de uma nova exposição, que, entre outras coisas, apresentava uma réplica perfeita da blusa e touquinha de Hana, feita a partir das peças originais, disponibilizadas pelo Museu Memorial do Holocausto dos Estados Unidos, em Washington, DC. Anka, que acabara de fazer 96 anos, não estava bem o suficiente para ir à Áustria com eles, vindo a falecer dois meses depois. Seu funeral em Cambridge foi transmitido pela internet para que o neto e a família dele na Austrália pudessem, de alguma forma, participar da cerimônia. Hana e Mark — os novos filhos de Anka — assistiram ao funeral on-line também, aproveitando a oportunidade para se despedir silenciosamente da última mãe sobrevivente.

De abençoada memória, essas mulheres extraordinárias não só encontraram força para seguir em frente e sobreviver em condições completamente inóspitas durante os anos de guerra, mas, graças a sua bravura e determinação, foram capazes também de salvar seus filhos. Os bebês delas acabaram tendo filhos também, criando uma segunda e uma terceira geração, em patente desacato aos planos de Hitler de apagá-los da história.

As almas de suas mães e de milhões de outras pessoas que morreram durante a guerra merecem que sua história seja contada e recontada, para jamais ser esquecida. "Tentamos viver a vida da melhor maneira possível, preenchendo esse espaço tão vazio", diz Hana. "Em memória à memória delas, cada dia que nasce é uma nova promessa."

Sempre presentes uns nos pensamentos dos outros, os milagrosos filhos de Priska, Rachel e Anka — todos bebês de Auschwitz — infelizmente não puderam comparecer à comemoração de Freiberg em 2015. Intitulado "Ainda estamos aqui", o projeto contou com a participação de três gerações de moradores da cidade e parentes dos sobreviventes do KZ, num festival cultural com muita literatura, música, poesia e arte sobre o Holocausto para crianças locais e alunos da cidade gêmea Ness Ziona, em Israel.

A quase quinhentos quilômetros ao sul de Freiberg, os "bebês" voltavam ao belíssimo local do Memorial de Mauthausen, em maio de 2015, para comemorar o septuagésimo aniversário da libertação.

No lugar em que estariam seus túmulos, mesmo nos estertores finais da tirania nazista, os órfãos septuagenários deram as mãos e passaram juntos pelos portões do campo, seguindo as pegadas de três mulheres que não apenas sobreviveram a horrores inimagináveis, mas desafiaram a morte para dar-lhes a vida.

Mark, Eva e Hana no desfile memorial em Mauthausen

CHAMADA

AS TRÊS MULHERES CUJA história é o tema central deste livro perderam mais de vinte familiares próximos sob o regime nazista de Hitler e seus cúmplices. Além dos círculos íntimos dessas famílias outrora unidas, o número de mortos inclui avós, tios, primos e outros parentes, com a total aniquilação de gerações e comunidades inteiras.

Os nomes e rostos desses familiares representam somente uma pequena fração dos milhões de desaparecidos que morreram nas mãos daqueles que decidiam sobre a vida e a morte de cada um.

Muitos nomes jamais serão conhecidos.

Nenhum dos mortos queridos jaz em solo sagrado, nem possui lápide.

Não há um lugar final de descanso para marcar a maneira brutal como eles foram assassinados.

Não há aonde ir para lembrar seus semblantes cheios de esperança em tempos que já não existem.

Há somente aqui...

Maridos e pais
Tibor Löwenbein (1914-1945)
Monik Friedman (1916-1945)
Bernd Nathan (1904-1945)

Pais
Emanuel Rona (1884-1944)
Paula Ronová (1889-1944)
Shaiah Abramczyk (1870-1944)
Fajga Abramczyk (1898-1944)
Stanislav Kauder (1870-1944)
Ida Kauderová (1882-1944)
Selma Nathanová (1880-1944)
Ita Friedmann (1899-1944)

Irmãos
Boežka Ronová (1910-1944)
Moniek Abramczyk (1923-1943)
Heniek Abramczyk (1931-1944)
Dorcka Abramczyk (1931-1944)
David Friedman (datas desconhecidas)
Avner Friedman (datas desconhecidas)
Anička "Maniusia" Abramczyk (1933-1944)
Zdena Isidorová (1904-1944)
Herbert Isidor (1916-1944)
Ruzena Mautnerová (1906-1944)

Crianças
Peter Mautner (1935-1944)
Dan Nathan (fevereiro-abril de 1944)

Nenhum dia vos apagará da memória do Tempo.
Virgílio

Referências bibliográficas e fontes

PESQUISA DA AUTORA E FONTES NÃO PUBLICADAS ANTERIORMENTE

Carta não publicada detalhando suas experiências, de Priska Lomová ao Sindicato dos Combatentes Antifascistas, 1990.
Cartas não publicadas de sobreviventes, documentos da rede ferroviária e fotografias com permissão do Museu de Horní Bříza, República Tcheca.
Correspondência não publicada entre Tibor Löwenbein e a esposa Priska, 1941.
Documentos e fotografias com permissão do Museu Judaico de Praga, República Tcheca, e entrevistas da autora com as arquivistas Julie Jenšovská e Radana Rutová.
Documentos e fotografias com permissão do Museu Memorial de Auschwitz, Polônia, e entrevistas da autora com Wojciech Płosa, ph.D., diretor de arquivos, dr. Piotr Setkiewicz, ph.D., diretor do Departamento de Pesquisa, e Anna Ren, guia do memorial.
Documentos e fotografias do historiador dr. Michael Düsing, e entrevistas da autora com ele e Cornelia Hünert, do Departamento Cultural da Cidade de Freiberg, Alemanha.
Entrevista da autora com a parteira Abby Davidson, bacharel (com louvor), Londres.
Entrevista da autora com Dita Valentová em Třebechovice pod Orebem, República Tcheca.
Entrevista da autora com Martin Winstone, do National Holocaust Centre and Museum, Nottinghamshire, Reino Unido.

Entrevistas com Anka Bergman realizada por Frances Rapport, especialista em Pesquisa de Saúde Qualitativa, Universidade de Swansea, País de Gales, 2007.
Entrevistas da autora com o prefeito de Horní Bříza, Zdeněk Procházka, sua filha Michaela, a finada historiadora sra. Bozena Royová e os moradores Jaroslav Lang e Vaclav Stepanek, República Tcheca.
Entrevistas da autora com os familiares dos sobreviventes Charlie Olsky, Shirley Speyer, Jana Zimmer, Brian K. Petersohn, Jean Gore, Larry Kosiek, Stephanie Sullivan, Julie K. Rosenberg, David Feder, Miki Feder e John Tygier.
Entrevistas da autora com os sobreviventes do Holocausto Hana Berger Moran, Mark Olsky, Eva Clarke, Sally Wolkoff, Gerty Meltzer, Lisa Miková, Esther Bauer, Werner Reich, Max R. Garcia e Bronia Snow.
Entrevistas da autora com Pascal Cziborra, da Faculdade de História, Filosofia e Teologia da Universidade de Bielefeld, Alemanha.
Relato pessoal não publicado das experiências de Anka Bergman escrito para a filha Eva Clarke, 2009.
Relato pessoal não publicado das experiências de Klara Löffová escrito para a filha Jana Zimmer, 2000.
Visitas de pesquisa da autora a Cracóvia, Auschwitz I e II, Łódź, Pabianice, Chełmno, Praga, Terezín, Horní Bříza, Třebechovice pod Orebem, Zlaté Moravce, Hradec Králové, Drevikov, Bratislava, Sereď, Freiberg, Linz, Most, Plzeň, České Budějovice e KZ Mauthausen.

DEPOIMENTOS ARQUIVADOS

Bergman, Anna. Entrevista 28239. Web 2013 *Visual History Archive*. USC Shoah Foundation (sfi.usc.edu).
Freeman, Abraham. Entrevista 16384. Web 2014. *Visual History Archive*. USC Shoah Foundation (sfi.usc.edu).
Lomová, Priska. Entrevista 15134. Web 2014. *Visual History Archive*. USC Shoah Foundation (sfi.usc.edu).
Meltzer, Gerty. Entrevista 1686. Web 2014. *Visual History Archive*. USC Shoah Foundation (sfi.usc.edu).
Olsky, Rachel. Entrevista 15161. Web 2014. *Visual History Archive*. USC Shoah Foundation (sfi.usc.edu).

Wolkoff, Sally. Entrevista 12886. Web 2014. *Visual History Archive*. USC Shoah Foundation (sfi.usc.edu).
Entrevista filmada com Anka Bergman, por Jean Laurent Grey e Solomon J. Salat, para o Memorial de Mauthausen.
Entrevista com Priska Lomová realizada pela editora Eva Richterová no jornal *Bojovník*, parte do Sväz Protifašistických Bojovníkov, 1980.
Entrevista com Anka Bergman realizada por Helga Amesberger para o Projeto de Documentação dos Sobreviventes de Mauthausen, 2003.
Defiant Requiem: Voices of Resistance, documentário da PBS, diretor Doug Schultz, 2012.
Liberation of Mauthausen (e KZ Gusen I, II & III) do ex-sargento Albert J. Kosiek. Publicado em: *Thunderbolt*, the 11th Armored Division Association, v. 8, n. 7, maio--junho 1955, com permissão do filho Larry Kosiek.
Nazi Propaganda Film about Theresienstadt/Terezin. Film ID 2310, Steven Spielberg Film & Video Archive.
The Baby Born in a Concentration Camp, documentário da BBC, produtora Emily Davis, 2011.

REFERÊNCIAS BIBLIOGRÁFICAS

ADELSON, Alan (Org.). *O diário de Dawid Sierakowiak*. Rio de Janeiro: Record, 1997.
BANKIER, David. *Jews Are Coming Back: The Return of the Jews to their Countries of Origin after WW II*. Nova York: Berghahn, 2005.
BERENBAUM, Martin. *Witnesses to the Holocaust*. Nova York: Harper Collins, 1997.
CHLADKOVÁ, Ludmilla. *The Terezín Ghetto*. Pamatnik Terezín, 2005.
CHODAKIEWICZS, Marek Jan. *After the Holocaust*. Nova York: Columbia University Press, 2003.
CICHOPEK-GAJRAJ, Anna. *Beyond Violence: Jewish Survivors in Poland and Slovakia, 1944-48*. Cambridge, Reino Unido: Cambridge University Press, 2014.
CZIBORRA, Pascal. *KZ Freiberg*. Bielefeld: Lorbeer, 2008.
DEMETZ, Peter. *Prague in Danger: The Years of German Occupation, 1939-45*. Nova York: Farrar, Straus e Giroux, 2009.
DOBROSZYCKI, Lucjan (Org.). *The Chronicle of the Łódź Ghetto, 1941-44*. New Haven, CT: Yale University Press, 1987.
DÜSING, Michael. *Wir Waren zum Tode Bestimmt*. Forum Verlag Leipzig, 2002.

ELIAS, Ruth. *Triumph of Hope: From Theresienstadt and Auschwitz to Israel*. Nova York: Wiley & Sons, 1998.

ENGHELBERG, Hedi. *The Trains of the Holocaust*. [S. l.]: Engpublishing, 2014.

FANTLOVÁ, Zdenka. *The Tin Ring*. Londres: Northumbria Press, 2010.

FLAM, Gila. *Singing for Survival: Songs of the Łódź Ghetto, 1940-45*. Urbana: University of Illinois Press, 1992.

FONTANEL, Beatrice. *L'Homme barbelé*. Paris: Grasset & Fasquelle, 2009.

FRIEDMAN, Saul. S. (Org.). *The Terezín Diary of Gonda Redlich*. Lexington: University Press of Kentucky, 2008.

FRISTER, Roman. *The Cap or the Price of a Life*. Londres: Weidenfeld & Nicholson, 1999.

GILBERT, Martin. *Never Again: A History of the Holocaust*. Londres: Harper Collins, 2000.

_____. *The Righteous: The Unsung Heroes of the Holocaust*. Londres: Doubleday, 2002.

_____. *O Holocausto: História dos judeus da Europa na Segunda Guerra Mundial*. São Paulo: Hucitec, 2010.

GISSING, Vera. *Pearls of Childhood: The Poignant true Wartime Story of a Young Girl Growing Up in an Adopted Land*. Nova York: Pan Books, 1988.

GRAHAM, Desmond (Org.). *Poetry of the Second World War: An International Anthology*. Londres: Pimlico, 1998.

HAFFNER, Sebastian. *Defying Hitler*. Londres: Weidenfeld & Nicholson, 2002.

HASTINGS, Max. *Bomber Command*. Pan, 1979.

_____. *Inferno: O mundo em guerra, 1939-1945*. Rio de Janeiro: Intrínseca, 2012.

HAUNSCHMIED, Rudolf A. et al. *St. Georgen-Gusen-Mauthausen: Concentration Camp Mauthausen Reconsidered*. Norderstedt: BoD, 2008.

HELLER, Celia S. *On the Edge of Destruction: Jews of Poland between the Two World Wars*. Detroit, Michigan: Wayne State University Press, 1993.

HIRSH, Michael. *The Liberators, America's Witnesses to the Holocaust*. Nova York: Bantam, 2010.

HIRT, Simon et al. *Kunst und Kultur im Kozentrationslager Mauthasen, 1938-1945*. Die Aussteller, Viena, 2013.

HOFMANN, Edith. *The Last Goodbye*. Cirencester, Gloucestershire: Memoirs Publishing, 2012.

HOLOCAUST Centre. *Survival*.

HORWITZ, Gordon J. *In the Shadow of Death: Living Outside the Gates of Mauthausen*. Nova York: Free Press, 1990.

JONES, Robin. *Railways and the Holocaust: The Trains that Shamed the World*. Horncastle, Lincolnshire: Mortons Media, 2013.

KIELAR, Wieslaw. *Anus Mundi, 1500 Days in Auschwitz/Birkenau*. Nova York: Times, 1972.

KLEMPERER, Victor. *Os diários de Victor Klemperer*. São Paulo: Companhia das Letras, 1999.

KLUGER, Ruth. *Paisagem da memória*. São Paulo: Editora 34, 2005.

KRANEBITTER, Andreas (Org.). *The Concentration Camp Mauthausen: Catalogue to the Exhibition at the Mauthausen Memorial*. Viena: New Academic Press, 2013.

KULKA, Otto Dov. *Paisagens da metrópole da morte*. São Paulo: Companhia das Letras, 2014.

LANGBEIN, Hermann. *Against All Hope: Resistance in the Nazi Concentration Camps 1938-1945*. Nova York: Paragon House, 1994.

_____. *People in Auschwitz*. Chapel Hill: The University of North Carolina Press, 2004.

LANZMANN, Claude. *Shoah: The Complete Text of the Acclaimed Holocaust Film*. Nova York: Da Capo Press, 1995.

LE CHÊNE, Evelyn. *Mauthausen, The History of a Death Camp*. Londres: Methuen, 1971.

LENGYEL, Olga. *Five Chimneys: A Woman Survivor's True Story of Auschwitz*. Chicago, Illinois: Academy Chicago, 1947.

LEVI, Primo. *É isto um homem*. Rio de Janeiro: Rocco, 2013.

LEWIS, Helen. *É hora de falar*. Rio de Janeiro: Bertrand Brasil, 2013.

LONGERICH, Peter. *Holocaust: The Nazi Persecution and Murder of the Jews*. Nova York: Oxford University Press, 2010.

MICHELS, Louis J. *Doctor 117641: A Holocaust Memoir*. New Haven, CT: Yale University Press, 1989.

POSNER, Gerald L.; WARE, John. *Mengele*. Nova York: First Cooper Square Press, 2000.

RAPPORT, Francis; BERGMAN, Anka; FARAGO, Terry; SALTER, Edith. *Fragments, Transcribing the Holocaust*. Swansea, Reino Unido: Hafan, 2013.

SCHIFF, Hilda. *Holocaust Poetry*. Nova York: St. Martin's Griffin, 1995.

SEM-SANDBERG, Steve. *O imperador das mentiras*. Alfragide, Portugal: D. Quixote, 2012.

SERENY, Gitta. *O trauma alemão: Experiências e reflexões, 1938-2000*. Rio de Janeiro: Bertrand Brasil, 2007.

SMITH, Lyn. *Forgotten Voices of the Holocaust*. Aldershot: Avebury, 2005.

TAYLOR, Frederick. *Dresden*. Rio de Janeiro: Record, 2011.

THE VISIBLE *Part, Photographs of Mauthausen Concentration Camp*. Viena: Mandelbaum, 2005.
VRBA, Rudolf. *I Escaped from Auschwitz*. Londres: Robson Books, 2006.
VOLAVKOVA, Hana (Org.). *I never Saw Another Butterfly: Children's Drawings and Poems from Theresienstadt Concentration Camp, 1942-1944*. Nova York: Schocken, 1993.
WEBER, Thomas; PARR, Martin; PRUS, Timothy. *Łódź Ghetto Album*. Londres: Chris Boot, 2005.
WEISS, Ann. *The Last Album: Eyes from the Ashes of Auschwitz-Birkenau*. Nova York: W. W. Norton & Co, 2001.
WEISS, Helga. *O diário de Helga*. Rio de Janeiro: Intrínseca, 2013.
WHITWORTH, Wendy. *Survival: Holocaust Survivors Tell their Story*. Retford: Quill Press, 2003.
WINSTONE, Martin. *The Holocaust Sites of Europe: An Historical Guide*. Londres: I. B. Tauris, 2014.

OUTRAS FONTES DE ARQUIVO

Memorial and Museum Auschwitz-Birkenau (http://en.auschwitz.org).
Terezín Memorial (http://www.pamatnik-terezin.cz).
KZ-Memorial Flossenbürg (www.gedenkstaette-flossenburg.de).
Mauthausen Memorial Museum (http://www.mauthausenmemorial.at/).
United States Holocaust Memorial Museum (http://www.ushmm.org).
Yad Vashem (http://www.yadvashem.org).
Jewish Virtual Library (www.jewishvirtuallibrary.org).
The Foundation for Commemorating the Victims of Slave Labour in Auschwitz (www.fcsla.org).
Janusz Korczak Communication Centre (www.korczak.com).
The Museum of Jewish Heritage (www.jewishgen.org).
Information Portal to European Sites of Remembrance (www.memorialmuseums.com).
The 11th Armored Division (www.11tharmoreddivision.com).
Museu Judaico de Praga (www.jewishmuseum.cz).
Holocaust Educational Trust (www.het.org.uk).
The National Holocaust Centre and Museum (www.holocaustcentre.net).
The Educational Website Holocaust CZ (http://www2.holocaust.cz/en/main)
The Imperial War Museum (www.iwm.org.uk).

Agradecimentos

AO PESQUISAR ACONTECIMENTOS DE um passado distante cujos protagonistas ainda estão vivos, nós, escritores, devemos muito àqueles que decidiram registrar suas próprias experiências e àqueles que pensaram em relatar sua história antes que fosse tarde demais. Não sou exceção. Sem a notável generosidade das pessoas que sobreviveram àquela época terrível e dos diligentes historiadores que contaram sua vida, este livro jamais teria sido possível.

Com humildade e gratidão, gostaria de agradecer, especificamente, à coragem e à tenacidade de Priska, Rachel e Anka — três mães cujo desejo inquebrantável de viver constitui a narrativa central deste livro. Infelizmente, não pude conhecê-las pessoalmente, mas, depois de tanto tempo em sua companhia, é como se eu as tivesse conhecido. Fui abençoada também por ter acesso irrestrito aos testemunhos pessoais que elas deram à família, tanto por escrito quanto oralmente, e aos inúmeros depoimentos filmados, gravados e publicados, concedidos a diversos pesquisadores ao longo dos anos. Em todo esse material, a esperança delas resplandece.

Grande parte de minha pesquisa nunca teria sido concretizada sem a generosa assistência dos três "bebês" — Hana, Mark e Eva —, que, tenho o orgulho de dizer, me promoveram à posição de irmã honorífica. Sua gentileza, paciência, amabilidade e disposição de preencher as lacunas enriqueceram bastante o texto. Espero fazer jus a sua incrível história. Sinto-me também muito grata a seus familiares mais próximos, igualmente generosos, entre eles Mary e Charlie Olsky, Shirley Speyer, Mark Moran, Tommy Bergen, Julie Z. Rosenberg, David e Miki Feder, e o professor Malcolm A. Clarke.

Quando me deparei, em 2013, com a história dos bebês nascidos no Holocausto, Eva Clarke foi meu primeiro ponto de contato. Naquela época, eu achava que ela havia sido o único bebê que sobrevivera. No momento em que me contou sobre a existência de Hana e Mark, seus "irmãos de coração", concluí que precisaria incorporar as histórias dos três num único volume épico abrangendo mais de um século. E assim *Os bebês de Auschwitz* foi concebido.

Fui assistida no decorrer de sua longa gestação por inúmeros indivíduos e organizações de oito países, incluindo sobreviventes, familiares, amigos escritores, representantes do governo e incontáveis pessoas dedicadas que trabalham em arquivos históricos. Todos foram muito abertos e generosos em termos de tempo e expertise. Um agradecimento especial para os sobreviventes Sally Wolkoff, Tennessee; Gerty Meltzer (*née* Taussig), Arizona; Lisa Miková, Praga; Esther Bauer, Yonkers; Max R. Garcia, São Francisco; Werner Reich, Nova York; e Bronia Snow, Surrey; que me confiaram suas memórias sagradas. Devo muito também a Jana Zimmer, Califórnia, pelas inestimáveis reflexões de sua falecida mãe Klara Löffová; a Brian K. Petersohn, Chicago, pelas memórias de seu pai LeRoy "Pete" Petersohn; a Larry Kosiek, Illinois, pelos relatos de seu pai, o sargento Albert J. Kosiek; e a Jean Gore, pelas memórias de seu pai, o major Harold G. Stacy. Agradeço a Stephanie Sullivan, pelas fotografias de seu pai Paul E. Soldner, um dos libertadores de Mauthausen, e a meu amigo John Tygier, Londres, por compartilhar algumas das experiências de sua família em Łódź, Treblinka e Rússia.

A dedicada equipe do Memorial de Mauthausen, que trabalha no Ministério do Interior austríaco em Viena, foi excepcionalmente receptiva e prestativa. Fico feliz que o Ministério aprovou o lançamento deste livro exatamente no mesmo local onde as mães e os bebês foram libertados em maio de 1945, "renascendo". Sob a direção motivadora da dra. Barbara Glück, aqueles que merecem menção especial no Projeto Memorial incluem Thomas Zaglmeier, que, além de ter sido meu guia pessoal em minha primeira visita ao campo, mantém viva a memória dos sobreviventes, num compromisso íntimo e inabalável.

Ele e a equipe educacional do Projeto foram muito bem assistidos por Christian Angerer, Peter Egger e Helga Amesberger, do Mauthausen Survivors Documentation Project, que foram bastante generosos em relação a tempo e disponibilização de material. Gostaria de agradecer também ao dr. Albert Lichtblau, da Universidade de Salzburg, pelo incentivo e pela ajuda. Na sede do Memorial em Viena, preciso agradecer a Stephan Matyus, Jochen Wollner, Doris Warlitsch e Renate Paschinger. Robert Vorberg, além de ser o historiador e arquivista mais eficiente com quem já trabalhei, teve o cuidado, junto com seu colega Christian Dürr, de ler e conferir os fatos nas seções do livro referentes a Mauthausen. E, em Munique, agradeço a Ulrich Fritz, da Bavarian Memorial Foundation, Project Concentration Camp, na Bavária.

Em Freiberg, Alemanha, um homem trabalhou incansavelmente para que a história das prisioneiras não se perdesse. O dr. Michael Düsing foi atrás das sobreviventes e escreveu diversos livros sobre o assunto, além de envolver as crianças da região em projetos memoriais e criar uma placa em homenagem às pessoas que viveram e morreram sob o regime nazista. Determinado a assegurar que sua cidade natal jamais se esqueça dos campos de trabalho escravo lá situados, Düsing foi diligentemente assistido por Cornelia Hünert, do Departamento Cultural da Cidade de Freiberg. Os dois fizeram de tudo para me ajudar em minha pesquisa, sendo generosos a ponto de dedicar um fim de semana inteiro para realizarmos uma visita guiada.

Nas pesquisas sobre o que aconteceu em Freiberg, Johannes Ibel, diretor do Departamento Histórico do Flossenbürg Concentration Camp Memorial, foi extremamente paciente comigo, assim como o escritor e historiador Pascal Cziborra, da Faculdade de História, Filosofia e Teologia da Universidade de Bielefeld, Alemanha, que respondeu tranquilamente à minha lista infinita de perguntas. Agradeço também ao dr. Peter Schulze, em Hannover, pela pesquisa em meu nome.

Minha primeira visita a Auschwitz ficará sempre marcada pela emoção, mas minha excelente guia, Anna Ren, teve tanta habilidade em transmitir os horrores vividos que a experiência foi suportável. Sou grata também pelo tempo e pela paciência de Wojciech Płosa, ph.D., diretor de arquivos, e ao dr. Piotr Setkiewicz, ph.D., diretor do Departamento de Pesquisa, que me encontraram no campo para responder às minhas perguntas e me ajudar na escolha de fotografias. Alicja Bialecka também foi um anjo. Minha viagem à Polônia foi facilitada, em todos os sentidos, pelo meu excepcional motorista, tradutor e guia, Łukasz Jaros.

Na República Tcheca, um agradecimento especial a Julie Jenšovská e Radana Rutová, do Museu Judaico de Praga. Em Terezín, devo agradecer a Aneta Plzáková, do Terezín Initiative Institute; a Tomáš Fedorovič, editor de artefatos históricos; e a Eva Němcová, do departamento de documentação.

As pessoas de Horní Bříza merecem menção especial neste livro. A maneira como fui acolhida pela cidade do prefeito Zdeněk Procházka e por sua filha Michaela me deu uma ideia do amor que seus antepassados demonstraram pelos prisioneiros. Devo também à historiadora local, a sra. Bozena Royová, e a Jaroslav Lang e Vaclav Stepanek, os depoimentos comoventes e inéditos.

Agradeço a Dita Valentová, dona da antiga fábrica da família de Anka em Třebechovice pod Orebem, que gentilmente me mostrou onde Anka foi criada. Na Eslováquia, sou grata a Eva Richterová, pela sensível entrevista realizada com Priska. A professora Frances Rapport, de maneira muito generosa, me permitiu ler as entrevistas realizadas com Anka Bergman, na Universidade de Swansea, País de Gales. Também gostaria de agradecer à produtora Emily Davis, da equipe da BBC, responsável pelo maravilhoso documentário *The Baby Born in a Concentration Camp*, que me possibilitou ver Anka em carne e osso. A Elevation Youth Dance Company de Cambridge fez um lindo trabalho no balé *A história de Anka*, a que Eva e eu tivemos a sorte de assistir, aos prantos, no Edinburgh Fringe.

Presto aqui uma homenagem ao profundo trabalho da USC Shoah Foundation e seu arquivo de depoimentos, que nos possibilitou conhecer tantas histórias jamais contadas. E à coragem de todos aqueles que registraram suas memórias para que pudéssemos lembrar algo que alguns nos fariam esquecer. Gostaria de agradecer especialmente ao curador Crispin Brooks pela ajuda, assim como a Doug Ballman, gerente de relações externas e arquivos on-line, e a Georgiana Gomez, supervisora de acesso do Institute for

Visual History and Education, University of Southern California. No Reino Unido, fui assistida pelo experiente Russell Burke, consultor de informações da Bedford Library, Royal Holloway, University of London, que me permitiu acesso aos arquivos da Shoah Foundation que não estão disponíveis ao público em geral.

No excelente National Holocaust Centre and Museum de Nottinghamshire, Inglaterra, agradeço a James Cox, diretor de relações públicas, mas principalmente a meu amigo de profissão Martin Winstone, que gentilmente leu um dos primeiros manuscritos do livro. No Yad Vashem, gostaria de agradecer a Maaty Frenkelzon, do arquivo de fotos, pela ajuda. No Museu d'Història de Catalunya, agradeço também a Francesca Rosés, pelas informações sobre as fotografias.

Na University Press of Kentucky, devo muito a Fred M. McCormick, gerente de publicidade e direitos autorais, por me permitir utilizar trechos dos diários de Gonda Redlich. Nos Estados Unidos, agradeço a Dan O'Brien, editor do site da 11th Armored Division, e a todos os sobreviventes e familiares dos "Thunderbolts", muitos dos quais me contataram. Vários amigos escritores foram especialmente generosos em relação a tempo e informação, entre eles Michael Hirsh e Ken Breck, que me passou todos os contatos dos libertadores.

A extraordinária parteira Abby Davidson, bacharel (com louvor), me concedeu informações valiosíssimas sobre o processo de nascimento, assim como os requerimentos médicos para mães subnutridas e bebês abaixo do peso. Devo a meu amigo Michael Bröllochs várias cervejas, por sua inestimável tradução alemã, e a Anne Gray, uma garrafa de Montrachet, pela tradução do francês.

Fui abençoada com uma magnífica equipe editorial na Little, Brown, Londres, liderada pelo brilhante Adam Strange, cujo entusiasmo pelo projeto se manteve inalterável desde o momento em que li para ele a página de abertura, fazendo-o quase chorar. Acredito que tenhamos criado o livro-legado que ele esperava. Agradeço à inigualável Ursula Mackenzie, diretora da Little, Brown, com quem sempre trabalhei em parceria, com muito sucesso, à editora Rhiannon Smith e ao copidesque Steve Gove. Por último, mas não menos importante, meu agradecimento aos chefes de publicidade, pesquisa de fotos e marketing Victoria Gilder, Kirsteen Astor, Zoe Hood, Linda Silverman e Charlie King, pela motivação, e a Sophie Burden, pela sobrecapa.

O incansável departamento de direitos autorais de Andy Hine, Kate Hibbert e Helena Doree me assessorou nas delicadas relações internacionais e no processo de licitação. Quem me ajudou a atravessar o campo minado dos contratos jurídicos foi a dupla dinâmica Sarah Burton e Kate Pool, da Society of Authors, em Londres. Gostaria de agradecer a todos os editores estrangeiros que se mostraram tão entusiasmados com este livro desde a Feira de Livros de Londres de 2014 e a todos os subagentes, tradutores, diretores de arte, vendas e marketing de outros países, que foram fundamentais para a concretização deste trabalho. Sou especialmente grata a minha editora polonesa, Sonia Draga, que me encontrou em Auschwitz. Na House of Books, da Holanda, meu agradecimento a Joeska de Wijs; Anja Benzenhöfer, da RBA Libros, Espanha; Claudia Coccia, da Edizioni Piemme SpA, Itália; Henrik Karlsson, da Massolit Forlagsgruppe AB, Suécia; Kirsten Fasmer, da Rosinante & Co., Dinamarca; Nikolay Naumenko, da AST, Rússia; Marcos Strecker e Mauro Palermo, da Editora Globo; Frédérique Polet, da Presses de la Cité, França; Antonín Kočí, da Milada Fronta, República Tcheca; Juhami Korolainen, da Minerva, Finlândia; Gisela Lal Aghighi, da Weltbild, Alemanha; Guilherme Pires, da 20/20 Editoria, Portugal.

Na Harper Collins dos Estados Unidos, meu agradecimento à editora Claire Wachtel, ela própria filha de um sobrevivente do Holocausto, assistida pela editora associada Hannah Wood, assim como pelo diretor de publicidade, Leslie Cohen, gerente de marketing, Penny Matras, e designer da capa americana, Milan Bozic. Ainda nos Estados Unidos, agradeço à maravilhosa caça-talentos literária Mary Anne Thompson, por divulgar o livro como ninguém. Lucy Ferguson, minha campeã editorial e amiga fiel, garantiu que eu seguisse o caminho certo. Carly Cook é uma editora de um grupo com habilidades editoriais admiráveis, além de ser uma pessoa formidável, bastante perspicaz. Sou muito grata pelo fato de ela ter aceitado ler este livro antes de eu deixar que outros o lessem.

A intensidade deste projeto foi atenuada pelo contato quase diário com minha melhor amiga Clare Arron. Sua força, coragem e inesgotável bom humor em face da adversidade continuam me servindo de inspiração. Juntas, conseguimos terminar mais um ano.

    Finalmente, meu agradecimento afetuoso a Chris, meu marido e companheiro — o homem de sorriso fácil, mãos grandes e talentosas e um coração maior ainda. Como já aconteceu várias vezes, ele me perdeu por vários meses, e, além de nunca reclamar, ainda se envolveu com a história, me acompanhando e me dando apoio, com chás e drinques de emergência. Desculpe-me pelos pesadelos.

WENDY HOLDEN

CRÉDITOS DAS IMAGENS

Páginas 2, 346 © Prof. Albert Lichtblau
Páginas dos mapas 10-11 © John Gilkes 2015
Páginas 15, 29, 31, 37, 286, 299, 302, 304, 306, 307, 339 © Hana Berger Moran
Páginas 41, 63, 66, 193 © akg-images
Páginas 45, 50, 287, 314, 315, 318, 320 © Mark Olsky
Páginas 72, 75, 100, 116, 135, 143, 153, 169, 187, 195, 202, 209, 232, 242, 254, 309, 321, 338, 348 © Wendy Holden
Páginas 79, 89, 91, 162, 288, 325, 331, 333, 335, 337 © Eva Clarke
Página 86 © akg-images/Album
Página 126 © GTV/REX
Página 156 © akg-images/Michael Teller
Páginas 130, 131, 207 © State Museum Auschwitz-Birkenau
Páginas 138, 249, 252, 269, 281 © KZ-Memorial Mauthausen
Página 165 © Freiberg University
Páginas 167, 171, 173 © KZ-Memorial Flossenbürg Museum
Página 183 © Dr. Michael Düsing
Página 213 © Dr. Michael Düsing/Hans Brenner
Páginas 223, 224 © Horní Bříza Museum
Página 239 © Ethel Davies/Alamy
Página 264 © Larry Kosiek
Páginas 271, 342 © Brian Petersohn
Página 293 © Stephanie Sullivan
Página 308 © Yuri Dojc
Página 350 © Charlie Olsky

Este livro, composto na fonte Fairfield LT Std,
foi impresso em papel Pólen Soft 70 g/m²,
na gráfica AR Fernandez.
São Paulo, janeiro de 2022.